乡村旅游

电子商务发展研究

张坤 张欣 胡晶 著

中国财经出版传媒集团
中国财政经济出版社

图书在版编目（CIP）数据

乡村旅游电子商务发展研究 / 张坤，张欣，胡晶著
. —北京：中国财政经济出版社，2023.5
ISBN 978 - 7 - 5223 - 2061 - 8

Ⅰ.①乡…　Ⅱ.①张…　②张…　③胡…　Ⅲ.①乡村旅游-电子商务-研究-中国　Ⅳ.①F592.3 - 39

中国国家版本馆 CIP 数据核字（2023）第 043217 号

责任编辑：闫　娟　　责任校对：徐艳丽
封面设计：陈宇琰　　责任印制：刘春年

乡村旅游电子商务发展研究
XIANGCUN LVYOU DIANZI SHANGWU FAZHAN YANJIU

中国财政经济出版社 出版
URL：http：//www. cfeph. cn
E - mail：cfeph@ cfeph. cn

社址：北京市海淀区阜成路甲 28 号　邮政编码：100142
营销中心电话：010 - 88191522
天猫网店：中国财政经济出版社旗舰店
网址：https：//zgczjjcbs. tmall. com
北京财经印刷厂印刷　各地新华书店经销
成品尺寸：170mm × 240mm　16 开　21.25 印张　339 000 字
2023 年 5 月第 1 版　2023 年 5 月北京第 1 次印刷
定价：82.00 元
ISBN 978 - 7 - 5223 - 2061 - 8
（图书出现印装问题，本社负责调换，电话：010 - 88190548）
本社质量投诉电话：010 - 88190744
打击盗版举报热线：010 - 88191661　QQ：2242791300

前　言

2017年10月18日，在党的十九大报告中习近平总书记正式提出了乡村振兴战略。报告指出：农业农村农民问题是关系国计民生的根本性问题，必须始终把解决好“三农”问题作为全党工作重中之重。“三农”问题解决好了，我国现阶段存在的人民日益增长的美好生活需要和不平衡不充分的发展之间的矛盾也将会迎刃而解。在我国这样的农业人口大国，人民最广泛、最深厚的基础在农村，经济发展最大的潜力和后劲也在农村。因此，认真贯彻落实乡村振兴战略，直接对焦我国新时代社会主要矛盾的迫切要求，也是实现“两个一百年”奋斗目标、实现中华民族伟大复兴中国梦的必然要求，认真贯彻落实乡村振兴战略是建设我国现代化经济体系的重要基础，是传承中华优秀传统文化的有效途径，是健全现代社会治理格局的固本之策，是实现全体人民共同富裕的必然选择。产业兴旺、生态宜居、乡风文明、治理有效、生活富裕。其中，产业兴旺是重点，生态宜居是关键，乡风文明是保障，治理有效是基础，生活富裕是根本。

根据实施乡村振兴战略的目标任务，到2022年，乡村振兴取得重要进展，制度框架和政策体系基本形成。到2035年，乡村振兴将取得决定性进展，农业农村现代化基本实现。我国农业结构得到根本性改善；城乡基本公共服务均等化基本实现，城乡融合发展体制机制更加完善；乡风文明达到新高度，乡村治理体系会更加完善；农村生态环境根本好转，美丽宜居乡村基本实现。到

2050年，乡村全面振兴，农业强、农村美、农民富全面实现。

在乡村振兴战略的具体实施中，积极发展乡村旅游，带动乡村环境治理及服务设施全面提升是重要一环。随着电子商务的快速发展，无论在信息传播获取，或是网络的宣传推广上，无疑都将为乡村旅游的快速发展增添新的动力支持。2015年9月，国家旅游局印发的《关于实施“旅游+互联网”行动计划的通知》中指出，发展乡村旅游电子商务平台被列为“旅游+互联网”的重点行动之一，运用互联网和移动互联网全面提升乡村旅游的管理、服务、营销水平。

“十三五”期间，国家关注农村地区基础设施建设工程，在国家与地方各级政府的政策驱动下，各乡村地区的基础服务设施得到了有效的完善与改进。在经济不断向好的环境下，乡村旅游得到了蓬勃发展，在我国旅游业中所占份额呈逐年上升态势。目前，乡村旅游已经成为我国旅游经济发展的新的重要增长点。2000年以后，信息技术在中国得到了快速发展，“互联网+”应用逐渐普及并渗透到各行各业，电子商务的出现极大地推动了旅游业的发展，传统的旅游模式难以满足当前旅游消费者的需求。但是，旅游行业具有丰富的内容产品和高度包容性，乡村旅游与电子商务是具有天然的融合优势的。通过整合不同地区的乡村旅游资源，能够实现目的地资源和市场之间的精确关联。通过抓住电子商务带来的机遇优化乡村旅游的经济结构，催发乡村旅游的迭代发展，使“乡村旅游+电商”的强强联合为二者一体化发展开拓出一片新的广阔天地。

当今社会，在“互联网+”快速发展并广泛应用的背景下，乡村旅游与电子商务的融合发展呈现出了旅游行业发展的新模式，通过搭建乡村旅游电子商务系统，整合线下传统的乡村旅游资源，通过电子商务平台实现在线宣传推广，将是未来乡村旅游发展的重要路径选择。在“互联网 +”时代背景下，乡村旅游电商化的发展趋势势不可挡，大有作为。“乡村旅游 + 电子商务”的融合模式对我国乡村旅游业的持续发展具有十分重要的意义。通过持续推进的乡村旅游信息化建设，通过不断完善的乡村旅游电子商务平台建设带动我国乡村旅游产业高速发展指日可待。

本书针对乡村旅游产业与电子商务的融合发展展开探讨，具体包含以下内容：第一章乡村振兴战略与乡村旅游电子商务发展；第二章乡村旅游电子商务发展新业态；第三章乡村旅游电子商务产品与模式；第四章我国乡村旅游电子商务发展现状及问题分析；第五章我国乡村旅游电子商务发展案例分析；第六章乡村振兴背景下乡村旅游电子商务发展路径。通过分析研究以期对乡村旅游产业与电子商务融合的理论研究及其发展有所助益。

本书是 2022 年度河北民族师范学院学术著作出版基金资助项目的最终成果。在本书的创作过程中倾注了团队成员大量的心血：张坤完成了本书总体框架的策划与设计工作，同时完成本书前四章 18 万字的撰写工作，张欣完成本书第五章 10 万字的撰写工作，胡晶完成本书第六章约 4 万字的撰写工作。张颖完成本书第六章的 2 万字的撰写工作，吴雪、金智达两位老师在书稿的整理与编辑中做出了大量的工作。

感谢河北大学孙健夫教授，感谢河北民族师范学院科研处刘佩处长，感谢河北民族师范学院旅游与航空学院李建峰院长，感谢河北民族师范学院商学院刘振东书记在本书的创作与出版过程中给予的大力支持。

由于出版时间紧促，难免会存在不足之处，恳请广大读者朋友们交流、指正！

重要路径选择。在"互联网+"时代背景下，乡村旅游电商化的发展趋势不可挡，大有作为。"乡村旅游+电子商务"的融合模式对我国乡村旅游业可持续发展具有十分重要的意义。通过对我国农村的乡村旅游信息化建设，借助不断完善的乡村旅游电子商务平台促进推动我国乡村旅游产业高速发展指日可待。

本书针对乡村旅游产业与电子商务的结合发展展开探讨，具体包括以下内容：第一章乡村振兴战略与乡村旅游电子商务发展；第二章乡村旅游电子商务及线上化运营；第三章乡村旅游电子商务产品与模式；第四章我国乡村旅游电子商务发展现状及问题分析；第五章我国乡村旅游电子商务发展案例分析；第六章乡村振兴背景下乡村旅游电子商务发展路径。通过分析研究以期对乡村旅游产业与电子商务融合的理论研究及其实践有所助益。

本书是2022年度河北民族师范学院学术著作出版基金资助项目的最终成果。在本书的创作过程中做了前期调研，收集大量的资料；[illegible]负责本书总体框架的策划与设计工作，同时完成了本书前四章18万字的撰写工作；[illegible]完成本书第五章10万字的撰写工作；胡[illegible]完成本书第六章约4万字的撰写工作；[illegible]完成本书第六章的2万字的撰写工作。[illegible]两位老师在书稿的审校与编辑中做出了大量的工作。

[illegible]河北民族师范学院[illegible]，河北民族师范学院[illegible]本书在本书的创作与出版过程中给予的大力支持。

由于作者时间和精力有限，难免会存在不足之处，恳请广大读者批评指正！

目　录

第一章

乡村振兴战略与乡村旅游电子商务发展

第一节　乡村振兴战略的提出背景及重要意义

乡村是相对城镇而言的一种称谓，描述以农业生产和农业人口为特征的人群聚集地区的总称。我国是农业大国，农业人口占比超总人口的60%，农村的稳定是关系到国家长治久安的根本问题。农业兴旺，国家才能昌盛兴旺；农民富裕，国家才能真正富裕。因此，“三农”问题也就变成了关乎国家发展命脉的关键问题。党中央对于“三农”发展的问题始终在密切关注。2017 年，在党的第十九次全国代表大会中，习近平总书记提出了“要想实现中华民族伟大复兴的中国梦，实现国家的振兴，乡村必先振兴”的重要论断，它的阐述清晰明确，摆在我们面前的首要任务是要对乡村振兴战略的主要内涵有准确的理解与把握，这包括乡村振兴的实施背景、主要任务和基本原则等。乡村振兴是国家层面重要的一项战略举措，正确解读乡村振兴战略的基本问题具有重要的意义。

我们可以认为乡村振兴战略是我国社会主义新农村建设的重要升级。党中央对农村的发展建设长抓不懈，在党的十六届五中全会提出了建设社会主义新农村的规划，强调新农村的建设工作要按照“生产发展、生活富裕、乡风文明、村容整洁、管理民主”的要求，深入稳步地推进。2017 年，在党的十九大报告中正式提出乡村振兴战略，党中央强调，在我国一定要坚持农业、农村的优先发展，通过建立健全城乡融合发展体制机制和政策导向，加快推进农业农村现代化建设，贯彻落实乡村建设的十六字方针，即按照产业兴旺、生态宜居、乡风文明、治理有效、生活富裕的总要求，实现乡村治理与建设。2018 年中央一号文件又进一步落实与贯彻了党的十九大的重要精神指示，提出以习近平新时代中国特色社会主义思想为指导，围绕落实乡村振兴战略，按照讲意义、定思路、定任务、定政策、提要求的思路，坚持问题导向，加快、加强推进乡村治理体系和治理能力现代化，加快提升农业农村现代化建设，走中国特色社会主义乡村振兴道路，谋划新时代乡村振兴的顶层设计。这是贯彻落实习近平总书记“三农”思想的重要行动，是贯彻落实习近平总书记“三农”思想的重要行动。

一、乡村振兴战略的提出背景

党的十九大的胜利召开，标志着中国特色社会主义进入了新的历史阶段。在党的十九大报告中，首次提出了实施乡村振兴战略，同时把乡村振兴战略提升为贯彻国家新发展理念、建设我国现代化经济体系的一项重要举措。在报告中提出：“农业农村农民问题是关系国计民生的根本性问题，必须始终把解决好‘三农’问题作为全党工作重中之重。要坚持农业农村的优先发展，按照产业兴旺、生态宜居、乡风文明、治理有效、生活富裕的总要求，建立健全城乡融合发展体制机制和政策体系，加快推进农业农村现代化。”

乡村振兴战略的提出具有重要的划时代的意义，令人眼前一亮。它的意义深远、内容丰富。我们需要从历史的发展，结合理论的高度与实践的广度基础上来理解这一战略的提出。乡村振兴战略的实施不仅是推动我国农业与农村快速发展的重大战略，同时也是推动我国新型城镇化建设与发展的重要举措，还与深入推进我国市场经济的持续健康发展及建设富强、民主、文明、和谐、美丽中国的事业有着重要的关联，它充分体现了党中央、国务院对“三农”工作的高度重视。

在中国经济发展的现阶段，城市地区的发展已经进入到了新的层面，因此，我们意识到要建设更加强大的中国，必须有强大的农业发展作后盾；要发展更加稳健的经济，必须让农业先发展起来；要发展更加美丽和谐的中国，必须让中国广大的农村地区先美起来。乡村振兴战略的顺利实施必然会开启新时代中国发展变革的新征程。要实现中华民族的伟大复兴，首要任务就是建设富裕繁荣的乡村，这既是核心条件又是基本条件。党的十九大报告提出，2020 年到 21 世纪中叶分为两个阶段，在 2020 年全面建成小康社会的基础上，再奋斗十五年至 2035 年基本实现社会主义现代化，在基本实现现代化的基础上，再奋斗十五年至新中国成立一百周年时建成富强民主文明和谐美丽的社会主义现代化强国。

中华民族要实现伟大复兴，重新实现政治和谐、人民幸福，重新回到曾经引领世界先进技术水平，为世界贡献中国哲学智慧的辉煌时代，破败的农村、落后的农业、贫苦的农民将会成为国家民族发展的重要制约，阻碍国民经济持续健康发展的脚步，拉低富强民主文明的和谐美丽中国的建设步伐。根据 2018 年中央一号文件所提出的目标要求，到 2020 年，乡村振兴取得重要进展，制度框架和政策体系基本形成，这个阶段性目标，目前已经基本实现。下一阶段到 2035 年，乡村振兴要取得决定性的进展，农业农村现代化基本实现；再到 2050 年的第三个阶段，我国乡村将实现全面振兴，农业强、农村美、农民富的新农村发展将全面实现。显而易见，乡村振兴是全面建成小康社会的终点，更是建成富强民主文明和谐美丽的社会主义现代化强国的起点。

在我国，地大物博、人口众多，尤其是我国庞大的农村人口数量，分布最为广泛。因此，为使乡村振兴战略能够顺利地落地实施，将涉及方方面面的工作，不能一蹴而就，而应是一个长期的、系统性的工程。在认清这个问题的基础上，两个方面的问题还需要我们进一步关注：一是要注重坚持城乡融合发展，加强制度性建设在乡村振兴战略中的供给。我国长期以来，由于地区发展的不均衡性以及城乡发展存在的差距，导致丰富的资金、土地、人才等资源要素由农村大量流入城市，导致我国大部分农村地区严重“失血”，加剧了落后发展的局面。针对这一问题，在乡村振兴战略的落地实施过程中，重点必须要抓住“钱、地、人”等关键资源，在政策与制度上，大动文章，消除所有与之相悖的体制与机制，切实推进城乡间各类生产资源与要素间的自由流动、平等交换，实现城镇与乡村之间公共资源的均衡合理配置，逐步建立健全城乡融合发展的相关政策体系，在我国加快建设一个新型的

"城乡互补、工农互促、共同发展"的新型工农与城乡关系。

资金问题是乡村振兴问题中的重要环节，在解决资金问题方面，应着重关注投入保障机制的建立与健全，这是关键，更是核心。可以通过投、融资机制创新等形式，在财政上形成优先保障机制，形成多层次的金融倾斜和社会各界广泛参与的多元化投资格局。在土地问题方面，深入进行农村土地制度改革依然是解决问题的关键所在，要建立健全土地等要素的城乡平等交换机制，充分发挥农村土地制度的改革优势。在人才问题方面，尝试打通"人才、技术、管理"的下乡通道，推进创新乡村人才培育、引进、使用机制，全社会参与乡村新型职业农民的培育，并将力度不断增大，范围逐渐扩大。在加强农村专业人才队伍建设方面，不仅要加大力度培养农村本土人才、发挥本土科技人才的支撑作用，同时也要兼顾从政策上引导和鼓励社会各界人才投入到乡村建设中来。

二是要处理好乡村振兴战略的落地实施与新型城镇化建设的关系。必须认识到，在我国推进的农村城镇化改革策略与乡村振兴战略并不是互不兼容、彼此独立的关系，二者反而是相辅相成、相互促进、共同发展的。当前，中国还处于农村人口的城镇化集中转移发展的阶段，大量农村人口向城镇迁移，导致农村人口外流现象明显，这种趋势在短期很难逆转，但是在未来，乡村振兴战略完全落地实施后，我们会看到大量的城镇人口向乡村回流。因此，乡村振兴与新型城镇化建设两项工作应同向同行，我们要一起抓，让两个轮子一起转，允许部分人走出去，接受部分人留下来，倡导部分引回来，让走出去的人群走得放心，让选择留在乡村的人群留得安心。经过一个阶段的乡村振兴建设，不断完善乡村基础设施，健全乡村人才保障机制，把我们的乡村变成产业留得住人、环境引得来人、机会稳得住人，真正让中国的广大农村更具人气。

另外一对需要我们深度理解的关系是乡村振兴战略与脱贫攻坚的区别与关联。这两项重要的国家战略分别是在我国发展的不同阶段呈现出来的，脱贫攻坚是为了实现我国全面建成小康社会的奋斗目标过程中，突出在经济发展中补短板、强弱项的工作重点；乡村振兴战略则是在我国全面建成小康社会后，服务于建设社会主义现代化国家重大历史任务。二者既存在内在统一关系，同时也存在时间阶段与工作重点上的差异。乡村振兴战略的良好推进是中国广大农村地区摆脱贫困的前提，而脱贫攻坚又是乡村振兴战略实施的重要组成部分。在我国西部，整体经济发展水平较低，存在一些贫困地区，在这个区域内实施的乡村振兴战略核心就是脱贫攻坚。到2020年，我国脱贫攻坚已经取得了决定性的胜利，但不容忽视在我国一些偏远的乡村地区经济依然落后，存在较大的返贫可能性。在这一阶段我们大力倡导乡村振兴战略，一方面为巩固当前的脱贫成果；另一方面也有利于在已实现脱贫地区推进新农村建设，将其原有的贫困面貌彻底改变。因此，做好乡村振兴战略的实施对我国未来的农村建设意义重大。

综上所述，乡村振兴战略的提出具有重大的历史价值，兼具理论性与实践性双重意义。从历史角度看，乡村振兴是在新的起点上对过去进行总结，对未来科学谋划。依托深入推进城乡一体化发展，布局乡村发展的新蓝图、新要求。从理论角度看，乡村振兴战略又是深化改革开放，推进我国社会主义市场经济体制，系统解决市场失灵问题的重要抓手。从实践角度看，乡村振兴战略的提出彰显了党中央以人民为中心的理政思路，服务于百姓期待。发展农业产业，建设农村风貌，服务农民生活，提高社会人口流动，扎实推进农业现代化生产发展，切实为解决“三农”问题作出实质性贡献。

二、乡村振兴战略的主要任务和基本原则

（一）乡村振兴战略的主要任务

我们要认识到，乡村振兴战略是一项复杂的、系统的工程，它覆盖了我国乡村发展各方面的工作，真正实现国家乡村振兴，摆在我们面前的任务十分艰巨。

一是要促进乡村产业振兴，筑牢乡村经济基础建设。一方面要结合现在国家经济发展结构不均衡的整体形势，推进农村地区农业供给侧结构改革，提升农村地区经济发展质量，增加农业发展的效益。另一方面，要加大力度推动科技创新发展，以创新促进农村的第一、二、三产业的融合发展，通过打造完整的产业链，培育乡村新产业、新业态，为乡村经济发展注入新的活力。通过创建如“一村一品”的特色产业布局，建设乡村发展的品牌效应，

提升发展水平。

二是走绿色发展道路，推进乡村生态文明建设。近年来，随着我国经济的快速发展，部分地区的生态遭受了严重的破坏，导致生态环境恶化，我们意识到最终受到影响的还是人类社会自身。因此，党的十八大以来，中央特别重视生态文明建设，乡村振兴工作中统筹乡村山水林田、湖草体系的治理依然是工作中重要且不可忽视的一部分。

三是推进乡村文化程度，提升乡村文化建设水平。文化振兴是民族振兴的重要基础，也是乡村振兴的核心要素。我们要大力弘扬国家优秀传统文化，乃至优秀乡村文化，并将其进行创新、创造性发展，使其成为优化乡村文化的供给端。在改善乡村文化基础设施建设，在全国乡村广泛开展社会主义核心价值观的教育与宣传活动，用先进思想引领，促优秀文化传承，重农民素质提升，净乡村不良风气，建设社会主义文明乡村新局面。

四是建设和谐稳定乡村，加强推进乡村基础工作建设。乡村和谐稳定是经济发展与乡村振兴的重要基础和保障，因此，加强乡村基层基础工作的建设具有重要意义。可以通过树立优秀党员示范机制，建立先进的，具有高度凝聚力和战斗力的党员组织，实现引领和辐射作用，打造科学创新、共治共享的乡村管理体系。开展扫黑除恶的专项治理活动，建设平安乡村，促进和谐发展。

五是发展乡村民生事业，在实现农民生活富裕目标基础上，保障农民对物质文化生活的新需求实现。政府采用不同形式的送文化下乡活动，帮助农民提升自身文化基础，强化专业技能，同时鼓励农民进行创新创业，拓宽增收渠道，改善生活条件。建立健全政策保障体系，发展城乡协同发展机制，提升农民社会福利水平，逐步缩小城乡发展差距，让农民真实地收获幸福感与归属感。

（二）乡村振兴战略的基本原则

2018 年出台的中央一号文件指出：在全国实施乡村振兴战略过程中，必须要坚持七条基本原则。具体如下：

第一，坚持党管农村工作原则。坚持党的领导是一切工作的核心基础。党、政、民、学、军，党是领导一切的。脱离党的领导，乡村振兴战略根本是无从谈起的，农村工作只会是一盘散沙。因此，在推进乡村振兴工作时，首要任务就是健全农村地方的党委领导机制，这是推进乡村振兴战略落地实施的政治基础与有力保障。

第二，坚持优先发展农业、优先发展农村的原则。在我国现阶段的发展中，“三农”问题是首要问题，是决定国家经济整体向好发展的基本问题，乡村振兴战略即围绕着改善我国“三农”问题提出的具体解决办法，在实施乡村振兴战略过程中，要时刻把“三农”的发展摆在优先位置。过去我国一直把城市的发展放在优先位置，走先富带动后富的策略，对于城市的资源配给给予了较大的倾斜。现今国家经济发展已经形成了较好的局面，尤其是东部沿海地区城市发展已经进入了一个更高的阶段，再纵观全国形势，农村发展显现出了相对落后的局面。当下在党中央的高度重视下，在乡村振兴战略的引导下，全党全国全社会人民齐心协力、众志成城，集中力量在农业农村建设上，投资金、补短板、促发展，优先保障农村地区的资金投入，优先配给农业生产的要素分配，优先考虑农村组织的干部选派，优先安排农村社会的公共服务。

第三，坚持农民主体的原则。相关历史经验总结告诉我们，乡村振兴战略的有效实施最终还要依靠当地的农民群众，因此，在推进战略落地过程中，要时刻谨记以农民为主体，尊重农民的地位，尊重农民的创新意识，挖掘他们的主观能动性，从而激发农民的创造性、积极性。在各项农村事业中不断维护农民的权益与利益，让农民群体充分体会到在乡村振兴过程中的收获感和幸福感，让他们成为最终的受益者。

第四，坚持乡村全面振兴原则。我们要认识到，乡村振兴不单单是经济的振兴，也不是某一层面的振兴。我们要做的乡村振兴是全面振兴，这是我们在执行乡村振兴工作任务时要明确的另一重要原则。乡村工作各个环节紧密相连、环环相扣，我们需要在党的统一领导下，全面统筹部署乡村经济、政治、文化、生态、服务等各方面的建设工作，并不断推进各项工作全面协调开展，不能出现“短板”，一旦有哪个单项工作发生滞后，必定会拖整体乡村振兴工作的后腿，这一点上必须达到全体共识。

第五，坚持城乡融合发展原则。实施乡村振兴战略，并不是我国广大农村地区的事情，我们要认识到，这是一项全国、全社会、全民都要参与的伟大工程。我们要建立城乡协作发展机制，研究出台相关的政策体系，用城市的发展成果带动乡村发展，在空间布局、要素结合、产业融合、居民互通、社会与和谐发展等多方面、多角度共同推进，最终实现城乡、工农的全面深度协调发展，创建新型的、具有中国时代特色的互通型的城乡关系。

第六，坚持人与自然和谐共生原则。2005 年 8 月 15 日，时任浙江省委书记的习近平在湖州考察时，首次提出“绿水青山就是金山银山”的论断，掀起了全社会的广泛关注与积极认可。“两山”理念也是习近平新时代中国特色社会主义思想的重要组成部分，在推进乡村振兴战略过程中，我们应持续坚定地贯彻绿色发展理念，在发展乡村经济的同时，不忘生态环境与生态资源的保护，建设可持续发展的绿色乡村。

第七，坚持因地制宜、循序渐进原则。中国国土幅员辽阔，地大物博。拥有 8 亿农村人口分布于不同民族、不同地域之中，在广袤的农村地区存在千差万别的村情。因此，我们在实施乡村振兴战略过程中，首先要科学分析和把握不同乡村的差异性，在积极发展当地乡村地域特色同时，杜绝“一刀切”，扎实有效开展不同民族、不同地区的乡村振兴建设。

三、实施乡村振兴战略的重要意义

在我国发展进入新时代、新阶段的关键时期，乡村振兴战略的提出是我党针对国家未来经济发展的重大战略部署，它涉及领域众多，内涵极为丰富。在乡村振兴战略的指引下，我们意识到乡村的发展应该是一个有机整体的发展，局部发展不能带动乡村真正的发展。在乡村发展中要注重发挥乡村的主体性和创造性，激发农民的主体意识，他们才是未来乡村发展真正的主力军。乡村发展与城市发展是协同、互促的关系，具有同等重要的地位，改革开放以来，国家将经济建设的重点较多地投入到城市发展中去，收获了明显的建设成果，与之相比，农村的发展变成了国家发展的短板，通过乡村振兴战略，我们要将短板转化为新的发展引擎，用城市的发展带动乡村的建设，让乡村发展由被动变为主动，以优先发展农业农村为工作重点，搭建由城到乡生产要素的有序流动体系，打造乡村自身造血功能，激发乡村整体发展活力，形成可持续的内生增长机制。

在党的十九大报告中提出的实施乡村振兴战略，是具有重要的历史价值及理论实践价值的。从历史发展的视角，乡村振兴战略是在新的起点上总结过去，谋划未来，在坚持深入推进城乡发展一体化的基础上，为我国乡村未来发展绘制了新的蓝图。从理论研究的视角，乡村振兴战略是深化我国40年的改革开放成果，深入贯彻社会主义市场经济体制，系统解决国内特殊时期出现的市场失灵问题的重要抓手。从实践发展的视角，乡村振兴战略是服务农民，以人民为中心，大力发展农业及农村经济，扎实解决农村现代化发展以及社会主义新农村建设的重要内容。

（一）实施乡村振兴战略是解决我国城乡地区发展不平衡不充分矛盾的迫切要求

党的十九大报告指出，中国特色社会主义已经进入新时代，这是我党作出的一个重要判断，在此基础上，明确了我国新的发展历史方位。在新的时代，我国的社会主要矛盾已发生了明显变化，对经济社会的发展也提出了更新、更高的要求。在新时代背景下，我国社会主要矛盾已转变为“人民日益增长的美好生活需要和不平衡不充分的发展之间的矛盾。”改革开放40年来，随着我国工业化进程的加快发展，城市化改革的深入推进，在我国出现了城乡发展两极分化，乡村发展各地不均的现象。这里的“不均”既是指城乡之间的“不均”，同时也指各地区乡村发展的不均。

在新时期社会主要矛盾表述中，“不充分”是指“三农”问题发展不充分，具体体现在农业现代化发展的不充分，社会主义新农村建设成果不充分，农村地区的教、科、文、卫发展不充分，共享现代化社会的建设成果不充分。综上，无论从决胜全面建成小康社会，还是到基本实现社会主义现代化建设，再到将我国建设成社会主义现代化强国，实现民族伟大复兴的宏伟目标，实施乡村振兴战略都将是最好的举措和谋划。

（二）实施乡村振兴战略是解决我国市场经济体系运行诸多矛盾的重要抓手

改革开放40年以来，我国一直坚持走社会主义市场经济的改革道路，让市场在经济发展中发挥越来越重要的作用，提高了社会稀缺资源的配置效率，也在很大程度上促进了生产力水平的大幅提高，社会劳动分配越来越深化、细化。但是随着我国市场经济的持续深入发展，需要我们考虑市场体制运行过程中所内含的生产过剩矛盾及经济危机问题，这需要我们不断扩大社会稀缺资源的配置空间和范围。面对这些问题，我们采用对内对外两手抓的策略，对外实行开放经济战略，以“一带一路”政策为依托，积极推进对外开放的经济战略，形成对外开放新格局。从创新开放合作、拓展对外贸易、培育外贸新业态新模式等手段建设对外贸易强国战略。我们实行高水平的贸易合作与投资，创新对外投资方式，使投资向自由化、便利化方向发展，积极促进国际产能合作。我国在加快培育国际经济合作，扩大我国在世界经济发展中的优势地位，同时对内也需要通过乡村振兴战略带动广大的农村经济发展起来，形成优势互补、侧重不同的长期稳定经济发展格局。近年来，随着新冠肺炎疫情在全球肆虐，严重影响了世界经济的发展，使本来变化莫测的国际形势更加复杂多变，相比国际方面，在国内大力推进乡村振兴变得更加可控，更有可能收获良好的效果。

（三）实施乡村振兴战略是解决我国农业现代化发展的重要内容

经过党中央多年的持续努力建设，我国在农村、农业发展中取得了举世瞩目的成就，在现代化的农业建设进程中也取得了重大的进展，粮食及主要农产品储备富足，在对市场供求关系上也较以往发生了重大变化。由于农业现代化的改革成果突显，有大规模的农村剩余劳动力开始转移进入城镇发展，农民的收入也在持续增长。到 2020 年底，我国的脱贫攻坚取得了决定性的进展，农村改革实现了重大突破，各项建设事业已在全面推进，这些可喜的变化和发展都为落实乡村振兴战略提供了极为有利的条件。但与此同时，由于历史发展原因，在我国农业现代化的发展、社会主义新农村建设、农民的教育科技文化水平发展中还存在许多突出问题迫切需要解决。未来，随着我国经济不断发展，在城乡居民收入不断增长基础上，生活水平的不断提高，广大城乡居民都会对新时期的国家发展充满期待。因此，乡村振兴战略的提出，需要我们统一思想、提高认识、明确目标，在完善基础体制基础上，搞好乡村建设，加强乡村振兴工作的有序领导和统筹安排，这不仅体现了新时代我国城乡居民对新的发展时期的期待和企盼，同时更是引领我国农业现代化发展，以及实施社会主义新农村建设的重要举措。

第二节　乡村旅游电子商务概述

一、电子商务概述

在人类社会发展成立之初，商务活动就随之产生了，它伴随着社会而不断发展，是研究人类社会发展中的必要部分。原始的商务活动是从“以物易物”开始的，发展到后来的货币使用，直至如今更加完善、发达的现代社会商务体系。追根溯源，我们会发现商务活动的本质自始至终都是商品或服务的所有权的转移，它的根本并未发生过改变。在人类社会的不断发展中，社会经济发生了跨越与迁移，尤其是现代科学技术的不断发展，涌现出了如金融工具、信息通信、互联网等关键技术，这些技术的出现极大影响了商务活动的形式，使商务活动变得更加快捷、便利、高效。如图 1－1 所示，通过交易技术与手段的不断迭代更新，促进了商务活动的发展和变化。

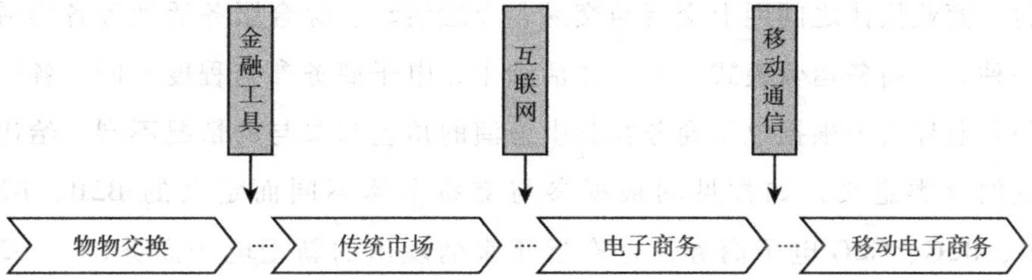

图 1－1　商务活动的发展与演变

商务的交易活动核心点在于其“三流”的活动，所谓“三流”，即资金流、物流、信息流。早期的以物易物时代，人们生活局限于各自相对独立的范围中，缺少与外界沟通，几乎没有信息流的运动表现。但是随着社会的发展，人们的交往日渐增多，社会分工也日趋完善和细化，商务活动交易的形式也发生了巨大的变化，在买卖双方之间运用了众多的技术手段，商务交易活动更加便捷了。另外，由于更多主体的参与也使交易活动变得更加多元与复杂，对商业信用的需求也日益突显，商业信用机构应运而生。因此，在商务交易过程中，资金流与物流彻底进行分离，这极大促进了大宗、跨区域的商务交易发展，商业信用机构承担了在商务交易过程中存在的部分风险，使资金流与物流的分离在更多领域得以实现。随着信息技术不断发展，更广泛地应用于社会各领域，在商务交易活动中也得到深度应用，并逐渐发挥重要的作用，使信息流在商务交易活动中的作用更加突显，甚至超越了物流与资金流，成为一个成功的商务交易活动中的核心要素，并且仍在不断发展和革新，使信息流在商务交易中的作用日趋重要，电子商务即由此衍生而来。

（一）电子商务的定义

电子商务是以网络信息技术为手段，以商务交易为中心的商务活动总称，也可以理解为以互联网、企业内部网、增值网络为载体进行的交易活动和服务活动，它是传统商务活动的电子化、网络化、信息化转变，这种转变贯穿于商务活动的各个环节。对于电子商务的定义，不同学者给出了不同的表述，但本源不变，我们可以理解为：电子商务是在全球各地广泛的商务交易活动中，基于开放的互联网环境及浏览器/服务器应用模式，买卖双方无须见面即可完成的各种商务交易和活动，能够实现如消费者网络购物、在线支付、商业伙伴之间网上交流与交易、金融活动、综合服务活动等各项活动的一种新型商务运营模式。在上述活动中，电子商务参与程度不同，各国学者与企业界人士根据电子商务在其中扮演的角色与参与的情况不同，给出了不同的分类定义，如常见的根据参与交易主体不同而定义的 B2B、B2C、C2C、B2G、C2G 电子商务，也有近年来涌现出的新型电子商务，如 O2O、P2P、B2M、B2A 等电子商务模式。

随着互联网信息技术的出现，其在商务交易活动中的广泛应用，使传统的商务交易活动形式发生了巨大的变化，也使商务活动的效率与复杂性大大提升。以 B2C、B2B 类电子商务为例，除了直接参与交易活动的买卖双方以外，如移动运营商、金融机构、物流服务提供商等多个主体均可直接参与到商务活动中来。在此过程中，通过电子商务的形式极大地降低了企业成本、节约资源、提高交易效率、信息及时共享，为企业及消费者带来了便利。除此以外，电子商务不断融入人们的日常生活、学习、工作、娱乐中去，而且关系日趋紧密，人们已经逐渐感受到了电子商务的优势与便利。未来随着电子商务不断地完善和发展，它将继续为人类社会创造新的价值，同时具有更大广阔的发展空间与机遇。

回顾在20世纪90年代，当互联网技术融入传统商务后，以美国EBAY、亚马逊为首的电子商务开始了快速发展。稍后国内的当当网、淘宝网、京东商城等各类电子商务网站横空出世，此后的电子商务在全球均呈现出了勃勃生机，各类垂直电商网站不断涌现。近年来，移动信息技术不断发展，电子商务由传统模式向移动通信时代迈进，也就是我们现在所处的移动电子商务时代。它的出现，更加体现了电子商务便捷、快速、广泛应用的优势，对于电子商务研究者来说，也给我们提出了新的课题与要求，需要进一步去了解移动电子商务与传统电子商务的关系与区别。

电子商务在我国经过30多年的发展，面对当今的社会来说，它并不是一个新事物，更不是一个新概念。但是即使在电子商务如此普及应用的今天，当我们去调研普通的消费者，仍有大多数人的第一反应认为电子商务就是网上购物，这有失偏颇。从广义角度来看，电子商务几乎无处不在地渗透到了我们日常的生活与工作中，电子商务的快速发展为我们的生活带来了翻天覆地的改变，它使日趋便利与品质高尚成为现代社会生活的发展趋势。但大多数人们由于从事的工作千差万别，因此对电子商务的认识也存在差异，对电子商务的理解不够深刻，更缺乏完整性。因此，如何界定电子商务这一新生概念，成为学术界的热点话题，也涌现出来不同的结论。

1997年，国际商会在法国巴黎举行的世界电子商务会议上，提出了对电子商务最权威的定义，认为：电子商务是整个商务贸易活动的电子化。电子商务最主要的特征是参与交易活动的买卖双方无须再通过面对面的形式进行商务交易，取而代之的是可以通过电话、传真、Email等任何无须直接接触的电子化的手段进行商务沟通、商业活动。这也是电子商务区别于其他传统的商务形式的最主要的特征。在会议中，国际商会同时指出，以网络通信、数据传输与处理、数据采集等为代表的各种现代信息技术的综合运用，是电子商务技术的核心特征。

欧洲议会也给电子商务作了如下的定义，他们认为，电子商务是指通过电子方式开展的各类商务交易活动，这些活动的推进离不开信息通信技术对数据进行交换与处理，比如音频、视频、文本等。在这个概念的界定下，认为电子商务覆盖大量的内容，除了数字贸易、电子支付、数据传输以外，还涉及如数字证书、身份认证、数字签名、数据安全等电子商务安全手段。

经合组织（OECD）为电子商务给出的定义为，凡是合作企业之间或者企业与其自身用户之间通过互联网作为媒介，开展的商业交易活动统称为电子商务。世界贸易组织（WTO）关于电子商务的定义则认为，电子商务是指在商品或服务的生产环节、销售环节、运输环节等各环节中均有电子方式贯穿其中。联合国国际贸易程序简化工作组认为：通过任何电子方式进行的交易活动，如采购、供应、管理、买卖、消费等，这些活动的总称均属电子商务范畴。美国政府对电子商务作出的定义比较广义，他们认为只要商务活动的环节中，是基于互联网而展开并推进的，就属于电子商务范畴。美国通用电气公司认为：一切采用电子方式进行的交易活动均称为电子商务，并对电子商务做了进一步分类，可以分为企业之间的电子商务，以及企业与用户之间的电子商务。美国惠普公司认为，电子商务最显著的特征是，它通过电子信息的方式为企业与其消费者搭建了沟通的桥梁和纽带。

（二）电子商务的特征

信息通信技术快速发展，形成了当今商业社会中的电子商务，可以说是信息技术改变了人们的生活，插上了互联网翅膀的传统商业也实现了飞速发展。电子商务为企业带来了全面的革新和发展，使企业的生产经营活动更加高效、低成本和开放共享，这也成为电子商务的固有属性。同时，电子商务的出现也为企业管理者和普通消费者的思维方式带来了巨大的变革，借助互联网的先天优势，电子商务产生的价值是以往任何一种商务活动都不可比拟的。

目前，电子商务的发展呈现出如下主要特征：

(1) 效率更高。电子商务通过借助现代化的通信技术手段，使商业活动突破了时间与空间的限制，同时在地域上有了极大的扩展，使全球贸易更加便利可行，降低了买卖双方在沟通和交流中的时间成本，极大地提升了交易活动的效率。根据互联网和无国界特征，全球各国的企业、商户、个体消费者都可以在互联网上完成交换活动、供求信息的匹配，信息交换在交易活动的各方中更加便捷，为各国、各行业之间的贸易提供了更多、更广泛的机会。

（2）成本更低。电子商务极大地简化了商务交易的环节，将买卖双方直接对话变为可能。消费者可以通过电子商务直接对接生产者，这过程中使商务交易中的人力、物力成本有了显著的降低，由于成本大幅缩减，使原有商品和服务的价格变得更低，这极大促进了商业活动的开展。

（3）更加开放。信息技术的快速发展为我们信息获取带来了极大的便利，无论是企业单位或个体消费者，信息获取成本得到很大程度降低。在商务交易中，信息获取决定着哪一方能够取得更多的主动权，尤其对企业来说，信息就是商机，关乎成败。越早获得信息就意味着有越多的机会占领市场。互联网的出现引发了信息交换的革命，企业与企业间在信息获取上更加平等，大企业不再拥有绝对优势，小企业也不会处于下风，甚至有可能更加领先，使商务交易活动日益开放，这种改变颇受商家与普通消费者的欢迎，极大地推进了电子商务的普及化趋势。

（4）体验性更佳。在电子商务的环境中，交易双方为了更明确地表达交易目标，他们可以使用文字、图像、音频、视频等不同形式进行交流，全方位地进行意见交换，使买卖双方诉求充分沟通。对于普通消费者来说，仅需要点击几下鼠标就可以完成网络购物，无须花费传统线下商场购物中所需要的大量时间、体力成本，使其购物体验大大改善。如遇问题还可以通过网络与商家进行反馈沟通，快速便捷，消费者网络购物的满意度不断提升。

商务部在出版的《中国电子商务报告》中指出：在我国经济转型的过程中，电子商务成为大多数企业转型发展的重要途径，通过开展不同的网上活动，均取得了较为重要的进展。因此，发展电子商务已经成为众多传统企业转型的必经之路。我们通过调研以及文献整理了解到，在我国各行业电子商务发展进程中，应用电子商务更加广泛且深入地应用于工业、农业、服务业、流通业、金融业等行业中。其中，电子商务在工业中的应用包括大中型企业的电子商务和小微企业的电子商务。2012 年 3 月国务院印发《我国现代化农业发展规划（2011—2015）》，对电子商务在农业中的应用有了具体要求，《规划》指出，建立一批农业生产经营信息化示范基地和农业综合信息服务平台，建立共享化农业信息综合数据库和网络化信息服务支持系统。在《规划》引导下，农业信息化基础建设进程显著加快。众多电商平台认识到农业电商发展前景广阔，纷纷加入到了这片蓝海之中，以淘宝网为例，开展了农村电商版块，并由商务部牵头，在农村地区推进线上线下销售渠道的融合与淘宝网农产品网上营销。服务业电子商务的应用主要体现在新零售与跨境电商的崛起，当然也包括一些新兴的电子商务行业的发展，如旅游业与电子商务的融合、生活娱乐服务业与电子商务的融合等。金融业电子商务应用主要体现在银行和保险等行业中的电子商务化。其他行业均在不同程度上与电子商务发生了碰撞，如电子商务政府采购、交通业电子商务、邮政电子商务、网络广告等。

（三）电子商务的分类

对电子商务进行分类，便于我们对电子商务更深入、全面地进行理解。电子商务一般是按照运作方式、活动内容、交易范围、网络类型、数字化程度、交易主体等分类维度进行分类。例如，完全电子商务与不完全电子商务，直接电子商务与间接电子商务，基于 EDI 网络的电子商务与基于 Internet 的电子商务，跨境电子商务与境内电子商务等。目前，最常见的分类方式是按照参与电子商务交易的主体不同进行的分类，其中，按电子商务的主体性质不同，分为企业（Business）、政府组织（Government）、消费者（Consumer）等，基于其不同组合，可分为企业间的电子商务（B2B）、企业对消费者的电子商务（B2C）、消费者对消费者的电子商务（C2C）、企业对政府的电子商务（B2G）、消费者对政府的电子商务（C2G）等类型。此外，随着近年电子商务模式不断创新，与多元化行业不断融入，也涌现出一批新型电子商务，如线上到线下的电子商务（O2O）、点对点网络金融（P2P）等。

1. 企业间电子商务（Business to Business，简称 B2B）

企业间电子商务是指参与电子商务的双方均为企业或组织单位，没有个人、政府或其他形式主体参加。例如，企业通过互联网平台上发布供求信息，开展订货、支付等商务交易活动。互联网平台可以是企业自行开发的企业网站，或其他第三方网络平台（如阿里巴巴、敦煌网等典型 B2B 交易平台）。

2. 企业对消费者的电子商务（Business to Customer，简称 B2C）

企业对消费者的电子商务其活动主体分别是企业与一般消费者，是企业通过网络平台向消费者提供产品和服务的商务交易模式。常见形式即网络零售业，企业在互联网平台上创建网上商店，消费者通过访问网络店铺，完成挑选商品、下单、支付、收货等操作，企业通过互联网同时完成对消费者的售后服务，同时也可以接受投诉等业务。在此过程中，企业将传统线下商铺移至互联网上，省去了店铺租金或建设维护费用，大大降低了运营成本。而对于消费者来说，则节省了购物时间、体力的付出，使购物变得更加便捷与快速，大大提高了效率。尤其配合近两年来兴起的电商直播业务，消费者通过网络能够更清晰直观地观看购买产品的全方位展示，对网络消费满意度的提升产生了极大的促进作用。B2C 模式的电子商务受到越来越多的消费者认可，发展迅猛。国内主流的 B2C 平台有京东商城、天猫商城等。

3. 消费者对消费者的电子商务（Customer to Customer，简称 C2C）

消费者对消费者的电子商务是指，通过网络的第三方平台个体消费者间进行商务交易。在这类模式中，消费者既可以作为商品的销售（转让）方，通过平台交易自己发布的产品，定价并提供相关服务。也可以作为商品购买方，进行商品选购、支付、评价等网上活动。C2C 模式的电子商务同样降低了交易成本。在此类模式的电子商务交易活动中，由于卖家众多，提供的产品和服务种类繁多，甚至超过 B2C、B2B 电子商务提供的产品服务丰富程度，这是 C2C 电子商务的优势特色，第三方平台负责对 C2C 电子商务交易双方的行为进行管理与监督，这包括打击假冒伪劣、恶意评价等，以确保买卖双方利益。目前主流的 C2C 网络平台有淘宝网、闲鱼、转转等。

4. 企业与政府间电子商务（Business to Government，简称 B2G）

企业与政府间的电子商务是指企业通过网络面向政府提供的产品和服务的商务交易活动，例如政府通过网络平台向企业采购办公设备等，也可以指企业通过网络向政府缴纳相关税收、费用等。

5. 消费者与政府间电子商务（Consumer to Government，简称 C2G）

消费者与政府间电子商务指消费者通过网络完成个人所得税的申报与清算，或者向政府提供服务的电子商务活动。

6. 线上到线下的电子商务（Online to Offline，简称 O2O）

O2O 是近年来新兴的一种电子商务模式。企业或组织通过互联网对自身进行宣传与推广，引导消费者通过线上购买，将消费者引向线下的实体商家进行消费的商务交易过程。使电子商务巧妙地介入到了传统零售与服务领域，并形成了线上与线下沟通的纽带。消费者在网络平台上对线下商家（以本地商家为主）提供的服务进行比较、筛选，然后通过网络支付实现预定，到线下实体店内享受服务，还可以进行线上评价，为其他消费者提供参考。该模式最重要的意义是将线上线下市场进行有效融合，使电子商务真正走到我们身边，为生活带来便利。近年来，由于新冠肺炎疫情在我国大部分地区暴发，严重影响了区域经济，乃至全球经济的发展，O2O 电子商务对区域经济增长作出了巨大的贡献。主流的 O2O 平台如：美团、饿了么、携程旅游、滴滴打车等。

（四）传统电子商务和移动电子商务的比较

移动电子商务是随着我国移动通信网络技术的发展而兴起的电子商务新业态。它是指利用移动电子设备开展的各项商务活动。也可以理解为，凡是通过移动通信网络开展的商务活动均属于移动电子商务。移动电子商务因其便利性、及时性的优势迅速得到了普及。其主要特点如表 1－1 所示。

表 1－1　移动电子商务的主要特点

主要特点	具体内容
移动性	商务活动不受空间与地理位置限制，用户可以随时随地获取企业提供的各种服务、体验应用软件、接收信息、参与娱乐活动。
即时性	用户可以随时随地实现网络信息的访问与获取，更加适应瞬息万变的商业环境。
便利性	在移动电子商务过程中，用户可以直接通过移动终端访问网站，开展商务活动，通过多种渠道实现服务付费，简化商业交易过程。
个性化	移动终端具有排他性的特点，用户唯一且固定，因此可实现个性化的服务定制，便于用户获取各类信息，及享受各种专门服务。
定位性	通过移动通信网络和各种定位系统服务提供终端设备位置信息，实现基于位置化的商务服务。

移动电子商务与传统电子商务均属电子商务范畴，但在价值体现上存在差异。移动电子商务虽然起步较晚，但是凭借它的便利性、移动性与及时性的优势迅速获取了大量用户青睐，同时，随着移动电子商务的快速发展，为个体消费者提供的服务与产品越发多样化、个体化，深得用户喜爱。虽然它优势众多，但是移动电子商务并不能完全取代传统电子商务，尤其是对于企业电子商务来说，传统电子商务仍然发挥着重要的作用（见表 1－2）。

表 1-2　移动电子商务与传统电子商务的差异性表现

	PC 端电子商务	移动电子商务
追求价值		
成本层面	低成本、全球通	移动商务，可直接找到本人
信息获取	海量、免费，易获取	实时获取，精准定位获取
方便性	全球化，无地域和时间限制	实现局域服务，精准定位
成本特点	交易成本低	高效的物资效率
快捷性	依靠 PC 端，信息获取快捷	信息获取快捷，能实现紧急求助服务
服务质量	个性化，客户自助服务	位置敏感的服务
工作者支持	支持办公室人员	支持移动工作人员
成本结构		
进入市场	门槛低	门槛高
内容进入成本	较高	低
内容分发成本	低	低
物流成本	有形商品的物流成本高，信息商品与互联网服务的成本极低	有形商品的物流成本低，信息商品和服务的成本较高
应用开发成本	较低	较高
技术投资成本	较低	高
利润来源		
成本节约	搜索成本、促销成本、客服成本、交易成本极大降低	提高了移动工作者和物流运作的效率，而使成本降低
广告	主要的收入来源	更为关注流量推广
通信费用	访问互联网成本低，通信是一种成本，而非利润来源	按时间或流量收费，是主要利润来源
基础设施建设	增长不明显	增长明显
在线销售	全球市场	小批量、多品种
服务费用	免费或者收费较少	按订阅方式进行收费

在信息技术迅猛发展的当下，极大降低了社会生产生活中信息获取的成本，市场需求清晰准确的定位，分销渠道需要个性化的设计拆分，产业价值

链的不断重组，用户消费群体愈加细化，都导致了越来越激烈的企业间的竞争。而成功的商业模式的出现，要比技术的更新更加直接地吸引市场。

如何寻找到新的业务，如何定位新的合作伙伴，合作伙伴间如何高效协作及利益分配等，这些都是在激烈竞争的当今时代企业亟待解决的关键问题。原有的“店铺模式”已难再轻松获得利益，而商业模式也不再是简单的赢利目标，变得更为复杂。从产品到服务，从市场到价值链重塑，从营销到渠道建设，这是市场需求与资源积累有机结合的系统。

移动电子商务的商业模式涉及了产业链条的各个环节，包括运营商、互联网公司、内容提供商、软件开发商、终端设备提供商、平台提供商等，上述参与者均以客户为中心，考虑客户获取信息及参与商务活动是以移动通信网络为依托的，在一定的政府管制政策限定下开展各种商务活动，企业通过移动电子商务模式进行资源获取、研究开发、生产组织、产品营销、售后服务、客户关系管理、合作伙伴管理、利益分配等环节的组织，以实现企业自身的商业价值。

我们研究移动电子商务的产业价值链体系，可以界定某企业基于移动电子商务领域的商业模式。但同时我们也要考虑到它所涉及的整个产业价值链是一个有机的整体，这其中包括网络通信、技术支持、移动支付、软件服务，物流服务等多个行业，其中的一个或几个行业（企业）是不能单独完全推动移动电子商务发展的，一定是将产业价值链上所有的参与方作为一个整体才能够实现移动电子商务的发展。从这个角度出发，可以帮助我们更深刻地认识商业模式的系统性特点，它既包括不同参与主体收益及其功能角色的描述，也包括不同参与主体收益及分配原则的划分。这些参与主体之间形成一个有机整体，涉及资金流、信息流、服务流的“三流”结构。通过商业模式的有机体系，可以清晰呈现企业能为用户提供的价值，以及企业及其他参与主体利益的分享。

二、旅游电子商务概述

随着我国人民生活水平的不断提高，人们对物质文化生活的追求也发生了明显的变化，各种娱乐休闲消费模式纷纷出现，推进了相关产业的快速发展，旅游业就是其中的典型代表。乡村旅游又是传统旅游产业重要的分支，满足旅游爱好者个性化、多样化的消费需求，近年来也受到了社会广泛的关注。在信息技术高速发展背景的驱动下，“互联网+”技术已经较为成熟，人们在信息获取、运营模式、服务方式等方面对旅游相关产业提出了新的要求。旅游电子商务的出现，恰恰填补了这一空白，并迅速成为行业发展新的突破点与收益增长点。旅游业与电子商务产业各自的特点决定了二者之间的融合发展具备必然性及可行性的，二者也是彼此促进、协调共生的。旅游电子商务的发展是一个多主体相互协调促进的过程，也是一个双向共赢的过程。旅游消费者通过电子商务的渠道获取相关的旅游资讯，并完成旅游产品或服务的预订及变更，旅游企业通过电子商务平台实现佣金的获取。在未来，随着5G技术、人工智能、大数据技术的不断成熟与深度应用，旅游与电子商务产业的融合发展还会拥有更加广阔的空间。

（一）旅游电子商务的概念

2020年，国家提出了力争在2030年以前实现二氧化碳排放量达到峰值的目标，并努力争取在2060年实现碳中和的目标。“双碳理论”的提出，使全社会掀起了节能减排的绿色发展运用，一些新型绿色产业发展得到了社会的关注与政策支持，迎来新的发展机遇，旅游业就是其中之一。随着人们对美好生活的追求目标不断提升，对旅游产品的需求也在日益增长，加之它的绿色环保、高附加值等特点，旅游业已经逐渐成为我国国民经济的重要产业支柱之一，同时也是我国经济发展的重要增长引擎。

旅游业我们可以理解为：凭借旅游资源及相应的旅游设施等条件，向旅游者提供旅行游览服务的行业总称。这里所说的旅游资源主要包括旅游景点资源，旅游设施包括：交通设施、酒店餐饮设施等能够为消费者提供吃、住、行服务的辅助设施。旅游业的分类方法很多，主要分类有如下两种：一是按照旅游动机，可以分为休闲旅游和商务旅游；二是按照主要旅游领域，可以划分为出境游、入境游和境内游。

旅游电子商务，是指旅游企业通过现代网络技术手段，将其旅游商务活动各环节实现电子化。这其中，一方面包括旅游企业在自营网络平台上或通过第三方网络平台向旅游消费者发布旅游信息、提供旅游信息检索服务、进行旅游产品或服务的宣传推广等，目前主流业务以B2C模式为主；另一方面我们所指的旅游电子商务也包括旅游企业之间的电子化交易等。例如，旅游企业与上下游伙伴企业间建立的数据共享、信息交换和单证传输等，主流业务以B2B模式为主。随着国内旅游需求逐渐增加，涌现出了一批与之匹配的旅游网站，如B2C模式的携程网、艺龙网、同程网、去哪儿网和主打旅游评论的网站马蜂窝等，B2B模式的旅游网站有易行天下、八爪鱼在线旅游、欣旅通和四四扣旅游圈等。

在旅游电子商务活动中，主要存在三类主体，分别是旅游产品提供商、旅游服务中介以及旅游消费者。

旅游产品提供商包括景区、酒店、餐饮机构、铁路公司、航空公司、汽运公司等，它们为消费者提供景点、住宿服务、美食、交通等产品。

常见的旅游服务中介商有携程网、去哪儿网、同程旅游等，它们在平台上整合了景区、餐饮酒店、交通运输等多种旅游产品资源，为消费者的消费选择提供便利空间。

旅游消费者即包括个体旅游消费者和企业旅游消费者两类。企业旅游消费者多是伴随企业的公务出差需求与参加会议展览需求而产生旅游事务需要。这一类旅游消费者多会选择与专业旅游网站合作，为其提供专业的商务旅行规划，包括旅行预算和旅行方案咨询等服务，并为消费者提供商务旅行的全程代理，为消费者节省时间和财务的成本。同时也会存在一些旅游企业，它们与特定机票代理商网站、旅游饭店网站具有比较固定的业务关系，可以为消费者提供优惠的票务服务，使消费者由此享受优惠价格。

在实际过程中，除了以上三类主体外，旅游电子商务的运营还离不开另一类为旅游电子商务提供金融支持、目的地服务的企业，比如提供支付服务的企业，如微信、银联支付、支付宝等；提供旅游金融服务的企业，如途牛金融、小驴金融等；旅游目的地服务企业，如悠比旅行；出行信息服务企业，如马蜂窝等。

（二）旅游业与电子商务融合发展的可行性

第一，旅游业本身的发展较多地依赖于信息的共享与传播，是一种较为典型的信息依赖型产业。一般旅行者为了更科学合理地安排旅行计划，习惯在旅游之前收集旅游目的地的相关信息，用来对抗未知和不确定的风险和突发事件。而旅游目的地为实现对当时景区服务更好地推广营销，最主要的做法就是通过更广泛地向旅游消费者传递相关旅游产品信息来获取流量。当消费者做出旅游决策时，其所做出的预订旅游产品的过程也是一个信息反向传递的过程。与此同时，旅游目的地的经营管理者也需要通过掌握的游客信息组织开展相关的客户服务与关系管理活动。在上述过程中，通过电子商务形式旅游消费者实现对旅游产品有针对性地提前消费，依托动态的信息流传递也实现了旅游经营者对业务的高效组织，这些都体现出了电子商务对旅游业的特殊促进作用。

第二，旅游业具有典型的跨国界与跨空间动作的特征。在国际化旅游业中，在待解决的业务中首要任务之一即为旅游产品信息及旅游交易信息的跨国传递、交易资金的跨国结算等问题。在这一层面电子商务的天然优势突显，与传统贸易相比，使用电子商务能有效降低跨地域信息交流的成本，同时极大地提高跨地域信息交流的效率。电子商务的国际化、开放性特征与旅游业的跨国界、跨空间运作特点几乎完全匹配，两者的强强联合都将为双方未来的发展提供更广阔的空间和更巨大的机遇。

第三，根据电子商务近 20 年的发展情况来看，物流环节是关系电子商务全面健康发展的难点，也是关键瓶颈之一。在这一点上，旅游电子商务具有较明显优势，涉及物流问题较少。而有形产品的电子商务在进行一次完整的电子商务交易活动过程中，难以避免要涉及货物从供给方向需求方的运输配送问题。旅游电子商务交易中对有形产品的物流需求相对较少。交易更多涉及的是信息流与旅游消费者自身的流动，很好地规避了电子商务交易过程中的难点问题。随着近年来，我国交通业的信息化普及，电子车票已经广泛应用，它的出现更加方便了旅游消费者的出行，同时为旅游电子商务的进一步推进和发展提供了更加便利的条件。

第四，电子商务的出现，能够更好地满足消费者个性化、多样化的需求。在旅游业中，对旅游业运作规范性提出了较高的要求，因此，传统旅游业很难实现旅游消费者个性化需求的满足。旅游电子商务新型旅游模式的出现，能够较好地解决上述问题。旅游消费者可以直接通过互联网发布需求信息，旅游企业通过大数据获取信息，双方通过在线交流达成交易。应用较为普遍的案例是“网上成团”模式，即旅游消费者提出他的旅游线路需求，并在网站上发布，吸引与他有着相同需求和兴趣的消费者加入。当同类消费者达到一定数量时，通过网站平台匹配适合的旅行社为其提供相关旅行服务。在此过程中，消费者的个性化需求得到满足，同时也提升了他们的议价能力，获得了优惠。

（三）旅游电子商务的分类

对旅游电子商务的分类研究，不同的学者有不同的划分标准，在融合众多学者研究成果基础上，本书将旅游电子商务的分类按如下维度进行了归纳与梳理。

1. 按照旅游服务对象不同进行分类

在旅游服务运营过程中，按照旅游服务对象的不同，旅游电子商务可以分为：面向散客自由行的旅游电子商务与面向团体的旅游电子商务。前一种形式主要是面向旅游散客，这些群体一般是以个人为单位完成出行活动，他们的旅行需求往往具有高度个性化的特点；后一种形式主要面向一般性的旅游团体或者散客自发成团的客户，这种形式团队人数相对众多，一般为其设计标准化的旅行产品以满足旅客需求。在传统的旅游活动运营过程中，旅游企业受自身资源及服务能力的限制，多数通过旅行社实现获客，借助于一些较为成熟的旅游产品吸引客流，以既定模式实现旅游服务，满足团队游客一般化的旅游需求。旅游企业或旅行社的收益规模主要取决于本次旅游团队的大小；针对散客的旅游服务，由于涉及个性化定制，提升了旅游企业的服务成本，因此，游客需要支付更高的费用，否则将面临散客拼团或取消行程的结果。

在电子商务环境下，传统旅游业务运营现状得到极大改善，利用互联网使旅游信息得到了高效的传播。在海量信息支持下，团队服务效率极大提升，也使散客拼团更具可行性，为自由行旅游市场发展提供了更为广阔的空间和机遇。消费者通过互联网在旅游企业的电子商务平台上直接获取相关资讯，如景点信息、交通信息、服务信息、产品信息等，根据个性化的需求可获得定制式的旅游产品服务，极大满足了个体旅游消费者的需要。

2. 按照旅游活动依托电子商务程度不同进行分类

虽然当前电子商务发展已经进入相对成熟的阶段，但不同的旅游消费者在规划行程过程中常会采取不同手段，因此，按照旅游活动依托电子商务的不同程度来分类，旅游电子商务可分为完全旅游电子商务和不完全旅游电子商务。

完全旅游电子商务是指旅游消费者除旅游观光、食宿、乘坐交通工具等必须通过线下完成的活动以外，整个交易的其余各环节均以电子商务形式来完成，实现整个旅游活动的交易，其余环节包括：景区门票购买、酒店预订、交通形式选择及支付、旅游服务评价与反馈等。完全旅游电子商务通过网络连接，使旅游消费者跨越空间的障碍完成商务交易，实现旅游业与电子商务行业的完全融合，其充分挖掘全球市场，为未来跨国旅游业务的开展奠定了极大的优势基础。

非完全旅游电子商务是指在开展旅游业务过程中，不能完全依靠电子商务方式实现和完成完整旅游交易过程。例如，目前仍有部分地区的景点并未开通网上预订服务，旅行消费者只能抵达目的地后，线下购买门票。在国内，绝大部分地区景点均已实现网络订票业务，上述情况出现较少，更多发生在一些跨国旅游业务中。

3. *按照交易主体分类*

按照交易主体不同进行分类，旅游电子商务可以分为以下五类：①商业机构对商业机构（Business - to - Business，B2B）的旅游电子商务；②商业机构对消费者（Business - to - Consumer，B2C）的旅游电子商务；③商业机构对政府（Business - to - Government，B2G）的旅游电子商务；④消费者对消费者（Consumer - to - Consumer，C2C）的旅游电子商务；⑤消费者对商业机构（Consumer - to - Business，C2B）的旅游电子商务。此种分类方式与传统电子商务分类方式相同，上文中已做详细介绍，为方便阅读，以下我们将使用简称进行表述。

（1）B2B 旅游电子商务。B2B 旅游电子商务是指商业机构与商业机构之间进行的旅游交易模式。例如，商业机构（企业）的团队旅行、公务出差、会议展览等活动需求。通过 B2B 旅游电子商务展开企业旅游活动，在组织过程中，涉及的酒店、会议、展览、景区旅游、旅游交通等费用可以实现大幅降低，从而节约企业成本。同时在树立企业品牌形象、增加企业竞争力等方面可以提高企业效率。这种类型的旅游电子商务为旅游电子商务企业带来了大部分的赢利收入，也是各类旅游企业在激烈的市场竞争中获取优势，击败竞争对手的有效手段。

（2）B2C 旅游电子商务。B2C 旅游电子商务是指商业机构与旅游消费者之间进行的旅游交易模式。B2C 旅游电子商务的模式拥有的用户数量最为庞大。它主要借助 Internet 开展在线销售活动，可看作是旅游行业的网上零售商。近年来，互联网技术的快速发展，为旅游机构和旅游消费者开辟了新的交易平台，为这类旅游电子商务快速发展提供了条件。网络平台的搜索引擎功能越发强大，以及可视化的浏览功能和交互的界面设计，使旅游消费者更容易寻找和深入了解所需的旅游产品。这为 B2C 旅游电子商务的开展提供了良好的基础，这一版块将成为未来旅游电子商务发展的主要阵地。

（3）B2G 旅游电子商务。B2G 旅游电子商务是指商业机构与政府机构之间进行的旅游交易模式。B2G 旅游电子商务主要涉及旅游企业或机构的网上缴税、对接政府的旅游结算、政府网站旅游信息的发布等。通过这类电子商务的发展，加强了政府对本地旅游企业的监管，在提高税款缴纳率与推进本土旅游产业发展上起到积极作用。在国内的一些旅游大省，如云南丽江等地，正在试运行的旅游结算平台是 B2G 旅游电子商务模式的一种新的尝试，它在很大程度上解决了困扰旅游产业发展多年的“三角债”问题，规范了旅游市场的同时，积极促进了当地旅游产业的健康发展。

（4）C2C 旅游电子商务。C2C 旅游电子商务是指个体旅游资源提供者（如乡村采摘、农家餐饮服务等）与个体旅游消费者之间的旅游交易模式。互联网将大量的个体旅游消费者和个体旅游资源提供者联系在一起，将旅游商品和服务的在线交易变为可能。在旅游电子商务平台的快速发展下，C2C 模式的旅游电子商务规模已逐渐壮大，在携程网、去哪儿网、同城网等网站均有提供该类型旅游交易模式的板块。主要涉及的业务有旅游产品销售、住宿房间预订、农家乐（渔家乐）的产品服务等。与其他行业 C2C 电子商务模式相似，在旅游电商领域也存在诚信问题、税收问题、交易安全性等问题，制约 C2C 旅游电子商务的发展，未来在这些方面还需要进一步研究。

（5）C2B 旅游电子商务。C2B 是指旅游消费者与商业机构之间的旅游电子商务交易模式。这类模式的核心是通过网络将数量庞大的旅游消费者组成一个强大的采购集团，以此来改变C2B模式中旅游消费者对旅游服务提供机构间一对一出价的弱势地位，使之享受到以团体的价格买单件旅游产品的利益。在这种模式下，呈现出来的是一种旅游服务产品的逆向生产运营过程，先由旅游消费者提出对产品的个性化需求，再由旅游企业按照需求提供生产。旅游者消费者通过电商平台提出符合自身需求的定制化的旅游产品，也可以主动参与旅游产品的设计过程，甚至可能影响旅游产品的定价，极大地体现了在电子商务时代下旅游消费者的个性化需求得到最大化满足和旅游企业的定制化加工模式广泛推广的可行性。C2C旅游电子商务模式也成为未来旅游电子商务的重要发展方向。

（四）我国旅游电子商务的发展趋势

伴随着5G技术的广泛应用以及行业竞争的日益加剧，在我国旅游电子商务的发展进程中也呈现出一些新趋势。

1. 行业资源整合力度加剧，产业链条广泛延伸

旅游电子商务在我国经过十几年的发展，已经由原来的1.0阶段逐步完善发展到了2.0阶段，由于行业市场竞争的加剧，导致旅游电子商务市场也变得更加细化，提供在线交通预订、酒店预订、门票预订、度假区预订等方面的业务平台层出不穷。企业为了在竞争中获取更多流量支持，主动降低成本、摊薄利润，这也导致旅游电子商务服务商面临着更加剧烈的市场竞争，为企业运营也带来了更大的风险。在这样的背景下，建立旅游企业联盟，为市场提供稳定、可行、安全的旅游在线服务成为当下旅游产业的发展趋势之一。具体做法是旅游企业纷纷整合行业内部资源，联合上下游产业链企业，不断完善产品体系，保持企业持续发展状态。在此过程中，企业既要整合旅游电商平台、电商渠道等载体资源，同时兼顾旅游目的地、旅行社等资源，以及交通运输、酒店餐饮等。通过企业间建立的联盟，成员伙伴风险共担、利益共享，成本分摊，产品和服务质量得以保障，产业链条无形延长，实现了联盟企业间综合协调管理等目标。

国内众多投资集团看好未来旅游电子商务的发展前景，纷纷注入大量资金支持，去哪儿网2011年获得百度集团3.06亿元战略投资，刷新了百度当时投资规模的历史。携程与同程旅游投资2亿美元开展门票业务合作，拉开

了旅游电子商务企业强强联合的序幕。驴妈妈通过换股的方式并购了上海兴旅国际，将其更名为“驴妈妈兴旅国际旅行社”，开始进军出境游市场。马蜂窝关注用户评价版块，并将用户原创内容进行进一步加工处理，打造了国内领先的旅游评价网站。这些都从不同层面呈现出当前国内旅游电商市场大规模的资源整合的发展趋势，在未来，随着旅游电子商务不断发展，通过延伸产业链保障企业在激烈的竞争中立于不败之地所开展的行业内部企业重组，资源整合活动将变为常态。

2. 旅游企业线上线下两手抓，实现业务综合发展

在互联网诞生之前，传统旅游企业主要通过线下渠道开展经营活动，由于信息传播能力有限，导致旅游产品市场买卖双方信息不对称，价格欺诈现象屡有发生，企业运营效率低下。电子商务的出现，在很大程度上弥补了上述缺憾，企业通过线上运营为旅游爱好者的消费活动提供了极大的便利条件，然而，随着旅游与电商的深度融合也产生了一系列新的问题，比如在线支付中的安全隐患问题、在线旅游产品和服务的质量问题、在线投诉反馈处理的及时性问题等。为了解决发展漏洞，实现资源整合，保障行业发展质量，各旅游企业不断创新，以线上与线下结合的形式开展旅游活动运营，一种新型的旅游电子商务平台模式——O2O 旅游电商应运而生。它通过在互联网平台上为旅游消费者提供多样化的产品及海量信息资源，在线下则主要为消费者提供个性化的旅游服务，线上线下两手抓，充分结合，更好地匹配旅游消费者的需求。2014 年，携程旅行网打造的黄山服务平台即开创了这类模式的先河，它通过线上与线下的服务联动，完美地实现了线上下单，线下享受服务的全过程，让消费者享受到了更为优质、便捷的旅游服务。当然，在随后的近十年内，O2O 旅游电子商务取得了更加长足的发展，已经成为消费者出游的首选方案。

3. 行业市场细分成为主流趋势，旅游企业纷纷找寻蓝海空间

经历了十余年的发展，当前的旅游电子商务已经逐渐走向成熟化与体系化，单一模式或单一企业的发展早已不复存在。取而代之的是企业间越来越明确的分工，行业内越来越细化的市场。为了在激烈的市场竞争中获得用户流量，各旅游电商服务平台为打造自身独特的竞争优势，纷纷创新平台板块和内容，希望在众多的同行竞争中脱颖而出。在旅游服务区域上，产生了专

注境内游企业与专注出境游企业。在旅游服务板块上，企业各自发挥自身优势，纷纷打造引流产品，开展差异化营销。产生了“超低价门票秒杀”“超低价机票抢购”等活动标语，有的企业顺势推出了“机票＋酒店”或“门票＋酒店”等不同产品组合的优惠模式。从旅游消费者的消费层次方面，产生了“高端游”与“中低端游”的不同产品划分。从出游方式上，又出现了专注团队旅游企业与精品散客游团队，以及近几年来兴起的自驾游等。即使处于同一旅游类型内，企业也将市场做了更为具体的细分，比如在做出境旅游服务的企业中，又按旅游交通方式不同，出现了主攻出境旅游中的邮轮业务的企业，按线路不同，细分出了专注出境旅游中的日本线路的企业。根据旅游企业所采用的平台模式，所涉及的业内范围，以及锁定的目标顾客、盈利来源等的差异，为创造自身的核心竞争力，在行业市场中占有一席之地，旅游电商服务商通过对市场进一步细分来找寻蓝海。在此同时，由于互联网技术的不断发展以及大数据技术的广泛应用，未来也将催生出更多的创新型旅游企业。

4. 企业提供配套方案，为消费者解决一站式服务

目前在国内旅游电商行业中，企业通过电商平台为旅游消费者提供的服务更多的是集中在某一个旅游消费环节，比如：某些在线旅游服务提供商提供的票务服务，如果消费者需要购买目的地特色产品还需要寻找其他渠道。某些在线旅游服务商提供景区景点讲解服务及游览线路规划服务，但解决不了旅游消费者同样急需的餐饮住宿问题。我们可以说这些企业要么解决的是旅行的问题，要么解决的是旅游的问题，他们在提供在线旅游服务时并未考虑到旅游消费者的完整需求，并没有从旅游产业链角度对产品进行整合，仅在自身专注领域提供相关服务，显然是难以满足旅游消费者一站式的需求，企业获取眼前利益的同时，难以得到长远发展。

事实上，旅游行业一站式的服务提供模式是未来发展的主流趋势。在旅游电子商务发展的初级阶段，多数企业由于资金短缺、实力不足等原因，为了能在行业站稳脚跟，获得一部分市场份额，他们往往采取在自己具备专业优势的领域开拓市场，打造企业核心竞争力，对于满足旅游消费者整体需求的考虑不足。但随着行业的快速发展，旅游消费者的消费升级，旅游活动日趋多元化发展及跨境游等旅游行业的普及，促使旅游电商服务商由单一版块

的服务提供逐渐向一站式服务体系发生转变，这也是未来国内旅游电商发展的另一个趋势所在。

5. 优化移动终端功能，旅游服务集成发展

随着移动5G时代的到来，智能手机与平板电脑的日常应用更加广泛与深入，国民旅游消费日趋个性化需求的突显，都为旅游电商的加速发展提供了重要的契机。新阶段的旅游电子商务发展渠道将主要依托移动互联网技术而形成。艺龙旅行、去哪儿网等网站在移动APP上形成了巨额交易量。马蜂窝、在路上等旅游创业公司短短几年就得到了迅速的发展。这些都说明了一个问题，那就是移动互联网技术是引领当代旅游业发生变革与创新的重要途径。

企业由传统电商向移动电商迁移过程中，要注意以下问题的处理：一是核心能力的塑造。虽然业务集成化与一站式服务提供模式已经成为行业发展趋势，但是任何企业都不可能打造大而全的服务体系架构，总会有侧重与取舍，尤其是对成长型企业来说更是如此。因此，企业在做移动端服务运营过程中，要注重核心功能的凸显，打造特色明显的旅游移动电商平台，如价格优势、智能体验、便捷应用等，以获得旅游消费者的青睐。二是充分考虑如何增加用户黏性。移动电子商务发展到今天，流量红利已经逐渐消退，而企业在移动端获利的关键还必须依靠流量支持，如何让流量用户转变为忠实粉丝，建立企业与用户亲密的关系，需要每一个企业深思。三是要始终以安全、稳定、可靠为前提发展移动电商业务。这是基础也是关键，需要我们在加强品牌形象建设、建立高效信用机制、完善支付保障体系等方面做足文章。打造智能、高效、安全的移动旅游电商终端网络，将会为旅游行业未来的发展带来无限商机和利益。

此外，智慧旅游也是旅游业与电子商务融合发展的另一重要趋势。所谓智慧旅游，即旅游企业管理者、旅游设施经营者、旅游服务提供者、旅游消费者等各方主体，依托Internet网络（包括移动互联网、物联网、视联网等网络信息系统），大数据技术、云计算等现代化手段，利用便携的终端上网设备（如智能手机、IPAD等）为载体，完成了解旅游资源、获取旅游资讯、预订旅游活动、寻找旅游同伴等活动，使旅游活动更加高效、便捷、轻松、可控。

智慧旅游是近几年在旅游行业出现的一种新的旅游理念，“智慧”体现在旅游服务、旅游管理、旅游营销等三大方面。在智慧旅游理念的倡导下，游客随时随地都能够通过无线通信网络、物联网、全球定位系统和实时监控技术，实现信息的传递与交换，满足并实现旅游消费者的各类浏览需求，使游客的旅游过程更顺畅，提升旅游整体的舒适度和满意度，同时为旅游消费者带来更高的旅游安全保障和品质保障。在智慧旅游环境中，旅游企业与公安、交通、卫生、质检、工商等部门以信息共享为基础，形成协作联动，依托旅游智能大数据，构成旅游预测预警机制，提高旅游的应急管理能力，保障旅游安全。另外，智慧旅游能够帮助快速、高效地对游客在旅行过程中相关信息的收集、汇总与分析，这些信息对于旅游企业研究并确定旅游推广宣传的目标区域、重点人群具有非常重要的价值，通过观察相关旅游消费者对旅游目的地及产品、服务的选择特点，我们为其匹配相应的推广营销方式，这对于提高旅游产品营销的高效性、精准性有极其重要的意义。

据有关研究机构数据表明，在我国，随着5G技术的普及与应用，“互联网+”旅游这种新型的行业发展模式得到了长足的发展，它使消费者的旅游活动变得更加简单，易操作，通过智能手机APP即可实现餐饮预定、旅游攻略查询、地图导航、景区门票购买等多项操作，极大方便了旅游消费者。“边玩边订”的旅行方式快速升温，且正在向常态化发展。游客在抵达目的地后再确定“吃住行”的现象越来越常见。现在的消费者将更多的时间花费在游玩本身，“说走就走的旅游”已经成为一种社会时尚。

三、乡村旅游电子商务概述

随着我国经济不断的稳健发展，人民生活水平的显著提升，以及人民对物质文化需求的不断提高，追求“自由、舒适”的个性化旅游逐渐变成人们追求休闲娱乐的新导向。近年来，面对城镇居民压力大、节奏快的生活状态，在生活之余寻求放松身心的首选旅游活动即为乡村旅游，乡村旅游活动依靠其特有的优势迅速得到普及，并呈现在了大众视野当中。但是传统的旅游服务模式并不适合乡村旅游的特点，更加难以满足广大旅游消费者个性化、多样化的需要。旅游电子商务的出现能够较好地弥补这一缺陷，通过网络联结能够有效地把乡村旅游产品的供需双方最大限度地集结起来，满足双方的需求和愿望。

乡村旅游的出现，为传统旅游业发展带来了新的生机和活力，同时它也成为地区经济发展的新的增长点。我国各地政府大力推进乡村旅游产业发展，竞相出台相关政策保护和扶持。在此背景下，一度掀起国内乡村旅游热潮。众多旅游企业纷纷投入到乡村旅游领域发展，导致行业内部竞争激烈。同时，旅游客源过剩也造成了旅游资源内需不足等问题的出现。面对如此瓶颈，乡村旅游的进一步发展必须实现技术革命，利用新型的信息通信技术，运用电子商务进行市场拓展，为消费者提供个性化、智能化的乡村旅游服务，以提高乡村旅游资源和旅游企业的市场空间。电子商务与乡村旅游的行业融合成为其发展的必然趋势。

电子商务作为全球信息技术革命的代表性产物之一，其市场规模在世界领域急剧扩大，快速成为世界各国新经济发展的突破点。而电子商务依托互联网承载着海量的信息，它的便捷、快速、实时、交互、丰富等特性与旅游业的发展需求极为匹配，二者紧密融合，已然建立起了健全、有序、高效、规范的信息化架构。乡村旅游在此基础上与电子商务的进一步发展，有着更为实际的意义。

乡村旅游与传统旅游不同，在异地消费的基础上，它更多地呈现出地域的近郊性，景区内涵的感情价值体现，对旅游商品的个性化需求较为突显。运用互联网技术，旅游消费者可以对所消费的旅游产品信息进行提前了解掌握，具有重要意义。旅游消费者可以通过网络对所选择的产品进行筛选、比较，通过全方位比较做出对产品的价值认定。消费者同时也可以在网络平台上提出自己的个性化要求，旅游企业提供产品制定化的服务。在信息技术迅猛发展的当今社会，上述操作已经利用电子商务的形式转变为现实。在线交易资格确认、在线签订交易合同、在线支付等环节均已发展到较为成熟阶段，虚拟现实技术、三维全景技术还为旅游消费者在购买旅游产品之前提供了全面仿真的场景展现功能，最大限度地降低购买风险，确保交易双方信息对等。

旅游业属于信息密集型行业，任何一款旅游产品的信息持有量均是其他实体型产品难以比较的。同时它对各方面信息的敏感度极高。它不同于一般意义上的产品，与有形产品相比，旅游产品的无形性、异地性、不可储藏性、完整性、脆弱性等特点极易与电子商务进行匹配融合。随着5G应用技术的开发与普及，电子商务的形式为旅游业发展带来了新的契机，基于电子商务而出现的新型旅游模式已经屡见不鲜，为了提升自身的发展优势，在激烈的旅游市场竞争中立于不败之地，将乡村旅游与电子商务行业进行融合发展，显得尤为必要。

（一）乡村旅游电子商务的含义

乡村旅游电子商务是伴随着当今时代快速发展的信息通信技术出现的，借助于互联网的海量信息存储、智能化的技术手段、大数据与云计算等前沿技术，通过电子商务网络平台，呈现丰富多样并契合当代公众旅游消费需求的内容，来满足乡村旅游活动项目的一种新型旅游业态。有数据显示，在我国由乡村旅游带来的整体经济增长已达到旅游行业总体增长的超过70%的份额。但由于我国城乡二元化结构依然存在，信息不对等的情况也依然存在，这就导致了许多优秀的乡村旅游资源仍处于初级开发阶段，未能充分实现市场化推广。利用电子商务技术的信息流优势，通过平台将乡村旅游项目进行数字化处理，借助虚拟开放的互联网媒介扩大对乡村旅游项目的宣传范围，实现网络化的乡村旅游营销方式，不断延伸乡村旅游产业链，是促进我国乡村旅游蓬勃发展的重要路径。

近年来，我国乡村旅游业逐渐与电子商务产业实现了融合发展，这对于拓宽乡村旅游的网络消费空间有极大的推动作用。2010—2020年，我国城乡居民通过电子商务的方式实现的旅游消费总量持续攀升，各主流电子商务平台纷纷抓住了旅游行业这个新的发展契机，开发了大量的电商乡村旅游产品与服务。国家统计局网上旅游交易市场规模的统计表明：2010—2020年，我国电商旅游交易规模增量超10万亿元，年复增长率超过了30%。在统计数字中我们可以看出，当前我国网络旅游消费群体规模庞大、未来增量空间广阔。另外一组数据显示：我国2010年通过电商渠道完成旅游交易的渗透率为4.77%，2020年电商旅游交易渗透率为17.52%。十年间增长3倍之多，这也说明越来越多的旅游消费者更习惯并逐渐认可从电商平台了解旅游项目信息，通过电子商务形式购买旅游产品或享受旅游服务。

随着20世纪末电子商务的出现，在近几十年中它的发展一直在不断地更新迭代。对电子商务的狭义理解认为，电子商务仅是基于Internet上的一种新的商业模式，其特征是所涉及的商务活动在依托互联网基础上呈现出数字化特点。广义上的电子商务，是指“利用简单快捷低成本的方式，在买卖双方不谋面的情况下所进行的商务和贸易活动”。乡村旅游电子商务是电子商务和乡村旅游、乡村经济融合发展的产物。许多学者针对这个领域已经做了大量研究。周海琴将乡村电子商务定义为“利用简单、快捷、低成本的电子通信方式，买卖双方在不谋面的情况下，将农村经济活动中易得的产品传递到市场并完成商务交易的全过程”。浙江学者刘可对乡村电子商务的研究认为，乡村电子商务是利用电子化或网络手段在农村开展的一切商务活动。西安交通大学的储新民教授一直致力于农业电子商务的研究，他认为，农业电子商务是电子商务在农业领域开辟的应用活动。熊剑平、刘承良、袁俊在对旅游电子商务的研究过程中，认为通过先进网络信息技术手段组织的旅游商务活动，并将各环节进行电子化的商务过程是旅游电子商务的主要特征。旅游电子商务是现代信息技术、商务管理与旅游管理三个领域的交叉板块。张春霞对乡村旅游电子商务给出了完整的界定，认为乡村旅游电子商务是在旅游电子商务发展的基础上，融入了乡村的元素，是在乡村旅游活动中的具体应用形式。农朝幸在技术层面与视角下，提出乡村旅游电子商务是以计算机网络通信技术为发展基础的，将网络信息技术运用到乡村旅游生产、经营、管理的全过程的活动。乡村旅游电子商务通过电子商务网络平台，整合各种乡村旅游资源，以数字化与信息化的手段实现运营，在集约化管理、市场化运作与系统的跨区域、跨行业联合为管理模式，实现乡村旅游服务领域的拓展，不仅包括景区营销、民保民信，还包括乡村特色农产品。

通过建立乡村旅游电子商务体系，可以弥补和解决乡村旅游市场信息不对称的问题。乡村旅游业所面对的服务对象大都是城市人口，而城市地区网络通信高度发达和发展，通过发展电子商务体系，在提高乡村旅游地知名度、提升自身竞争力的同时，旅游地信息能够广泛传播，同时也能为旅游企业节省运营成本。在当今信息高度发展的今天，电子商务体系的建立必将为乡村旅游的快速、健康、可持续发展提供更为广阔的宣传和促进平台。

（二）“互联网+”、乡村旅游、乡村电子商务关系分析

1. “互联网+”促进乡村旅游发展

信息通信技术的快速发展，尤其是“互联网+”应用的出现和不断普及，拓展了乡村旅游发展的新思路，构建了乡村旅游新业态。在乡村旅游行业发展过程中，它的产业链中的各环节，包括乡村旅游电子商务建设、互联网金融服务、实时定位查询系统等多版块均呈现出不同程度的新业态形式，同时都是在互联网技术基础上形成的。乡村资源已经成为电子商务发展中新的“蓝海”资源。在乡村旅游电子商务发展中，解决了以往传统乡村旅游中购物的瓶颈问题。借助电子商务的助推剂，未来的发展将为乡村产品的网上销售带来更大的商机。伴随着乡村旅游产业与电子商务的紧密结合，在不久的将来，仍然会产生更多新的业态，推动乡村旅游经济发展，实现数字化、网络化与智能化方向的转型升级。

电子商务的出现，催生了众多乡村旅游中的新消费。随着5G信号的普及应用，乡村旅游消费者新的消费需求方面的潜力不断增加，技术变革带来的影响力也越来越明显。例如，无人机航拍等智能硬件在乡村旅游业已经广泛应用，移动终端设备的日趋智能化，与旅游产品结合产生的动态场景化，第三方支付的不断升级优化等因素都极大地推进了乡村旅游的新发展，并在国内掀起了新的消费热潮。便捷的网上电子订票系统、旅友体验分享平台、乡村旅游资源动态展示等都吸引了大量国内外旅游消费者的目光，在客观上促进了乡村旅游新消费的增长。

“互联网+”的推进日益深化的过程中，产生了许多乡村旅游的新模式。依托先进的互联网技术，在乡村旅游领域中目前已逐步实现了涵盖新技术研发、创新模式推广、组织管理优化、服务经营高效、网络营销广泛等多方面、系统性的创新，极大焕发了乡村旅游提质增效、优质发展的巨大潜力。近年来，移动电子商务有了飞速发展，它在融合了传统PC端电子商务各大优势的同时，实现了不断创新，涌现出了各种即时通讯、短视频、直播电商等新的商务形式，通过微信、微博、抖音、快手等自媒体平台，增强了各地区人们的互动，无限拉近了城乡距离。在移动互联网时代的浪潮中，人人都可以自由运用这种自媒体载体，实现信息共享、信息传播，通过不断积累粉

丝数量，不断扩散，创造良好的口碑宣传，形成一个又一个的良性互动推广平台。已经有为数不少的乡村旅游经营者，在整合了当地优质农产品资源、乡村旅游资源基础上，依托各类互联网平台对产品与服务进行推广和营销，在淘宝上、京东商城上、微信小程序中、抖音等短视频平台中都可以看到它们的内容，这也为乡村旅游未来的发展探索了新的经营模式。

2. “互联网 +”的普及应用推动乡村电子商务发展

互联网技术已被成功运用到了众多传统行业中，即“互联网 +”形式得到了广泛的应用与普及，如“互联网 + 医疗”“互联网 + 物流”“互联网 + 教育”等。在乡村，互联网技术的推广应用同样得到了长足的发展。高效的信息传递、创新的商业模式、更加合理的资源配置等对促进传统农业的发展与现代化乡村建设都起到了重要的作用。在这样的背景下，乡村电子商务逐渐发展起来。乡村电子商务在整合 WEB 网站、移动 APP 等第三方社交平台、即时通信服务网络基础上，为乡村的产、供、销等供应链以及周边相关行业的企业、产品、服务、商机、咨询类信息提供了广泛的平台。结合大数据、云计算等有效的运营分析数据，在掌握乡村发展的需求和意愿的同时，提供给相关的企业、机构直接的行业商机，以便为乡村居民设计并提供前瞻性、针对性、个性化服务和产品。众多的乡村电子商务平台纷纷建立，这对于为乡村用户提供精准、细化的搜索服务，方便乡村用户得到便捷、直观的搜索结果提供了优势与便利，同时也为乡村用户创造开放的交流平台，方便用户针对平台或行业进行交流。

“互联网 +”在乡村地区的广泛应用，改变了地势偏远的村落和外部城镇之间信息不对称的问题。通过互联网通信技术的应用，许多原本封闭、落后的乡村能够与全国甚至全球快速连接起来，做到足不出户了解天下。乡村电子商务同时具有互需互惠的特质，使农民生产经营的意识不断创新发展，具备更加精准的目标，帮助农民实现了大幅创收，增加了我国农村经济发展的新活力。在我国的农村地区，无论是南部地区的边陲海岛，或是东北地区的广袤森林，还是西部的高原山野，目前都已经实现了运用互联的先进技术，互通互需互惠的机制，为闭塞的乡村资源寻求更广泛机会，为乡村的发展引来新活力。

3. 乡村旅游电子商务已发展为乡村旅游行业的新平台

“互联网 + 乡村旅游”无论在科研领域，或是在社会层面均已成为人们普遍的共识，大家一致认为互联网技术与乡村旅游业的融合发展中蕴藏着巨大的机会。乡村旅游电子商务已发展为乡村旅游行业的新平台，是连接互联网与乡村旅游之间最重要、最显性的桥梁。通过这座桥梁，实现了互联网技术基础与乡村旅游资源的对接，也帮助乡村旅游企业通过互联网宣传推广了旅游资源，获得了更广泛的用户群体。

“互联网 + 乡村旅游”的新模式为乡村旅游业发展带来了新的机遇，电子商务成为乡村旅游与市场经济对接的重要纽带。2014 年 9 月，国家提出了“大众创业、万众创新”政策，积极鼓励行业与企业发挥创新机制，加快推进经济发展。在乡村旅游业与电子商务的有机融合过程中，实体经济能够充分融入互联网，孕育出新的生机和活力，在促进消费、扩大内需上发挥了重要的作用，在推动农业产业升级、农村经济发展、农民增收增支中都贡献了巨大的力量并产生了显著效果。

近年来，随着我国经济水平不断提高，城镇居民对乡村旅游产品需求日益增加，导致乡村旅游的用户与行业涉及范围逐渐扩大。“大旅游”的理念在我国旅游业发展态势中呈现出来。在这里，我们对“大旅游”这一理念作出界定，即指在一个产业群体中，同时具备旅游业发展的六个核心要素，即“吃、住、行、游、购、娱”。在“大旅游”理念的引导下，国内旅游行业形成了一批主导型产业，同时也发展起来了一批与旅游业务直接相关的辅助产业，以及与旅游经济、旅游技术发展相关联的关联产业。由以上三个群体构成的综合性的产业体系，也就是我们所说的“大旅游”。在“大旅游”的体系内，各种组织形式实现协同发展。“大旅游”是现代化旅游产业发展的新阶段，呈现的新模式，它更加强调旅游产业与其相关产业间的合作与协同作用，通过产业链内部的协同发展谋求整个“大旅游”产业系统整体效益的最大化，进而实现辐射区域社会与区域经济的同步发展。乡村旅游正是在“大旅游”发展的背景下出现的一个重要分支，依托“大旅游”的发展态势，整合乡村区域的生态建设、区位条件优化、产业优势突显等建设发展理念，通过整合乡村经济发展中特色的农产品、乡村生活体验、康养服务、乡村养老等产业形成共同发展的良好局面，为带动乡村经济全面发展搭建了新的平台。

（三）乡村旅游电子商务的作用

乡村旅游业在互联网技术与大数据应用的发展背景下，与电子商务的行业融合已悄然发生，而且将是大势所趋。究其原因，主要有以下几点：

1. 乡村旅游与电子商务的融合，可以极大地提升旅游企业的信息能力

电子商务在互联网海量信息数据支持下，使信息沟通的效率提升、沟通成本下降、沟通方式便捷。在电子商务背景下的乡村旅游企业获取信息能力大大增强。但是，在我国绝大部分农村地区，乡村旅游企业仍处于散、小、弱、差的状态。甚至许多乡村旅游资源就是由一些农户提供的。缺乏稳定、广泛的供应商网络和客户群体，同时企业信息渠道狭窄，难以及时了解市场需求信息从而捕捉市场机会，这些都构成了外部环境对企业发展的制约影响因素。在互联网、大数据环境下，企业可以通过电子商务平台轻松实现信息数据采集、反馈、处理，能够获得在传统经营过程中难以得到的信息资讯，这使企业的经营服务更为主动。对于乡村旅游消费者而言，通过电子商务平台，他们能够迅速了解有关旅游产品的全面信息，便于准确做出旅游决策。同时，依托电子商务平台在乡村旅游提供企业与旅游消费者之间搭建起了沟通的桥梁，构建了紧密的合作关系，加强了二者间的互动，使个性化、多样化的旅游产品提供成为可能，最终能够实现为旅游消费者提供优质服务的目标。因此，可以说，乡村旅游，甚至旅游业与电子商务是一对完美搭档，其有效结合为旅游业的发展带来了新的契机，也为乡村旅游借助网络进行营销推广创造了空间和机会。

2. 乡村旅游与电子商务的融合，可以有效降低交易成本

有统计数据表明，乡村旅游企业通过互联网投放广告对旅游产品进行推广宣传可以显著提升产品销售量，与未通过互联网宣传的企业相比，其销售量可提升十倍以上，而它的宣传成本仅占线下广告成本的1/10左右。互联网信息交流的低成本性优势突显出来了，而且宣传的费用并不会像传统线下广告那样，随着受众群体和区域的扩大而增长。在企业利用互联网进行文件的传输过程中，也极大降低了成本消耗，一方面减少了单证印制的费用，更重要的是通过网络的信息交互大幅地降低了企业运营成本，有效缩短了交单结汇时间，提高了企业的工作效率。

电子商务与乡村旅游的融合使乡村旅游企业运营成本与产品交易成本产生了大幅下降，而在海量的信息资源获取过程中，使乡村旅游企业所提供的产品和服务更加有针对性。在当今信息化社会中，任何企业在信息资源的开发和利用中取得优势，都将在其经营发展中占有重要的先机，起到决定性的作用，甚至优于组织结构、资金占有量等要素。意识到这个问题，许多企业对信息资源的开发和利用环节也更加重视，它可以使在人、财、物处于劣势局面的乡村旅游企业得到快速扭转。因此，使众多中小旅游企业牢牢抓住了优势机遇，进入了行业竞争新局面。

3. 乡村旅游与电子商务的融合大幅拓宽了乡村旅游产品的销售渠道

乡村旅游企业在各类电子商务平台上，通过各种形式对自身的乡村旅游产品进行宣传、展示，吸引更多消费者的加入，企业从而获得了更多的市场机会。例如，乡村旅行社通过网上推销旅游线路产品，寻求国内外代理机构合作，乡村民宿、客运企业开展的网上订房、订票业务等。乡村旅游服务的本质是为了满足城镇居民回归自然，放松身心的心理需求，并为他们提供理想的度假旅游为目的而出现的。因此，在这类产品的营销中，更应侧重如何通过有效沟通，真正了解和把握乡村旅游消费者的真实需求，在为其提供优质产品服务的同时，最大限度地留住用户，并使其不断重复购买并实现分享与推荐，培养一批忠实用户。

4. 乡村旅游与电子商务的融合，有利于旅游企业宣传促销活动的开展

旅游部门通过发放各种调查表格，如产品使用调查表、服务质量调查表、景区情况调查表等，可以有效收集消费者反馈信息，通过整理与分析能够为旅游管理部门、旅游企业提供有针对性的工作指导，通过评估现有旅游产品与服务中存在的问题为其后续不断发展与完善提供决策依据。上述工作在传统的企业经营运作中是需要花费大量人力、物力和财力的，然后其统计效果却并非尽如人意。电子商务的介入使一切变得更为简单便捷了，网络的宣传和促销已经成为当前最广泛的形式。互联网通过海量信息的承载、及时敏捷的信息传播、形式多样的信息表达等优点已经被越来越多人所接受。对于乡村旅游行业而言，从市场细分的角度来看，它的目标消费群体主要集中在都市白领、工薪阶层、离退休人群，群体特征为家庭游、亲子游、群体游等，在目标市场覆盖的群体中，均是网络爱好者，互

联网在他们的日常生活中均占据着重要地位，使用网络频率非常高，因此对于乡村旅游产品的网络推广信息极易获取，为乡村旅游产品的网络营销奠定了坚实的流量基础。

5. 乡村旅游与电子商务的融合，能够更大程度满足旅游者选择

随着社会经济的不断发展，人民群众对物质文化生活的追求日益增加，人们不再一味寻求程式化、大众化的产品，一些具有个性的、小众的消费成为新时期消费者的主流选择。在旅游行业上直接体现在消费者追求更加个性化、更加独特的旅游服务、旅游线路、旅游产品，甚至旅游经历。乡村旅游与电子商务的融合不仅给旅游业的经营管理带来了革命性的变革，与此同时它的功能表现与现阶段消费者需求的个性化、多样化的产品也实现极度吻合。现在的旅游消费者随着旅游经历的增多，他们有了更为明确的需求，求新求异的消费心理更为突显。以国内乡村旅游市场来看，为消费者提供更为丰富的乡村旅游产品，让旅游者拥有更多的选择，成为未来的发展趋势。只有准确了解旅游者的心理变化，把握乡村旅游产品如何能够实现旅游者的消费偏好，并准确做出应变和反馈，最大限度满足消费者的真实需求，才能保持乡村旅游企业的活跃生命力。而这一系列的过程，通过电子商务的加入都会变得更加简单和便捷。电子商务的融入是乡村旅游行业未来快速发展的首选模式，也是企业与消费者沟通的关键纽带。

6. 乡村旅游与电子商务的融合，可以全方位展现景区特点

互联网的信息传播除了在快速、广泛、低成本的优势基础上，另一个重要优势是对于乡村旅游景区、活动、服务的全方位展示。电子商务近年来的快速发展，对于信息的呈现已经不仅停留在以往的文字、图片层面上了，如视频、音频、VR 技术的三维呈现等，均为旅游产品的网上展示提供好良好的技术支持。这些网络上的呈现极大提升了旅游景区的知名度，也为旅游产品和服务的成功交易打开了新了局面。

乡村旅游企业可以通过利用电子商务平台向网络消费者全方位展示旅游景区、旅游景点、旅游活动、旅游服务等产品内容，提高景区的知识度，为其产品和服务的在线贸易打开新的局面。乡村旅游与其他旅游形式不同，它所涉及的旅游产品内容在知名度上要低于其他类旅游产品，因此常常会造成消费者不了解乡村旅游产品的具体情况。而乡村旅游的经营者

情况也较为复杂，多为中小型企业，甚至不乏普通农户。他们缺少旅游经营的专业性，在准确把握消费者动机与需求上缺少思考。因此，在乡村旅游产品的营销推广策略上，缺少系统性，不够完善，更多出现千篇一律、千景一面的现象。

其实乡村旅游资源涵盖内容广泛，有许多非物质元素人们难以通过表达直接述说，如乡村的民俗文化、思维方式、生活习惯、宗教信仰等。这些元素既是乡村的隐形财富，更是乡村文化的灵魂，需要人们通过亲身的品味、沉浸式的体验才能领略到其独特魅力。但是在传统线下的营销中，这些隐形的资源很难仅仅通过图片、文字被消费者感知。而在电子商务环境下，通过网络可以呈现出图文、音频、视频等更加多元化的内容形式，可以更便于消费者直观感受乡村旅游的独特魅力。

（四）电子商务在乡村旅游经营管理中的策略导向

在“互联网+”的大背景下，我国乡村旅游行业正在快速发展。乡村旅游业与电子商务的融合不断深入与完善，覆盖了乡村旅游电子商务的经营模式、网络营销策略、电子商务旅游网站建设、乡村旅游电子商务发展等多个方面。旅游电子商务的形成是依托互联网信息技术手段实现的电子化旅游商务交易过程，涉及网络信息化、商务贸易、旅游业务三个领域的交叉融合。

乡村旅游形式多样化、参与的主体也颇为广泛，活跃的乡村旅游业发展对于促进城乡文化交流和统筹城乡一体化发展，推进乡村振兴落地实施起到积极的作用，随着近年来的快速发展，它已经逐渐演变为国内最“热”的旅游活动之一。有关乡村旅游发展领域的研究也得到了学术界和政府部门的重视，研究成果视角全面、层次多元、层次深入，理论与实证结合，定性与定量结合的研究范式已被广泛采用，从研究内容上对乡村旅游地的产品、市场、规划、政策等方面更加落地、成熟。与之对应的，面向乡村旅游电子商务网建设、内容建设领域的研究仍显不足和滞后。笔者提出如下策略导向，供国内乡村旅游业在未来的电子商务化建设中借鉴参考。

1. 建立层次管理、多级分工的组织结构

早在2001年，我国商务部就提出了有关旅游行业与互联网技术的融合发展理念，开展并推进旅游行业信息化的“金旅”工程。全面推进旅游网络

信息系统的“国家—省—市”的多级管理，采用不同的功能化分工，实现联动互通。在各地方旅游管理部门重点开展旅游信息的分类、收集、整理工作，以达成旅游企业与政府部门之间的信息互联，在旅游目的地尝试建设本地旅游资源的电子商务网，当时的网站建设还处 WEB1.0 的静态页面模式，虽然与当今的互联网无法比拟，但是在“互联网 +”的发展初期阶段，“金旅”工程开展的意义非常重大，为后期旅游电子商务的发展奠定了坚实的基础，并仍然能够为现在乡村旅游与电子商务的融合发展提供非常有价值的参考。在“金旅”工程中，国内建设了众多的目的地电子商务网，通过这些地方网站实现旅游信息层层上报并最终经过筛选，建立国家级旅游电子商务网站，通过信息导航与链接搜索功能，可以同时展示各级各地的旅游电子商务信息。结合“金旅”工程的成功经验，有许多可以被当前的乡村旅游的电子商务发展所借鉴。

(1) 打造乡村旅游目的地企业与政府职能分工与信息联合。

乡村旅游行业的从业者成分复杂，信息管理意识良莠不齐。通过政府引导或旅游企业自发，乡村旅游目的地组织与政府管理部门可以通过自身的网络平台实现在线虚拟结合、分工协作，完成信息互联共享。乡村旅游目的地企业负责收集景区目的地的基本信息、产品服务信息，政府相关部门负责做好宣传推广、政策发布、新闻传播、行业管理等商务事宜，通过层层汇集、分类，统一监督管理，联合发布，助力乡村旅游资源的网络高效率推广。

(2) 实现企业与相关媒体、中介信息补充，不断更新。

将乡村旅游信息进行时时共享，便于消费者更加全面了解目的地整体情况，做出消费决策。这里的乡村旅游信息涉及多个方面，具有内容多、变化快的特点。例如，旅游交通信息、景区气象信息等，旅游中介组织与新闻媒体通过电子商务平台进行统一的发布，为消费者的消费决策提供支持，有利于乡村旅游活动的有效开展。

(3) 建设层级细分、功能明确的乡村旅游信息网，实现信息高效获取。

乡村旅游消费者与旅游企业、旅行社及相关政府部门通过电子商务网站实现信息交流共享，协同管理，搭建完整的乡村旅游地域信息系统。乡村旅游消费者可以登录电商平台，通过信息搜索与导航功能，获取各地区乡村旅游相关信息，这对于旅游产品的宣传与旅游活动的开展都将起到极大的推动作用。乡村旅游电子商务网络系统搭建模型如图 1－2 所示。

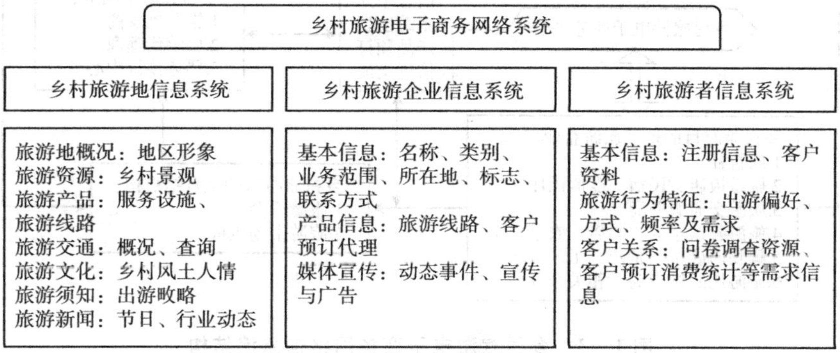

图 1－2　乡村旅游电子商务系统模型

2. 搭建一体化、网络化的信息网络

乡村旅游是一项旅游消费者由客源地到乡村旅游目的地，有目的性地对旅游产品和服务进行交易的过程。消费者在做出乡村旅游决策时需要依靠大量的信息支持。在网络信息爆炸的时代，旅游消费者通过互联网可以方便快捷地获取旅游信息，旅游活动进程中买卖双方逐渐实现了信息对等。在当今社会，乡村旅游消费者主要依靠各类旅游电子商务平台、移动电商平台与从业者进行信息交互，在乡村旅游电子商务体系中，信息资源承载量已成为其发展的灵魂所在。前文我们讨论了乡村旅游电子商务系统的搭建，在这个过程中，旅游信息的传递就起到了非常重要的作用。随着移动电商的发展，涌现出了众多新型媒体形式，通过多样化的媒体呈现，信息也变得更加复杂与多元化。传统的信息系统中，旅游目的地信息更多依托旅行社等中间商实现发布推广，同时缺少互动，旅游消费者只能被动接受旅行目的地相关信息。当今是移动电商时代，自媒体成为网络信息的重要组成部分。现代的旅游信息传递也不再局限于类似传统旅游中间商和中介组织进行干预，旅游消费者通过电子商务平台、社交网络可以轻松获取海量信息，信息交流变得更加开放、透明，这主要取决于旅游消费者与旅游目的地企业、旅行社机构、旅游管理的政府部门形成了互联互通的信息流结构，具体如图 1－3 所示。

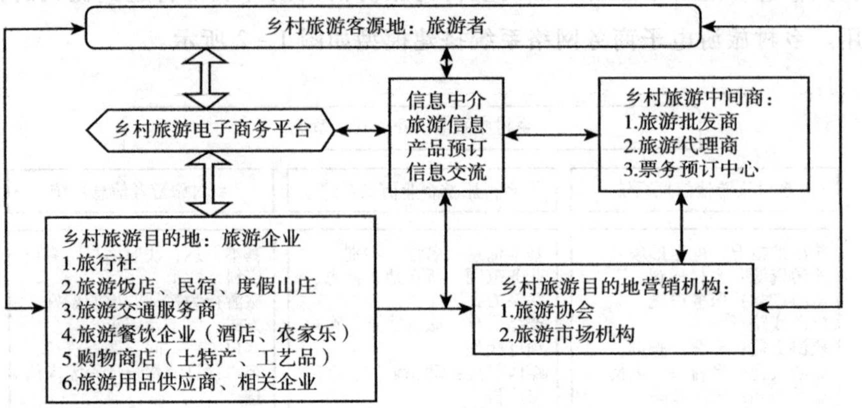

图 1－3　乡村旅游电子商务网络信息流结构

从图 1－3 中可以看到，乡村旅游企业及营销机构通过在电子商务平台或新媒体信息中介平台上发布乡村旅游产品与服务等相关信息，如乡村旅游目的地信息、乡村旅游产品与服务信息，旅游消费者可进行实时查询；乡村旅游企业加入企业联盟，并在乡村旅游电子商务平台上建立信息网络节点，协助建立目的地旅游企业的信息系统，一方面促进企业联盟之间的相互了解，在成员企业之间形成更多的交流与合作；另一方面，也极大方便旅游消费者在乡村旅游电子商务平台上进行信息的实时查询。乡村旅游消费者可以通过平台注册功能登记个人信息资料，平台有义务为消费者信息进行保密管理；消费者可以对旅游产品和服务进行在线评价与投诉，并参与平台各类问卷调查，进行相关信息的反馈；乡村旅游企业、旅行社等机构可以充分利用平台中的客户信息，指导进行精准的网络营销与客户关系管理，实现主动营销、高效营销。

3. 打造乡村旅游电商平台的“五位一体”功能结构

在乡村旅游电子商务平台的建设中，我们要时刻注意的是平台建设应与行业发展目标相结合，以服务旅游消费者与乡村旅游相关机构为重点，增强政府部门的管理需求以及各利益群体的信息化需求为突破点，实现乡村旅游产品和服务的电子交易为核心功能，打造集乡村旅游服务、乡村旅游研究、乡村旅游企业管理、信息交流“五位一体”的乡村旅游服务电子商务平台。

通过电子商务平台的运营，推进并促进乡村旅游各子系统间信息的交流与共享，以电子商务覆盖广泛、互联互通的优势提升乡村旅游企业的竞争力与品牌形象，利用电子商务平台提高乡村旅游产品的个性化、人性化的服务能力，促进乡村旅游理论与实证研究的水平。

第三节　乡村振兴战略背景下乡村旅游电子商务发展的新机遇

自20世纪90年代开始，信息通信技术以互联网在大众生活中的逐渐普及形成了井喷式的发展，伴随而来的电子商务的兴起使旅游电子商务模式进入了发展快车道。我国经济的稳步增长，提升了人民的生活水平，同时也提升了人民对物质文化追求的需求。近年来旅游人群数量的快速增长很好地印证了这一事实的存在。现代旅游业的发展已经进入多元化模式，尤其是进入21世纪以后，旅游需求的多样化、个性化、休闲化的特征明显。其中，乡村旅游就是众多旅游项目中较为突出的一个。它的参与形式多样、参与主体广泛、旅游效益覆盖全面，已经逐渐成为现代旅游开发的热点领域。乡村旅游与电子商务的结合是当下这个信息技术超速发展时代必然的产物，而乡村旅游自身的特点与性质也决定了它选择电子商务的形成来应对信息化社会、网络化经济是具备得天独厚优势的。那么，如何将两者有机结合，通过二者结合打破当前乡村旅游可持续发展建设的瓶颈，是我们亟需解决的问题。

乡村旅游并不是一个新鲜事物，早在19世纪中叶的欧洲，乡村旅游就已经出现在大众视野之中了。1863年，瑞士一位旅游从业者组织了一个到瑞士乡村的包价旅游团。两年以后，意大利的“国家农业与旅游协会”成立，这标志着乡村旅游正式诞生。但具有真正意义的大众化的乡村旅游则出现在20世纪60年代的西班牙。在随后的十年间，乡村旅游在美国、加拿大等发达国家也发展起来，并逐渐进入了快速成长阶段。我国是20世纪80年代才出现乡村旅游的，虽然起步晚，但依托我国幅员辽阔、旅游资源众多的优势，乡村旅游在短短几十年间得到了迅速发展。据不完全统计，每年的黄金周，全国居民选择乡村旅游的出行人数约占比全部旅游消费总量的70%以上，每个节假日均会形成大规模的乡村旅游市场。乡村旅游已成为我国旅游业的一个重要组成部分。

而伴随着人民生活水平日益提高，追求物质生活的要求也不断上涨，选择舒适、个性化的旅游产品已悄然变成人们追求休闲娱乐的主流选择。在这样的背景下，乡村旅游以其独特的优势成为我国城乡居民旅游度假的首选。与之呼应的是，传统旅游服务模式已难满足当下人民群众对旅游产品的需求水平，尤其是很难服务于人们多样化、个性化的旅游追求。乡村旅游与电子商务的融合使广大旅游爱好群体眼前一亮，这样的新形式通过电子商务平台将旅游资源与需求人群进行有机整合，最大限度地满足了旅游者实现个性化旅游的愿望。在信息技术高速发展的今天，旅游消费者已经习惯于通过互联网对需要的信息进行收集整理选择。因此，发展乡村旅游与电子商务的产业融合，是拓宽乡村旅游未来发展空间的重要手段，而乡村旅游电子商务也是适应未来市场需要的一种必然发展趋势。

一、乡村旅游产业的诞生

伴随着旅游业的快速发展，人们对旅游产品的需求发生了转变，逐渐由传统化转向现代化，追求在旅游过程中体现的自由性、休闲性与娱乐性。因此，乡村旅游应运而生，并且在近十几年内有了“爆发性”的增长。结合国内外学者已有研究成果，从其发展的规律性及必然性角度来分析乡村旅游的产生机理。

乡村旅游是市场经济作用下的产物，因此，它遵循市场发展一般规律，即受到市场需求与供给两方面因素影响而产生。但乡村旅游并非普通实物性活动，而是一种追求精神层面的社会活动，它符合了人民群众对物质生活的追求，但更高层次的追求在于精神文化的享受。我们在研究乡村旅游的产生机理时要充分考虑二者的结合，应同时在两个视角上加以分析。

乡村旅游是一种经济社会发展的必然产物，它的诞生是基于经济发展背景下物质条件和物质基础的发展而产生的，值得注意的是，在研究过程中，我们需要时刻把握以下的研究前提与基础。

1. 经济发展是乡村旅游产业的前提基础

我国经济发展步伐加快，人民的物质水平不断提高，但伴随的生活工作压力也逐渐加大。人们对旅游产品的消费需求发生了改变，更加注重旅游的舒适与休闲，因此产生了乡村旅游的新型旅游模式。国外有许多学者在乡村旅游领域做了大量研究，他们认为，乡村旅游的产生与消费者经济收入水平的提升有着密切的关系，它是在收入水平达到一定高度后的产物。一些经济学者的研究提示我们：收入与需求呈密切相关的关系，收入增加对需求的影响直观而显著。当消费者收入水平发生变化时，他们的需求水平也会发生变化。当收入水平增加时，需求水平也同时增加，二者呈正向相关的关系。在这一点上，我们可以参考中国居民恩格尔系统的变化来加以印证。恩格尔系统反映了社会居民的食物支出在其消费总支出中的占比，当然，比例越高说明社会的经济发展水平越低，人们用更多的收入来应对温饱问题。相反，比例越低说明社会居民在满足了基本生理需要基础上，还有许多可支配的收入进行其他事物的消费。联合国粮农组织曾参考恩格尔系数标准对贫困程度进行了划分，他们认为：恩格尔系数在59%以上范围时，该地区人民或家庭的生活状况呈贫困状态，当系数为50%—59%时，生活状态为温饱，在40%—49%时，生活达到小康标准，在30%—39%为富裕生活水平，低于30%为最富裕。在国际上，常用恩格尔系数对某一国家和地区人民的生活水平进行衡量，但值得注意的是，它并不是唯一的衡量标准，人民的生活水平也受到其他许多因素的影响，在这里我们借助恩格尔系数可以最直观地观察人们生活水平的变化对乡村旅游诞生带来的影响。

2. 闲暇时间是乡村旅游产生的必要条件

对于闲暇时间的研究，马克思对其提出了重要的界定，它是指存在于人们的非劳动时间内的，那些不被生产所占用的时间。闲暇是在劳动生产过程中创造出来的，当社会劳动生产率提高，相对应的劳动时间大大缩短，就产生了闲暇。根据马克思的经济学论断，按照人们消费闲暇时间方向不同，闲暇可分为两类：一类消费在娱乐和休息的闲暇时间，另一类是人们用于发展智力，寻求精神自由的时间。我国在1999年9月，正式颁布并执行了“黄金周”休假制度，将春节、“五一劳动节”和“十一国庆节”这三个在中国人民生活中地位最重要节日实行七天休假制度。这是随着国民经济的发展和人民生活水平的提高的时代背景而产生的新的事物，是国家为了满足人民群众对精神生活追求的需要而做出的改革举措。人民群众闲暇时间的增长，使社会服务行业的需求规模空前增大，这其中旅游行业变化最为明显，“旅游黄金周”的概念因此应运而生。

2008年，国家对假期安排进行了进一步调整，将“五一劳动节”由原来的七天假期改为一天法定假期，但增加了清明、端午、中秋等三个小长假的规定，同时实行职工带薪年假制度。在我国城镇地区职工，全年休假时间（包含双休日在内）已达到110天之多。再加上各级院校的寒暑假期，城镇职工退休后的闲暇时间，我国人民闲暇时间总量达到了新中国成立以来的最高水平。

在这样的背景下，乡村旅游产业得到了井喷式的发展，可以说明，乡村旅游的产生以及增长速度与人们闲暇时间呈区间正相关关系，一般情况下，乡村旅游的高峰区间在各种节假日以及院校寒暑假期间形成，反之逐渐降低。当然乡村旅游也会受到季节等因素影响，但整体上需求是呈现峰谷波动性发展规律。

旅游本身是一种基于审美的活动，乡村旅游具有同样的出发点。随着中国城镇化发展进程的推进，越来越多的城镇居民逐渐远离农村生活，加上日益加剧的生活工作压力，当人们反观这种原始的乡野劳作及田园美景，自然而然地产生了美感认知。更多的乡村开始走进了人们的审美视野之中，成为城镇人们追求的精神家园。中国自古就有众多的文人墨客描绘心目中的田园美景并留下了不计其数的美好诗作，经过千年的传承推广，已在中国人民心中建构起了一个个宁静祥和、安逸淡远的世外桃源景象，是人们澄净心灵、释放灵魂的理想家园。中国是农业大国，追根溯源，我们的祖先都是从农村生产劳作而发展演变的，因此，乡土的认同感始终浸润着人们的精神生活。在这样的历史传承发展背景下，社会中自然形成了一波乡村旅游热潮。从本质上看，乡村旅游其根本具有心理哲学的依据，是一种对生活的诉求与生命本源的追寻，是人们“诗意还乡”的诉求。这些都是我国乡村旅游需求的主观动因之一，而乡土认同的需求是乡村旅游产生的重要因素之一。

二、乡村旅游电子商务的发展现状

（一）各级政府重视不够，造成乡村旅游电子商务发展相对落后

近年来，国内各地出现乡村旅游热，乡村旅游市场规模也在逐年扩大。

在旅游电子商务经过十余年的发展壮大，已日益成熟，也验证了旅游业与电子商务产业融合的成功优势。但在乡村旅游电子商务领域，发展却不尽如人意。国内一些地区的乡村旅游网站虽然已相继成立，但是从内容、功能、效果上均流于形式，相比传统旅游业的电子商务发展来说，差距较大。多数网站还停留在简单的信息发布或政务公开层面上，且内容更新明显滞后。

乡村旅游电子商务发展明显滞后于传统旅游业与电子商务的融合发展，原因有多个方面，主要取决于认识层面。政府部门认为乡村旅游覆盖面较小，消费者更多以本地及周边地区的居民为主，因此在电子商务建设规模与力度上无须与传统旅游业相比较。其次，乡村旅游业的规模较小，以农家乐、采摘、民宿等主要形式开展的乡村旅游所创造的价值也不能与传统旅游相媲美，而更多乡村旅游企业由于政府税收监管不到位，导致税收严重流失，这个问题我们在后续章节进一步讨论。因此各地政府或相关职能部门不愿意在这个领域投入更多的精力和资金。

目前，市场中也有一些乡村旅游主题的网站，如中国乡村旅游网等，但多数网站建设更类似于一个乡村旅游专题的门户类网站，以宣传乡村风光、时事要闻、行业发展信息、乡村产品的介绍等，有部分乡村旅游线路的推介，但仅限于游客对网站的简单浏览，尚未建成乡村旅游信息资源库，电商优势难以发挥，这远远跟不上乡村旅游快速发展的需求，极大地阻碍了乡村旅游电子商务的发展。

（二）各地乡村旅游各自为战，未能形成统一规划

通过调查国内主流的旅游电子商务网站与部分地区乡村旅游电子商务网站，如携程网、去哪儿网等电商平台，它们具有无论从影响范围还是对旅游产品打造的专业程度都大大地高于乡村旅游企业自己建设的平台。但是乡村旅游的信息也仅限于国内著名的为数不多的乡村景观，缺少乡村旅游主题线路的推介。

与此对应的，乡村旅游企业更专注于建设自己的旅游信息平台，缺乏与外界的沟通联系，形成了信息孤岛的状态。而这些乡村旅游网站或平台内容简单、形式单一、缺少特色，并没有充分发挥电子商务的积极作用，网站或平台也很难引流，不能形成网络效应。各地的乡村旅游企业未能形成统一联

盟，没有横向的沟通合作，因此也不能形成区域优势，难以满足消费者一站式的乡村旅游需求。

（三）乡村旅游电子商务专业人才紧缺，制约行业健康发展

近年来，虽然我国乡村旅游市场发展较快，规模逐年扩大，但是乡村旅游专业性人才严重匮乏，尤其是高素质人才的缺乏，这已经成为国内众多乡村旅游企业共同面对的难题。由于乡村旅游资源多集中在偏远地区，相对封闭，经济与交通均较为落后，难以吸引人才。而资金不足问题也是导致人才缺失的另一个主要因素。这些因素的影响使乡村旅游企业无论在产品研发、市场管理还是服务管理上均呈现出产品层次较低、管理粗放等问题。一些价值较高的乡村旅游资源未被合理开发利用，形成了资源浪费同时也严重影响了乡村旅游的进一步发展。而电子商务专业人才队伍在农村更加缺乏，这无疑阻碍了乡村旅游电子商务业务的进一步发展与完善。

（四）规模化经营困难，发展资金短缺

旅游业的发展需要强大的资金支撑做后盾，乡村旅游也有同样的需求。但乡村旅游资源以农村地区较为集中，在我国广大农村经济本身就处于相对落后的局面，面对乡村旅游产业庞大的资金需求，多数地区难以为继，也就形成了部分地区的乡村旅游只局限于小规模运营的状态，难以得到全面、健康的发展。

三、乡村振兴战略背景下乡村旅游电子商务的发展机遇

在5G技术与大数据技术广泛应用背景下，“互联网+”领域得到了快速的发展，旅游电子商务化已成了当今时代的发展必经之路。乡村旅游作为乡村经济发展的内驱动力之一，在拓宽乡村经济产业链，带动乡村经济增长方面贡献着重要力量，各级政府都应加以重视。以政府为主导制定乡村旅游信息化建设的总体规划，建立全局性、长远性的乡村旅游电子商务规范体系，建立政府主导型的乡村旅游信息化管理机构，在政府层面对乡村旅游发展进行宏观性指导，提出统一的建设标准，避免重复建设，保证信息真实、合法、有效，信息采集传播路径通畅、可达。对乡村旅游的信息网络建设实

施相应的法律与政策保障，使乡村旅游逐渐走向法治化与规范化的道路。

我国乡村众多且旅游资源各异，旅游管理机构应针对这一特点建设专门的乡村旅游信息平台，同时根据各地方特色构建功能完善、安全性与系统性兼具的乡村旅游信息化网络系统，建立省、市、县、乡的多层联动信息网络系统，将其打造为向国内外宣传的主渠道，从形象宣传与推广营销上做足文章，积极推进我国的乡村旅游电子商务事业高效发展。

但是我国幅员辽阔，乡村面积众多，旅游资源丰富，且南北差异、东西差异明显，都存有独特的优势与特色，这给我国乡村旅游发展提供了丰富的资源储备，也带来了巨大的发展潜力。但我们也应认识到我国的乡村旅游电子商务的整体发展因此也存在难度，乡村旅游电子商务的发展不能一蹴而就，需要循序渐进。以当前的形势来看，各地区可以通过挖掘自身的乡村旅游资源，整合自身发展的独特优势，加强与传统实体产业的横向联合，如交通、酒店等，借鉴国内外先进的乡村旅游营销经验，建设乡村旅游目的地营销系统，通过区域乡村旅游电子商务平台挂靠在大型主流的电子商务旅游平台上，开辟独立的乡村旅游专栏，借助成熟旅游电商平台的流量资源，以加盟的方式对本土资源实现网络营销推广，在大量降低成本的同时，也有助于乡村旅游企业之间的沟通与联系，方便形成优势互补、资源共享的本土乡村旅游小微联盟，发挥整体优势，提高利润收益。在此基础上，积极利用政府信息网、行业信息网对本土乡村旅游资源、乡村旅游产品、乡村旅游项目进行大力宣传，同时在电子商务平台上开展乡村旅游咨询与预定通道，积极开展乡村旅游产品创新研发，为旅游消费者提供多种路线与产品组合，满足乡村旅游消费者多层次需求，进一步扩大乡村旅游发展的社会、经济双重效益。

国家及各级政府部门已把乡村旅游这个由旅游业与农业相结合的新兴产业看作为乡村振兴、城乡统筹发展、促进农民增收等重点工作的有效突破口。同时，乡村旅游业以其绿色、环保的优势特点也成为改善我国乡村生态环境、推进产业升级的重要抓手。步入新时代，我国人民生活水平的不断提高，以及对物质文化生活的不断追求，乡村旅游业迎来了前所未有的新曙光。

(一) 发展机遇

1. 国家宏观政策的支持

20 世纪 90 年代以来，随着人民生活水平的不断提高，在人们追求美好的物质生活过程中，旅游成为众多家庭消费的主流产品，从而使旅游业逐渐发展成为我国重要的支柱性产业。近年来，随着国内旅游消费日益多样化、个性化的发展趋势，乡村旅游人数不断增长，2021 年，在新冠肺炎疫情影响下，全国乡村旅游超 20 亿人次，仅为 2019 年的 50%。每年约 5000 万以上的农民在乡村旅游业中受益，这无疑对乡村经济的发展带来了巨大的生机与活力。

国家为鼓励乡村旅游产业的健康稳步发展，在宏观调控领域制定出台了一系列相关政策。例如，财政补贴、减息贷款、关税减免、鼓励投资、信誉担保等。在法律层面，不断调整并增加广大居民的法定休假时间，保证广大居民消费者有充足时间进行乡村旅游等领域的休闲消费活动，均为乡村旅游产业发展提供了先决条件。为鼓励百姓出游，国家通过多种手段加大宣传力度，在央视黄金时段大量推出各地区旅游目的地的宣传广告，拍摄并播出大量旅游宣传片以吸引消费者关注。同时，国家每年在不同地区还推出了各类专题的旅游活动，举办大型节日庆典，这些都与乡村旅游有着密切的联系。在这些宏观政策的调控引导下，我国乡村旅游事业自然得到了长足的发展。

近年来，国家通过一系列的战略举措，大力推进各行业高质量发展与科学发展。在旅游业方面，国家提出要把旅游业发展上升成为国民经济战略性支柱产业，打造成为人民群众更加满意的现代服务业。再如，在乡村振兴战略提出的背景下，国家加强推进社会主义新农村建设，拓宽农村经济发展模式，增加农村产业行业附加值，统筹城乡区域协调发展，建设全面小康社会等。乡村旅游都是落实这些战略的重要抓手和有效手段，都可纳入这些战略之中加以考虑。随着近几年乡村旅游热潮的出现，广大农民对于大力发展乡村旅游业的认同感有了普遍提高，农民投身乡村旅游业发展的积极性日益高涨。他们意识到了乡村旅游的良好发展不仅能给自身带来经济收入的显著提升，帮助他们巩固脱贫成果，更增强了致富奔小康的信心。与此同时，乡村旅游的发展还能够为村民们有效地改善现有的生活环境。各级政府组织的职业培训使村民们拓宽了眼界，提升了自身素质，提高了自身生活的质量。因此，在发展乡村旅游事业上，广大农民心中蕴藏着的巨大的动力，这些都是乡村旅游持续健康发展最宝贵的条件。

自20世纪90年代以来，旅游业已逐渐成为我国国民经济的主导产业，我国对旅游业的发展极为重视，并先后推出了许多倾向性的政策。近10年，中央一号文件连续把“三农”问题摆在首位，提出了许多破解“三农”问题的好方法、好模式。在《关于创新机制扎实推进农村扶贫开发工作的意见》《国民旅游休闲纲要（2022—2030年）》《关于促进旅游业改革发展的若干意见》《关于进一步促进旅游投资和消费的若干意见》等多个国家政策文件均是围绕着乡村建设与旅游业发展而提出的，因此，这二者的结合成为众多国家战略的聚集点。包括国务院在《“十四五”旅游业发展规划》中也大篇幅提及“乡村旅游”。

2. 居民消费水平提高，旅游需求稳步上升

随着我国经济发展水平的不断提升，城镇居民可支配收入稳步增长，消费结构也发生了很大的变化，城镇居民在休闲消费领域的支付比例明显提高，这也意味着未来休闲消费领域将拥有广阔的发展空间和巨大的市场潜力。目前，在全球范围内，中国已经成为最大的入境旅游接待国、最大的国内旅游市场，在这其中，乡村旅游以其独特的市场定位，为人们提供体验乡村生活、亲近自然、回归自然的重要旅游形式，成为国内城镇居民崇尚自由、释放压力的休闲娱乐需求之首选。

根据世界发达国家的经验，当居民人均GDP达到1000美元以后，人们对旅游业的需求将呈现快速的增长进程，而旅游也将成为人们生活中的重要组成部分。中国现在正好处于这个阶段之中。旅游已经由小众消费逐渐演变成大众消费的时代。但呈现在我们面前较为重要的问题是，旅游市场规模的快速增长与旅游接待能力的提升不能形成正比，凸显出来的就是更多的旅游需求难以得到充分满足，这已成为摆在政府与旅游管理者面前严峻的课题。

3. 城镇居民休闲时间稳步增多

国务院对国内城镇职工休假制度的不断升级、变革对中国乡村旅游业的发展形成了重要的影响。当前社会，统计我国城镇职工除“带薪休假”外，每年能够享有的法定假日多达114天之久，这为城乡居民增加休闲消费创造

了重要条件。随着国民休闲纲要、带薪休假制度及法定节假日的调整优化，城镇居民全年休假时间增加到115天。扣除14天黄金周、15天小长假可远距离出行外，86天双休日期间的近距离休闲旅游，势必成为休闲消费的主阵地。在迅速变迁的中国社会，关于“休息的革命”必将继续。2022年7月，国家发展改革委、文化和旅游部联合印发《国民旅游休闲发展纲要（2022—2030年）》（以下简称《纲要》），《纲要》提出了我国在2030年之前要完成并实现的有关培育我国居民现代休闲观念、保障居民旅游休闲时间、大力优化旅游休闲空间、完善旅游休闲设施建设、大力发展现代休闲业态、提升消费者旅游休闲体验、推进旅游休闲产品的创新升级等10项重点任务。这对于进一步优化我国旅游休闲环境，完善旅游休闲服务体系，促使国民旅游休闲实现快速发展起着重要的推动作用。同时，《纲要》的发布与执行将会最大限度地调动全民参与旅游休闲活动的积极性，满足人民群众日益增长的旅游休闲需要，满足人民群众追求高水平物质文化生活的需要，转变居民文化生活方式，将旅游休闲变成更加普遍、健康的休闲方式，进一步提升我国广大居民的生活幸福指数。在《纲要》颁布与实施的背景下，无疑为乡村旅游发展提供了更佳的发展机遇。

2021年，国家旅游局发布的调查报告显示，中国已经步入了大众休闲时代，居民的休闲消费和休闲时间在整体消费比例中不断攀升，旅游休闲已经成为国民生活的新亮点，也是提升居民幸福指数的重要因素。伴随着城镇职工带薪休假制度的落地实施，休假制度不断升级与改革，尤其是将“五一”黄金周分散调整为清明节与端午节小长假，节假日相对分散，促使越来越多的城镇职工选择短途乡村旅游作为休闲的主要方式，极大地促进了周边乡村旅游的发展。在如此优势局面下，我们应该在发展绿色产业上下足功夫，找准下一步发展的突破口，推进乡村休闲旅游健康可持续发展。

（二）面临的挑战

综上所述，虽然乡村旅游发展形势一片大好，但是我们也不能忽视其发展过程中存在的问题。如果这些问题不能妥善解决，也可能成为影响乡村旅游未来健康发展的瓶颈与阻碍。

1. 农民的整体认知水平偏低

（1）农民市场意识淡薄。对于乡村旅游业其主体经营者大部分为本村农民，在发展初期，农民缺乏对游客需求与旅游服务的正确理解，在当大量游客进入村庄后，村民们认识到自己的日常生活可以转化为赢利的资源，从中获得财富。因此，他们将乡村旅游简单地理解为消费者提供农作物采摘、提供农家饭等餐食，以及农家院休闲娱乐的场所。更多的乡村旅游经营者仅满足于提供“吃农家饭、住农家屋、干农家活、享农家乐、购农家物”的乡村旅游产品。而这些农家乐的同质化表现，以及它们粗放式的促销模式，带来的结果只能是较低的产业链价值与旅游消费者参与体验感不高的产品模式。

（2）旅游服务意识薄弱。乡村居民普遍文化水平较低，在长期的农业生产活动中逐渐形成了粗犷、自由的习惯，很难与高质量旅游接待服务的要求相匹配。这主要是由以下两方面原因造成：首先，农民从自我管理的农业生产转向旅游服务接待工作，在心理和行为上难以快速转变，造成旅游服务意识较弱，提供的旅游服务质量低下。其次，由于农民普遍较低的文化素质使其难以改变一些固有的饮食、卫生习惯，这也严重影响着接待的服务水平。他们与生俱来的强烈的小农意识，使其缺乏全局和长远的眼光，在乡村旅游行业中不乏坐地起价、漫天要价、欺客宰客的现象。所有这些都成为制约乡村旅游经济健康稳步发展的阻碍。

（3）对于乡村旅游的理解不到位。乡村旅游产业是跨接旅游业与农业的一种交叉产业模式。其所产生的附加产品既是一种农业产品，同时也是一种新型的旅游产品。而乡村旅游的管理既具有旅游业的管理模式形态，同时又是一种现代农业管理方式。在我国现阶段城市化进程和经济发展水平的影响下，广大居民对乡村旅游业认识存在较大的不足，因此也产生了如下误区：一方面，人们只关注其旅游功能，忽视农业生产的核心作用，仅仅依靠旅游收入来维持其发展，但在旅游淡季入不敷出，造成收入难以为继的局面；另一方面，部分农业经营者还停留在传统的农业生产经营思想中，对旅游业重视不足，也制约了乡村旅游行业的进一步发展。

2. 农村基础设施建设落后

近年来，国家重视新农村建设，在乡村基础设施建设中投入了较大量的资金，各级各类政府部门也均有较大投入，但由于我国农村地区广阔，且发展不均衡，具备优势旅游资源的乡村多位于经济欠发达地区，较为偏远。因此，基础设施建设处于较低水平，短期内仍然难以满足和适应游客的需要。

例如，道路、交通运输、停车场、洗手间等公共设施存在较大不足；酒店、餐饮等主要食宿设施条件较差，服务水平、卫生状况难以让人接受。这些都是难以留住游客的重要原因。改变目前现状一方面需要国家层面的更大的力度与决心，更需要一个相当长的时期，使乡村基础设施建设逐步向好发展。

3. 农村资金投入存在较大不足

上述所提到的现状及问题的解决，一方面需要国家和政府部门的重视，另一个重要的问题是要有充足的资金保障。无论是基础设施的建设，还是乡村旅游景区的宣传与推广、高质量的管理手段、优质品牌的塑造等均需要大量的资金支持。只有具备充足的资金，开发出有规模、上档次的乡村旅游景区才更具备可行性。但我们不能回避的问题是，目前我国大部分农村地区的经济实力还处在薄弱状态，尤其近两年受到疫情影响，各地财政收入大幅缩减，地方政府很难投入足够资金发展乡村旅游。另外，在乡村旅游项目用地问题上，也存在较大困难。一些乡村农家乐、乡村酒店等机构目前多采用租赁方式用地，这限制了业主在基础设施建设上的大规模投入，进而直接影响了乡村旅游景区的档次提升，为招商引资带来了重重困难。

第二章

乡村旅游电子商务发展新业态

第一节　我国乡村旅游新业态的多种形式

乡村旅游业态从内容上可以分为狭义和广义：狭义的乡村旅游是指乡村旅游农户、企业或集团的经营形式，侧重于旅游企业层面的经营模式；广义的乡村旅游除了包括经营形态外，还包括乡村旅游的行业组织形态和产业结构形态，其侧重于旅游产业层面和行业层面。根据生命周期理论，乡村旅游新业态处于起步阶段和成长期，传统业态处于成熟期和衰退期，新业态作为增量在发展，传统业态也作为存量在创新。此外，新旧格式还具有区域相对论的特征。发达地区流行多年的传统乡村旅游业态，可能是欠发达地区从未出现过的新业态。因此，新旧乡村旅游业态的差异不是绝对的、静态的、断续的，而是相对的、动态的、连续的。在不同时期、不同地区，乡村旅游产业会有不同的表现形式，而且随着制度创新、技术变革、需求方式和消费观念等一些影响因素的变化，乡村旅游产业的内涵和外延也会发生变化。

在我国，乡村旅游的业态经历了从产业内部到产业之间，最后到产业之间的演变过程。具体表现为三个阶段：一是由于乡村旅游产业的衍生、分化、融合而出现新业态；二是拓展到产业之间的交叉和融合，如乡村旅游与酒店业的融合形成乡村之家以及与娱乐产业的交叉，形成乡村娱乐；三是体现为乡村旅游与文化产业、创意产业、体育产业相融合的新业态。

随着旅游产业的深入发展和分工的细化，传统的“产业”和“产业”

概念难以描述旅游产业的发展现状。因此，旅游学者将描述“商业”的“格式”一词引入旅游业。国内有关专家学者也对“旅游业态”的概念进行了探讨。旅游业属于经济学范畴，与“旅游业”和“旅游业”的概念有关。所谓产业，是所有向同一市场提供产品和服务的厂商的总和；所谓产业，是各行各业的统称，是微观经济细胞（企业和家庭）与宏观经济单位（国民经济）之间的几个“集合”；所谓商业业态，就是一个或多个企业的具体业务形态。业态是一个产业产生的基础和条件，产业的形成是以业态的发展为前提的。

乡村旅游是伴随着人类对日益恶化的城市环境的不满，快节奏的城市生活压力需要释放，对简朴的乡村生活的渴望和追求，乡村景观和乡村风情是城市居民利用业余时间暂时离开城市，到城市周围的村庄进行各种类型的休闲体验活动而形成的。这种需求驱动的旅游活动形式。随着经济的发展，许多商业形式也随之演变。乡村旅游的业态既包括参与乡村旅游的各类主体，如旅游者、经营者、组织者等，也包括乡村旅游发展的要素配置活动，如乡村旅游项目开发、乡村旅游线路设计、乡村旅游资源开发、乡村旅游产品开发等，包括服务乡村旅游发展的相关组织，如政府、非政府协会、研究团体、各种媒体等。同时，还包括乡村旅游发展的区域分布、发展重点、发展模式、组织管理模式等。

一、旅游新业态概念

乡村旅游新业态的关键是把握好“新”二字，并不是所有的乡村旅游业态都是新业态，而且乡村旅游新业态只是一个相对的概念，随着旅游经济的发展，原来的新业态将变成旧的业态。乡村旅游的新业态、新模式将不断涌现。

一个产业或行业在发展过程中不能一成不变，而是要在实践中逐步完善、深化、转型、升级。旅游业也不例外，尤其是在激烈的竞争中，为了提高自身的市场影响力和竞争力，各地区、各企业在旅游产业的发展中，融合了新的思路或增加了新的内容，创造了一些不同于传统业态的业态，即旅游新业态。旅游新业态是相对于旅游主业的新突破、新发展，或者是超越传统、具有可持续增长、能够达到一定规模的单一旅游模式，形成相对稳定的发展态势。乡村旅游新业态是根据时代的变迁和时尚的变化，根据旅游市场的发展趋势，依托乡村旅游的资源和环境，由市场力量和政策力量共同打造，满足乡村旅游人的心理、情感、审美，享受旅游新产品和服务形式。

新的旅游业态是旅游业发展和社会经济发展自我完善过程的结果。这些新业态有时处于完全创新的状态；有时处于新旧交织的状态，即新业态不断涌现，但传统模式依然存在，有市场；有时处于新旧交替的状态，即新模式出现后，传统模式的比例有所下降。随着行业的不断发展，新模式不断涌现，形成了新旧交替的格局。乡村旅游新业态是在原有的乡村旅游基础上的创新。有旅游组织的经营模式和经营形式的创新和自我调节，有地方特色的自然文化旅游资源的开发，有特色乡村旅游产品的开发。新乡村旅游活动的培育，还包括新的乡村旅游模式的形成和乡村旅游产业链的重组。

二、乡村旅游新业态特点

（一）乡村旅游新业态是“三生”的结合

“三生”指的是生产、生活和生态。“三生”结合，就是把生产、生活和生态结合起来，实现发展的平衡。例如，民宿的业态不同于农家乐的“乡土性”，民宿的“三生”是其“乡土性”的表现。作为民宿的投资者和经营者，往往具有较高的社会影响力和高学历背景，高度关注细节的创意和文化底蕴，具有浓厚的人文情结，逐渐形成了品牌般的影响力的住宿商业。它不是简单的住宿产品，但以个性化和高品位而闻名。它不仅反映了城市对返乡下乡的需求，同时也反映出乡土对外来文化的融合与改造的需求，这使得民宿的发展更注重环境的改善和经营个性的强化，其经营管理模式远远超过农家乐。

可见，新型乡村旅游要定位在地域农业特色和地域农业文化上，让游客既能感受到纯真的乡愁和浓郁的民俗风情，又能领略到新农村建设的新风采。生态方面，在乡村旅游开发过程中，应采取适当的环境保护措施，规划时要进行环境审计和环境影响评价，确定环境承载力和旅游开发所承担的风险。

（二）乡村旅游新业态是多种旅游方式的综合

目前界定的乡村旅游新业态，已经逐渐成为一种综合性极强的乡村旅游新模式，基于初级阶段乡村旅游之上的模式创新。类似于其他旅游产品组合，乡村旅游新业态是各种旅游新要素重组之后，形成具有一定规模效应的模式，其中乡村旅游综合体最能体现这种综合性。

这里说的乡村旅游综合体以乡村旅游中涉及的休闲旅游为核心，里面涵盖了几乎所有的旅游要素包括吃、住、行、游、购、娱以及信息、金融等内容。换句话说，立足于功能方面，乡村旅游综合体所呈现的综合性，是可以充分满足游客提出的所有出行需求的；立足于内容方面，乡村旅游综合体基本能够覆盖游客的所有关于休闲的消费需求。在我国乡村旅游发展过程中，乡村旅游管理的类型多种多样，包括旅游采摘、休闲娱乐、健身、探险、度假、体验等。这些经营的结合和组合变化，反映了乡村旅游产业的变化。如浙江省诸兼山下湖镇解放村稻果镇，由浙江省稻果生态农业集团公司建设。它被称为城镇，实际上是一个综合农场，包括餐饮、烧烤、住宿、火龙果旅游工厂、农耕文化中心、九品莲花馆、西施水田画、珍珠体验馆等。米果最能体现综合旅游新业态。农场建立了综合农耕发展博物馆、火龙果成长文化主题博物馆、青少年农业科技展览馆、农业技术实践培训基地，已逐步成为综合性社会活动的教育实践基地。可结合农产品线上线下微信淘宝等电商平台销售购买农产品。米郭镇2016年吸引了230000多名游客。

（三）乡村旅游新业态是乡村资源与旅游功能的组合

乡村旅游新业态的建立和发展，完全依托原有乡村旅游的基础性成果，同时充分利用乡村内部的多种自然资源、人文资源，混合成为多种旅游功能。乡村中的多种资源，意味着旅游地存在的所有与自然、人文相关的乡村旅游资源，包括旅游地的生态环境资源、美丽乡村资源、当地的自然风光等，另外还包括旅游地深厚并且丰富的优秀传统文化、乡村民俗文化、古村落、乡村民居建筑等文化旅游资源。在浙江，海内外高端消费的游客众多。裸谷民宿充分利用了浙江德清墨钱山保护区的多种自然和人文资源，开发了高端乡村旅游产品。目前，裸心谷拥有121间客房，包括宽敞豪华的树顶别墅和温暖的夯土小屋，还有树顶别墅露台理疗浴缸、无尽的游泳池等。自

2007年建成以来，“裸心”品牌已成为国内家喻户晓的民宿品牌，“裸心谷”成为中国第一个获得国际绿色建筑大奖LEED最高荣誉白金认证的高端度假胜地。

乡村旅游的多功能延展，在一定层面上反映了乡村旅游形态的发展，是在原来存在的乡村旅游形式形态的基础之上的一种全新的尝试和升级，这使“旅游”活动所蕴含的内部功能随之更加丰富起来，作用也变得尤为重要。比如，北京乡村充分利用各区县丰富的旅游资源和生态资源，深化旅游组织经营模式，引进适合当地旅游发展的新业态，坚持“一区（县）一色”“一沟（带）一品”“一村一品”等多种特色乡村旅游发展路径，结合当地自然与人文旅游资源，倾力打造诸如“乡村休闲山庄、乡村疗养中心、乡村农家花园、农家乐农家院、红色经典景区、自然生态乡村、乡村高端酒店、峡谷漂流、特色民宿、传统民俗”等多种乡村旅游新形式，不仅加深了游客在乡村旅游过程中的深度体验感，同时也提高了乡村旅游内部的休闲娱乐属性，另外也增强了乡村旅游延展出来的教育属性。总体来说，一方面可以增加游客与乡村中原生态大自然的亲近度；另一方面又能加深游客对乡村生活的新认识，这样可以充分发挥乡村旅游带来的经济、生态与社会效益。

三、我国乡村旅游新业态的多种形式

（一）民宿新业态

与传统的标准化酒店不同，民宿新形态的经营内容是以标准化、个性化管理为基础的。中国早期的民宿建设主要依赖于乡村旅游地的景点和特色产物，大部分乡村民宿是当地村民由自家民居改造后建立和经营起来的。伴随地方旅游特色的凸现和基础设施标准化建设，不同的商业模式和投资融资模式纷纷进入民宿经营行业中来。在这样的背景之下，民宿逐步发展起来的新业态呈现出两种类型，即专业管理型与非专业管理型，又可以细分为家庭副业、家庭主业及商业承包等类型。

1. 内职型模式

内职型，指乡村村民将经营民宿作为村民家庭内部副业的经营管理模式。根据中国台湾地区 2001 年颁布的“民宿管理办法”：农村住宅用于民宿，客房数不足五间的，客房总面积不超过 150 平方米（平方米），且无专职客服，在以小农模式经营的条件下，民宿可以看作为家庭副业，免予进行工商登记和收到营业税，自有房屋也可按自己的居住税率征收房屋税，家庭税率适用 1.2% 征税，否则仍按 3% 的营业税税率征收，但营业所得需要征收综合所得税，地价税也要求税务部门按一般地税税率征收。”

在乡村民宿行业发展的起始阶段，村民经营民宿大多是不以营利为主要目的，而是主要取决于家里有一些空房子可以用来出租，自然可以主动为游客提供住宿。在这样的情况下，村民住宅的主要功能依然是农户家庭本身，民宿的经营管理只是农户的一种副业形式。发展之初，民宿也可以说是传统的寄宿制家庭的概念。

乡村民宿这一商业模式的形成、建立和发展，一方面是建立在村民合理使用农村住房上，这就意味着旅游地村民不需要大规模地建造或者购买旅游基础设施。因其经营服务模式与村民的原始家庭居住方式高度一致，所以村民的旅游建设投资成本极小，这也使得民宿居住价格相对较低。另一方面是租户可以与民宿经营者分享生活，游客有更多的机会深度融入和体验旅游地真实的乡村生活，能够完整地体验旅游地的乡土风情和乡村文化，从而加深游客对乡村旅游和乡村建设的感知。不过这种形式的发展，也存在一些不足之处，比如游客需要按照民宿主人及其家人的日常生活和休息情况合理安排出行、活动、休息，游客的行程受到一定的限制，也存在共同居住带来的空间独立性和隐私问题。

2. 主控型模式

伴随着城乡社会整体发展水平的日益提高，旅游市场的消费结构快速升级，这些变化对于 B&B 的经营也有了更多的需求。通常情况下，作为内职型家庭副业发展起来的经营管理模式，基本上是依靠现有民居建筑建设的。客房不足、资金运转不足、基础设施建设较差、游客服务相对简单。这些普遍存在的问题无法满足游客租住的需求，尤其是具有高端消费需求的游客。旺季的供应大于需求。与此同时，主控型模式逐渐产生，以经营民宿作为家庭主业，一般会提供更加多样可选择的房型和游客服务。

在建筑设计方面更专业更深入，在管理体系方面比副业提供更多的投资机会。随着民宿新形式的快速发展，从预订平台到民宿投资，以及各地政府鼓励民宿发展的相关政策的出台，各种社会投资开始聚焦民宿领域。在国家乡村振兴战略的大背景下，民宿热发展也促使建筑师等专家返乡，大量进行传统建筑设计实践，改造民宿。

3. 商业承包型模式

近年来，我国农村产业进一步扩大。民宿的新形式不单单是“闲置空间运营”的定义，更需要细化的设计规划和更完善的管理运营，即专业化的运营。商业承包经营通常有强大的专业团队和体系，有计划地进行投资和运输。经营擅长通过媒体和互联网进行营销。团队整合旅游相关资源，拓宽收入渠道，提升盈利空间，将民宿从单一的住宿点转型为产业链。民宿“1.0时代”仍然是连接人与产品的纽带，主要通过建筑设计和硬件设施构建高标准民宿。在民宿的“2.0 时代”，人们开始逐渐重视人与人之间的联系，因此需要投入更多的人力物力创造新产品，提炼和升级现有的民宿和服务。这种商业模式通常有专门的投资者和管理人员来满足市场需求，深入挖掘当地特色，建立自身品牌发展差异，提供基本的住宿服务，以及为租户提供更深层次的定制旅游服务。未来新型民宿市场必将走向专业化、制度化。寄宿家庭和酒店不一样。客户在农村，陌生或荒废的地方对成熟的服务和管理有更高的要求。国内部分住宅开发之初缺乏科学规划。基本上，村民在现有民居的基础上稍加修改，进行粗放管理。这个模型有点浅。从前期选址、设计、准备、硬件到后期运营、推广、团队管理，完善的产业链需要大量的前期设计和规划布局。此外，随着新型民宿的发展和扩大，相关基础设施也需要完善。主机家庭服务和硬件问题通常最容易出现实际投诉。这里所说的基础设施不仅包括住宅设施和通信设施，还包括活动场所、健身设备、路灯、停车场等公共设施。这些都是发展新型民宿需要改进的问题。农村应该有农村建筑、道路、农村、水系等不可缺少的东西，但也应该有更舒适的条件，让现代人居住、租户体验更安全舒适的居住生活。

农村地区文化遗产资源丰富，特别是特色建筑资源，是民宿建设的天然载体。相反，民宿建设将有效保护和传承丰富的文化遗产资源成为可能。我国许多乡村旅游发展滞后。民宿的建设者和经营者大多是当地村民，相对缺乏审美素养和文化认知。一些珍贵的文化遗产，如传统房屋和历史建筑被粗略拆除或不适当改建。由于对民宿建筑空间、居住条件、总体定位缺乏思考，导致具体空间设计过于粗糙，影响居住体验。例如，卫浴设施落后是众多农村民宿共存的现实，一个民宿在建筑设计、空间营造、氛围对比、服务提供等各个环节都需要美感和认知，部分民宿在建设运营过程中艺术认知相对较浅，最终产品与原概念有很大不同，包括租户，尤其是包括高端消费者群体在内的旅游体验更糟糕。随着移动互联网的发展，对在线旅游信息的需求不断增加，在线旅游越来越普及。在线旅游创新企业，如小猪短租、土家网等，娱乐点、旅游交通费结构稳定的，将逐步占据旅游市场的部分市场份额。

（二）休闲农场业态

休闲农场通常是原始的单一纯生产性农场的基础，也可以利用自然资源专用建造。休闲农场比生产性农场具有更强的旅游功能。休闲农场带来农村土地。农产品作为旅游资源的开发利用，是第一产业向第三产业转型的结果。这不仅可以从农业生产中受益，还可以通过“旅游”增加农场收入。在北京休闲农业诞生的初期阶段，通过举办桃花节、西瓜节等各类节目，增强吸引城市游客的能力，增加农民收入。休闲农场的开发后来更加注重旅游业的开发，追求综合效益。由于其地理位置高度重视自然环境优势，可能离城市有点远，但休闲农庄突出度假功能，游客不仅可以了解旅游、摘水果、农耕体验、乡村生活，享受当地风味，还可以享受游玩、住宿、度假。

不同的休闲农场有不同的取向，业主文化也赋予了独立的个性。例如，台湾的休闲农场有一个共同的特点，就是农民融入情感，展现个性，特别热爱农村生活，甚至实现了儿时的梦想。他们不是追求短期暴利，而是从一开始就注重保护生态环境。在建设和经营过程中，他们不断地融合自己的创意，把农场比作自己的艺术品。客户能明显感受到农民的艺术风格和个性追求。

休闲农场经常融合教育和技术。休闲农庄细分衍生出的教育农庄，是在一定的发展时期出现的一种新型休闲农庄。它是适应社会需求的产物，是农业园区功能和类型完善的必然产物。主要服务青年学生，获取农业知识和经验，帮助他们了解农业和农村文化，是农业和自然生态教育最有效的野外教学。在中国大陆，以“教育农场”为主题的农业园区很少，也没有以科普教育、农业认知、青少年休闲娱乐为主要功能的专业化农业园区。休闲农场利用田园景观、自然生态和环境资源，结合农林渔业畜牧生产、农业经营活动和农村文化，为城镇人民提供休闲服务。

1. 花园农业旅游模式

花园农业旅游模式是以农村田园景观、农业生产活动和特色农产品为旅游吸引物，发展农业旅游、水果旅游、花卉旅游、渔业旅游、畜牧业旅游等特色主题旅游活动，满足游客体验农业、回归自然的心理需求。主要有四种：①田园农业观光。以田间农业为重点，开展田园风光鉴赏、农业生产活动参观、绿色食品品尝采购、农业技术知识学习等旅游活动，达到了解和体验农业的目的。如上海孙桥现代农业旅游园和北京顺义“三高”农业旅游园。②庭园观光。以果林、园林为重点，发展采摘、观赏、赏花、徒步。开展买水果等旅游活动，让游客欣赏绿色景观，亲近美丽自然。如四川泸州的张八桂园。③农业科技之旅。以现代农业科技园区为重点，在园区内开发和享受高新技术农业技术和品种。温室内的农业设施和农业生态等活动，提高了游客对现代农业的理解。如北京小汤山现代农业科技园。④农耕体验旅行。通过参加农业生产活动，游客和农民一起吃，一起住，一起工作。农业生产实际，结合农耕文化和地方特色。如广东高要广信农业生态园。

2. 民俗旅游模式

民俗旅游模式是以农村风情、民俗文化为旅游景区，充分突出农耕文化、地方文化、民俗文化特色，发展农耕展示、民间艺术、季节性民俗、节庆活动、民间歌舞等旅游活动，从而增加乡村旅游的文化内涵。主要类型有：①农耕文化旅游。利用农耕技能、农具、农耕节气、农产品加工活动等发展农业文化旅游。如新疆吐鲁番凯儿井民俗园。②民俗文化旅游。文化旅游利用民俗、服饰民俗、饮食民俗、礼仪民俗、季节民俗、娱乐民俗。如山东日照任家台民俗村。③乡土文化之旅。利用民谣、民间艺术、民间戏剧、民间艺术等开展地方文化旅游。如湖南怀化京平古文化村。④民族文化之旅。利用民族风俗、村落、歌舞、节日、宗教等开展民族文化旅游。如西藏拉萨的娘娘腔民俗园。

3. 科普教育的旅游模式

科普教育的旅游模式是利用农业旅游园、农业科技生态园、农产品展示室、农业博览园和博物馆为游客提供旅游活动，了解农业历史，学习农业技术，增加农业知识。主要类型有：①农业科技教育基地。以农业科研基地为基础，以科研设施为吸引物，以高新技术农业技术为教材，为农业工作者和中小学生提供农业技术教育，形成集农业生产为一体的新型科学教育、科学模式、科研、教学农业公园。如北京小汤山现代农业科技园、陕西杨凌国家农业科技农业旅游园等。②旅游农庄、休闲教育。利用本地农业园区的资源和环境、现代农业设施、农业经营活动、农业生产过程中的优质农产品等进行农业旅行、参加体验、教育活动。如广东省高明的爱文教育农场。③儿童教育农业基地。利用当地的农业栽培、畜牧业、水产养殖业、农耕文化、农业技术等让中小学生参加休闲农业活动，接受农业技术知识教育。④农业博览园。利用当地农业技术、农业生产流程、农产品、农业文化等吸引游客。如沈阳农业博览园、山东寿光生态农业博览园等。

（三）乡村露营业态

农村野营满足游客多层次需求，具有与乡村旅游紧密结合、注重环保、严格管理制度等特点。营地通常依靠周边旅游资源进行旅游活动。国家级自然生态区一般有森林、沙漠、沿海地区、草原等典型生态环境，有候鸟、黑熊等特有动植物种类。中国三亚鸟巢度假村设有森林徒步等活动。美国黄石国家公园的营地已经相当大了。黄石国家公园的自然景观，以及公园内完善的高速公路系统和公共设施，成为露营者的必备场所。黄石国家公园有完善的道路系统，其中 8 条环城公路经过公园主要景区，有长达 1600 公里的步行公路。公园内有完整的旅游设施，包括酒店和露营地、食品店、商店、餐厅、诊所、加油站等。公园允许开展钓鱼、划船、漂流、滑雪、野生动植物观赏和地质调查及远足、健身等活动。

“营地、十大全域旅游”战略的实施，可以以营地为载体，整合区域内的旅游资源。地方文化、相关产业、生态环境等，根据旅游市场需求，对营地进行科学合理的规划布局。在全域观光理念的基础上，以积分（露营地项目）领先（露营观光路线），以线（露营观光路线）领先（全域观光）。实现营地、营地与区域产业的良好互动，打造精品全域旅游目的地。《休闲露营地建设和服务规范》中根据进入露营地所使用的交通工具，将露营地分为RV露营地，汽车露营地，自行车露营地（自行车、摩托车、马）和远足露营地等。

1. 房车露营地

以租车为主要交通工具和住宿设施的露营地。汽车与营地紧密相连，相互支持。然而，野营不仅仅是一个停靠点，更是一个集景区、娱乐、服务于一体的综合性旅游度假区。汽车营地可分为汽车站和帐篷营地。简易露营（一般露营客人及设施齐全的车）、观光地拖车租赁场、大型车露营（流动别墅）木屋等。

2. 汽车露营地

以汽车为主要交通方式的露营地。《中国体育休闲（汽车）露营营地建设标准（试行）》将体育休闲（汽车）露营定义为一种适合家庭、个人、群体、老少皆宜的时尚休闲生活方式，还可以为那些愿意在大自然中放松的人、强健体魄的人、对文化体育感兴趣的人以及在路上寻找志同道合伙伴的人提供一个交流和休息的场所。《休闲营地建设与服务条例》对自驾营地进行了规范，指出它们需注重安全、环保、特殊服务：如露营地周边用车一小时内提供救援设施道路应遵循人车分离，车辆限速不超过10公里/小时，人口、服务中心、服务保障区需要醒目的室外照明，夜间容易发现，使用方便。

标准规定了营地的基本功能区，如出入口、服务中心、停车场、自驾游营地、租车营地等。服务保障区、垃圾存放处理区，这些都是自驾游营地所需的功能区。同时，根据自身条件，可设置木制住宿区、帐篷露营区、儿童游乐区、户外运动区、休闲俱乐部等特色功能区，形成差异化。乡村自动露营地多以乡村或乡村景区附近的旅游交通干线或景区为基础开设。他们拥有一定的场所和设施，可以为兜风爱好者提供自助服务或半自助服务。具有特定主题的复杂功能的景区。其主要服务有住宿、露营、越野、休闲、餐饮、娱乐、汽车维修、租车、度假、户外运动、信息服务、医疗和救援等。随着生活观念和生活方式的变化，享受汽车旅行的人越来越多。对乡村的憧憬使得更多的人开车去乡村旅游。目前，中国也有农村自驾游营地组织和营地，但其规模远远低于国际标准。

以自行车、摩托车、马、骆驼等为交通工具或以徒步为主要交通方式的露营地。远足野营伴随着使用帐篷作为野营设施的帐篷野营。《休闲营地建设与服务规范》规定了帐篷营地的分类。包括地址、布局、服务和质量要求。环境保护和安全性还是比较突出的。例如，除沙漠营地外，营地绿地率在50%以上，营地与服务中心徒步距离不超过5分钟，营地比周围地面高出15cm以上，可防潮。与此同时，对露营地的数量、规模，以及卫生间、卫生间、垃圾存放、防火、防盗等设施配置提出了指标和质量要求。

另一个与骑行营地相关的营地是青年营地。青少年夏令营是家庭教育和学校教育的必要补充，目标是提高青少年综合素质，促进德、智、体、美、劳全面发展。《休闲营建设与服务标准》结合青少年身心特点，以集中管理和培训为主要形式，既体现挑战，又保证安全。因此，相关指标更加全面和详细。宿舍、活动室、实验室等场所的规模和设施要求，以及户外教育区、军训区、户外运动区、营区等功能区的规模、设施和项目设置要求管理员的具体技能、资格、数量要求和操作步骤、安全标准等包含其中。附录还列出了培训项目和设施的技术规格和主要参数。

（四）乡村旅游综合体业态

在我国农村，农业规模化发展程度是乡村旅游综合体的一项重要特征，它也是在我国城乡统筹发展政策背景下推动我国传统农业向现代农业成功转型的重要基础。首先，乡村旅游包括乡村景观、环境和建筑。依托乡村旅游目的地的旅游资源和土地资源，包括民俗文化、农业等自然、社会和人文资源，开展各种休闲活动，通过产业的耦合，形成各具特色的产业，实现产业集聚。其次，乡村旅游综合体是一种集约化的组织形式。通过这种方式组织乡村旅游发展，需要在原有的单位土地上承载更多的乡村旅游功能，设计与呈现更多的乡村旅游活动。原有单一化的土地利用模式和在我国农村普遍存在的扁平化的功能组织形式需要做出改变与调整，向采用混合的土地利用模式和立体化的功能组织方向进行转变。乡村旅游综合体是形成城乡经济社会一体化新格局的重要载体。结合我国现行的城乡统筹发展布局，它有效地打破了城乡间原有壁垒，在经济与社会生活领域均实现了城乡的密切联系与协调发展，在缩小城乡差距，增进城乡一体化建设方面发挥重要作用。通过城乡一体化发展，通过吸引更为广泛的社会投资投入到乡村基础设施建设中，利用旅游的交通效应全方位地把城市居民的消费力带到乡村，从而有效带动周边村庄的就业增加和产业升级。配套完善、区域综合开发，将实现当地旅游资源价值的市场化利用，最终有效推进区域新型城镇化。因此，乡村综合体的打造，突破了城市与乡村隔绝中存在的壁垒，将城乡经济与社会生活紧密联系起来，形成了一体化的发展模式。

在我国许多乡村地区，现阶段的乡村旅游发展以传统的农家乐形式为主，乡村旅游综合体是在原有发展基础上实现了乡村旅游规模的适度增长。在功能上呈现聚合与延展，在项目策划中呈现整合与精准匹配，同时与营销推广紧密结合。这种模式上的转变既可能满足乡村旅游消费者对多功能休闲旅游的需求，也可以满足消费者乡村生活体验、自然养生甚至生活方式逆城市化的需求，有效地对接当前城市人口的新型乡村旅游消费，并更好地满足基于生态环境的舒适和放松，以旅游，休闲和度假功能为重点的更高消费水平上的乡村旅游和度假需求。

乡村旅游综合体本质上是将乡村农业与乡村旅游业二者进行融合，使乡村旅游活动更为集中化、规模化、产业化。这种整合极大地提升了农业经济发展与农产品的经济价值，对其产量的提升具有积极的意义。例如，传统的农产品销售中，主要由中间商来进行渠道的控制。这很容易造成由于信息不对称而导致的农产品在城乡之间价格的巨大差异问题，无疑对消费者与生产者均是不利的。积极发展与建设乡村休闲旅游综合体，对于改变这种因销售渠道而造成的排他性现象具有显著意义。在乡村旅游活动中，农民可以通过直接销售如农家菜、土特产等乡村特色产品，带来直观的收入。

乡村旅游综合体是基于一定的乡村区域范围创建的。构建乡村旅游综合体并不需要农民背井离乡，在原本生活的家乡即可参与建设，这既可以解决农民对乡土情结的诉求，也避免了由于农民进城而可能带来的各种社会矛盾，可谓一举两得。

建设乡村旅游综合体，是在以乡村旅游休闲为导向基础上，对乡村土地的综合开发与利用，在原有的土地上进行多功能开发、多业态培育。通过多效益集聚发展乡村旅游，在提升土地价值的同时，实现目标市场的引爆。促进旅游、餐饮、游乐等衍生产业发展，在乡村实现多元文化的互动，伴随着城镇消费者进入乡村，也将乡村的农产品推向城镇，从而实现了城乡的可持续发展。乡村旅游综合体的建设将成为连接城镇与乡村的纽带。城镇游客涌入乡村，增加农民的直接经济收入，也同时改变了农民原有的价值观和生活、生产方式，更加直接地带动乡村经济发展，实现城乡一体化。无论从村民的价值观念、生活方式、生产运营等方面都在向城乡一体化方向发展，最终将改变我国现有的“二元制”经济结构，实现城乡统筹发展的目标。

1. 依托乡村基础设施与旅游资源，开发乡村旅游资源

乡村旅游资源的类型决定了其旅游产品开发的定位，而乡村土地资源的多少决定了乡村旅游综合体的建设规模，并直接影响乡村旅游产品的结构与匹配情况。乡村旅游综合体的发展模式受到乡村旅游资源和乡村土地面积的限制。我们可以采用综合开发的方式，对农业进行深层次开发，如培育高效农业、创意农业、生态农业等，向农业规模化开发方向发展，辅助农产品加工销售产业、农产品科研实验、面向农民的职业教育、农村医疗、服务乡村旅游产业的岗位培训等其他产业为辅，环环相扣，形成行业间的密切联系。此外，在发展项目区农业生产的同时，创造性地开发以当地农作物为主的土地景观产业，组织开展农业观光游、农业生产体验游、农业休闲度假游等乡村旅游项目，也是带动乡村经济发展的良好途径。

2. 依托乡村主体景区脉络打造旅游亮点，建设乡村休闲旅游

乡村旅游综合体建设中核心的理念应聚集在乡村旅游的休闲功能打造上。在这个理念引导下，通过合理布局、有序开发，通过不同类型、不同层次、不同规模的乡村旅游产品满足城镇消费者多样化的休闲旅游需要，使之成为乡村旅游综合体引爆市场的重要方法。挖掘项目中各种乡村旅游休闲资源的特色亮点，将其有机结合，并形成若干条精品旅游线路，以有效地连接乡村旅游综合体的各个产业链，充分发挥综合体整体效能。

对于乡村旅游休闲项目的定位可以做如下考虑，例如将乡村观光、休闲游憩、运动体验、度假养老、商务会议、康养居住等功能融为一体，打造全方位覆盖且特色鲜明的乡村综合旅游休闲项目。其中也可增设大众喜爱的，如休闲垂钓、农家动物园、果蔬采摘、体验农业等乡村旅游娱乐项目。在具体实施中，结合各地的地理文化情况，可因地制宜地重点打造一个或其中几

个功能，形成乡村旅游项目互补、融合发展，突出地域优势，带动整个区域的经济共同发展。

3. 依托配套设施建设，形成支撑点发展乡村休闲商业项目

在乡村旅游综合体建设中，可结合乡村本土生态环境特点，挖掘生态景观优势，分阶段分步骤地合理规划与建设生态乡村配套设施，如休闲度假酒店、特色民宿、乡村特色商业街等商业设施，作为乡村旅游综合体的商业配套板块，实现乡村生活、乡村休闲、乡村购物、乡村娱乐等功能的综合体现，从整体上提升乡村旅游服务质量。

纵观目前我国已初具规模的乡村旅游综合体，主要存在商业配套设施数量与覆盖面不足，整体服务质量欠缺等问题，这也成为目前我国乡村旅游综合体发展的短板。以惠州塘磨村的乡村旅游发展为例，中法合资建设的国际标准化乡村酒店的成功运营，应用能够为我国乡村酒店的发展带来一些启发。

4. 依托乡村旅游产品核心卖点，打造特色乡村休闲地产项目

乡村休闲地产是在乡村旅游业发展中形成的一个主要分支，它是以生态乡村环境为导向进行建设的，以居住功能为主体的，将传统地产项目、住宅小区项目、产权酒店项目等农村地区的住宅地产与乡村旅游、康养等项目相结合的产业形式。较为适宜开发的乡村休闲地产大致可分为乡村景观地产、乡村养老地产、乡村度假地产、乡村主题地产等，并可融入低碳、环保、节能、科学、高效等现代理念，创新性地融入创意设计、民俗特色、酒庄地产等。随着不断地发展，乡村休闲地产在国内许多乡村旅游综合体中已经成为开发的核心板块，也是乡村旅游产业盈利的核心点所在。

第二节　乡村旅游新业态的形成机制

一、创新与供给侧结构性改革成为乡村旅游新业态的形成机制

在我国，随着旅游业的不断发展，已经逐渐形成从开放驱动与要素驱动向创新驱动的转变趋势，在网络经济的快速发展下，实现的知识积累与技术

进步，有效推动了互联网等新兴产业与传统产业的融合，从而导致在传统产业中发生了不同程度的组织变革，这些都已成为推动我国旅游经济增长的新途径、创新力和供给侧结构性改革的内在动力。

（一）创新作为乡村旅游发展的内在驱动力

同其他产业发展一样，持续创新也是乡村旅游产业保持市场活力的关键核心要素。当前乡村旅游市场中，多种要素的组合创新在乡村旅游产业中的应用日渐普及。众所周知，传统的旅游包括吃、住、行、游、购、娱六大要素，在未来，旅游要素发展将会在六大要素基础上不断创新，如深度体现在与农业、工业、林业、文化、卫生、体育等传统行业的融合，为消费者提供特色化、多元化、个性化的旅游产品和服务，以满足旅游消费者深度体验的需求，这些都是在旅游新业态发展过程中体现的内容。

在乡村旅游产品创新层面，它既包括产品形态创新、产品类型创新，也包括产品功能上的创新等。乡村旅游产品的形式创新主要体现在创新表现形式与创新体验产品方面。例如，在场景化的乡村旅游产品中设计拥抱自然主题的环境艺术装饰，针对特色农产品采用高科技或原生态的产品包装设计等。通过这些形态的创新，使乡村旅游产品在形式上带给消费者新奇体验的观感。此外，也可以通过设计游客参与的各项体验活动，如制作工艺纪念品、农产品种植等，带给消费者一种全新的劳动体验，同时也可使这些旅游纪念品自带差异化特征。在一些民族风情浓郁的乡村，具有天然的特色美食资源，可以设计果蔬采摘、特色美食烹饪等体验项目。乡村旅游产品类型的创新上，主要考虑依托乡村旅游资源天然的特点。我们也应时刻关注旅游市场需求的变化，根据消费者不断变化的需求，开发特色的乡村旅游产品。目前，在许多世界发达国家中，乡村旅游已进入成熟化的发展阶段，积累了相当丰富的发展经验，已逐渐走上了创新型、规模化的发展道路。例如，在法国，乡村旅游通过创新发展，衍生出了多元化的产品体系，催生了丰富的乡村旅游新业态。休闲农场是广泛受到法国旅游消费者喜爱的乡村旅游形式之一，他们打造了包括农场旅馆，农产品市场，马术农场，农场种植、农场抢险、农场狩猎、农场露营、家庭农场等多种产品形态供游客选择。系列的住宿设施也呈现多元化特点，有追求豪华体验感的乡村别墅，追求经济便捷的乡村旅馆，追求个性化特色的城堡车站，还有体现现代青年需求的露营地、途中车站、青年旅馆等多种产品形态，倍受当地消费者的青睐。

以海南省琼海地区为例，他们在乡村旅游产业发展中充分利用创新机制，对本区的特色乡村旅游资源进行了全方位的创新改造，收到了很好的效果，带动本区域乡村旅游业的长足发展。琼海采取了“以乡村城市建设带动乡村旅游发展”的思路，在当地重点建设了 12 个各具风情特色的旅游小镇和 3 个国家级农业观光园区，同时建设了“旅游慢步绿道系统”，连接了琼海地区的村、镇、市等区域，形成了全区互联互通的开放模式的乡村景象。此外，琼海还依托自有的温泉鹅、嘉积鸭、万泉河鲤鱼等特色本土品牌，辅以粗粮小吃等当地特色美食，打造了极具地方特色的系列餐饮类产品。通过政策引导和鼓励当地农民兴办自己的家庭农场、采摘庄园、垂钓体验等不同形式的农家乐活动，开发了一整套新型体验式农业庄园模式。正是基于这些创新的做法，琼海目前已形成了标杆性的行业典范，它的“一镇一特色、一镇一风貌、一镇一产业”的乡村旅游品牌已享誉全国。

从 20 世纪 90 年代开始，经历了 30 余年的发展历程，我国乡村旅游产业在发展规模上取得了一定的进步，在收益上也获得了可喜的成就，但与世界乡村旅游发达国家相比，仍有较大差距。根据国外乡村旅游创新的研究进展，对比我国的实际情况，我们总结出如下几个方面，在今后的研究过程中还应继续加强。首先，基于微观层面，在全球创新大趋势的背景下，对我国乡村旅游创新造成哪些影响，同时还存在哪些空白领域亟待补充，如大数据技术在乡村旅游行业的应用、云计算与移动终端协同推进智慧乡村旅游发展、社交网络参与乡村旅游机制、全球定位服务在乡村旅游服务中的作用发挥、通过游客赋能实现全员参与的乡村旅游活动等。通过这些问题的不断研究与优化，实现对我国乡村旅游电子商务融合发展的进一步推进与建设。其次，基于中观层面，在我国，在互联网经济快速发展的影响下，乡村旅游产业在组织和市场结构中与传统行业相比悄然间也发生了转变，这些都将作为行业创新的基础，我们应充分进行针对乡村旅游产业内部，以及与其他产业之间的互联的创新机制建设、协调机制建设，以及目的地创新体系建设等。最后，基于宏观层面，协调好乡村旅游与电子商务融合发展的创新与区域旅游产业竞争力的关系，我们要明确乡村旅游创新对于传统旅游业经济增长中发挥的重要作用，如何依托乡村旅游的创新发展带动区域旅游创新体系的形成等。近年来，在全国范围内，乡村旅游市场呈明显增长态势，为了更好地服务于我国居民对乡村旅游产品需求，服务于产业发展，加快对乡村旅游产业的改革势在必行。通过建立以互联网等现代技术为基础的现代化组织形式和管理方式，以适应大众化、个性化的行业需求趋势，是该产业发展的必由之路。

（二）供给侧结构性改革作为乡村旅游发展的另一内在驱动力

1. 乡村旅游产业的升级与转型

经历了30余年的发展，我国旅游业逐渐步入重大的战略调整期，旅游业已由原来的粗放型发展向集约型不断转变，由原有的关注旅游产业规模扩张向在扩大规模的同时不断提升旅游产业的效益转变，由原来单纯注重发挥旅游产业的经济功能向不断挖掘与发挥旅游综合功能转变。对于旅游业的转型，当前已升级成为旅游发展战略调整的最重要环节，在这其中，旅游业态的创新是实现旅游业转型升级的必经之路。

我国经济较发达省份地区，在旅游业创新转型升级中做出了较好的示范，如通过整合各产业资源，将原来的单一业态的旅游转变为复合业态的新型旅游业。以广东省梅州市平远县上居镇的相思谷旅游产业园为例，它成功地将当地农业和旅游业的要素有机融合，充分释放与挖掘农业与旅游融合发展的巨大潜力，用农业发展带动当地旅游的发展，同时以旅游业反哺农业经济提升。这样的发展理念有效地联动第一产业与第三产业的协同运作，成为跨产业联合发展的典范。在上居镇的产业园中，建立了“公司+农户+网站”的创新发展新模式，在坚守生态文明发展不动摇的前提下，采取了嵌入式保护生态，理性资源开发的模式，将旅游业发展与农业发展、生态建设紧密结合，实现了复合、立体的农业展示新模式，有效促进了当地经济的融合发展。当前，在我国部分地区已有各具特色的旅游新业态的出现，是我国乡村旅游业向成熟发展的重要标志，在这种势头的引领下，未来会推动我国整体乡村旅游业在广度和深度上实现进一步跨越发展。

2. 乡村旅游产业投资的多元化

从20世纪90年代至今，传统旅游业经历了30余年的快速发展，已逐步成为一个独立的综合性经济产业，党的十九大以后，围绕生态建设的产业发展布局，旅游业更加成为我国第三产业的发展重点。旅游业的产业优势在于它可以广泛地带动与之相关的第三产业其他部门的发展，以及带动第一、第二产业的发展。当下，在全国各省区市都相继把旅游业确立为当地的支柱产业，并通过出台一系列促进旅游业发展的政策、措施，特别是旅游投融资政策来激励旅游产业的进一步发展。也有越来越多的社会资本、海外资本对旅游业未来发展充满希望，在各地区的旅游业发展中投入大量资金支持。

乡村旅游作为传统旅游业近年来发展起来的重要分支，也不例外。以浙江省为例，其乡村旅游发展特点之一就是全行业、全资本、全社会共同参与浙江的乡村旅游产业建设。据不完全统计，目前，在浙江有90%以上的乡村旅游民宿是利用当地村民现有住房来经营的。同时，浙江民宿在发展过程中不断创新，本地村民积极参与创业，为乡村旅游产业的双创活动提供了舞台。不仅当地村民加入到双创活动之中，许多外国投资者也参与了乡村旅游连锁品牌的投资建设。如丽水莲都古岩画乡在成功的招商引资后，吸引到杭州隐居集团的项目投资，打造了集酒店、度假、文化为一体的住宅综合体。浙江省的成功实践证明，乡村旅游产业建设不仅可以吸纳本地村民参与进来，外来优秀的投资者也会成为乡村旅游发展的主动参与者和受益者。在乡村旅游业的发展中，浙江走出了众创、众筹、三产联动的新模式，让供给侧和需求侧获得双赢，也为全国其他地区乡村旅游业的发展提供了良好的案例示范。

二、乡村旅游消费者多元化的需求成为行业发展的重要外部驱动力

在我国，旅游业经历了30余年的快速发展，在传统经营理念下的市场规划接近饱和。互联网时代下，旅游业发展要充分挖掘游客的带动能力，旅游消费者的分享与转发是新时代下旅游产业流量增长的重要途径之一。当今时代，旅游消费者的需求日益丰富与多元，旅游目的地之间的竞争逐渐演变为满足旅游消费者个性化需求能力的竞争，这极大地考验着旅游目的地供应链的运营能力。随着市场细分日益加剧，催生了各类新模式旅游的诞生。反过来，新兴的旅游业态也在刺激着旅游消费者新需求的产生。

（一）旅游需求成为乡村旅游发展的外部驱动力

1. 旅游需求的新变化

改革开放以来，旅游业因其绿色、多元、附加值高的特点，已经快速发展成为我国国民经济重要的新增长点。随着人们追求美好生活的意愿日趋强烈，旅游业已逐渐衍生成为我国城镇居民日常生活的重要组成部分。旅游业也逐步成为国家和各地方省、市政府的支柱型产业。在“互联网+”技术的高速发展中催发了旅游行业消费者多元化的消费动能。游客出行方式更加多样化、出行时间更加随意化、参与旅游的投资主体渠道更加广泛化，这些因素综合在一起，促进了我国各种形式的新旅游形态层出不穷。党的十九大以后，党中央对旅游业发展提出了新要求，这也引发了旅游业及相关领域的系列改革。一系列新标准的出台和实施，为我国旅游新业态的健康发展提供了最基本的保障，促进乡村旅游蓬勃发展同时，依托旅游实现精准扶贫的活动正在全国推进。

当前，我国旅游业正在经历着由大众旅游向中高级旅游发展阶段演进，旅游产业的消费结构也在由观光型旅游向休闲与度假并重型旅游迈进。我国城镇居民对休闲度假的旅游新需求越来越强烈。随着我国居民私家车保有量不断增长，自驾游等新型旅游方式也已形成了一定的规模，周末短途乡村旅游成为自驾游群体首选的旅游类型。以城市为中心，有效带动了周边乡村旅游的快速发展。乡村旅游产业也从原来注重经济规模逐渐转向注重产品品质与服务质量的提升上来，使乡村旅游产品创新和公共服务体系发展愈加完善。

2. 休闲产业浪潮的兴起

21世纪以来，全球经济和科技得到迅速发展，劳动生产率不断提高，带给人们大量的闲暇时间。休闲正在成为人们在闲暇时间的主要诉求。在日益提升的生活水平下，人们对美好生活追求意愿逐渐增长，这对休闲产业的发展给予了极大的推动作用。休闲产业发展的浪潮也正席卷全球。它同时成为各国经济发展新的增长点。旅游业与休闲产业有着天然的耦合性。在人们不断变化的消费观念和需求结构刺激下，休闲度假旅游的市场需求迅猛增长，这无疑为旅游产业新业态的发展提供了良好的机遇。

乡村休闲旅游的发展，在丰富旅游产业产品体系、拓展城市旅游空间上发挥着积极的作用。同时，它直接拉动农民收入，改善农村经济发展，有效解决了“三农”问题，是其更重要的价值所在。以美国为例，美国的乡村旅游在发展理念上极大地融合了休闲体验的概念，最著名的是以梵高的名画《向日葵》为创作背景的20英亩的“庄园画”，吸引了无数旅游消费者的目光。目前，美国的乡村旅游已发展得较为成熟，它形成了以农业旅游、森林旅游、农家度假为主的产业布局，同时为满足消费者更加多元的需求，在建设民俗旅游、家庭旅馆等配套设备上也呈现得较为完备匹配。美国的乡村旅游发展除基础设施的建设以外，也在依靠农业资源或农产品开发一系列的旅游项目，如农产品购物、农作物采摘、乡村休闲、农业体验、农业教育培训等旅游项目，通过打造系列的节庆活动发展了乡村节庆旅游，南瓜节、草莓节、樱桃节、大蒜节在美国已经受到了全民的追捧，产生了较为明显的社会效应和影响力。在美国，依托自然资源开发了汽车营地，还有以观鸟，自然探险为主题的一系列旅游项目，在市场中都受到了消费者的喜爱。还有依托废弃农场、历史文化资源、厂矿、伐木场、内战遗址等乡村历史遗迹开发的旅游项目也获得了不同旅游爱好者的青睐。

我国目前的乡村旅游项目还停留在以观光为主题的活动中，游客整体上对乡村旅游活动的参与、体验感不足，这绝大多数受到中国传统旅游方式的影响，根深蒂固的旅游观念束缚了乡村旅游经营者的创新思路。乡村旅游开发商难以创新性地开发本土乡村旅游资源，尤其是以休闲体验项目为主题的活动没有得到进一步发展。

（二）市场细分化作为外部驱动力

目前，旅游市场的细分时代已经到来。乡村旅游企业应根据行业实际发展的需要，不断开拓细分市场，满足不同消费群体的需求。

例如，近年来，大型企业尤其是工业企业参与到了乡村旅游产业发展中来，纷纷在乡村旅游目的地设立企业基地，开发企业项目。村委会动员积极利用这一发展契机，组织村民围绕企业基地创新策划了复合型发展模式——企业庄园。所谓企业庄园，主要是针对商务客人而设置的商务接待中心，同时承载着拓展培训基地、员工休息中心等功能。在商务接待中心板块，主要用途是针对企业的客户或企业主办商务会议等的接待工作，其目的在于发展与企业业务相关的商务旅游。拓展训练是大型企业培训改革的组成部分，其组织形式与体育活动密切结合，在培养企业团队员工体能的同时，也重点培养其合作精神，是一种以体育活动为导向的新型体验式训练。经过多年的发展，企业通过对其不断地创新以达到更好的活动效果，因此，许多公司选择在环境优美的乡村建设了自己的拓展培训基地，通过多种培训形式，让员工体验企业文化，增强群体意识，同时身心也得到放松。员工疗养是公司为员工提供的一种奖励和福利，帮助员工在紧张的工作之余放松身心、缓解压力，同时增加团队成员的沟通和了解，为企业构建健康的团队作出必要的支撑。

再如，随着乡村旅游的蓬勃兴起，其教育功能也受到社会大众的重视与关注，尤其针对城市青少年群体，他们对于乡村生活的认知是缺乏的，这恰恰可以通过乡村旅游活动进行弥补，因此，面向这一部分群体的乡村旅游市场发展潜力巨大。根据不同年龄段青少年学生的需求和特点，开发系列乡村旅游教育产品，构建青少年乡村旅游市场开发产品体系，充分发挥乡村旅游的教育功能，可以产生新的乡村旅游市场和业态。

第三节　乡村旅游与电子商务新业态的发展思路

从本质上讲，乡村旅游是在传统旅游项目的一个重要分支，它是依托农业景观、乡村环境、农业生产活动和乡村文化等旅游要素为基础开展的旅游活动。它更加重点体现的是消费者对大自然的追求和向往。2000 年以后，在我国城镇化建设水平不断加快的进程中，乡村旅游逐渐也发生了转变，由原有的拥抱自然、体验农村生活逐渐向农业旅游、绿色旅游发展。在我国城镇发展加快步伐的同时，难以避免地对城镇的资源环境造成了不同程度的破坏，我国北方地区更为明显，像沙尘暴、雾霾等恶劣天气在近些年屡屡出现，严重侵扰人们的正常生活。这也造成了城市居民更加地向往自然环境优美的乡村生活。正是在这样的背景下，我国乡村旅游逐渐繁荣发展起来，有了明确的市场诉求。但在我国乡村旅游的发展过程中也面临着一系列的问题，尤其是在互联网技术快速发展下，新媒体为全民带来的冲击与影响与日俱增，因此，对比我国乡村旅游产品传统的营销模式，存在较多的滞后。摆在我们面前的直接痛点问题就是如何通过推进乡村旅游产品的网络营销模式，将乡村旅游产业与互联网紧密结合起来，这是在互联网时代赋予我国乡村旅游业发展的重要课题。

乡村旅游产品的网络营销是乡村旅游经营者依托互联网技术，利用电子通信手段实现对乡村旅游产品的营销推广全过程，是一种新型营销组织活动。对于互联网时代，万物互联的发展态势而言，开展乡村旅游与电子商务融合发展具有重要意义。一方面，通过电子商务实现对乡村旅游产品的营销推广是顺应了旅游消费者市场需求不断变化的规律。当今时代，消费者在选择旅游消费目的地时，为了更大范围获取信息、更低成本做出决策选择，都是通过网络完成的。能够轻松实现对旅游产品进行搜索、旅游线路的比较、景区门票的预订等旅游消费活动。旅游市场的外部环境已经发生了变化，乡村旅游产品的营销这个重要部分必须顺势而为，积极参与到互联网中来，参与到电子商务中来。从另一角度来讲，乡村旅游与电子商务结合，在拓展其营销渠道、降低营销成本上具有巨大的优势。以我国目前情况而言，实现乡村旅游产品的开发的企业组织多为中小型企业或农户，它们普遍具有资金实力弱的特点，因此，对于产品营销资金的投入并不多，这在很大程度上限制了其乡村旅游产品的推广，更不利于我国整体乡村旅游业的发展。

一、互联网时代我国乡村旅游产品发展电子商务过程中面临的困难与问题

从我国乡村旅游与电子商务融合发展的实际状况来看，它受到多种因素的制约，导致了我国乡村旅游与电子商务融合发展中面临一些问题，这也是我们现实发展中存在的困境。

（一）我国农村地区电子商务营销环境发展尚不成熟

在我国大部分农村地区普遍存在电子商务应用不充分，基于电子商务开展的网络营销发展尚不成熟的问题。梳理其产生的原因，一方面，乡村

企业和农户对电子商务缺乏正确的认识。虽然近年来互联网得到了快速发展，并广泛应用在了人们生产生活的各个方面，但由于经济发展存在地区差异性，城乡居民的文化素养也存在较大差距，因此，虽然当今的时代处于电子商务思维大发展的背景下，这些新的思维理念在我国很多农村地区还是比较新的。在乡村旅游产业发展中，许多乡村景区还依靠当地村民经营，而他们的文化素质水平不高，对电子商务这个新鲜事物也缺乏整体认知和正确的了解。在他们认知中，只有在网上开淘宝店才是做电子商务，与此相关的才算网络营销。显然，这种认识是片面的。这也就导致他们在开展乡村旅游产品的网络营销的过程中过分关注网站的建设，对于网站或平台的后期宣传、维护和更新没有过多的重视。实际上，对电子商务的优势发掘是不充分的。另一方面，我国大部分农村地区乡村旅游电子商务基础设施建设还不够完善。尤其是在一些偏远的农村地区，甚至电信基础设施还不完善，互联网普及率还处于较低水平。在如此背景下，乡村旅游经营者要开展电子商务活动，首先要解决电商基础设施不完善的问题，这显然是难以实现的。因此，在很多地区乡村旅游经营者的产品营销理念也只能停留在线下实体店上，由于信息不对称、服务区域狭窄等原因，造成其乡村旅游产业发展相对缓慢。

（二）乡村旅游电子商务营销手段形式较为单一

在互联网时代到来之前，我国乡村旅游产品主要采用传统广告媒体展开营销与推广。随着互联网应用的不断深入，互联网+传统行业的不断转型，在我国许多农村地区，已经逐渐开始尝试将乡村旅游产品搬到互联网上，开展基于电子商务的网络营销活动。但从总体上看，由于对我国乡村旅游产品开发深度不够，而且采用电子商务的营销方式较为单一，导致效果并不明显。这也是我国乡村旅游产品电子商务营销亟待突破的瓶颈问题之一。甚至在我国经济欠发达地区，对乡村旅游产品的推广还停留在“酒香不怕巷子深”的等客上门层面。很多特色明显的民族地区开发的乡村旅游产品缺乏与当地丰富多彩的文化内涵的结合，可以说，是对优秀文化资源的一种浪费，也存在一些地区的乡村旅游经营者在旅游产品电子化营销上照搬照抄同行做法，缺乏创新意识。上述因素综合起来，造成了我国乡村旅游产品与服务的整体营销路径狭窄，电商经营规模有限，网上营销推广成功率低的局面。

（三）乡村旅游电子商务产业发展严重缺少专业电子商务人才的支持

电子商务在乡村旅游行业的应用过程中对传统营销模式有着较大的颠覆。它具备较强的专业性和技术性，这也意味着乡村旅游在与电子商务进行融合的发展过程是离不开专业人才的支撑的。但是由于我国城乡差异的问题，人才流动严重不均衡。大量人才流向城市，愿意留在农村工作的人少之又少。从事电子商务的专业人才更倾向于到设施、条件更加优越的城市去工作，而非扎根农村。因此，缺乏专业的电子商务人才是影响我国乡村旅游电子商务发展的另一个主要因素。与此同时，国家在大力推进互联网创新创业，政府对“三农”发展也给予了大力支持，互联网创业的浪潮目前已进入高发期。可以说，乡村旅游电子商务发展的大好时机已经来临。也正因为这个原因，人才供需的矛盾更加突显出来，乡村旅游电子商务发展缺乏相应的人才，直接阻碍了乡村旅游未来发展的可持续性。

二、乡村旅游电子商务融合发展趋势

（一）移动在线旅游时代已经来临

随着移动互联技术的日益发展与普及，它已经悄然走进了人们的生活，而移动互联网技术也正在改变着旅游消费者们原有的习惯。新一代的年轻旅行者，尤其是90后和00后群体，他们本就是互联网下成长的一代，与生俱来的习惯于通过互联网上搜索和浏览各种事物，也包括旅游产品和服务，同时在手机上完成在线预订。所以，对于现今的消费者来说，手机是生活中不可或缺的一部分，几乎所有的生活环节都离不开手机的参与，旅游活动亦是如此，因此，手机承载的移动网络成为旅游产品交易的核心渠道。

（二）线上整合营销已成为旅游产品发展的新模式

在互联网时代下，消费者信息获取渠道无限扩大，多样化的消费需求特征更为突显。在旅游产业的消费中，消费者将不再满足于门票和景区产品的购买服务，他们更加期待的是集吃喝玩乐于一体的“一站式”服务。这也为旅游从业者提供了新的思考方向，最大限度满足消费者的需求。

（三）高端旅游服务进入大众视野

旅游业聚集的主要消费群体仍以较高收入人群为主。在这个人群中，年轻人对旅游持有更高的热情。我国的中高端消费群体在旅游活动中更加追求休闲的生活方式，他们不再满足于传统旅游的固定线路和旅行团的模式，他们更加希望能够在旅行时间、目的地选择、旅游主题，甚至住宿选择中自身能参与更多的意见和决策。预计短期内，国内高端消费群体的市场需求还将进入更快速的增长期。

三、互联网时代我国乡村旅游电子商务融合发展思路

针对上述互联网时代我国乡村旅游业与电子商务融合发展过程中所面临的困境，在乡村旅游实际发展过程中可以采取以下策略，以尝试突破。

（一）不断改善乡村旅游与电子商务融合发展的环境建设

针对我国发展现状，政府应当在改善乡村旅游与电子商务发展环境的过程中发挥主要作用。一方面，电子商务在我国发展尚处于初级阶段，相关法律法规还不健全，在其与乡村旅游融合发展中存在的法律空白更加突出。因此，政府首先要完善乡村旅游营销相关法律法规、乡村旅游电子商务政策法规的建设，建立乡村旅游电子商务服务补偿机制、设立相关电子支付法规机制、建立乡村旅游消费者权益保护制度，完善乡村旅游产品电子营销的相关法律等。另一方面，政府要加快完善乡村旅游电子商务的基础设施建设，积极调动乡村旅游企业参与电子商务的热情和主动性。政府应加强乡村通信设计、物流渠道、包装加工产业链的建设，为乡村旅游企业搭建农产品电子商务营销平台，推动乡村旅游全产业链协同发展，为乡村旅游与电子商务产业的融合发展提供良好的外部环境。第三方面，政府应关注乡村旅游企业与农户资金不足的问题，通过积极发挥财税、金融政策的作用，如采用减免税费等形式，帮助和支持乡村旅游企业参与电子商务活动。大力推进乡村旅游与电子商务融合发展，实现乡村旅游企业与乡

村经济共同发展。

（二）注重特色乡村旅游产品的开发及营销模式的创新

在不断加快乡村旅游产品开发进程的同时，经营者更需要关注乡村旅游市场中消费者的个性化需求，充分挖掘当地乡村旅游资源，包括自然资源、人文资源等，通过创新内容形式、精心设计包装，不断提升现有的乡村旅游产品的整体质量，设计系统化、个性化的乡村旅游产品体系，最终实现对乡村产品组合结构的优化整合。有了好的产品，还需要依靠先进的营销方式对其进行宣传和推广，让更多的消费者了解并产生消费欲望，以实现乡村旅游产品的经济价值。在这一方面，乡村旅游经营主体在加强与旅行社、酒店等传统旅游机构联系的同时，根据自身产品与经营特点，可尝试主动建立电子商务平台，通过平台满足对游客的个性化的消费需求。配合完善物流配送体系，线上消费体系、服务增值销售体系。在完善基础设施与产品服务基础上，逐步打造乡村旅游电子商务的服务品牌，利用网络化经营受众广泛、全球化覆盖等特征实现本土乡村旅游的规模化经营。在此基础上，不断挖掘乡村旅游产品特色，可创新设计主题化旅游产品营销，利用搜索引擎营销的巨大流量优势在旅游产品营销中发挥作用。通过互联网大数据与云计算技术，做精准用户画像，精准锁定用户需求，定期向目标用户群体发送相匹配的乡村旅游产品和服务信息，提升产品服务的销售效率。充分利用社交媒体的转发分享功能，提高乡村旅游产品网络营销的针对性和成功率。综上所述，在乡村旅游与电子商务融合发展水平的提升过程中，不断对产品和服务的内容、形式进行创新，对产品营销模式进行创新，都将会对乡村旅游电子商务的进一步发展起到直接的推动作用。

（三）积极培养乡村旅游电子商务人才

在乡村旅游电子商务的发展过程中，人才的支撑是影响该产业发展的一项重要因素。面对这一问题，第一，政府应在其中发挥积极主导作用，出台实施乡村旅游电商相关的优惠和扶持政策，鼓励新生代农民返乡创业，鼓励电商人才积极投身乡村创业，为乡村旅游电子商务发展注入新鲜的血液。第二，职业教育部门积极配合，开展乡村旅游电子商务领域的职业培训，如已成功开展的“万村”电子商务培训计划，将本地区从业的村民作为重要的对象进行培养，以实现当地电子商务专业人才储备。第三，建设以“村”为单位的“农村电子商务服务中心”和“乡村旅游产品交易中心”，并在其中设置相应的岗位，配备专门的电商人才，帮助乡村旅游经营者提供乡村旅游产品线上开发，规划、营销、管理的策略，解决当前的人才困境问题，引领乡村旅游经营主体尽快走上产业化、规范化发展之路。

第三章

乡村旅游电子商务产品与模式

第一节　乡村旅游电子商务产品

一、旅游电子商务的市场状况与应用领域

2022年2月25日，中国互联网络信息中心发布了第49次《中国互联网络发展状况统计报告》，报告显示，截止到2021年12月，我国网民规模达到10.32亿人，较2020年12月增长了4296万人，互联网普及率达到73.0%。我国手机网民规模达到10.29亿人，较2020年12月新增手机网民4373万人，网民使用手机接入互联网的比例达到了99.7%。在这种环境下，传统的旅游经营模式受到了极大的挑战，但是高速增长的旅游市场和网络消费人群给旅游业带来了新的生机。在线旅游平台发布数据显示，2021年携程实现净营业收入200亿元，同比增长了9%。同程旅行2021年营收75.4亿元，同比增长了27.1%。预计未来，我国旅游平台交易规模将持续增长，但是增速可能会持续放缓，到2026年，我国在线旅游市场交易规模将超过22000亿元。

（一）市场状况

1. 旅游电子商务产品与服务一直处于不断创新的过程中

旅游产业链上的各个环节之间、旅游企业内部的各个部门之间、旅游企业与外部的各种机构之间的信息的有效流动是旅游电子商务创新的基础。伴

随着时间的更迭和技术的发展，人们对旅游电子商务的需求越来越高，这就要求旅游企业不断创新旅游电子商务产品与服务，以满足旅游消费者日益增长的需求，因此，旅游电子商务要从单纯的向旅游消费者提供信息以及被动的网络营销向全方位的在线交易服务发展，进而逐步地实现集预订、组团、付费、服务监控、投诉、管理于一身的一站式旅游电子商务服务。

由旅行社、酒店和景区结合24小时呼叫中心与互联网实现了早期的旅游电子商务产品的在线销售、实时更新、保证了旅游电子商务产品的价格真实和流量可控。紧接着旅游企业开始对线上和线下的旅游资源进行整合，从而实现了互联网线上预订与线下门店服务的无缝对接，使得线上线下一体化服务得以实现，即旅游企业可以通过互联网络为旅游消费者提供产品和服务的咨询、销售、订购、信息反馈等，而线下旅游企业可以通过为旅游消费者提供其所需的服务来带动产品的销售，这就是O2O（Online to Offline）模式。随着移动智能终端与社会化媒体的出现，旅游电子商务产品和服务的载体也从PC端和Web服务跨入到移动端和第三方应用程序。综上所述，要想跟上社会现代与智能化发展的步伐，满足旅游消费者日益增长的需求，旅游企业必须不断创新其电子商务的产品和服务。

2. 网络旅行预订代理商异军突起

网络旅行预订代理商（Online Travel Agent，OTA），也称第三方在线代理商，是指通过与酒店、机场、旅行社等进行合作，向客户提供集酒店预订、机票预订、度假预订、商旅管理、旅游资讯等在内的全方位旅行服务的代理公司，如Priceline、TripAdvisor、Expedia、携程旅行网、去哪儿网等。OTA发展势头迅猛，使得旅游市场竞争的激烈程度急剧增加，也让传统旅游企业感受到了巨大的变革压力。因此，传统旅游企业不能再墨守成规，开始逐步地把线下业务搬到互联网上来，积极地进行旅游电子商务业务的拓展工作，并且主动进行旅游电子商务新产品与服务的开发与推广，以求打破发展瓶颈，找到新的机会和突破口。由此可见，传统旅游企业也在积极地向旅游电子商务方向发展和转型。

2022年，人民网研究院发布了《中国移动互联网发展报告》，报告显示，2021年，移动互联网接入流量达到2216亿GB，比2022年增长了33.9%，全年移动互联网平均流量达到了13.36GB/户·月，相比去年增长了29.1%。其中手机上网流量达2125亿GB，与去年相比增长了35.3%，在移动互联网总流量中的占比达到了95.9%。由此可见，智能手机的普及与应用必将掀起智能手机第三方应用程序的使用风潮。智能手机第三方应用程序（Application），又被称为手机客户端或者是移动应用，英文简称为APP。APP的种类大致可分为游戏类、娱乐类、社交类、实用生活类和通信类等。智能手机旅游应用程序，简称旅游APP，是面向旅游消费者，为其提供旅游相关服务的智能手机第三方应用程序，也称为智能手机旅游客户端。伴随旅游电子商务的兴起，手机在旅游业的应用主要体现在以下四个方面：①为旅游消费者提供旅游资讯服务，比如向旅游消费者自动发送旅游欢迎信息、手机报等；②为旅游消费者提供信息检索服务，如旅游消费者可以通过手机WAP上网查询景区、住宿、美食购物等相关的资讯；③为旅游消费者提供信息咨询服务，如旅游消费者可以拨打服务电话，向当地人工服务平台进行旅游信息的咨询；④为旅游消费者提供预订服务，如旅游消费者可以通过拨打预订电话进行机票和酒店预定。随着硬件设备、互联网技术的不断更新换代，旅游电子商务发展获得了长足的发展，旅游APP便是其中的产物之一。

目前，大部分旅游APP是把已有在线旅游网站的主要业务功能以APP的形式从电脑搬运到了智能手机上，而旅游APP的功能除了具备手机在旅游业最早的应用功能外，还具备手机在线支付、记录和分享旅行信息、制定行程计划以及进行预订、选座等功能。

旅游电子商务智能化的发展形势迅猛，2008年，国际商用机器公司（IBM）首次提出了“智慧地球”的概念，之后又衍生出了“智慧城市”和“智慧旅游”等概念。智慧旅游，也被称为智能旅游，是在新一代信息技术应用的基础上，旅游企业为了满足旅游消费者的个性化需求，为了能够为旅游消费者提供高品质、高满意度的服务，而将旅游资源及社会资源进行共享和有效利用，从而实现旅游企业的系统化、集约化的管理变革。究其本质，智慧旅游就是在旅游业中通过应用包括信息通信技术在内的智能技术，使得旅游服务得以提升、旅游体验得以改善、旅游管理得以创新，从而达到优化旅游资源利用、增强旅游企业竞争力、提高旅游行业管理水平、扩大旅游行业规模的目标。

（二）旅游电子商务的应用领域

旅游业是最适合电子商务模式的应用领域之一，旅游电子商务涵盖了吃、住、行、游、购、娱六大要素的多个行业应用。伴随着市场需求的变化以及技术的变革，在旅行社、酒店、景区、餐饮企业和航空公司迅速地普及电子商务业务，并且不停地进行创新，这也就使得传统旅游企业拥有了蓬勃发展的新动力。

1. 旅行社电子商务

旅行社信息化是旅行社电子商务最早的雏形。20 世纪 50 年代，国外旅行社行业开始了信息化的进程，到了 20 世纪 70 年代，旅行社代理商开始使用中央预订系统（Central Reservation System，CRS），而中央预定系统也开始在旅行社的发展中独占鳌头，并对旅行社的发展起到了推动作用。随着中央预订系统的不断发展，诸如预订饭店客房、预定车票及游船票（但是不能预订机票）以及机场接送和其他一些服务项目，都可以通过其实现，因此，这一举措将整个旅行社行业的销售实现了自动化和信息化。20 世纪 80 年代开始，中央预订系统（GRS）开始向全球分销系统（Global Distribution System，GDS）过渡。GDS 是一种大型计算机信息服务系统在民用航空运输及整个旅游行业中的应用。伴随着互联网的迅速普及和日益发展，GDS 的应用已经遍及世界各国。而我国是在 20 世纪 80 年代初期才真正在旅游业中应用计算机技术的，最早涉足信息技术应用的我国旅行社企业是中国国际旅行社总社。1991 年，我国国家旅游局启动了“金旅工程”，这一工程在一定程度上对我国传统旅游企业向电子商务运作转型起到了推动作用。

旅行社电子商务不仅使旅行社的经营方式和产品实现了电子商务化，而且在旅行社的业务模式、产业链和业务流程上也产生了巨大的影响。与此同时，传统旅行社的销售模式也在互联网平台上进行了升级，OTA 也应运而生，基于强大的互联网为用户进行全方位的互动旅行资讯与服务提供。2015 年，李克强总理在全国人大会议上提出了“互联网 +”的概念，这也给旅行社的营销策略带来了改变，使得旅行社开始利用互联网思维，以更低的成本完成更高效率的营销活动。

2. 酒店电子商务

在酒店业的发展中，信息技术的发展和应用起到了至关重要的作用，而酒店的电子商务发展水平在很大程度上取决于酒店管理信息系统的应用水平。基于计算机技术的实时更新和发展，酒店行业开始大规模地应用计算机，因此，酒店计算机管理系统进入到了一个崭新的发展阶段，也使得新的系统平台、新的系统特点、新的软件功能和新的发展方向不断涌现。

20世纪70年代初，国外开始发展酒店计算机管理系统。到了20世纪80年代，国外酒店管理系统（如EECO、HIS、CLS、Lodgistix等）的设计以及运行模式都已经基本定型，技术发展也较为成熟，功能也较为齐全了。我国的酒店行业是在20世纪80年代开始利用计算机来进行管理的，到了80年代的中后期，国外酒店计算机系统大规模引进我国，伴随而来的是国外先进的酒店管理技术的引入，这也使得我国酒店管理技术得以进一步发展。国内系统在结合中国国情以及吸收国外管理系统精华的基础上，逐渐地向着成熟的方向迈进。到了20世纪90年代初期，我国已经由几个较为成熟的酒店计算机管理软件系统形成，与此同时也有许多专职从事酒店计算机管理系统的公司应运而生。其中，酒店集团中央预订系统对传统酒店的产业链和业务流程进行了较大的变革，成为酒店电子商务业务开展的重要方式。

酒店经营的重中之重就是进行酒店营销，这项工作直接关系到酒店的生死存亡，而“互联网+”与酒店营销相结合已经是酒店业发展的一种必然趋势，因此越来越多的酒店逐渐完善其线上业务，并建立电子商务业务管理系统，同时，很多酒店还借助社会化媒体和手机APP来进行酒店营销业务的开展，进一步实现酒店电子商务的创新与发展。

3. 景区电子商务

旅游消费者最重要的旅游目的地之一就是景区，提高景区的信息化水平能够较大程度地推动现代旅游服务业的发展。景区电子商务的具体表现就是以现代数字化技术（如信息技术、通信技术、存储技术等）来优化景区的业务流程与管理流程。在旅游景区开展电子商务建设，标志着景区内部、景区与其他旅游企业之间、景区与旅游者之间、景区与行政管理部门之间服务过程的变革。

基于目的地营销系统（DMS）、地理信息系统（GIS）、射频识别技术（RFID）、定位服务（LBS）技术等的景区电子商务的应用，使得景区旅游网络资源共享、科学分析与规划景区、景区电子门票、景区游客定位、游客行为分析和游客分流等功能得以实现。景区电子商务的重要组成部分之一就是景区网络营销，其通过整合线上与线下资源，实现景区产品与服务的销售，进而使得景区的旅游目的地形象得以提升，并且使得景区与游客的交流得以加强。融合了“互联网+”的旅游目的地营销系统，使得景区得以进一步发展。

4. 餐饮电子商务

农业社会人们的生活状态主要是自给自足，到了工商社会人们开始进行分工合作，因此，餐饮逐步地从完全以家庭为主的形态发生了转变，专门供应餐食的地方得以出现。随着社会分工越来越细，餐饮业也随之变得越来越兴盛。餐饮业被归为服务业，但实际上这一行业兼具制造业和零售业双重特性，而且在现代社会中，餐饮业与娱乐行业、休闲行业的结合也越发紧密。在目前这种商业信息化的环境下，餐饮业如果仅仅依靠传统的手工经营，是没有办法满足客户日益变化的需求的，也很难实现企业的目标——为企业带来最大的利润，因此，餐饮行业也亟需电子商务的加入。

餐饮业的电子商务化，在餐厅内部可以建立顾客管理系统，实现从顾客的订餐、点餐、用餐、结账一直到顾客回访等所有环节的电子化，使得针对顾客的服务更精准；对外来讲，可以加强餐饮企业自身网站建设以及与第三方网络平台的合作，从而加强企业宣传，吸引和招揽更多的顾客。在信息技术的影响下，餐饮企业的运作模式、经营模式以及业务流程等都发生了极大的改变。餐饮企业可以通过网络发布和沟通餐饮信息，通过电子方式进行餐饮信息的宣传以及促销、还可以通过电子方式开展餐饮的售前和售后服务。与此同时，餐饮企业还可以实现电子化的内部流程及应用管理信息系统等。目前，我国餐饮业大致通过以下形式开展电子商务活动，如入驻第三方综合性网站、建立有店铺形式网站、建立无店铺形式网站、建立大型餐饮门户网站、加入连锁企业网站、使用社交媒体和手机 APP 开展电子商务活动等。随之而来的是餐饮管理信息系统，通过该系统可以集中上传手工单据、进行 PDA 点菜以及 IC 卡手持 POS 点菜。

5. 航空公司电子商务

我国加入 WTO 后，将民航的计算机订座系统进行开放，实现了跨境服务以及境外消费，国外的计算机订座系统可以和我国的计算机订座系统进行联网，以此服务于我国的航空公司。另外，我国依照国际航空运输协会（IATA）的规定，在2008年5月底之前停发了纸质机票，全面实现了机票的电子化。随着信息技术水平与行业竞争程度的提高，全球航空公司的分销与直销竞争、电子化机票以及网络营销等电子商务领域也进入了一个崭新的发展阶段。

伴随着信息技术的发展，从最初的编目航班控制系统（Inventory Control System，ICS）到电脑订座系统（Computer Reservation System，CRS），再到全球分销系统（Global Distribution System，GDS），航空公司电子商务的业务范围也越来越广泛，从某个航空公司内部使用的订座系统，逐步扩展到多个航空公司共享的订座系统，再扩展到提供航空客票预订与出票以及酒店预订等的其他产品上。一则，航空网络订票逐渐取代了早些年的电话订票；再则，近年来航空公司将大数据、云计算、空中互联技术等引入了电子商务领域，能够更加准确地进行消费者数据洞察，使得良好的客户关系管理得以实现，并且可以进行数据驱动的自动化营销，进而提高航空服务的质量和管理水平。

二、多类型平台的旅游电子商务产品对比

传统的旅游企业（旅行社、酒店、景点、航空公司）是传统旅游产品的主要提供者，而功能强大的网络电子商务平台和旅游网站可以帮助旅游企业和旅游消费者实现旅游信息的汇集、传播、检索和导航服务，进而帮助旅游、休闲服务产品快速地完成在线销售。旅游电子商务给传统旅游企业带来了旅游信息、旅游服务方式等方面的巨大冲击，因此，一些传统旅游企业不得不组建自己的网站平台为旅游消费者提供在线服务。在信息化浪潮的推动下，传统旅游企业试图努力地适应在线服务的发展趋势，但还是有大量新型业态出现并迅速占领和影响了市场。目前，旅游与休闲类产品的电商销售平台主要类型有：专业旅游平台、团购类平台、综合性电商旅游产品分平台、ICT公司扩展平台等。各类型平台的国内电商代表、旅游产品O2O类型、产品特点、产品服务、APP业务开展、O2O效果与影响见表3－1。

表 3-1　多类型电子商务平台旅游电子商务产品 O2O 特点

比较内容	专业旅游平台	团购类平台	综合性电商旅游产品分平台	ICT 公司拓展平台
典型电商	携程旅行网、去哪儿网	美团	天猫	360 旅游
旅游产品 O2O	以酒店、景点、旅游线路产品为主	餐饮、洗浴、温泉、健身、娱乐等	专业旅游类产品和团购产品	旅游线路产品、目的地推介
产品特点	旅游产品集合	基于地点的旅游消费产品，以本地性产品或地点性产品推介与集合为主	酒店产品居多，以与其他中介商合作为主	突出了游记、攻略为主的目的地推广，以线路产品为主
产品服务	预订、产品信息、游记攻略、在线支付、价格承诺、顾客评论	预订、产品信息、在线支付、价格承诺、服务互动、附近消费与娱乐信息	预订、产品信息、在线支付、价格承诺、提供中介商预订网络链接	预订、产品信息、提供旅游论坛中介商链接、在线支付、价格承诺、提供电子中介商预订网络链接
APP 业务开展	无	重要	有	无
O2O 效果与影响	以专业性旅游产品为主，专注于专业性旅游产品的线上、线下拓展	以本地性产品定位为突破点，不仅向旅游者提供旅游服务产品，也向本地市民提供休闲消费产品	以 B2B2C 合作为主：综合性销售平台的扩展与竞争；利用产品丰富性，增强客户黏性，增强综合性电商平台优势	产品类型拓展，扩展专业领域或进行综合性业务尝试

（一）专业旅游平台旅游产品特点分析

专业旅游平台的代表为携程旅行网、驴妈妈旅游网等，这类平台的电子商务产品延续了传统旅游电子商务在机票、酒店、咨询等业务方面的优势，此外，在预定景区门票和进行团购业务方面也日趋成熟。目前这种类型平台的主要功能是：向旅游消费者提供产品信息以及游记攻略，为旅游消费者提供预定、在线支付、价格承诺等服务，还可以为旅游消费者提供顾客评论供其参考等。这类平台的突出优势在于旅游消费者认为其所提供的旅游产品具有专业性，并且这类平台自身具有雄厚的旅游产品供应链积累，与此同时平台上的游客游记以及旅行攻略等原生素材也对旅游消费者具备足够的吸引力，能够增强旅游消费者对其产品的认同感。

（二）团购类平台旅游产品特点分析

网络团购的发展对本地服务（如餐饮、美容、娱乐等）的线上销售起到了带动作用，而用户在网上进行采购的商品种类也发生了从实物性商品向餐饮、休闲服务商品的扩展。

以美团网为代表的团购类网站把其业务范围从人口稠密的一线城市逐步拓展到二、三线城市，并且对餐饮、休闲、娱乐等本地化消费服务项目进行了深入挖掘，而都市区的旅游消费项目成为其优势项目，比如餐饮、电影、休闲娱乐（温泉洗浴、运动健身、水上乐园、赛事演出、咖啡馆、茶馆）、健康疗养、酒店等。这种类型旅游平台的产品特点是向消费者提供基于地点的旅游消费产品，即向消费者提供包括产品的预订、产品的相关信息、在线支付、价格承诺、服务互动、附近消费以及娱乐信息等服务的本地性或地点性产品的推介与集合。团购产品的突破点是基于地点的服务消费产品定位，其提供的产品既包括面向本地市民的休闲消费产品，也包括面向异地旅游者的旅游休闲消费服务产品。因为团购产品基于位置服务的特点尤其显著，所以基于移动智能手机的团购平台 APP 第三方应用程序中的位置定位程序应用较为深入。

（三）综合性电商旅游产品分平台旅游产品特点分析

目前，以京东商城为代表的综合性电商平台会设立专门的“旅行”频道。由于京东商城是综合性电商销售平台，其平台自身产品种类非常丰富，因此可以提升目标客户的黏性，进而也会增强其作为综合性电商平台的优势，从而使得这种类型平台旅游产品的销售产生较好的效果。京东商城有专门的“旅行”频道，在“京东旅行”频道中，为旅游消费者提供了机票、火车票、酒店预订、民宿公寓、旅游度假、景点门票机场服务、接送租车等服务项目，与一般电商（如携程旅行网、芒果网、去哪儿网、艺龙旅行网等）的产品相同。其中机票是京东商城“旅行”频道的自营业务，景点、度假等是京东商城“旅行”频道的网络交易平台项目，景点、度假产品则是由旅游产品供应企业作为第三方来进行提供的，酒店产品则是由携程酒店团购、艺龙旅行网等进行提供，而该“旅行”频道的租车项目则是和一嗨租车合作完成的。

京东商城的旅游度假产品包括国内游、出境游、周边游、爆款线路、租车用车、景区门票、签证送关、旅游保险等，从该板块的旅游产品来看，几乎都是平台类产品，采用 B2B2C 模式供给消费者，大部分都是京东商城作为中介平台销售电子商务产品给消费者，比如国内游、境外游、周边游等产品均是与不同公司合作的，如途牛旅游旗舰店、北京国宏旅游专营店等。但是京东商城的旅行频道目前还缺乏一些关于旅游攻略和推介信息等其他在线旅行社常见的信息内容供应。

（四）ICT 公司拓展平台旅游产品特点分析

除京东商城外的其他领域的 ICT 公司，也开展了在线旅游的相关业务。我们举例说明一下，360 公司于 2012 年 11 月 8 日上线了 360 旅游，360 通过与不同的公司合作来开展其旅游电子商务业务，例如，360 旅游的订机票业务是和去哪儿网进行合作开展的，订酒店业务是和艺龙旅行网进行合作开展的，订景点门票业务是和同程网进行合作开展的，旅游攻略方面则是和马蜂窝网进行合作开展的。360 旅游采用的是“开放平台”的模式，旅游线路是其重要产品，但是 360 旅游更注重于其作为目的地信息推广平台的功能，并提供国内、国际主要景点的游记、旅行线路、门票、酒店等信息，其实 360 自身并不提供这些线路和旅游信息，其内容主要来自马蜂窝、携程旅行网和途牛等网站，360 旅游扮演的是导航角色。

综上所述，上述四种类型的旅游电子商务平台，其所销售的产品都具有如下特征，如信息透明、价格承诺，并且可以进行在线预付。但是不同类型的电子商务平台的旅游电子商务产品对于各自的平台来说，具有不同的阶段性的意义。比如，携程旅行网、驴妈妈旅游网等作为专业旅游平台的代表，使得传统旅游产品的 O2O 市场需求得以满足与实现；京东商城作为综合性电子商务旅游产品分平台的代表，其阶段性的意义主要在于扩大了该平台销售产品种类的覆盖范围；美团网作为团购类平台的代表，主要是挖掘了基于地理位置为消费者提供传统消费者服务的 O2O 市场需求；

360旅游作为ICT公司拓展平台的代表，则是以公司业务拓展的需求为基础，对O2O模式进行了创新。综合来看，在旅游休闲产品的电子商务化过程中所体现出来的信息服务、在线预付、客户黏性、低价策略、产品类型扩展覆盖、产品服务扩展覆盖以及位置服务等形成了旅游电子商务O2O过程线上对线下的驱动力。

三、乡村旅游电子商务产品的多种类型

（一）农产品电子商务与模式分析

伴随互联网与信息技术的发展，电子商务已经深入到国民经济发展的方方面面，给我国的经济发展带来了积极而深远的影响。进行商务信息的交流、提升商务活动的效率是电子商务最基本的功能之一。由于农产品具有地域性、波动性、季节性、需求的相对稳定性、差异性以及替代性等这些特殊的特点，使得农产品交易更需要电子商务的支持。在传统的农产品交易中，生产者与消费者之间缺少直接的沟通和交流机制，因此，必须依靠众多级别的中间商来完成，从而使得生产者与消费者之间的信息不对称，造成了农产品交易公平性的缺失，并且由于中间层次较多，导致农产品交易效率低，损耗也过于巨大。而在农产品交易中使用电子商务手段，可以提升信息交流的速度与质量，改善农产品交易中的信息不对称性，进而提升农产品交易的公平性，并且可以减少中间环节，提升交易效率，使得农产品的损耗大大降低。

1. 农产品电子商务概述

农产品电子商务是电子商务在农产品交易领域的应用，是指围绕农产品的生产与经营而开展的一系列电子化交易和管理活动，是通过信息技术和网络系统的支撑，完成农产品从产地到消费者手中的转移，在这一过程中实施对农产品的全方位、全过程的管理。而农产品电子商务平台则是指依托于互联网络，提供相关的农产品知识和农产品市场信息、发布一些农业政策以及提供农产品交易服务的相关电子商务网站。

农产品电子商务平台的分类如表3－2所示。

表3-2　农产品电子商务平台分类及获取方式

分类标准	平台类型	获取方式
农产品电商平台所有者属性	政府所有（中央政府和地方政府）性电子商务平台	自行开发、外购、合作开发，以及租赁虚拟主机平台服务等方式（不同的方式有不同的优点和缺点，且对人员技术和投入资金的要求不同。一般而言，对于大多数农产品运营商比较适合租用第三方专业电商开放式平台来搭建自己的线上平台，如此不仅可以降低搭建平台的技术难度和安全管理的风险，而且还会借平台的已有流量增加销售额）
	企业所有性电子商务平台	
农产品电子商务平台服务范围	地方性电商平台	
	国内电商平台	
	国际电商平台	
农产品电子商务平台的内容和功能	综合服务型农产品电子商务平台（如新农村商网、全国农产品批发市场价格信息网、中国农林卫视网、八桂农网、ExmarkAgr网站，这类电子商务网络平台主要侧重于农产品市场相关信息的发布和农产品、农业发展相关政策知识的宣传和普及）	
	交易服务型农产品电子商务网站［规模较大的有淘宝（天猫）网、坨坨公社、京东网、苏宁易购等。这类平台依据交易模式分为B2B与C2B以及C2C和B2C等类型，依据运营模式分为垂直电子商务与多元化电子商务两种模式］	

2. 农产品电子商务发展的现状分析

（1）在电子商务时代农产品“卖难”和“买难”的现象依然存在。

网上销售困难，缺乏爆品，是存在于农产品电子商务发展中的问题。当前，我国农产品电子商务发展正处在朝气蓬勃的发展机遇期，但是和传统的销售农产品的方式相比，电子商务农产品销售所占的比重仍然较小，并且依然存在农产品销售困难而且市场上又缺乏具有知名度、美誉度以及忠诚度的爆款农产品的问题。究其背后的原因，其实就是农产品同质化非常严重，具有地域特色的高品质农产品的供给非常有限，而且大部分农产品及其加工品的营销都不能深挖产品背后的文化故事，提升其附加价值，因此，很难引起网络受众群体的关注并得到消费者的认可与忠诚，从而导致一些优质的农产品找不到消费者，造成“长在深山无人识”的局面。另一方面，农产品电商的供给端一般是小农户或者一些新型经营主体，小农户一般没有能力自己建设电商平台，而新型经营主体也常常由于领导者的文化素养和科技水平，不能自己建设电商平台，由此可见农产品电商经营主体缺乏从事电子商务活动的知识和能力，而且从事农产品经营活动，投资回报的周期比较长，利润比较低，进行农产品质量认证的成本也比较高，这就导致了想要塑造农产品品牌需要长期的过程，而一些小农户和新型经营主体没有能力和动力从事品牌创建工作，反过来看，即使有农产品电子商务经营主体想要进行农产品品牌塑造，也可能因为农产品的生产周期长、网络热度消散快的矛盾而导致农产品品牌塑造或者爆款农产品的打造无法实现的问题。

从消费者角度来看，随着消费者的认知升级以及理念更新，他们希望买到健康、高品质、值得信赖的农产品，可是却找不到能够满足其需求的产品，从而造成了农产品难卖而消费者又很难在线上买到放心、优质的农产品的问题。

（2）农产品电子商务的加工以及流通技术相对滞后。

我国的农产品加工行业发展水平相对较低，因此造成了大而不强的局面。大多数电子商务渠道销售的蔬菜、水果等农产品，其加工模式仅仅停留在清洗、挑选等环节，致使这些农产品的附加价值普遍较低，甚至很多的农产品在网上销售的价格甚至不抵运费。而且农产品电子商务的仓储以及冷链运输等基础设施的建设相对滞后，不能满足农产品电子商务当前发展的需求。究其原因，主要是农产品电子商务经营主体的实力较差，因此对农产品进行精深加工的能力不强、加工水平相对低下，即便是有小部分农产品电商经营主体能够进行农产品的深加工，也基本上是按照订单来进行生产，因此很难满足电商渠道消费者零散消费的需要。而农产品电子商务的仓储、冷链等基础设施的建设需要大量的资金投入，而从事农产品电子商务经营活动的主体多是小农户或新型经营主体，实力有限，因此很难投入大量资金来进行仓储和冷链设施的建设。另外，能够为农产品电商经营主体提供标准化的农产品仓储和冷链运输的公共服务平台又十分有限，从而导致目前的农产品电子商务的流通技术滞后。

（3）适合农户经营并获益的农产品电子商务渠道有限。

农产品电子商务市场具有销售量小而且利润低的特点，因此即便是有农产品电子商务经营主体愿意自建电子商务交易平台，也很难走出“烧钱经营”的怪圈，而且专业的农产品电子商务平台几乎全部处于无利经营的状态，这就造成了农产品电子商务经营主体对于经营渠道的选择较为单一的问题。况且，对于农产品电子商务而言，物流成本相对较高，并且物流效率比较低下，在农产品保鲜、适应消费者的消费需求方面明显存在较大问题。究其原因主要体现在以下两方面：第一，从电子商务平台的层面来看，平台企业需要对接的供应端是大量分散的小农户，而这些供应端则会带来供货来源少、供货种类零散、杂乱等问题，因此对于平台而言则会造成农产品质量水平若想提高难度很大、农产品的标准化水平较低、进而造成平台利润低的问题。第二，从农户的层面来看，其农产品的产量较小，几乎不会做市场细分，因此，会使用一些准入门槛比较低的中间渠道，如微信客户端。使用微信从事农产品电子商务交易能够满足农产品质量不高的要求，并且由于微信是一款社交软件，可以给农户的经营活动带来社群经济效应，因此成为农户从事农产品电子商务经营活动的主要选择。但是从微信客户端来进行农产品的销售，也存在一定的局限性，比如只有熟人消费，并且一次性消费的顾客占比很高，而且这种经营方式的可持续性比较差。

农产品电子商务经营渠道有限的问题造成了小农户很难通过电商渠道与大市场对接的局面，非常不利于农产品电子商务市场的可持续发展。与此同时，农产品电子商务物流渠道完全依赖于快递公司的定价以及发货地和收货地之间的布局，因此导致了产品自身价值经常低于物流成本的状况。

(4) 农产品电子商务经营人才紧缺。

农村地区有电子商务知识、懂电子商务运营技术的人才极度匮乏，而那些有电子商务知识、懂得电子商务运营的人才一般都扎根于城市电商和工业电商领域，很难适应农产品电子商务的特殊要求。中西部地区，农产品电子商务起步较晚，现在处于发展的初期阶段，具有丰富知识和较强应用能力的电子商务人才不愿意回到相对落后的农村地区发展，因此造成了农产品电子商务中能够带领农产品经营者做好农产品电子商务的人才极少的问题，由此可见，农产品电子商务经营人才的缺失已经成为农产品电子商务发展中的瓶颈。究其原因，主要是农村居民受教育程度较低，他们对于网络的理解绝大多数还停留在玩游戏和看视频等娱乐项目上，很少人将互联网络用于农产品经营中来。另外，农业生产者当中，几乎没有什么人受过专门的电子商务知识和技能的培训，因此很难将农产品生产经营同互联网联系起来。另外，农业投入周期长，投资回报率偏低，很难吸引到具有较强专业能力的电子商务人才。更为关键的一点是，政府部门以及一些专门的电商平台在组织农产品电子商务培训的时候，都存在与当地需求相脱节的问题，不能有针对性地、切实可行地对农产品电商经营者实施帮助。

（5）农产品电子商务在信息、金融和法律等服务方面还存在诸多问题。

农产品电子商务的交易中，关于交易数据的统计是非常困难的，这样就会导致农产品电子商务经营者对于市场信息和动态很难进行把握，比如不了解目前市场上欠缺什么产品、目前市场上产品的价格如何等。另外，农产品电子商务经营者在经营过程中，一旦遇到法律纠纷，如一些恶意的碰瓷和虚假的差评等，缺乏有效的法律援助途径，很难保障农产品电子商务经营者的利益。而且，农产品电子商务经营者主要是小农户和新型经济主体，他们的经营规模比较小，流水和资产都比较少，因此银行等金融机构很难对其盈利能力进行评估，不能真正和及时地满足农产品电子商务经营主体的信贷要求。究其原因，主要是在农产品电子商务领域中大数据等先进技术的应用相对滞后，而且关于农产品电子商务的信息分散到了不同的平台上，而各个电商平台又各自为政，不能进行信息的沟通和共享，从而导致农产品电子商务经营主体获取信息困难。而银行等金融机构也很难对农产品电子商务经营者实际情况进行全面掌控，因此造成了农产品电子商务的金融服务落后的局面。结合前文分析可知，农产品电子商务的品牌塑造非常困难，一些恶意的差评等负面的消息也很可能会因为电商平台处理的不及时，而被网络迅速放大、快速传播，从而对农产品电子商务经营主体造成极大的损失，另外，农产品电子商务经营者还可能因为所在电子商务平台上的其他产品问题而造成误伤，上述情况均会给农产品电子商务行业和农产品电子商务经营者带来巨大的打击和伤害。

通过上述农产品电子商务发展的现状分析可见，我国农产品电子商务要想获得长足的发展，必须明确我国目前的市场环境，针对农产品电子商务行业所存在的问题寻找突破口，农产品经营主体要在协调自身的产品、资本、人力、技术等基础上，结合消费者情况，对农产品电子商务模式进行选择和改造，以此来促进农产品电子商务行业的发展。

3. 农产品电子商务典型模式分析

（1）“团购平台 + 传统经销商 + 传统经纪人”联动模式。

2011 年，淘宝聚划算（团购平台）依托于“团购平台 + 传统经销商 + 传统经纪人”联动模式，先后发起了“聚蕉行动”和“聚菜行动”，这两次行动都很成功，帮助海南蕉农售卖了 520 吨香蕉，帮助安徽怀远县的菜农售卖了30万斤蔬菜。

2012年11—12月淘宝聚划算（团购平台）又推出了“聚果行动”，该平台与传统经销商和经纪人合作，面向京津沪等城市开团，销售了11500件苹果，总计80.5吨，帮助陕西武功县成功解决了苹果滞销的难题，因此这一模式也被逐步推广开来。

团购平台的迅速兴起，是通过网络的速联特性能够在短时间聚集大量的流量人气，激发消费者的关注与好奇，参与购买，加之与传统经销商的配合，可以在短时间内实现解决农产品等日销品的滞销难题。在此过程中，线下的农产品经纪人与经销商拥有较为丰富的上游农产品资源，且易为掌控，这会使得农产品电子商务的产业链更加完整，因此也发挥出了更大的作用。

相反，大多数的普通的小农户经营的产品分散、单一，而且缺乏物流和冷藏等基础设施建设，因此，具备资本实力和运营能力的农产品经纪人和经销商便有了更多的机遇，继而成为农产品电子商务流通链条上的主要参与者，负责收集优质农产品，并将收集起来的多种类农产品进行资源整合以及为农产品进行分类包装和商品保鲜等初级加工服务，由此可见，他们在农产品电子商务的流通中发挥着至关重要的作用。而此种模式，特别适合于一些时令性强的新鲜果蔬类产品的销售。

（2）“周期购”模式。

“周期购”模式相较于上述模式而言是非常具有创新性的，这一模式是由淘宝购物平台的运营实践产生的。2013年，在淘宝购物平台的双11活动中，平台企业针对粮油、生活用品等非生鲜类农产品推出了这一模式，该模式是网络消费者和平台企业做出一次性采购半年或全年农产品的约定，平添企业根据购买者需要，按照双方约定周期性地（每周/每月等）为消费者提供约定农产品。这一模式降低了消费者的采购频次，不用屡次下单，同时也降低了平台企业的库存风险和物流成本，提高了其资金周转率，为订单农业模式的实施奠定了基础。此种模式，特别适合于消费者需求量大而价格又比较稳定的农产品，生鲜农产品不适合采用此种模式。

（3）“预约消费”的订单农业模式。

订单农业是指农产品的买卖双方提前签订好订货协议，卖方会按照买方的具体要求，提前组织好生产活动，最终为买方按订单要求提供农产品的一种农业产销模式。现代社会，物流行业也在互联网技术的催生下，得到了迅速发展，可以预期，这一模式未来会有更加广阔的发展前景。

天猫平台依托于这一模式于2013年6月和美国西北车厘子签订购销合同，并在天猫平台进行车厘子预售，取得了非常不错的成果，也因此成为这一模式的典型代表案例。

这一模式的特点是：减少中间环节，有效降低成本，实现切实让利给消费者。在这一模式下，卖方可以采用灵活的生产管理模式，根据合同要求，分时、分批进行农产品采摘。在物流模块中，也可以实施集约化管理，从而使得农产品的仓储和物流成本大为降低，并且在这一模式下可以减少农产品损耗，最终真正做到让利给消费者。例如，天猫进行的美国车厘子预售活动，定价是179元四斤全国包邮，和传统的线下超市每斤85元左右的高价格、高损耗、低收益的经营方式相比，既给企业带来了可观的利润，又给消费者提供了极大的利益，并且还为消费者提供了最新鲜的产品，给消费者带来了良好的购物体验。

农产品能够按照买方需求进行及时的供给和配送，从而使其损耗极大地降低，尤其是对于生鲜农产品而言，可以采用C2B方式生成大量订单，从而提升整个供应链的服务效率以及物流配送服务的品质。众所周知，农产品具有较长的天然生长周期，这恰好能够为C2B模式提供更多的运作空间。消费者完全可以通过C2B平台对未来一段时间内所需的产品进行预约购买。例如，可以借助天猫聚划算C2B平台实现。

“抢鲜购”真正做到了让消费者尝鲜。“抢鲜购”也是一种“预约消费”的订单模式。“抢鲜购”是在采摘、加工以及销售之前，先与购买者签订预约订单，再按照顾客的订单需求，采用“基地直供”的方式为顾客提供农产品，并且在这一模式下应用了二维码技术，确保在农产品流通过程中的价格和品质，从而真正做到了降低供应链成本、提升供应链效率和服务品质的良性循环，使消费者能够以最低的成本品尝到最新鲜的农产品。

“抢鲜购”这一模式比较适合于一些时令农产品的销售。例如，淘宝聚划算平台于2012年10月24日为新疆的库尔勒香梨、阿克苏冰糖心苹果和喀什石榴实施了“抢鲜购”预售活动，成功地为22万用户销售了63吨、32吨和14吨上述产品，总计销售额1817万元。

(4) O2O 多平台辐射模式。

O2O（Online to Offline）模式，是指线上与线下相结合的电商经营模式，是电子商务企业在互联网上搭建电子商务平台，从而吸引顾客、进行营销宣传、签订订单、进行支付等，在这个模式中，更加关注线下、线上平台的物资流转问题，考验产品在供应链中的流通运输活动是否顺畅。以达到线上、线下实时联动、实时响应，为促进企业商务贸易的发展提供支撑。而 O2O 多平台模式，则是指电子商务企业在互联网上搭建了多个商务贸易平台，与线下供应链平台相互协调，从而达到促进企业商务贸易发展的目的。例如，西域果园品牌旗下的新疆果业股份有限公司就成功打造了 O2O 多平台运营模式。该公司以新疆特色的林果资源为优势，建成了多个万吨级的加工基地，为市场提供优质的干坚果、葡萄干和综合果蔬等当地特色产品，同时建有多个极具当地特色的林果加工科技园区，在此基础上，该公司在一些核心发达城市建立了线下的实体连锁销售网络，并且在线上多个知名的 B2C 网站进行产品的经营、销售，同时该公司还致力于打造绿色、可追溯的产业链模式，为消费者提供更安全、放心的食品。

O2O 多平台辐射模式具有如下特点：①覆盖多种电商平台、多种经营模式、多个市场。西域果园进行市场开拓主要是通过其官方联盟开展，该主站为用户提供了大量该企业的信息以及有关第三方企业和个人加盟的相关政策、服务信息等，并且还为客户提供了各类商务交易平台的超链接，其核心目的是吸引大量加盟商加盟，并进行开拓市场。西域果园还为其加盟商围绕主站搭建了一些周围的电商贸易平台，进行市场扩展，并逐渐形成了由中心向四周辐射的发展态势。西域果园线上采用了 B2C、C2C 和 C2B 等多种电子商务模式，比如其以统一的品牌旗舰店方式入驻了天猫、京东、苏宁易购、卓越网、当当网等多个 B2C 电子商务平台，还入驻了淘宝网 C2C 电子商务平台，进行品牌化线上营销。同时，该企业还适时登录聚划算 C2B 团购平台，实施品牌促销活动，以汇聚更高的人气。该公司采用的这一 O2O 多平台辐射模式，拓宽了该公司的市场覆盖面，提升了企业的市场盈利规模，但是对该企业线下供应链的要求也就更高了。②采用一整套流通销售网络，实现产品的统一发货和协调配送。新疆西域果园连锁销售有限公司隶属于新疆果业股份有限公司旗下，是它的全资子公司。该公司依托自有的“西域果园”连锁经销品牌，在全国许多一、二线城市，如北京、上海、广州、乌鲁木齐等建立了它的线下“西域果园”品牌直营店。具体经营模式如图 3－1 所示。新疆西域果园连锁销售有限公司为了实现产品的流通效率，采取批量流通的模式，总公司为其整个线下品牌的直营加盟商统一提供产品的物流与配送服务。这样的设计极大地降低了农产品流通中的物流成本，有效地改善了企业的经营效率。在加盟商层面，针对实体店和网店获得的销售货单，加盟商可以在自己发货与公司总部协调配货间进行自由选择，这也使加盟商对于货源和物流问题上的后顾之忧实现了有效解决。③通过企业对品牌塑造，制定统一的运营标准。品牌形象的塑造对公司发展来说是一件至关重要的事情，新疆西域果园连锁销售有限公司在这个方面下了一番工夫，为防止公司内部不断出现的恶意竞争，公司制定了统一的经营标准。比如在各地的加盟商线下实体门店要求统一的店铺布局与 LOGO 设计，在各大电商平台的线上店铺要求统一的布局和色彩设计。线上、线下所有店铺产品在价格、包装、质量实行统一标准的管理，以有效避免连锁店间的恶意竞争和冲突。经过如此统一的管理标准，“西域果园”的品牌取得了良好的运营效果，品牌影响力逐渐享誉全国，同时新疆西域果园连锁销售有限公司的规模也实现了不断地发展壮大。④线上与线下店铺实现并行发展。目前，新疆果业股份有限公司线上的发展主要是由原有的单一平台逐步扩展至多平台协同发展，由原有的主流的网络平台已扩展至多个普通的电商平台。“西域果园”线下的发展则是从最初的一、二线核心城市逐渐拓展到了三、四线普通城市，并实现了线上信息流以及线下物流供应链的逐步辐射发展。在这样一系列的操作驱动下，公司的线上业务和线下店铺得到了并行发展。

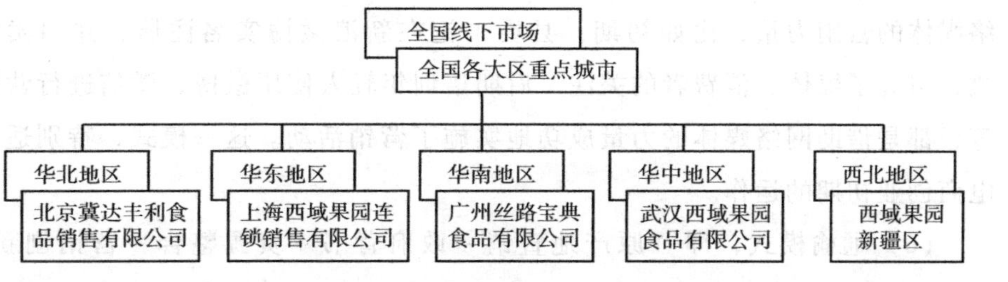

图 3－1　西域果园线下平台结构

（5）成县模式，也被称为“政府+协会+农民”模式。

成县位于甘、川、陕三省交界的甘肃省陇南市，2011年被授予“中国核桃之乡”的称号。成县县委书记李祥，通过新浪微博实名注册，并进行核桃叫卖而使其个人粉丝量、关注度和微博的转发量迅速攀升，从而引起各类网络媒体的关注以及报道，被称为“核桃书记”，也因此成县核桃和成县也逐渐成为网络热词，对于成县及成县农产品的推介产生了非常大的影响。

成县的县政府意识到了在当地发展电子商务的重要性及迫切性，在县委县政府的推动下，成县成立了当地的电子商务协会，并随即展开了一系列的活动，如在“淘宝网”搭建了销售成县土特产的“成网小店”。在网店的经营过程中，为了保障持续的优质资源供应，并对农产品实行有效的监管，“成网小店”的工作人员在选品上下了大功夫。工作人员在成县范围内搜寻优质的各类当地农产品资源，及时地把那些拥有高品质资源的农户整合到“成网小店”的大平台中来，确保产品质量过关。同时，为了有效提升电商渠道的销售额和经营成效，“成网小店”组织了长期的人员培训工作，培养了大量青年人作为电商专业人才，组织他们通过自媒体平台对当地特色的农产品进行网上推广，比如通过微信、抖音、B站、快手等开展营销，为“成网小店”获取流量，为推进成县农产品经济发展创造了有效机会。

这一模式的特点为：①政府的大力支持。县委书记李祥在网络媒体上实名认证，并对当地的特色产品进行宣传，因县委书记的公信力，而使消费者信任该农产品，从而积极进行购买，促进成县核桃获得了极大的市场。②电子商务协会积极的作用。电子商务协会负责电子商务平台的运作以及运营、营销等技术方面的培训，并且还在当地进行严格的农产品资源的筛选与整合，因此为农产品的质量和供应提供了积极的保障。③该模式的发展借助网络媒体的营销力量，比如初期，县委书记在新浪微博实名注册，并叫卖核桃，引起了媒体、消费者的关注，后期培训年轻人使用微博、微信进行营销等，都是借助网络媒体的力量成功地实施了营销活动。这一模式，特别适合电商创业初期的运作。

（6）通榆模式，即“原产地直销+政府背书+资源整合+营销创新”模式。

通榆模式致力于走当地农产品品牌化道路，因此，通榆县为其农产品创立了自有品牌“三千禾”，并在天猫开设了旗舰店。

这一模式的特点包括：①通榆县政府为了帮助第三方经营主体进行电子商务运营，成立了县域电子商务协会。在品牌化运作中，实施全程产业链上的标准化运作，比如进行统一的采购、统一的包装、统一的运营、统一的配送、统一的售后等，赢得了消费者的信任，提升了品牌价值。②通榆县具有独特的自然环境优势，其位置恰好位于世界公认的优质农产品黄金产业带上，盛产杂粮杂豆，素有“葵花之乡”“绿豆之乡”的美誉，为农产品品牌化运作的实现提供了得天独厚的自然条件。③通榆模式致力于资源的高效整合，注重于集约化运营，致使规模效应的产生，从而提升其品牌化运作的效率。通榆县在供应链上游联合当地的村落、乡镇、合作社和一些有固定基地的深加工企业，确保农产品种植的规模化，并且在生产端实施规范化和现代化的操作，而且在产业链下游还带动半成品、深加工产业以及一些附属产业的发展，整个供应链更加集约化，从而优化了整个流通过程，降低了运营成本，进一步提升了品牌化运营的效率。

（7）新疆维吉达尼模式。

维吉达尼创立于2012年，其创始人是刘敬文。2011年，当时还是深圳《晶报》记者的刘敬文，去新疆喀什参与援疆项目，他和几个同行的志愿者一起到农户家里探访，当地的农户拿出了最好的特产招待他们，这些特产相当优质美味，可是却销量不佳，而刘敬文看到了互联网市场的巨大潜力，于是和几个伙伴商量之后，在个人的淘宝店上尝试销售这些产品，并且联系一些微博大V求助，很快这些特色农产品销售一空，这也使更多当地农民来寻求帮助，于是，刘敬文决定成立一家公司，来帮助这些农民销售他们的农产品，维吉达尼公司便诞生了。

这一模式的特点包括：①依靠内地的电商联盟解决物流配送难题。维吉达尼位于新疆喀什，属于边陲地区，距离内地非常遥远，这就导致了电商渠道产品的一个非常难以解决的问题——物流问题，产品经由快递从喀什发出，到达内地城市至少需要一周以上的时间，如果遇上恶劣天气等其他因素，产品到达用户手里的时间就会更慢，有时可能会超过30天，而很大一部分消费者很难等待那么久的时间，因此就会有人在下单后由于等不及而退货。面对如此尴尬的局面，维吉达尼开始思考解决的方法。维吉达尼建立了新疆到北京的电商联盟模式。维吉达尼公司根据他们当月的销售订单数据，以及往年的订单信息情况，预估未来每个月产品可能的订单量，然后提前把产品从喀什空运到北京，这样就可以达到线下物流配送3天内全国抵达的高要求，并且维吉达尼在选择电商合作伙伴的时候，要求合作伙伴能够为其提供内地的产品代发货服务，这样不仅解决了快递配送这一大难题，而且极大地提升了用户的消费体验。②“合作社+农户”模式从根源上解决货品来源和产品质量标准问题。纯商业模式运营起来比较简单，但是刘敬文认为通过成立农业合作社，与农民建立起平等的关系是更为有效的一种运营模式。2013年，维吉达尼成立了农民专业合作社，与农户签约以高于市场10%的价格收购他们的优质农产品，并且每年还给农户利润分红，这也使得加入合作社的农民越来越多。随后，维吉达尼联合消费者和合作社农民共同探讨和设计农产品的质量标准，争取做到农产品质量的可控化。并且，为了保证产品质量，维吉达尼每星期都会派人深入农户家中探访，甚至还会为合作社的农民不定时地提供技能等方面的培训。同时，维吉达尼还为每户农民建立了档案，做到信息的透明化、质量的可控化以及服务的可追溯化。

维吉达尼模式能够取得成功，关键是：第一，这一模式克服了网络语言与应用技术方面的障碍，将电商平台和农产品生产者无缝链接起来，而民汉联合协同又是这一模式的最大特色。维吉达尼电子商务有限公司共有全职员工10人，其中有2位是维民，2位是当地的汉民；其兼职员工有50人，全部是维民，他们负责农产品的收购、分拣等工作。第二，这一模式的运行中实现了和当地各种硬件基础的对接，物流问题的解决是通过与B2C电商联盟的合作实现的，而货源问题则依靠全疆的收购点以及喀什和吐鲁番的办公室得以解决。综上，这一模式的成功可以归功于上述两个“接口”的成功对接，而这一模式适合于物流不发达的边远农村地区的电子商务运作。

上述七种模式各有利弊及适应的情境，通过上述内容，我们可以了解到绝大部分农产品种植户想通过电商渠道销售自己的农产品，从而降低压货风险，并及时获取尽可能多的盈利，但是农产品种植户资金、技术和营销管理能力都很有限，很难具备大型企业的全平台混合运作实力，承担风险的能力也有限。因此，种植户很难独立从事农产品电子商务运营活动，需要与农产品电子商务经营主体合作。而农产品电子商务经营主体也不能盲目地照搬照抄别人的模式，应充分了解电子商务运营的模式，并且根据本经营主体的实际情况选择适合自己的电子商务运作模式。另外，相同模式的增多会使经营主体间的相互竞争态势加剧，从而导致经营主体的运营成本增加以及利润下降。

农产品电子商务模式的主要构成要素有物流、平台、人员、产品，而在农产品运营管理上必须包含的经济要素则有资本、风险、成本、利润、技术、效率、规模、品牌化、信任等。若想成功地从事农产品电子商务运用，“公信力 + 品牌化 + 差异化”是三个基本的不可缺少的因素，即农产品电子商务经营主体可以借助县级以上人民政府的公信力来提升消费者的信任感，着力打造自己独有的专业品牌巩固产品在消费者心目中的独特地位，并且借助农产品的地域特色，找出农产品品质的差异化，树立产品在消费者心目中独有的不可替代的形象，从而牢牢抓住消费者，为农产品电子商务经营者持续地、源源不断地带来盈利。

（二）“村游网”乡村旅游电商平台

1. “村游网”电商平台战略规划与商业模式

（1）“村游网”电商平台战略规划。在不断发展的六年中，该平台对旅游、农产品上行和扶贫有深刻的认知，并充分将理论应用到实践中去，对现有的产品加大开发力度，同时建立起属于自己的网站平台，为平台的长远发展做好了长期战略规划。

首先，结合用户的实际情况对相关的产品内容、服务项目以及对应的资源进行整合，具体的资源包括酒店、民宿、土特产、旅游景点等。在收集相关信息的过程中，所需要搜集的内容包括线路情况、景点分布情况，对应的设施建造情况、住宿、餐饮相关情况等，通过对信息的搜集来不断优化服务内容，为游客提供更好的服务。在进行线路管理的过程中，根据客户的实际需求和不同的功效来设定不同的线路，满足客服的消费需求，达到营销的目的。在日常管理时要做好成本控制工作，提高自身利润，同时提升自己的服务效率，让客户花费更少的时间来获得更好的服务，在日常经营的过程中对不同业务的相关数据进行整合和分析。在营销的同时逐步树立平台的良好形象，用更加优质的服务和性价比更高的产品来吸引客户，提高平台的知名度。

其次，在我国开展乡村旅游的地区一般是以乡村为基本单位的，它们一般是由各区域的县级单位进行管理的，在进行推广和营销的过程中主要通过县级的门户行业来共同完成推广任务，从而达到营销目的。在推广的过程中对不同商户的相关数据进行搜集，同时将“村游+”应用到具体的服务及产品中去，从而实现合作共赢的目的。在接待客户的过程中针对团队客户，要做好居中协调工作，同时在服务完成后要对客户的体验情况进行收集和统计，推动企业和平台的良性发展，带动企业的创新进步。对商户和服务人员进行有效的岗前培训，提高服务水平和质量，在挑选特色产品的过程中要对产品质量严格要求，同时展开线上线下共同销售，提升销售效果。

最后，通过旅游行业的发展推动乡村电商的发展，借助平台的便利性拉近城市和农村之间的距离，让两者有机融合起来，共同进步和发展。通过推动乡村旅游产业和电商产业的发展带动当地的经济发展。该平台在运作的过程中，不仅为消费者提供了优良的服务，同时也让商户获得了更多的收益，在两者的共同作用下，推动平台的进一步发展和壮大。

(2)“村游网”电商平台商业模式设计。平台不仅服务了大量的消费者，同时对政府带动当地经济发展及提高商户收入水平也有着积极的作用。首先，在服务的过程中，该平台不仅为消费者提供服务，还向政府和商家提供服务。一是平台为政府提供全球旅游电子商务外包服务、旅游扶贫及精准扶贫管理系统等系统培训服务，与政府共同规划当地乡村旅游。其次，为了为商家提供全面的管理系统，通过乡村旅游网络在线平台扩展商家的销售渠道，并提高商家的经济利益和乡村旅游在线平台。最后，农村旅游电子商务平台和商业模式的设计与政府和当地商家之间的合作密不可分。

从以上分析可以看出，平台选择了风景秀丽的景点、农场、农舍和度假胜地的供应商和运营商来建立农村旅游电子商务平台，并在他们和平台之间打开渠道。“乡村之旅+”和营销策略服务渠道，以在线和离线营销促销吸引消费者的关注。一旦供应商和运营商提供了旅行票、旅游行程、娱乐和当地美食，线下乡村旅游就会通过电子商务平台等各种私人平台进行分发。管理付款、广告费、销售和服务费的模型，以产生利润。

“村游网”与当地旅游局、农业局、扶贫局等政府机构合作，以智慧乡村旅游带动乡村电商应对地方政府挑战。其他营销方法可以通过农村旅游业，农业快速发展，农村建设优化和农民的生活质量来促进农业、农村地区和农民的发展，为农业、农村地区和农民的发展提供重新包装和推广，创造财富并增加农村地区和农民的收入。农村旅行电子商务平台对农村旅游的价值是通过独特的产品、大型销售渠道、重复和稳定的客户来源、可靠的营销品牌和经验丰富的管理团队来实现的。

（3）“村游网”B2B2C电商模式产品策略。B2B2C是英文“business to business to Customer”的简称，作为一种全新的网络营销模式，它充分借助了互联网和信息化的便利，通过先进的技术手段对产品进行营销，不受时间和地域的限制。在实施B2B2C策略的过程中，第一个B指的是供应方的旅游资源，包括各类景点、住宿、餐饮等各项资源；而第二个B是指对这些资源进行整合、优化和推广的“村游网”平台，让更多的消费者了解和认知这些资源；而C指的是客户，消费的最终群体。

目前，“村游网”平台通过整合信息和产品发现在目前乡村旅游电商平台中存在的一些主要问题。即买卖双方不能在供求之间取得平衡，同时供应商无法保证品牌设计和产品质量能够满足消费者的需求。其中，农民供货商对农产品质量的把控非常不到位，具体而言农产品未经包装即出售以及缺乏基本的包装营销知识和辅助手段，这是最严重的问题。由于目前互联网上的信息流动非常快，农村旅游所带来的农副产品消费品不同于淘宝网的乡土特产，缺乏自己的竞争力和竞争优势，这已成为农产品上行的严重阻碍。

现在，“村游网”通过其农村旅游电子商务平台的B2B2C电子商务模式密切连接生产商和消费者，并整合了产品的生产和分销过程。通过选择将它们与其他产品区分开来的独特性，强调产品本身的特殊竞争力，实现了平台的差异化升级。不断提高农产品的质量并已成功创建了高质量的品牌效应，通过提高物流效率，同时兼顾品牌营销与平台优化建设来扩大市场占有份额。在B2B2C电子商务模式的驱动下，“村游网”在最大程度上充分利用了各方的优质资源，推进了产品服务质量不断提升的进程，间接服务了农产品经济的增长趋势，对村游网乡村旅行在线平台的发展贡献了不可忽视的力量。

2. “村游网”乡村旅游电商平台运营模式的创新

经营模式决定企业的战略方向，经营模式的创新是企业不断增强优势战略定位，稳定其市场定位的重要保障，优秀的经营模式能够有效避免企业因同质化原因造成资金流失及客户资源匮乏等问题而陷入危机。“村游网”就是通过不断创新自身的运营模式，在此基础上呈现企业的核心竞争力，在互联网的大市中保持先进性。

（1）智慧村游型乡村旅游模式。智慧村游型乡村旅游模式是“互联网+”与乡村旅游发展的融合，消费者在“村游网”上能够通过在线平台与企业或其他游客进行实时互动，因此消费者可以通过智慧型乡村旅游模式一站式安排组织自己的旅游行程。

2015年，“村游网”智慧乡村游在“互联网+”的理念下开始逐步发展。经过短短几年的发展，“互联网+”乡村旅游在智慧城市经济发展模式的建立中发挥了重要作用。2018年以后，在国家的绿色发展战略理念引领下，国家对发展经济服务业的政策选择更加明晰，同时将发展第三产业提升到国家战略的首位，而旅游业正是第三产业发展中的重要经济支柱。随着互联网时代的到来，乡村旅游业成为新的重点产业与全新的增长点，农村电商、互联网金融旅游、乡村旅游组织联运等新的商业模式不断涌现。乡村旅游与电子商务的深度融合在支撑乡村旅游现代化转型，开创了城镇居民文化旅游、生态旅游、智慧旅游的新模式。

互联网与金融业的融合发展使第三方支付在我国得到了快速的发展与广泛的应用。在线支付方式在旅游活动中也日益普及，这无形中使得各种城市旅游的消费倾向更加明晰，触动旅游消费者消费决策的可能性增加，应运而生了许多新的消费模式。随后，各类自媒体网络平台的出现及井喷式的发展，使我国乡村旅游模式更加多元化，由于更多城镇居民的涌入，乡村旅游电商平台的曝光率不断增加，这样的大背景加速了“村游网”电商平台的发展。

在与电子商务融合过程中，“村游网”不断进行实践探索，主动开发利用优质的乡村旅游资源，并在乡村旅游资源产品的整合、乡村旅游网络营销的优化、乡村旅游本土人才培养的推进等方面下了大力气。同时，“村游网”将现有的绿水青山、民俗文化等乡村旅游资源与本地特色的乡村餐饮、食宿、娱乐项目有机结合起来，将本土乡村旅游的餐饮、民宿、农家乐、农产品等商户进行整合，将原有零散的乡村旅游商户纳入统一的整合规划中，形成差异化、特色鲜明的产品体系，通过“村游网”的乡村旅游电商平台进行广泛传播与宣传，使受众群体规模实现较大的突破，为企业发展不断注入流量红利。“村游网”同时也注重在乡村旅游资源的宣传活动中纳入当地电视台、广播、报纸、自媒体以及线下的旅行社门店等成员，实现联合发展。通过这样的方式完成一个基本的消费链条，消费者在“村游网”乡村旅游电商平台下单以后，商家在手机上收到通知，并通过平台根据客户的需求准备食物、房间，购买服务范围内的特色农产品等为客户提供个性化、全方位的专属服务。当游客消费完成后，系统将会把游客支付的费用通过微信、支付宝或者其他支付平台向其他服务参与方进行营业额的自动分配，游客仅凭借一部手机就能完成与乡村旅游企业及当地商户的连接。截至目前，在湖北，已有越来越多的居民选择了与武汉“村游网”电商平台合作，通过平台下单，参与乡村旅游活动，为当地乡村旅游的从业者带来了15%的利润增长。由于乡村旅游主要是周末度假业务，游客可以通过“村游网”的在线平台进行注册，这种简单的模式既增加了乡村旅游从业者的收入，又避免了平台资源的浪费，为“村游网”电商平台和当地乡村游商户节省了成本，为智慧乡村旅游模式的发展作出了卓越的贡献。

智慧旅游是旅游信息化发展到一定程度的产物。从第三产业智能化的发展史来看，智慧乡村旅游“互联网＋”与乡村旅游行业的融合还存在一些问题。“村游网”认为，在这个阶段，我们应该从专业人才短缺问题入手，通过本土人才培养或引进的方式推动当地旅游电商营销手段和管理水平的发展，进而推动本地商户的传统乡村旅游模式向智慧旅游模式转型。

乡村风景区是乡村旅游发展的重点，其智慧化发展水平将对乡村智慧旅游发展的战略目标产生积极的影响。要充分利用地方之美，减少乡村旅游资源的浪费，着重分析包括客户的需求和当地政府的政策导向，以智慧旅游为目标打造乡村旅游线上服务平台，用于饮食、住所、交通、住宿、旅行、购物和娱乐多角度多层次满足新型智慧乡村游消费者的需求。建立智慧乡村旅游模式，整合乡村游消费者的需求，提供一站式服务，及时监控和解决客户的售前、售中和售后的一系列消费诉求。

“村游网”平台为访客提供查询服务，并可以优先向客户提供必要的产品，以提高客户服务质量。整合乡村景区以满足消费者需求，让乡村旅游管理者可以获取平台整合筛选的消费者数据，并据此实现更加科学和更加合理的乡村旅游景区规划。

整合乡村旅游信息与管理，打造智慧乡村旅游集群经济模式。在乡村智慧旅游模式开发中，应将管理信息联动，打通乡村旅游服务产业链，促进集群内旅游资源共同开发，以此来解决乡村旅游资源具有的资源分散各自为政的天然劣势，同时更好地帮助乡村旅游平台全方位了解客户信息需求。

在智慧乡村旅游平台与互联网信息平台的支持下，实现了交通、安全、气象等部门的信息与乡村旅游信息的完美联合，在整合利用各类乡村旅游资源基础上，为旅游消费者提供了更全面、更便捷的服务，使游客享受多样化的乡村旅游解决方案，通过实时共享与协调，合理分配各类乡村旅游资源，提高管理及时性和运营响应能力。

智慧乡村旅游的互动体验主要体现在“村游网”乡村旅游信息系统为游客提供一对一的乡村旅游解决方案，通过乡村旅游信息的有效整合和资源的合理配置，创造出适合不同消费者的乡村旅游内容，实现消费者与“村游网”平台之间合理高效的沟通互动；智慧乡村旅游就是在充分利用互联网技术的基础上，对乡村旅游景区和游客数据信息进行全方位整合，使庞大的数据资源成为乡村旅游企业的基础数据库，为数字化、系统化的乡村旅游平台运营提供决策支持，并实现平台的互动服务。在平台为乡村旅游消费者提供服务的过程中，乡村旅游消费者会将其具体的需求、实时体验的感受、整体服务的评价等信息传递给“村游网”，“村游网”平台即有能力及时为消费者们提供更为合理与便捷的服务。“村游网”平台同时在智慧乡村旅游模式中巧妙地引入了乡村文化与民俗体验版块，形成了创新性的文旅融合的组乡村旅游模式，并成功在当地打造了具有网络特色的新乡村旅游品牌，使游客在享受身心放松的乡村旅游的同时，也增加了对乡村景区文化内涵的理解，极大地增强了游客的互动体验。

“村游网”智慧乡村旅游模式在连接已有传统的分散式的旅游平台和零散的本土乡村资源基础上，创新性地开展综合一体化服务，增加信息化水平，从而满足游客需求，发展智慧旅游。弥补现在营销模式和新型传播手段不足的“短板”，最终实现智慧乡村旅游模式。

（2）村游—全域旅游“1+4”落地模式。全域旅游，是空间全景化的系统旅游，是跳出传统旅游谋划的现代旅游，也是跳出小旅游规划的一种“大旅游”形态，是一种新的旅游发展理念与模式。全域旅游是指在一定区域内，充分发挥当地旅游业的优势，通过对区域内经济社会资源尤其是旅游资源、相关产业、生态环境、公共服务、体制机制、政策法规、文明素质等进行全方位、系统化的优化提升，实现区域资源有机整合、产业融合发展、社会共建共享，以旅游业带动和促进经济社会协调发展的一种新的区域协调发展理念和模式。全域旅游是近年来我国的一项国家战略，它的出现不仅体现了我国旅游行业发展的阶段成果，同时也是我国旅游业在不断探索与持续改进过程中得出的重要结果，它也是在新的互联网时代下，旅游行业发展的新方向。在20世纪80年代以后，改革开放的效能逐渐显现，带动我国经济呈现出长期、快速的发展态势。但是经济高速发展的同时，也带给我们生态资源的过度消耗，较大的资源和环境的压力对我国持续的经济发展造成了较为严重的影响，更是在我们生态文明建设的事业中造成了显著的负面影响。在这个背景下，我们逐渐意识到环境保护与生态建设的重要性，国家下大力度推进绿色产业的发展，旅游业作为绿色产业代表之一，迅速发展起来。到了20世纪90年代，国内旅游业的发展已经取得了重要的突破，且势头迅猛。旅游这个服务于精神层面的产品被越来越多的国民所关注。但是，经过了十余年的高速增长后，我们逐渐发现，封闭式旅游发展思维在很大程度上制约了旅游业的发展速度。在寻求解决这一瓶颈问题的关键时刻，国家推进了全域旅游的发展理念。为保障“村游网”乡村旅游平台在全域旅游国家战略背景下的顺利发展和运营，“村游网”创新地开展了基于全域旅游的“1+4”乡村旅游运营模式，使其更好地融入到全域旅游的国家战略中来。

2010年以后，在我国，由于私家车日益普及，带动了旅游市场，尤其是城镇周边的乡村旅游市场进入到自主旅游的全新时代。“村游网”利用其较好的发展基础和社会条件，为其乡村旅游消费者提供了更充分、全面的价值空间。在全域旅游的大旅游时代来临之际，“村游网”通过理念的创新、业态的创新、产品的创新推动了在乡村旅游行业中全域旅游“1+4”模式的落地规划。

“村游网”乡村旅游电子商务平台提供“1+4”服务模式，其中“1”是指一个“村游网”乡村旅游免费共享平台；“4”是指4个外包服务组合，它们分别是运营支持服务、关系营销服务、系统培训服务和大数据管理服务。“村游网”充分挖掘现有的服务于政府、商户、渠道、消费者的专业运营团队的价值，根据各类伙伴与用户的需求，提供广告宣传、资源预订、平台管理等业务板块。通过这种创新型的模式落地，市、县级各级政府可直接通过官方微信连入“村游网”系统，实现对当地乡村旅游资源的整合。无须企业开发单独的APP平台，降低企业运营成本，节约开发资金和时间成本。“村游网”的“1+4”模式对乡村旅游电商向智慧型发展的道路上进行了重要的探索，并作出了卓越的贡献。

根据大数据显示，目前活跃在乡村旅游产业的消费者以80后、90后为主。这类消费者对电子商务的使用较为熟悉，对电商模式也存在一定程度上的依赖。他们在选择旅游平台时，喜欢采纳手机推荐的信息，这也说明了现在的乡村旅游产品在营销中，需要紧紧抓住互联网这根主线，依托网络营销的形式开展宣传与推广。针对80后、90后消费者的特点，愿意接受网络分享，因此他们一旦选择了某个平台，容易被调动进行社交平台的转发与传播，这种低成本高效率的分享与互动将会为企业平台用户规模的进一步扩大提供重要的帮助。“村游网”在“1+4”模式引领下，也充分利用了门户网站与新媒体整合营销的力量展开全网宣传，一方面有效增加了品牌的影响力，同时在促进消费，提升市场占有率上也获得了显著成效。“村游网”在联合政府、商户、消费者、媒体、旅行社、OTA等全域旅游参与方基础上，开展实施的多渠道、全范围营销推广，结合网络系统的自动结算功能与收益统计、大数据分析和信息智能化管理等功能助力下，在智慧乡村旅游发展取得了令人瞩目的成果。

为了培养本土专业化的旅游电商人才，“村游网”建设了自有培训系统，并已具备较为成熟的培训体系，可以承担为本地乡村旅游商户提供全面的培训，在更好地使用平台，为消费者提供高水平服务，提高企业运营能力等方面起到了显著效果。为当地乡村旅游经营者的整体素质和专业水平提升贡献了力量。

通过系统化的运营模式改进，企业能够获取到真实的市场动态交易数据，精准捕获目标用户资源，提供个性化产品与服务。政府也可以通过网络平台直观地看到当地乡村旅游产业发展的效果，本地商户也可以通过平台直观地看到不同的宣传形式为企业带来的利润增长情况，进而实现后续精准的广告投放。“村游网”创新的运营模式为企业带来的效益增长是直观的，也是明显的。与此同时，平台的大数据采集功能对于后续全域旅游的发展状况的评估也具有极大的指导意义。通过平台日常管控的密集化，掌握行业发展最新动向，实现企业的精准营销决策，都具有科学的指导意义。

“村游网”的“1+4”创新运营模式成功落地，有效解决了全域旅游背景下乡村旅游电子商务平台发展的主要瓶颈问题。在这种模式下，政府主动参与了行业与产业的发展，通过“村游网”利用网络技术实现的运营支持服务、关系营销服务、系统培训服务和管理大数据服务等四维服务共同驱动下，政府能够有效地针对庞大的乡村旅游市场，强制整合村游网和其他乡村旅游电商平台，将其纳入乡村旅游的大环境大市场中去。通过打造新业态、新面貌的乡村旅游电子商务平台，在推动旅游行业进步的同时让当地居民的收入水平不断提升，经济活力不断增强。

(3) 村游—城乡互联旅游扶贫模式。城乡互联扶贫工作中存在着很多自身以及外界因素的影响。①信息闭塞。贫困村大多位于山区或丘陵地带，贫困村因基础设施不足、与外界缺乏沟通而成为信息孤岛。贫困村所处山区虽然生态环境好，但资源分布相对分散，规模小，产品输出困难，经济发展难度较大。②思维落后。贫困村村民和扶贫工作者常因为思维的局限性和观念的守旧性，找不到合理有效的脱贫出路。由于信息障碍和基础设施欠缺，贫困村村民能够获得的外部信息较少，且无法找到切实有效的发展方向，从而形成恶性循环。③不成体系。很多村庄因为没有在线服务平台和专业团队，无法发展出成功、合适的扶贫模式。因此，仅有的农产品资源没有办法进行推广和销售，严重影响了农村旅游业的发展。城乡互联旅游扶贫模式是旅游电商平台与政府合作的重要模式。在发展贫困村的同时优化整合当地旅游资源。通过建立品牌、营销推广等方式使贫困村的农产品资源更积极主动面对市场，用线上营销的方式联结城市消费者与乡村优质农产品和高质量的生态环境，促进贫困村产业结构改革从而带动贫困村的脱贫致富过程。④面向乡村旅游扶贫的“游购”+“邮购”的服务。为助力国家精准扶贫政策成果的巩固，“村游网”在开展乡村旅游电商化的业务同时，为带动当地较为贫困乡村的经济发展，特别设计了“游购”+“邮购”服务。挖掘乡村的优质资源，利用“村游网”扩展其特色产品的销售半径，由“村游网”平台帮助其进行农产品包装与营销业务。特别是通过乡村旅游来引导消费者，关注当地的土特产品，让商户或农户能够通过“村游网”电商平台的数据分析结果，提前准备消费者更为喜爱的农产品，并实行定向种植养殖，消费者可以在结束乡村旅游后，通过平台邮寄等方式形成多次重复消费，推动当地的经济发展。对乡村旅游消费者的分析数据表明，参与该项目活动的消费者多采用自驾游的形式实现旅游活动，自驾半径多为其居住周边 3 小时路程的生活圈。这一部分消费者具有经济基础较好，崇尚自然生活，热爱绿色产品等特征。对原生态、原产地、应季农产品需求旺盛且购买力较强。从这个视角来看，乡村旅游资源是可以再生，可以满足持续市场需求的，我们在保证产品质量及服务的情况下，可以通过“游购”+“邮购”的服务模式带动当地贫困村的经济发展。一般，在贫困乡村，种、养殖规模都较小，提供的农产品无论在生产标准上或是在包装条件上都比较原始。大规模的经销商采购难以实现，但对于乡村旅游的消费者来说，是极为适合的，游客更加喜爱并追求这种上门体验的消费感受。因此，非标农产品也存在较为广阔的交易市场，如新鲜的果蔬、肉类、禽类、鱼虾等因为缺少标签，不准上网销售，但这并不存在于消费者与农户面对面的交易之中。消费者购买后直接自提，减少了中间的仓储与运输环节，果蔬产品现采现销，禽畜产品现场宰杀，无须冷藏存储，由游客自带回城。既减少农户的销售成本，也为消费者增添了无限乐趣，是一举多得的交易活动。“游购”+“邮购”服务主要是针对城镇自驾游消费群体而设计的服务模式，在上述操作过程基础上，进一步将交易活动的形式进行创新性扩展，如自驾车后备厢共享、代购等，把市场百倍放大；也可以结合“顺风车”“同城快递”等业务参与运营。在每周末，自驾车用户可通过社交性扩散，发动同事、亲朋、老乡，甚至是陌生人一起拼购农产品，采用市场+公益+社交结合的手段，满足更多需要新鲜农产品人群的需求，用拼车代购的形式让更多人吃到当天送达的新鲜瓜果蔬菜、鸡鸭鱼肉等农特产品。消费者也是游客更是宣传员、快递员，通过满载的后备厢，将乡村的产品带给用户，满足双方的需要。在“游购”+“邮购”服务的顺利推进中，城乡得到了充分的互联，我们也为贫困乡村解决了农产品上行的难题。一方面，帮助贫困村对其农产品进行包装并指导他们进行营销与推广；另一方面，我们也在平台积极引导消费者，传递给他们更多质优、价优的农产品的信息，刺激他们进行消费，为乡村创收。通过“游购”+“邮购”服务，实现了以乡村旅游为主的乡村扶贫模式，搭建城乡之间的桥梁，在为消费者提供便利、乡村增收的同时也促进自身平台的经济效益增长。要想真正实现旅游扶贫，只有从资源到产品、营销、服务、管理、技术培训和竞争的工作过程一步步通过专业化、系统化的步骤来完成，才能确保稳定和可持续的发展。⑤乡村旅游与电商实现深度融合。“村游网”以充分发挥自身优势为主，结合武汉本地的优质乡村旅游资源网络，致力于打造湖北省在移动端的全域乡村旅游电子商务平台。在网站中，开通了湖北省各地方专题页面，主要分享和推广各县区、地方的自然资源、民俗文化、特色农产品等。在平台上，策划了各类乡村旅游产品以满足不同人群的需求。开通电子商务服务渠道，实现在线预订服务和在线支付，乡村旅游消费者可以在线下单，合作企业、商家能够及时获取消费者的订单信息，消费者通过移动端完成交易，同时本地的商家根据消费者订单需求完成产品或服务的提前准备。这极大地降低了运营的成本，同时拓宽了企业的营销渠道。⑥提供专业的市场营销推广方案。市场营销业务发展的关键要靠销售渠道与用户来支撑。“村游网”企业在渠道拓展上走的是旅游助农的思路，通过政府搭桥，实现与贫困乡村合作，引导和发动消费者在乡村旅游活动中支持贫困村的农产品购买。以“村游网”入驻的乡村地区为核心，辐射周边的景区、果林、农牧场、度假村和农家乐等商户，向外来的旅游消费者展示当地乡村的特色农产品，并提供购买服务。对于乡村游的不同游客，如自驾游车主，企业团体等采用分类推荐的形式引导消费。⑦提供专业乡村旅游人才培训。人才问题是困扰乡村旅游的重要问题，更是国内其他地区乡村旅游发展的瓶颈问题。在人才培训环节，“村游网”具有较高的站位和视野，打造了专属的乡村旅游教育平台“村游学院”。在这个板块中，收集了大量的成功案例，建设了一系列的专业课程，并可复制、可移植。这些优秀的在线资源对扶贫干部、大学生村干部、地方合作社领导和政府干部、导游、乡村旅游工作者、贫困家庭等乡村旅游产业链上的所有相关人员均可适用，用于在线开展贫困村旅游电商技能培训。资源主题覆盖乡村振兴政策解读、乡村旅游商业分析、旅游产品策划与包装、电子商务应用技能、网络营销策略、企业管理知识、服务礼仪、各类专业技能等。课程紧跟国家政策和企业需求，在政府管理、扶贫、解决营销问题等方面切实解决实际面临的问题。⑧成功打造了乡村扶贫的示范工程。脱贫攻坚是一项艰巨而持久的事业，难度很大，为了能快速提升扶贫效果，我们需要的是不断探索新的模式。“村游网”在这一领域打造了行业的优秀示范案例。它从平台获取的大数据中遴选出具有鲜明特色的区、县、村镇、商户进行重点培养，开展并实施了“旅游扶贫示范县、示范村、示范农庄”工程。从农产品培育、营销、服务、管理等多个方面均做了改革探索。扩大平台产品的影响范围，起到示范带头的作用。

基于这种城乡互联、旅游扶贫的创新模式，“村游网”通过上述的具体方法和应用取得了显著成效，也积累了宝贵的经验。平台运营之初，当地的贫困户大多是缺乏销售条件和市场运营推广经验的，他们很难也不适于直接从事销售工作。平台对这些农户进行了整合管理，让他们只负责生产劳动，通过种植养殖的形式获取收益；来到乡村旅游的游客接待服务由驻村干部、乡村旅游企业、合作社来完成；而关于旅游产品的策划包装、宣传推广等工作由专业团队来打造，这种方式充分发挥了各个参与方的优势条件，使其能够各司其职，合理分工，最终获得了良好的效果，彻底改变贫困乡村的经济状况，帮助巩固了国家精准扶贫的成果，落地实现了乡村振兴战略，是通过乡村旅游带动乡村经济的发展的典型、优秀案例。

(4) 乡村旅游目的地的“品效营销”模式。无论什么产品的营销，最有效的营销渠道和手段一定是来自消费者的口碑，在良好口碑的基础上，消费者自然有较高的满意度水平，同时具备了较强的推荐意愿。消费者的口口相传是最具优势的营销方式。旅游服务水平提升的要点是基于对消费者需求的关心和关注，为消费者提供更高品质的服务和体验。如果服务水平得不到保障，任何创意和媒体宣传都将无力回天。

当今旅游市场竞争较为激烈，企业与商家为了获得更多的市场，越来越重视服务水平的升级，旅游目的地营销转入了品牌竞争时代。品牌实力变成了现代旅游的主要竞争力。尤其在现今的全域旅游时代，旅游品牌不再局限于一个景点或一个项目，可能覆盖更为广泛的地区，因此，全域旅游时代下品牌的建设首先要考虑的就是统一形象、协同管理、规范内容、统一渠道、统一服务水平。这是打造品牌的基本保障。“村游网”开展的乡村旅游目的地“品效营销”模式的具体内容如下：①搭建高质量的内容体系。“村游网”平台注重呈现高质量的平台内容。在这方面，平台准确分析了乡村旅游消费市场的周期性变化；针对不同的消费群体，分析其需求点，精准匹配并推送符合消费者真实需求的内容；内容的设计是以产品为依托的，“村游网”根据乡村旅游消费群体的不同需求，客观、系统地搭建湖北周边乡村旅游产品体系，为消费者与产品之间构建互联网桥梁。同时，“村游网”也充分尊重客户的需求，平台设计的优质内容是在精准分析游客的消费习惯基础上完成的。因此，内容一经呈现直接可以引起消费者共鸣。“村游网”平台还会根据消费者的需求，在其出行之前，明确告知在游览体验过程中会出现的相关产品、服务，以及这些产品与服务能够满足消费者什么样的出行体验，以及各种出行产品的组合方式，提供给消费者更多的选择。“村游网”具备多年的旅游电商市场的运营和服务经验，他们深知成功的互联网营销需要从市场分析做起，构建满足用户需求的产品体系，打造精准的文案策划，挖掘相关基础信息的指导作用，系统地构建吸引消费者目光的移动互联网营销内容体系，设计高品质产品的同时配合优质的呈现内容。在做乡村旅游市场分析时，是对乡村旅游消费市场和产业供给市场做出的务实分析，一方面对乡村旅游市场的消费趋势和产品生命周期做到准确了解，同时也要明确企业如何推进乡村旅游的目的地差异化竞争策略。在这一方面，“村游网”做了大量细致的工作，在构建目的地旅游产品体系时，逐一走访商户，收集相关信息，设计开展服务项目，签订具体的合作协议。由于合作商户情况、特点也存在较大差别，为了推进整体网上营销体系的效率，“村游网”选择少数具有较强营销知识的商户作为突破点，与这些商户合作策划季节性爆款产品，策划限时优惠的热门产品，策划创新性的体验产品，形成了别具地方特色的乡村旅游产品体系。再经过文案的统一规范、包装的统一设计、广告的策划统一模式，能够使消费者在众多旅游目的地的选择过程中形成良好的品牌印象。②构建精准的营销渠道。“村游网”寻求与当地旅游局合作，通过当地的官方媒体做了传统广告，在此基础上充分重视并利用互联网媒体吸引在线流量。包括在百度搜索中的推广、腾讯视频广告宣传、今日头条内容植入等，利用强大的新兴媒体来带动网站流量，提高品牌知名度，提升整体品牌价值与形象。“村游网”在营销推广中，巧妙地激发了全行业的参与，通过合作模式，设置分销利润奖励参与方，采用打造爆款产品、热点产品、体验式产品的形式面向合作伙伴开放分销，引发消费者的关注和参与，提升产品销量的同时也提升品牌价值，巩固营销成果。“村游网”的“品效营销”的重要逻辑在于“通过凸显品牌以赢得关注，利用关注转化为客源，服务客源转化为好评，积累好评转化为品牌”，在这个过程中，实时优化每个环节，创造一个有助于产品持续改进的良性循环机制。越大的品牌影响力，往往意味着越多的资源和渠道，也意味着更大的产品销量。③精细化服务内容。对于乡村旅游产业来说，服务是产品最重要的组成部分。我们不可否认渠道和销量的重要性，但好的旅游类产品，最终要体现在用户的满意度上，而能够实现用户满意最直接的方法就是提升产品的服务质量。“村游网”注重产品服务水平的提升，搭建了完善、系统的人才培养机制，其中包括选择合适的商户，对其开展业务培训，包括一对一辅导、集中培训等形式，针对商户的实际业务需求，设计并优化旅游重点接待流程。在现有条件下最大程度提升、优化乡村旅游服务质量。平台在市场机制设定时，重点考虑了服务水平与商户利益直接挂钩，使优质的商户都以产品供给的方式参与营销活动，并与品牌营销结成利益共同体。而交易者也参与到了产品的交易中，通过商业交易形成利益共同体。这种基于市场机制的利益共同体方式充分发挥商户的积极主动性，去优化他们所提供的服务，并保障服务品质。另一个重要的板块是做好游客的反馈工作，并对反馈内容及时分析整理，获得消费者真实需求点，以便为消费者提供更好的推荐与服务。“村游网”在整个营销过程中不断收集游客的反馈，形成数据资源，反哺决策设计。依靠互联网信息分享的便利性，充分发动游客参与产品体验分享，推荐旅游目的地活动，使营销范围成倍扩大，营销效果有效提升。为确保旅游服务质量，“村游网”与当地旅游局合作，建立了良好的安全保障体系，一旦发生严重的服务事件，旅游局也会及时响应，并作出行政决策。

“村游网”在塑造品牌内容、营销渠道和服务水平上下了大量功夫，这也是目的地品牌建设的三个最基础的要素，正是由于这些基础工作的完备，使“村游网”平台凸显了品牌形象，延展了品牌张力，持续提升了品牌的价值。

（5）“四季游英山”活动策划案例分析。

为推进英山县旅游市场发展，“村游网”与湖北省黄冈市英山县旅游局在2018年7—8月，联合推出了“四季游英山”的主题活动。在活动中，旅游局作为参与主体方提供英山地区丰富的旅游资源，“村游网”作为另一主要参与方，通过提供平台系统、专业团队，将其较为成熟的“1+4”运营模式植入到了活动中。在整个工作环节中，“互联网+”呈现出了其重要的思维引导和运营理念引导的作用。“村游网”注重提升服务及产品质量，在满足游客对乡村旅游、休闲娱乐、生活体验等多样化的需求基础上，将英山的乡村旅游项目进行精细化包装和推广，如制定与策划精品路线、推进特色农产品上线、重点包装景区示范商户、设计活动联合旅游消费者和商户共同参与销售和分享等。借助黄冈旅游网络平台的传播手段，辅助如百度推广、腾讯视频广告、今日头条等互联网平台的广告宣传争取流量扶持，从而提升“四季英山”乡村旅游产品美誉度、知名度，将其打造成为黄冈周边第一张乡村旅游的品牌形象，成功的运营模式为巩固英山县扶贫成果，以及防返贫长效机制提供有力的支撑。

英山夏季避暑旅游产品的市场精准分析。在黄冈市，通过调研精准分析群众需求，从需求一侧出发，来英山旅游的游客多为周末出游，以上班族人群为主，80后、90后的亲子游达到一定占比数量，这类人群的出行时间有限，整体的出游天数大多以周末2—3天为主。在夏季避暑旅游项目的设计中，因地制宜地进行了项目选择，如漂流、水上乐园和常规避暑胜地（如九宫山、博导峰等）。在参与乡村旅游的群体中，老年人也是主要人群，他们在选择乡村旅游目的地过程中，更倾向对环境的选择。这类人群有较为宽裕的资金支持，也有较多充裕的闲散时间，一般在景区停留的时间长，但是对生态环境、气候与温度敏感，因此在对这一目标群体进行偏好分析后，增加对其推送生态环境质量高、气温适宜的夏季旅游目的地产品，如恩施和神农架景点，呈现较为理想的销售率。

英山乡村旅游产品市场的供应分析。在对英山地区乡村旅游市场进行需求分析的同时，平台对周边的同类乡村旅游产品进行了详细的对比，通过对大数据的有效分析、整合，遴选出可靠的数据包，对比其他各地的同类产品资源以及各种可能的影响因素，对英山县乡村旅游产品做出精准定位，并通过定量考核提供和优化旅游产品质量。英山县境内的九宫山是武汉周边闻名遐迩的旅游避暑胜地，它的高海拔地形形成了天然的气候特点，日夜温差变化大，湿度很高。经过多年发展，九宫山周围已经建成了较为成熟的旅游配套设施，但是整体服务意识差。以酒店为例，九宫山周围原有大部分酒店都是作为政府接待的定点单位设立，商家直接面对政府单位，且有较为稳固的市场，长时间的经营造成了酒店整体经营意识淡薄、经营理念固化。而英山县的另一处景区——浠水三角山，同样因为其高海拔、气候分明的特点，目前正作为英山县的另一避暑旅游胜地进行开发与建设。还有海拔在 1455 米的薄刀峰景区，气候适宜避暑，也是夏季避暑游的热门景区。但这些景区当前呈现了过度商业化的执着，活跃在当地的商户在旅游旺季哄抬价格，导致价格虚高。这严重制约了当地暑假旅游的进一步发展。而在同类型的恩施、神农架等首批开发的避暑旅游胜地，目前已建成了相对成熟的避暑旅游产业，无论其门票制度，或是价格体系都达到了比较完善的程度，设计了大量供当地人体验的活动项目，每到旅游季节，景区呈现出一片繁荣景象，显示了未来发展的巨大潜力。

英山乡村旅游产品的价格分析。据初步统计计算，在英山当前较为主流的避暑旅游资源产品如 8 天 880 元/人，15 天 1580 元/人，30 天 2680 元/人等，价格较为亲民，在旅游产品项目中不仅包括食宿，还包括当地交通和保险。在每年夏季，游客平均每月花费 3000—3500 元即可享受到当地完善的接待服务和美好的旅游体验，涌入大量人群。英山县在旅游承载能力和接待体量上具备较为充分的准备，因此，每年都吸引着来自全国各地的众多避暑游客前来消夏。一到每年 6 月底，英山县各类酒店房间呈现爆满状态，旅游市场供不应求。但是相对于麻城龟峰山和红安的天台山景区，差别还是较为明显。在这些地区的景区由于尚未形成规模，市场知名度也不大，虽然已经有了部分商户仿效英山县成熟旅游景区的产品经营模式，也在自发经营包月避暑旅游，收效甚微。除英山以外，在武汉周边还没有一个成熟的避暑旅游目的地与其媲美，是一大典型蓝海市场，可以预见到未来英山的发展潜力是非常大的。

英山乡村旅游差异化竞争战略分析。英山的避暑旅游产品在市场上已经形成了一定的知名度。整体的避暑旅游产品已形成自有的体系与架构，不仅包括趣味盎然的漂流项目，如毕升漂流、桃花冲漂流、乐家山漂流、龙潭峡漂流。还包括两个著名的避暑胜地：即海拔在1729米的南武当旅游区和海拔1698米的桃花冲森林公园，由于特殊的地势结构，它们在盛夏季节均有着宜人的避暑温度，吸引着大量游客前来观光休闲。这些景区经过多年的建设已经具备了良好的经营基础和商户基础。对于武汉居民来说，英山有着更为便利的交通区位优势，与恩施、神龙架等其他旅游景点相比，英山还在产品服务质量方面具备显著优势，这些都是英山县在打造自身差异化旅游竞争战略中所做的深度探索，显然它是成功的。

“村游网”成功利用三年的时间打造了英山避暑胜地的产品品牌。它首先对英山做了2018—2020年三年发展旅游战略的总体规划，规划分为三个阶段：第一阶段（2018年），围绕打造示范、塑造品牌、优化服务、吸引游客做文章。第二阶段（2019年），总结前年标准，提质升级，强化宣传，叫响市场。第三阶段（2020年），主要以规模发展、提高效益为主要内容，在消费者群体中形成“周边避暑，首选英山”的市场效应。

在设计产品体系过程中，“村游网”深挖英山县乡村旅游资源，系统搭建其旅游产品体系。结合当地乡村旅游资源的特点、匹配季节旅游产品需求以及游客的出行习惯等，“村游网”专业团队与当地旅行社开展联合调研，在每个季节通过精心策划，推出4—5条精品线路，面向武汉主力商户区域，打造了四季精品推荐旅游行程产品体系，在当时形成“四季皆有精品、全年旅游佳地”的口碑效应。

“村游网”在此过程中，优选了当地具有代表性、影响力，且营销意识和水平较强的商户进行联合开发，根据不同季节的旅游产品需求规划热点产品，融入创新理念，强化产品的用户体验，形成了独特的产品体系。

“村游网”在英山还打造了示范引领的“包月避暑”。针对武汉周边旅游消费群体的偏好与需求，对于时间与资金较为充沛的老年群体，“村游网”在英山地区选择了部分优质的避暑旅游商户，策划了“包月避暑”的旅游项目。结合暑期旅游消费者的消费需求重点，多样化、差异化的消费需求，暑期避暑旅游产品在最大程度上满足消费者需求，同时促进商户不断优化经营活动和服务关系，精心规划暑期避暑旅游产品覆盖范围，提升接纳能力与服务品质，使英山县的“包月避暑”乡村旅游产品一度热销。

遴选精品商户进行包装及推送乡村旅游精品项目上线。在“村游网”的整体规划中，对精品商户实行专业包装一对一指导的帮扶，帮助其通过专业包装对产品进行全方位品质的提升。同时依托移动互联网将个体消费者和旅游服务商进行实时链接，利用“村游网”成功打造“后备厢工程”，为消费者提供英山县特色农产品选择服务。

优化系列文案策划和媒体宣传覆盖。“村游网”结合“四季英山”每一季度的优质、热点的旅游资源，开展品牌推广，依托当季优秀的自然与民俗资源特色，制订并推出精品旅游线路，围绕这一系列主题的产品精心策划编写专业文案，直击消费者需求痛点，精准呈现给消费市场，在文案推广上覆盖了武汉区域各大媒体，通过面向跨区域客源宣传实现营销效果。

精准化的营销推广渠道设计。“村游网”武汉运营中心通过多年的建设，目前建设有自己的旅行社，拥有数以万计的直客会员和同行资源，在乡村旅游信息发布中，有丰富的传统营销渠道，同时在线渠道在近年来不断与电子商务融合的过程中也得到了极大的发展，在一些短视频平台、微信、微博平台均有大量的内容得到广泛推广。

创新性地催发了移动互联网的全民营销。在移动互联网时代，“村游网”针对本土游客的精准画像，充分利用消费者意愿分享的特质，鼓励他们通过微信、微博、短视频等平台对旅游消费过程中的感知、感想进行在线分享，并赚取红包，这不仅有效调动全民参与全域旅游推广的积极性，同时更是对自身设计的乡村旅游产品进行了全网推广。

面对线上用户群体实现精准推广引流。针对目前80后、90后旅游消费者选择旅游目的地时更加倾向通过智能平台进行选择与搜索的偏好，“村游网”积极打造其在线平台智能性，分析挖掘用户的关注点和消费模式的偏好，为其提供有针对性、有目标的推荐，满足其多元化、差异化的需求。

经过上述方法与举措，助力“村游网”成功打造了“英山四季游”项目的成功运营。在互联网渠道的推广过程中，“村游网”在百度搜索、腾讯视频、今日头条等强势媒体平台，推放广告宣传，在各大主流平台推送软文推广，整体主题系列的图文、视频内容曝光量累计达60.5万次，转发量达2.3万次，转发率在38%以上；在避暑旅游产品推送过程中，腾讯视频平台的广告播放量达43万次，点击量达1.2万次以上，获得了较好的在线推广效果，有效实现了该品牌产品渠道拓展，显著提升了“四季英山”的整体品牌形象。

“村游网”在对英山四季项目的推广运营项目中实现了全网渠道推广，乡村旅游产品的口碑与认知度得到了提升，这种影响得到了高度认可，并受到全行业广泛好评，带动了全行业的积极参与。“村游网”专业服务团队为了巩固前期的运营成果，不定期回访任命商户和消费者，对商户进行定期培训，指导其如何使用电商后台，通过各种鼓励措施调动各地合作商户积极参与目的地营销，全面提升商户服务和营销意识，将乡村旅游与电子商务实现真正的融合，通过电子商务将乡村旅游产品有效与消费者和商户进行联结。

“村游网”有效利用大数据分析与挖掘技术，以2018年全年英山游客出行数据分析结果为例，其中一日游用户数量占比约60.1%，两日游用户数量占比37.3%，其他类型占比2.6%。显然，根据数据分析结果表明，“村游网”的英山主题活动中两日游的用户消费水平明显高于一日游用户的消费水平，但也可以看到参与一日游的用户出行次数却远高于两日游的用户出行次数。同时说明英山旅游营销的目标用户多为短期游客，一日游的受欢迎程度明显高于其他类型的旅游项目，一日游市场总交易额也远高于其他旅游项目。对于两日游及其他旅游项目，“村游网”做了创新化的处理，调整了营销规划与营销方向，更加精准地对接了与此类项目相匹配的消费群体，带动英山旅游景区的发展再上新台阶。

“村游网四季英山”项目是传统乡村旅游与“互联网+”相结合的一种乡村旅游创新发展模式，它加速创造了消费者新的消费需求，调动了更多商户的积极参与，对英山地区的乡村旅游资源进行了科学的整理规划，并将大数据技术成功地应用于行业发展决策中来。在这个项目成功落地实施过程中，“村游网”在武汉周边的知名度与美誉度明显提升，通过开发武汉周边乡村旅游项目，挖掘了更大的市场需求，吸引了众多游客参与。充分利用了互联网信息技术与大数据，使商户的服务质量明显提升，积极改善了商户与消费者的关系；乡村旅游企业由原来的粗放式发展，转变为更加注重产品开发和营销，精准匹配商户需求，并使其参与营销推广活动，在目的地营销中呈现出更加主动、创新的思路。

“村游网四季英山”项目是“村游网”的“1+4”全域旅游模式的全方位体现，他通过专业的运营团队通过联合线上与线下全方位营销模式，同时组织针对当地商家的短期专业培训，统筹产品设计与服务优化，提升旅游接待、餐饮提供、特色农产品售卖等环节的质量，在整体的营销过程中实现细节统一。“四季英山”项目充分复制“村游网1+4”运营模式基础，利用“村游网”在线平台大数据管理优势，整合调动当地乡村旅游资源，使零散的本土旅游资源更加统一。

“村游网”将其核心的城乡联动旅游扶贫模式移植到“四季英山”项目之中，利用“游购”+“邮购”的后备厢模式，帮助英山地区的景区实现其城乡间的互动，在有效解决农产品上行困境的同时也极大地刺激了城镇居民的消费意愿。“村游网”成功打造了“四季英山”的旅游品牌，一方面为武汉地区又塑造了一个典型的本土乡村旅游品牌，为当地旅游经济市场发展贡献了积极作用，同时带动英山贫困乡村的经济，对乡村振兴、乡旅扶贫起到了关键作用。在乡村旅游项目中，大多数消费者采取自助游形式进行参与，在这其中，中高端消费群体居多，他们普遍的消费特征是对原生态环境以及绿色、乡土农产品有较强的偏好。“村游网”巧妙地利用平台开展代购活动，通过消费者宣传分享，以点带面带动周围的同事、亲朋、甚至是社交平台的陌生人一起购买，通过共享自动驾驶汽车的后备厢，实现景区的农产品销售与城镇居民社交分享共行的营销模式，极具趣味性与公益性的模式有效扩大了销售范围，提升了购买量，提高了品牌价值。

“村游网”这种目的地品效营销的创新运营模式，极大程度上实现了线上线下协同宣传与推广的效用。“四季英山”项目就是在“村游网”整体创新思路下利用游客共享、渠道分发、移动互联网等方式进行全渠道宣传与推广的。在此过程中，平台也增加了投资预算，扩大了覆盖范围，使线下与线上的宣传推广充分协同，效用突显。“四季英山”使用不同的媒体推广渠道，利用互联网信息传播速度快、成本低的优势条件，在不增加额外广告投入的情况下获得了更多知名度与用户群体。积极调动商家的参与热情，合作开发了一批极具人气特色的乡村旅游产品，通过优惠活动，获得同类市场的竞争优势。在宣传推广方面，有效激励旅游业同行、相关媒体积极参与，在增加整体销量上取得了显著效果。通过智能平台的推荐，成功将旅游营销融入人们网络生活每一个环节之中，进一步提升英山旅游形象。在未来，“四季游英山”为进一步推动当地乡村旅游行业发展，还需要不断建设和丰富其互联网基础信息系统以及平台内容。

（三）旅游特色小镇电子商务体系

1. 旅游特色小镇电子商务应用模式

作为新时期新型城镇化的创新模式之一，旅游特色小镇在实现农村经济社会发展、区域经济转型升级和改善人民生活水平等方面发挥着重要作用。近年来，旅游特色小镇电子商务的结合为区域创新发展、协同聚集成功搭建起平台，应用需求比较高，但传统旅游特色小镇电子商务应用滞后，工作成效不明显，制约旅游特色小镇发展，影响游客的用户体验。

（1）传统旅游特色小镇发展模式。

根据浙江省首批 37 个特色小镇发展情况，传统旅游特色小镇的发展模式分为两类：①以旅游地产为核心动力的发展模式。这种发展模式的主要路径是依托优质景区资源，在景区周边开发建设融合旅游、度假、休闲、居住等功能的房产置业，地方政府通过提升旅游特色小镇景区品质，带动人流物流资金流向小镇集聚，实现小镇土地价格升值，通过景区周边土地拍卖获得景区和小镇基础设施建设资金和景点优化提升资金，从而实现良性循环发展，目前有旅游度假地产、旅游商业地产、旅游住宅地产和旅游景点地产等。②以主题旅游为核心动力的发展模式。这种发展模式的主要路径是针对旅游细分市场客户族群，引进或培育以农业生产、养生、艺术、民族风情等为主题的旅游项目，走特色差异化发展路径，为细分市场旅游客户族群量身打造旅游产品和旅游服务，提供独特旅游体验形成强大小众游客族群吸引力，提升差异化市场竞争力，获得发展优势。如食用菌主题特色小镇生态休闲旅游，通过系统化的旅游资源建设，搭建集采菇、品尝、景观、艺术设计、主题餐饮于一体的旅游项目，实现生态休闲旅游资源开发利用与特色小镇建设的有机结合，助推当地经济的可持续发展。③以特色产业为发展动力的发展模式。产业创新是特色小镇快速成长的不竭动力。这种发展模式的主要路径是依托旅游特色小镇特色产业发展，重视传统优势产业的集聚，促进小镇资产升值；同时促进与新兴战略产业的融合，整合生产与经济发展要素，综合开发以特色产业为主导的旅游小镇。将小镇特有的文化元素与旅游产业相结合，以特色产业发展历史、特色产业生产过程和特色产业生产知识教育等为主要旅游产品，形成工业旅游、体验旅游、教学旅游等。最终实现文旅产业的双向融合，形成集合文、旅、商的完整产业链。如临安云制造小镇、湖州丝绸小镇、南浔善琏湖笔小镇、海盐核电小镇、越城黄酒小镇、诸暨袜艺小镇、磐安江南药镇、黄言智能模具小镇、路桥沃尔沃小镇、莲都古堰画乡小镇、龙泉青瓷小镇、青田石雕小镇等。

（2）电子商务对旅游特色小镇的促进作用。与传统旅游特色小镇不同，以电子商务平台作为支撑的旅游特色小镇能够打破传统区位与交通的限制，促进城乡与区域之间的联系，助推旅游特色小镇以及农村地区特色产业的快速发展。电子商务有效整合旅游特色小镇信息资源，对旅游市场快速反馈，迅速提升游客用户体验、旅游产品附加值和旅游特色小镇知名度。可以说，应用电子商务的旅游特色小镇将是小镇发展的“助推剂”“催化剂”和“扩音器”。具体来说，电子商务对旅游特色小镇的促进作用，主要体现在以下几点：①有利于促进旅游特色小镇信息化发展水平。旅游特色小镇电子商务的应用之一是建设旅游信息化平台，也是小镇信息基础设施建设的升级版。近年来随着“智慧旅游”“智慧景区”建设推动，旅游特色小镇信息化应用水平不断提升，但“智慧景区”建设还处于信息化初级阶段，主要功能是为游客提供基础信息服务，完善景区信息化管理水平，而在商务领域的应用则是“短板”，未能与游客产生商品交易，对旅游特色小镇居民的生产生活营销有限。电子商务发展则能够使小镇结合自有特色资源、景观文化等旅游元素，利用网络信息化途径实现旅游宣传、文化传播与品牌树立，在信息化建设基础上与旅游特色小镇一二三次产业融合发展，与小镇经济社会生活各个方面发生关联，是对小镇信息化应用水平的有力提升。②有利于提升游客用户体验满意度。游客在旅游目的地游玩对于信息化基础设施的需求开始向电子商务需求延伸，对于在旅游目的地特色旅游产品的需求形成电子商务原始动力，特别是，近年来游客逐渐重视景区的互动体验服务，期望能够在出游前通过景区实景体验，对当地景观环境实现视觉感知和信息掌握。旅游特色小镇实现电子商务应用，能满足旅游者在旅游过程体验中产生的新需求，尤其是便捷、高效和优质的线下旅游体验，更能提升旅游者旅游行程的满意度。③有利于促进旅游特色小镇营销推广。应用电子商务将提升旅游特色小镇建设营运管理效率，打通网络营销通道，在直复营销、整合营销、定制营销、合作营销、关系营销、CRM营销、体验营销、娱乐营销、病毒营销和口碑营销等营销方式的推广下，将极大地扩大旅游特色小镇市场知名度。一方面，通过“旅游+电商”的经营模式，对旅游特色小镇的农产品进行了重新定位，打造了特色品牌，并以线下观光、农副产品等形式进行了推广，通过网络直销的方式，建立电商驿站，除了向不同的旅游者推销产品外，还通过网络代购、网络直销等手段来扩大产品的影响力，从而提高农产品的市场竞争力。另一方面，电子商务在线下交互过程中，旅游者通过线下体验式交易过程，优质的旅游产品和服务甚至容易引发旅游者运用社交平台自发宣传，从而产生旅游电子商务裂变式营销，对推动旅游目的地旅游产业发展起到叠加作用。④有利于推进旅游特色小镇电子商务与经济社会各个行业融合发展。旅游特色小镇融合电子商务应用，能有效将小镇第一二三产业连接交互，打通小镇传统商业交易信息壁垒，运用互联网思维重新梳理和变革商业交易方式和产品流通方式，将催生新兴产业和新经济增长点，将小镇经济社会线上线下同步推进发展。此外，旅游特色小镇电子商务应用还能提高旅游交易活动的效率、拓展旅游产品销售的市场范围等。

（3）旅游特色小镇电子商务应用模式。旅游资源深度开发模式创新是基于云端平台服务、地端对接消费升级、各要素各资源细分整合优化的结果。旅游特色小镇电子商务的应用正是对这一结果的回应。在“互联网+”背景下，通过旅游资源深度开发模式创新，让客户体验到更加先进和便捷的服务技术。首先，游客可以通过互联网设备的各类移动终端进行产品的查询，了解并制定详细旅游攻略，为旅游进行提前规划，保证旅游的合理性；其次，游客可以更加合理地分配自己的时间，有效降低旅游成本，对不必要的开支进行削减；再次，这种模式可以使游客了解到小镇相关的产品口碑、信誉情况，通过消费者的评价和讨论等互动模式对产品和服务有更加深入的了解，让客户得到更加方便、快捷、舒心的服务，使电子商务的服务便利性得到充分发挥。现阶段旅游特色小镇电子商务应用的模式主要包括以下三种：①B2C 模式：旅游特色小镇运营方为 B 端，游客为 C 端。运营方将旅游特色小镇景区门票、旅游线路、交通、住宿、娱乐、购物等旅游信息，通过旅游电子商务第三方交易平台或自建平台销售给游客。在具体实现方式上，有与旅游第三方发生交互关系的旅游 OTA 模式，也有运用移动端自建平台，与游客在小镇线下体验式交互关系的 O2O 体验模式。②C2C 模式：旅游特色小镇运营方为平台方，旅游特色小镇居民、宾馆业主等旅游产品供应者为 C 端，来小镇旅游的游客为 C 端。小镇旅游产品供应者通过在平台自行发布旅游商品交易信息，与在平台上的游客产生交易行为，即小镇旅游产品供应者与游客间通过第三方交易平台产生交易。③O2O 模式：旅游特色小镇 O2O 能够充分调动一切旅游特色小镇的发展要素资源，运用产业链、价值链与利益关系链实现旅游资源、营销目标的有机整合。O2O 模式之下的旅游特色小镇运营的价值主张实现了从以产商为主到以客户为中心的转变，商业运作模式朝着智能化、数字化、平台化发展。例如，旅游产品供应商在旅游特色小镇本地开设实体产品体验店，游客通过参观供应商的线下产品体验店可以直观感受和购买产品，可通过淘宝、天猫、京东、微店和自营平台等第三方线上渠道购买，商家可以实现线上旅游产品的线下购物体验与线下购物体验线上模式的协同。

特定电子商务应用框架的整体设计中包括数据采集层、网络通信层、数据处理分析层、信息展现层、业务应用层。其中，由用户操作终端、物联网设备、旅游信息输入设备所组成的数据采集层能够为综合评估系统提供数据源。网络通信层负责前端设备与系统服务器之间的传输和通信。将信息数据储存为综合数据库的数据处理分析层能够同时对各种综合数据进行分析处理，形成有价值的参考信息。信息展现层作为信息数据的表现形式和管理方式，为用户提供一个使用平台。业务应用层为不同的使用对象提供业务功能。

旅游特色小镇电子商务应用系统由主管单位办公网、业务管理网、电子商务网、旅游服务系统四部分组成，其功能一般主要包括以下几个方面：①用户信息管理。包括小镇电子商务平台管理员登录、游客信息，其中游客信息包括姓名、电话、地址等。②站内信。用于游客和景点之间的信息交流，同时管理员可以通过站内信向用户发布公告信息，并通过站内信公布最新的订单处理结果。③订单管理。确认订购商品后，填写相关收货人信息，生成订单，等待订单处理完成。④用户购买管理。将产品添加到购物车，或将产品添加到收藏，以及查看、删除和修改购物车中的产品收藏信息。⑤管理员后台管理。是针对管理员进行的后台管理，包括角色设置、管理员站点信息管理、订单管理、商品信息管理等功能。

2. 旅游特色小镇电子商务应用体系的构建

构建旅游特色小镇电子商务应用体系主要为了厘清电子商务在实际操作层面的思路流程，为旅游特色小镇电子商务应用体系建设提供参考方案。旅游特色小镇电子商务应用系统整体框架主要包括基础层、数据层和应用层三个方面。在基础层，主要围绕营销、服务和管理三大核心服务提供，订单业务、资金清算、数据管理三大核心能力支撑。在数据层，以旅游特色小镇数据整合、游客CRM管理、大数据分析三大核心，为旅游景区和政府部门提供数据支撑。在应用层，通过建设景区票务系统和全网分销体系，在APP/自媒体营销及服务和同业分销、OTA、开放平台等渠道，采用微信分销、互动营销和旅游网站等，实现电子商务应用体系建设。

（1）网络系统建设。

旅游特色小镇电子商务应用网站系统，主要由基础设施建设、数据库建设、网站内部管理、电子商务业务应用、展示媒介和用户群体等维度进行设计。

（2）服务平台建设。

旅游特色小镇电子商务应用服务平台的建设，力求打造全媒体融合服务平台，以PC端和移动端为主阵地，打通传统媒体和新媒体的融合渠道。在PC端，重点以天猫旗舰店为主要宣传推广渠道，在携程等在线旅游资源整合平台开通门票和旅游线路在线销售功能，实现多渠道推广营销。在移动端，重点在微网站和微信服务号上开通新平台，实现移动端综合营销、预订系统、信息查询、活动推送和在线互动，增强与游客间的互动交流，提升旅游在线服务水平。

（3）服务终端建设。

旅游特色小镇电子商务应用服务终端建设，主要围绕旅游者对小镇接触并产生交易的各个渠道建设，从移动电商、官方网站、自动售票、景区窗口、第三方购票、微信售票等渠道开拓，实现每个渠道同小镇电子商务主数据库的互联互通，提升信息化和电商化应用水平。

（4）信息系统终端建设。

旅游特色小镇电子商务信息系统终端建设是一个集旅游信息的采集、处理、发布、交换为一体，开展旅游交易和在线服务全网络的综合性、多功能网络系统。参与方有政府主管部门；宾馆、酒店、旅行社等旅游企业；网站会员、访客等游客；银行和其他机构；个人。在这个过程中采用应用数据、内部服务和外部服务分离的原则。系统网站服务器和商务系统服务器部署防火墙的 DMZ 停火区，数据库服务器、政务网络应用服务器和内部办公服务器等部署防火墙非军事区，严格设计访问规则，并配备入侵检测系统，以确保系统安全。

（5）电子商务管理系统。

旅游特色小镇电子商务管理系统建设，主要为小镇电子商务主管部门和政府部门提供及时、准确和科学的电子商务数据分析和提升信息化管理的水平。在具体管理系统设计上，注重与小镇整体电子商务应用体系互联互通、共建共享。具体在系统建设上，涵盖基础管理系统建设，如办公自动化、游客分流、门禁票务和官网等，保障支撑管理系统，如小镇环境监测、应急管理、智能监控等，电子商务管理系统，如电子商务交易系统等。

（6）基础设施建设。

旅游特色小镇电子商务基础设施建设要与小镇建设整体规划建设相衔接，要将旅游电子商务基础设施建设作为公共产品和公共服务的功能设定，在主要公共设施和公共区域进行人性化的设计建设。基础设施建设主要包括以下几点：①游客服务中心建设。在游客服务中心，配置电子商务基础设施，如多功能自助售票机等，为游客提供购票、查询、咨询、讲解、游览安排和获取志愿服务、休憩等服务功能。具体包括：天气、交通、旅游通知公告、短途旅游产品及线路预订、小镇可游览指数、商业广告（旅游产品促销、旅游产品优惠券下载、旅游产品推介等）、各景区景点信息、公共设施信息、住宿、餐饮、娱乐、购物信息的查询、检索、语音实时播报等旅游综合信息。②指挥调度中心建设。同小镇开发建设管委会管理中心和电子商务服务中心合署，采用模块化、开放式、集散分布式的系统设计思想，数字化、网络化、集成化的高质量音视频集成设计，全面监控、监测小镇运行、经营等各项数据，在重大突发事件发生时，能第一时间汇聚事件信息做出决策部署，协调力量统一指挥调度，保障小镇运行安全有序。主要实现功能为：景区视频实时呈现、GPS人员定位呈现、电瓶车定位呈现、售票信息呈现、停车场车位呈现，基本实现小镇日常运营安全管理指挥调度功能。在内容上主要为液晶屏显示系统和会议扩音系统。

（7）云数据中心建设。

与指挥调度中心同地设置，利用云计算技术为旅游特色小镇搭建硬件资源环境，即旅游特色小镇数据与信息资源的计算池、储存池，给予业务系统应用一定数据支持，对多媒体发布的数据信息进行储存并对网络与地理信息进行管理。在云数据中心建设中，必须考虑网络和存储设备对机房环境的需要，通过建立一个良好的供电系统解决计算机设备（主机、网络、主控、电脑、终端等）用电问题，同时解决保障计算机设备正常运行的其他附属设备（计算机房的空调、照明、安全消防系统等）的供配电。加强旅游特色小镇的核心数据资源统一灾备与管理，在防雷、接地、网络安全、存储和备份等系统上也要进行科学建设。

第二节　乡村旅游电子商务商业模式

近年来，随着我国互联网技术覆盖范围不断扩大，互联网意识深入人心。通过旅游电商带动农村产业进行整合营销，打通“三农”产业与消费市场的通道，成为农村“绿水青山就是金山银山”可持续发展理念的生动体现。党中央在2018年中央一号文件提出了“乡村旅游电商”这一概念，希望通过吸引游客到乡村欣赏绿水青山的美景，呼吸纯净富氧的空气，体验原汁原味的农村文化，让逐渐空心化的农村恢复勃勃生机。在基于乡村旅游电商网络平台上，将农业产品和服务对外展示，从而达到“落下一子，全盘皆活”的“三农”经济发展目的，最终实现乡村振兴。

一、电子商务商业模式的主要类型

（一）B2C 商业模式

B2C 是 Business－to－Customer（企业对顾客）的缩写，也就是通常所说的商业零售，直接面向消费者销售产品和服务。这种电子商务商业模式一般以网络零售业为主，主要借助互联网工具展开各种商务活动。B2C 商业模式是企业通过互联网为消费者创造一个全新的购物环境，以网上商店或者其他的形式，消费者通过网络即可实现购物、支付等环节。因此，这种商业模式不受时间和空间的限制，大大降低了顾客和企业的成本，并提高了交易效率，尤其对于工作繁忙无暇实际交易的人群来说，这种模式可以节约时间；对于受地理限制无法实现实际商务交易的人群来说，B2C 商业模式更是可以为其解决难题。B2C 电子商务模式在网络购物领域，因其实时有效的双向互动交流、灵活的交易手段、快速的物流配送、高效的运作方式被应用在各种领域和行业，并延续到现在，展现出这种商业模式的可持续性。8848 网上商城虽然不像淘宝、京东、拼多多、凡客等主流电商平台这么耳熟能详，但却是我国较早建立的 B2C 模式电子商务企业。近几年市场变化快速，各大电商平台均不断调整策略增强自身竞争力，淘宝发展天猫，京东构建了自己的物流体系，凡客经历了产品的快速扩张带来的亏损，而重新回归自身特色产品，这几大电商平台代表着不同的 B2C 电商模式，伴随短视频直播等新形式的出现，各大电商平台亦不断调整经营策略，同时也会受到极大关注，引起激烈讨论，而不同的 B2C 电商模式又各有优劣势。B2C 电子商务商业模式的具体分类如下：

1. 综合型 B2C 模式

借助自身的品牌和平台影响力，在核心业务基础上探索新的业务模式，积极创造新的利润点。如卓越亚马逊，在原有品牌基础上，开拓国际品牌代购或产品销售业务，以原品牌的影响力带动新业务的发展，实现国际化的策略。网站的智能信息系统、商品布局展示等方面的进一步完善。对于客户关系管理，强化客户体验，细化体验内容，提供更加清晰、人性化的服务。对于物流，亦是增强用户体验，选择高效、快捷、可靠的物流商作为合作伙伴，增强物流掌控权，从而提高物流配送服务质量。

2. 垂直型 B2C 模式

专注核心领域，不断挖掘新亮点。垂直型 B2C 模式可能会存在线上线下渠道的利益冲突，可以与知名品牌生产商加强合作、沟通来减少与线下渠道商的这种冲突，通过加强售前和售后服务，提供多种电子支付工具，并扩充生产线，增加产品种类。如果有的个别垂直型 B2C 平台探索投入更大精力到非核心行业，涉足不同行业，扩展原来的业务，就需要承担资金分散、多元化发展带来的风险。更好的选择可以是在自己的核心领域，发展自身的竞争力，比如物流，保证物流配送服务质量，好的物流体验可以提升用户体验，增加用户黏性，可以探索物流协作或联盟的形式，甚至资金允许可以构建自己的物流体系，巩固自身的市场竞争力后，再去探索其他行业的商业机会。

3. 传统生产企业网络直销型 B2C 模式

该模式未来的定位、发展与目标需结合企业的战略管理目标。企业网络平台的线上渠道与线下渠道需通过实行差异化战略来平衡其利益，实行产品销售的差异化，如网上所售产品包括全产品系列，而传统渠道所售产品主要体现地域特色；实行产品价格差异化，线上产品定价需结合网络目标群体特点及竞品等来定价，而线下产品定价结合产品特色，更注重产品体验，线上与线下产品定价根据不同的用户群体设置不同的价格。而且传统生产企业网络直销型 B2C 模式有其独特的优势，就是线上渠道的售后服务也可通过线下渠道来完成。在产品设计方面，根据线上线下目标客户的需求不同，设计不同的产品。培养企业的电子商务运营团队，吸收和挖掘更多的电子商务专业人才，不断建立和完善电子商务平台，为企业战略目标服务。

4. 第三方交易平台型 B2C 网站模式

第三方交易平台型 B2C 模式受到的制约因素较多，需要更强的实力，是中小企业开拓网络销售渠道的较好选择，不同的第三方交易平台有不同的流量、客户群、运营方式、客户服务均有差异，这就需要中小企业慎重选择第三方交易平台，如加入不同的平台，需根据平台特色，调整自身网络销售的产品及经营策略，所以中小企业的平台管理团队也是比较关键的，该管理团队需要有网络营销、网络技术应用、店铺运营等专业知识。更重要的是把眼光放长远，结合企业自身市场营销战略来运营网络渠道，在增加产品种类、打造特色产品的同时，充分利用企业线下的实体店资源、产品供应链、仓储、物流配送体系发展网店，实现线下支持线上，线上带动线下，有序发展。

5. 传统零售商网络销售型 B2C 模式

传统零售商拥有自身丰富的实体零售经验，充分发挥其优势，自建电子商务网站发展线上业务，有效整合传统零售业务的供应链和物流体系。电子商务网站运营所需的技术问题通过业务外包来解决。国美就是这一模式的典型代表，将实体零售的体验与电子商务很好地结合。

6. 纯网商

纯网商企业是指没有实体店，只在网上销售商品的企业。纯网络商家的销售方式主要有自产自销和购销两种。

（二）C2C 商业模式

C2C 是个人与个人之间的电子商务，实际是电子商务的专业用语。C2C 即消费者与消费者之间的商务交易模式，因为 Consumer 是消费者的英文单词，所以简写为 C，而 Consumer to Consumer 即 C2C，简单地说，就是消费者为其他消费者提供产品或服务。网站经营商在网络环境中搭建了一个平台（网站），其角色类似于实体商场的商场业主，在此平台上有提供各种商品和服务的经营者，不是企业，而是个人（消费者），而在这个平台消费的顾客亦是个人（消费者），就形成了 C2C 商业模式。网站经营商为买卖双方搭建了交易平台，创造了良好的购物环境，并为双方提供各种服务，最终促成交易。淘宝网（www.taobao.com）就是这样一个典型的网站。此外，还有一种 C2C 网站是不太常见的，是由个人建立的个人网站，为其他消费者提供在线咨询、销售等相关服务。例如，保险、房地产、汽车等行业的销售人员会借助互联网不受时间和空间的限制、便利、快捷等特点，建立个人网站提供服务。但由于应用人员较少，流量不足，点击量较少，这类网站还没有发展成为 C2C 的主流。

在网络环境中购物，安全、方便、快速、完整地获取所购商品或服务是消费者最基本的需求，且能在购买前、购买中、购买后均有良好的体验和服务。在 C2C 电商模式交易过程中，消费者借助网站浏览商品与卖家沟通交流，最终完成交易，顾客、网站和卖家都可以实现沟通交流。卖家是个人代理商，会存在不确定因素，比如其中很多个人开店的原因只是好奇，其销售行为具有不确定性。而且 C2C 模式下交易的商品鱼龙混杂，如稀缺商品、个人的处理品、旧的产品或非正常渠道产品。虽然顾客有可能在 C2C 平台购买到价格低廉或在其他途径购买不到的商品，但这也考验顾客对平台的信任度和对产品质量的顾虑。

（三）O2O 商业模式

21 世纪以来，互联网科技迅速发展，各种电子终端设备也随之而来，逐渐普及和应用，使得人们的生活更加便捷，交际范围也更加广泛，电子商务顺势而生。随着电商行业快速发展，竞争日益加剧，新型电子商务模式逐渐被探索和开发，比如 O2O 模式的出现，与传统电子商务模式相比，O2O 营销模式挖掘潜在客户，开发新的目标群体，以已有和潜在的客户为目标，应用大数据技术，从事产品销售，O2O 电商模式是传统电商模式的升级，而 O2O 电子商务营销模式因为互联网科技的普及以及各种移动电子终端设备的广泛应用而快速发展。

O2O 电商模式是线上支付、线下消费的一种新型电商模式，线上线下相结合，协同运营。随着互联网技术的快速发展，网络用户众多，随之产生大量的数据，而大数据技术得到更广泛的应用，电商企业可以充分利用前沿技术，获取、分析数据，找到潜在的目标客户，分析其偏好，充分发挥自身优势，优化资源配置，实现商家、平台、客户的信息共享，为客户和商家提供服务。网络科技与经济快速发展促使产生的 O2O 电商模式是未来电商行业发展的新方向，也是为顾客提供更好的商品或服务非常可取的方式。

随着信息技术的发展和人们需求的变化，电子商务行业的竞争日益激烈，电子商务企业不断出现新的创新和突破。近年来兴起的 O2O 电子商务模式是在传统电子商务营销模式基础上的进一步升级。O2O 电商模式提供了一种全新的营销模式，不仅增加了线下企业或商家的曝光度，还为线下企业或商家带来流量，引导顾客到实体店购买商品，增强用户体验，提高商家在市场上的竞争力。O2O 电商模式在充分发挥企业原有优势的同时，也为企业提供了网络发展和展示的空间，这也需要企业不断提高客户服务质量，促使企业在保持原有优势的基础上不断加强对客户的全方位服务。让商家以服务为保障，以产品为主导，以网络为平台，自己的市场才能不断拓展，影响力才能不断扩大。

对于拥有雄厚实力的大企业，可以建立自己的O2O电商平台，在平台上销售本企业的商品，而对于一些没有雄厚实力的中小型企业，无力实现自己O2O电商平台的建设，则会选择与第三方合作的模式，借助第三方的网络平台来营销自己的产品。O2O电商模式运营的基本步骤如下：①在线平台，包括电子终端设备、应用网络及相应的平台软件。通过在线平台与实体商家合作，就合作内容达成协议，确定线上线下商品或服务。②线上和线下销售的商品或服务商家在确定后，上传通过线上平台销售的商品或服务的详细信息，并推送给目标客户。在客户浏览平台并选择商品下单并完成付款后，O2O平台将自动生成订单。③用户在订单生成后可以选择在实体店消费、提货或体验服务，也可以选择不在实体店消费，让商户通过骑行或其他形式的物流将商品交付到用户提供的指定地点。商家可以通过在线平台查看企业的订单，商家根据消费者的订单说明提供相应的商品或服务。在O2O电商模式的交易过程中，支付环节可以在客户已下单、货物未送到时完成，也可以是在货物送达、服务体验结束之后完成。但无论是何时完成支付，线下商家都会付给线上平台一定的佣金报酬，这一部分资金是线上平台从客户所付款项中按比例抽取的，其余款项归线下商家所得。

关于O2O电商模式发展提出以下几点建议：①针对目标客户，做到精准营销。O2O模式利用大数据等技术能够通过网络采集客户信息并进行准确的统计分析，汇总各种商品的销售情况，及时整理目标客户信息。通过对所售商品和所购用户相关数据的挖掘与分析，总结目标用户的特征，以及其对所购商品的满意度。在此基础上，根据目标用户的画像，维持稳定的客户关系，并开拓其他目标群体作为精准营销目标，进而调整商品结构。有针对性地向目标客户推送相关商品，大大提高了商家商品销售的概率，促成商家生产订单，使商家在短时间内获得可观的商品收益。②提高服务质量，扩展服务范围。商品的质量、性能不能在短时间内提升与改进，需要生产厂商投入时间和精力不断探索与实践，况且作为电子商务的商家，无法掌控产品本身的质量与性能，所以电商平台应重点加大投入和改进服务质量，提高客户服务质量。不仅指要做好售后服务，即商品售出之后，当商品出现质量问题或使用不清的情况，电商客服人员应及时回应客户、帮助客户解决商品质量问题，提供商品使用情况说明或视频，提高客户的体验感与满意度；服务质量也应做好售中的服务，售中服务需要客服人员对客户想了解的相关问题进行解释，对客户的疑问进行详细解答，促进订单达成，以客户需求为中心，为客户制定能满足其需求的购物指南，使顾客购买到最适合的产品，同时让顾客感觉物超所值。除了提高服务质量外，还可以扩展服务范围，用个性化、全面化的服务让客户满意，增强客户体验感，在口碑传播的同时，还可以挖掘潜在客户，扩大影响力。③提高产品质量，专注产品本身。企业无论选择线上渠道还是线下渠道，无论选择网络平台还是实体店铺，最终的目标是实现更多产品销售，而顾客无论是选择线上电商平台购买还是在线下实体店购买，最终目的是选择适合自己、自己需要的产品或服务。如果企业产品由于质量不过关无法满足顾客需求，企业做再多的努力都是徒劳，所以企业在运营O2O模式、做好精准营销的同时，对产品本身的品质做好把控，对产品的性能不断改进升级，使产品更为实用、耐用，产品质量更契合目标用户的需求，让客户感觉物超所值，才是正确之道。④提高物流服务质量，选择优质的物流合作伙伴。电子商务交易与线下实体店交易不同，在一般电商平台交易中，资金流和物流是不同步的，顾客支付环节和收到商品环节不是在同一时间内完成的，商品是顾客下单完成后才发出的。企业通过对物流信息的分析，应用企业的物流与供应链体系，及时整合物流信息，选择最优的路径送达，使货物快速、完整地送到顾客手中。此外，企业不只关注某一顾客的物流需求，还应做到对企业整体货物流动情况的把控，根据顾客群体数量决定商品生产的数量，再根据大部分顾客群体所在区域决定仓储的位置和储存量，即从商品生产到仓储，再到根据订单出货，都应与顾客群体的需求与区域相联系，这就需要企业对整个市场顾客与商品数据进行分析，对企业物流做整体规划，这样不仅可以提高产品的流通速度，还可以大大降低物流成本，提高企业利润，选择最优的送达方式，顾客能够快速地收到货物，达到最优物流体验。

未来，数据是一个企业的重要资产，社会信息化发展越来越强，谁能获得更多的信息，谁才能在激烈的竞争中找到更精准的发展方向。O2O 电商模式是借助互联网为平台，而大数据时代，获得数据信息和分析数据信息的能力是至关重要的，是未来打赢商业战役的关键环节，网络海量的数据需要企业筛选、分析出自己想要的信息，并加以利用，才能在市场竞争中立于不败之地。

二、乡村旅游电商理念

乡村旅游电商是“互联网 + 现代农业”概念的重要体现，是农业电商、数字乡村建设的重要内容，对推动农业结构产生了积极的作用。根据调查显示，2018 年返乡创新创业的农村青年 800 万人左右，其中 55% 选择使用互联网信息技术创业，从而促进了农村经济的转型升级。

农村旅游电商一方面通过互联网平台整合乡村旅游资源，实现吃、住、行、游、购、娱全部在线消费，从而提高乡村旅游便利性和游客体验感；另一方面，在互联网乡村旅游服务平台巨大流量优势基础上，推动农村三产融合，成为拓展农业产业深度和广度的重要驱动力。随着农村旅游市场的日益成熟，游客的旅游要求也越来越高，不断追求娱乐性、体验性、互动性、文化性于一体的现代化农业形态旅游模式。为此，以民宿为代表的乡村旅游服务，以度假山庄为代表的康养理疗农业，以农村网红打卡地为代表的创意农业正逐渐兴起，这种现代化的乡村旅游模式结合乡村现有资源，实现精准发展。

三、新型乡村旅游电子商务发展模式探析

（一）政府组织下的“互联网 + 农家乐”融合模式

旅游电商理念下乡村旅游与精准扶贫的融合模式战略如图 3 - 2 所示。良好的生态环境是乡村经济发展的最大优势，优美的田园风光可以让游客看到山，望见水，释放乡愁，身心得到完全放松。乡村纯天然无污染的食材烹饪出可口的农家饭菜，美景与美食相结合的农家乐形态是乡村旅游最常见的

模式，其投入成本最小，见效最快，成为乡村旅游脱贫致富之路。由于该模式需要一定市场引导和宣传，因此，需要政府发挥自身在旅游市场上引导宣传、拓展旅游渠道资源的配置作用。政府可通过旅游电商门户网站开展公益性旅游推荐活动，介绍乡村旅游优势，引导游客前往该地区。吃住玩乐等乡村旅游消费均在农家乐进行，从而成为贫困户增加经济收入的重要渠道。

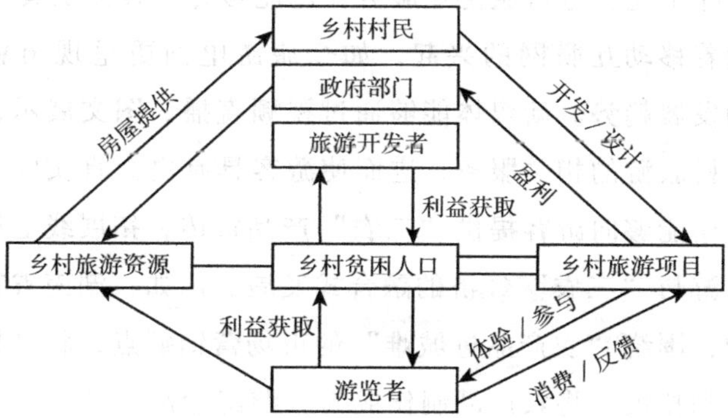

图 3-2　旅游电商理念下乡村旅游与精准扶贫的融合模式战略

例如，广西开展农家饭票项目，集中将具有旅游特色的乡村发展成集中连片的农家风俗园、农家生态园，将这些乡村旅游信息以项目合作的形式在美团、同程、携程等旅游门户网站进行宣传，以达到直接面向旅游市场的目的，从而打通游客与贫困地区旅游消费的“最后一公里”。以广西桂林资源县为例，该县通过政府引导、旅游平台支持、“互联网＋农家乐”的模式，实现年接待游客 30 万人次，旅游年创收达 4500 万元。在乡村旅游开发过程中，130 户贫困居民通过政策扶持，将自家房屋改造成为民宿，提供游客住宿服务，从而开辟了可持续性经济创收之路，使当地居民实现脱贫。

（二）引导农民参与“互联网＋乡村旅游合作社”的融合模式

农民是乡村旅游的经营者、组织者和协调者，但市场意识不强，旅游经营能力有限，使目前乡村旅游发展处于各自为政的粗放型发展状态，导致地区旅游资源不能完全整合，影响乡村旅游发展。为此，为了促进乡村旅游形成品牌特色，在政府协调下，通过乡村旅游合作社的模式，将乡村旅游资源进行整合，引入专业旅游开发运营公司进行股份制合作。农民一方面以股东的身份参与投资，另一方面以员工的身份提供服务，不仅实现了乡村旅游资源的高效利用，还能使农民从无序经营、分散竞争中共享旅游开发带来的发展成果，确保经营的稳定性和创收的持续性。旅游开发公司顺应旅游服务发展趋势，打造互联网旅游一站式消费平台，让其经营的乡村旅游目的地能够突破传统旅游的种种桎梏，符合乡村旅游体验形态。

（三）旅游电商农产品销售融合模式

旅游电商除了能够进行旅游业服务，还能够为游客提供其“三农”经济发展所需。随着移动互联网的兴起，如今旅游电商更呈现出扁平化、轻量化、直观化的发展趋势。新媒体能够通过视频直播、图文展示，更加直观地向游客提供乡村旅游的相关服务，进而使游客具有更为真实的感受。除此之外，这些平台还能够向游客提供“三农”产品宣传，拓展线上销售渠道，进而实现乡村旅游与“三农”经济的融合式发展。例如，湖南省在开展脱贫致富工作过程中，围绕“农产品进城难”的市场营销痛点，将乡村旅游产品形态进行了丰富和拓展，将农产品制作成为旅游纪念品、特色民俗产品等向游客售卖，同时，通过旅游节、旅游推荐会等形式向市民推荐乡村农产品，让市民可以直接在电商平台上购买。

（四）乡村电商与文化服务融合模式

乡村旅游包括生态旅游和民俗旅游，高质量的乡村旅游是二者的结合体，既能让游客在青山绿水间得到身心愉悦的享受，又能让其在具有地方特色的民俗中获得精神熏陶。为了吸引更多的游客，通过旅游电商平台进行宣传推广已经成为最常用的方式。越来越多的乡村旅游经营者利用抖音短视频建立旅游热门打卡地等方式吸引游客，同时借助这些游客的视频传播达到营销的效果。例如，云南丽江营造的以古镇为中心，结合乡村特色、乡村民俗，开启网红旅游打卡地等模式，让游客游览范围从古镇一直延续到周边乡村，并且通过特定的民俗文化节进一步带动旅游宣传，让农民快速融入现代旅游产业之中。

（五）乡村旅游与精准扶贫融合模式

在长期的历史进程中，农村始终是推动我国经济发展的重要助力。但由于地理环境以及社会大环境的影响，导致农村的发展相对落后。研究影响乡村经济发展的因素，推动乡村经济发展势在必行。其中，乡村旅游可以推动乡村经济发展毋庸置疑。因此，精准扶贫背景下通过改善乡村生活空间，提升贫困户的经济收入，是乡村旅游与精准扶贫的重要结合方式。在精准扶贫背景下，乡村旅游发展中对贫困户的房屋等场所进行改造，打造乡村旅游特色，在保护乡土文化的基础上，适当改造乡村的空间结构。根据观光旅游者到乡村旅游的动机，选取一定数量的贫困户，将其所处房屋改造为乡村生活的体验区，以满足旅游者的好奇与猎奇心理。

第三节 乡村旅游电子商务融合发展模式

乡村旅游虽然是农民创收致富的有效形式，但是，如果缺乏科学合理规划，同样模式的乡村旅游不能得到长足发展。例如，乡村旅游最常用的四大元素包括春天赏鲜花、夏天来采摘、民宿吃住玩、乡村抖音拍。游客在这种单调的模式中得不到差异化体验，就会产生审美疲劳，从而导致乡村旅游市场不能持续发展。

当前，乡村旅游缺乏有效联动性。虽然我国大多数知名生态旅游景点位于乡村之中，但这些景点由于自身封闭式的经营方式，并没有将自身的影响力辐射到附近的旅游景点之中，使乡村旅游缺乏同行业支持。另外，乡村旅游电商处于起步阶段，相比较已经成熟的综合性旅游平台，其在专业性、知名度方面还存在较大差距，导致一些旅游平台因为缺乏流量而无法发挥应有作用。目前，互联网技术已经普及到农村，但用互联网思维开展乡村旅游工作，实行精准扶贫策略还没有深入人心。

一、“乡村旅游”+“农村电商”的联动融合发展模式

乡村旅游最早兴起于19世纪30年代，其助力农业人口增收、农村经济发展，逐渐凸显其社会经济地位。电子商务的逐渐兴起和互联网科技的发展，乡村旅游也不再守旧，与电子商务相互促进、联合发展，不仅“三农”问题得到了有效解决，农村地区经济水平也随着提高。因此，“乡村旅游”+“农村电商”的联动融合发展模式的探索具有重要的实践意义与应

用价值。

乡村旅游主要是以乡村的自然景观和文化活动吸引着城市居民，城市居民是其市场群体，为乡村旅游者提供购物、娱乐、休闲等多样化、综合化的旅游服务。乡村旅游实现盈利的主要方式是采取自主经营的模式，充分利用农村的特色资源，具有传统旅游企业的各种特点。乡村旅游一直受到中国政府和经济界的高度重视，亦是实现乡村振兴的重要途径，作为带动乡村经济发展的新方向，现在已经成为旅游产业的重要发展方向，展现出乡村旅游的可持续发展的潜力。而乡村旅游电子商务是在网络环境下充分利用现代互联网信息技术，还是以农业活动为主导，农业活动各环节电子化，即乡村旅游电子商务是实现旅游活动各环节电子化的过程。在中国，乡村旅游起步较晚，电子商务发展迅速，而乡村旅游和电子商务的融合发展势在必行，但目前发展时间相对较短，仍在不断探索当中，缺乏相当的经验。而乡村旅游电子商务在实际发展过程中还存在一定的限制。因此，国家和政府部门应加强引导和支持，鼓励创新发展，促进“乡村旅游”+“电子商务”的联动融合。乡村旅游电子商务平台网站的建设，有些要素是必不可少的。首先就是目的地，即乡村旅游推广给游客的主要旅游资源；其次是交通，需明确游客可以采取何种交通方式进入特定乡村旅游目的地；再次是服务保障，游客到达乡村旅游特定目的地可以享受的各种服务保障；和游客的互动和沟通，运用互联网时代丰富多彩的多媒体通信手段，包括视频、图片等；当然营销也是十分必要的，即应用地图图示、短视频等先进信息技术展开多媒体营销等五大结构。

（一）“乡村旅游”+“农村电商”联动融合发展特征

1. 农产品生产农场化

乡村地区的特色资源是农产品，而丰富的农产品资源往往存在于乡村旅游地区，农产品销售就成为乡村旅游中极为重要的组成部分，农产品销售在农村经济发展中的地位不言而喻。然而，乡村旅游地区的农产品会存在着生产缺乏标准化、状态散乱、收费标准亦不明确的状况。为了农产品质量有保障，数量有供应，吸引购买，完成销售，必须实施规模化、标准化生产经营，即把散乱的农户聚集起来，必要时可成立相关企业，给予广大农民更大更多的利益，提高加入农产品生产的积极性，保障农产品质量的同时提高生产效率。

2. 乡村旅游农业化

乡村旅游大部分基于乡村优美的自然风光、人文历史等，目前，乡村旅游更多的是借助现有资源，积极发展旅游观光、创意农耕、休闲度假等旅游活动，成为振兴乡村、惠及农民的新兴产业。然而，乡村旅游在发展过程中仍存在不足之处，就是传播不到位，酒香也怕巷子深，依靠传统旅游传播方式，很难达到效果，这也使乡村旅游的发展不可持续。而农村电商的出现，将其融入乡村旅游，发挥休闲生态旅游的特色，发展农村电商，加入农产品的销售，二者互相促进，锦上添花，开创新的乡村旅游发展模式，丰富乡村旅游的内容、形式，使服务更加个性。乡村旅游融合电子商务，实现农产品线上销售，促进了乡村旅游地区农产品及旅游产品的销量，以当地旅游资源带动特色农产品的销售，以特色农产品盘活当地乡村旅游市场，创新出了一条乡村旅游发展的新路子。

3. 农产品销售品牌化

目前，我国农产品销售出现品种同质化的现象，且较为严重。农产品质量也参差不齐，差异较大。因此，农产品品牌建设是非常必要的。大多数农户从农产品的生产到包装销售过程中，对自己农产品的特点定位不合理，缺乏品牌意识，导致农产品虽然质量高，但知名度不高，导致在农产品市场上缺乏较强的竞争力。“乡村旅游”+“乡村电商”模式下，线下乡村旅游以乡村旅游为主，农产品销售为辅，打造不同风格的线上线下品牌。游客可以体验乡村风光和人文情怀，近距离了解天然有机农产品，推广定位准确的农产品品牌；农产品直销作为线上发展的重点，乡村旅游电商服务站的建设作为线下接待乡村旅游游客的基地，帮助村民应用电商，使用电商，能够在线购买其他产品，进行电子商务培训和宣传，线上线下可以实现精确定位。

（二）“乡村旅游”+“农村电商”联动融合模式理论框架

“乡村旅游”+“农村电商”联动融合模式是以各主体间的联系为基础，各项功能为辅助，以网上交易平台为纽带的商业模式。在分析总结“乡村旅游”+“农村电商”发展特点的基础上构建其理论框架。“乡村旅游”+“农村电商”联动一体化的商业模式的实现可从以下三个角度开展：“构建乡村旅游与农村电商一体化的综合平台”“新农村建设”和“互动合作”。

“构建乡村旅游与农村电商一体化平台”“新农村建设”“互动合作”三个角度其实是实现联动融合的要素和过程。从建设一体化平台的角度来看，乡村旅游的发展不再是传统的线下旅游模式，而是融合乡村电商，逐步向线上线下的O2O模式转变。为了实现这一模式的良好发展，构建乡村旅游与乡村电子商务融合的一体化平台是非常必要的，可以促进乡村旅游的发展和壮大。从农村电子商务和平台建设的角度来看，农村电子商务是国家政策的重点发展方向，也是各大电子商务平台竞争和发展的领域。将乡村旅游与乡村电子商务相结合，搭建一体化平台，探讨新的发展模式，两者相互带动，共同发展，互动合作，共同服务于农村经济发展和基础设施建设。新农村建设、乡村旅游和乡村电子商务并不是分开发展的，而是密不可分的。农村电子商务的发展需要为新农村建设提供现实基础，乡村旅游的大规模发展需要为新农村建设提供场所。乡村旅游与乡村电商一体化平台的建设，为农民增收、改善生活提供了新途径。基于此，新农村的建设进程加快，并引导新农村建设向个性化服务转变。因此，从整体上看，在乡村旅游与乡村电商融合发展的初始阶段，一体化平台的投入建设是基础，新农村的建设快速发展，还需提供个性化服务。只有加强内部互动与合作，线上线下同步协调发展，整体才会逐步提升。因此，这三个维度相互合作、共同促进、共同发展，增加农民收入，提高农村生活水平，建设美丽乡村，提高农村经济水平，形成“乡村旅游”+“农村电子商务”的生态系统。

1. “乡村旅游”+“农村电商”一体化平台搭建

一体化平台连接着乡村旅游和农村电商，是二者的纽带，是各交易主体联系的基础，应该充分掌握其信息资源以及完善信息系统。一体化平台的搭建须包含各交易主体的信息、各项服务功能等，信息、交易、品牌、物流、评价等各方面都要整合在内，线上、线下主体可通过平台实现乡村旅游和农村电商的协同发展。

平台的信息服务功能允许平台的所有交易主体上传信息供游客查看，如线下旅行社、电商企业等可以上传乡村旅游信息到平台。同时，电商企业可以将与乡村旅游相关的特色产品上传到平台上进行销售，使主体之间相互促进；线上交易平台可以通过第三方支付企业推广季节性的乡村旅游和季节性的农产品；线上物流平台可与线下物流园区、游客相结合，形成仓储物流与农产品销售的联盟；在线评估平台可以连接客户和农户，相互监督，共同进步。

2. 新农村建设

新农村建设是针对农村实际情况，对农村的生活基础设施、人文环境等进行建设，但是乡村旅游和电子商务的融合不仅仅是线上平台的打造，想要发展升级为乡村旅游目的地线下的新农村建设是必不可少的，这就需要在规划新农村建设初期，结合农村实际特色把打造乡村旅游景点的想法融合起来，例如，打造农家乐、农耕体验采摘基地、异国风情小镇等。除了乡村旅游基础设施的建设，还须考虑乡村的信息化建设，保障互联网的触达。新农村建设不仅仅是物质上的基础设施建设、良好环境建设，更是人文素养的提升，精神上的文化建设，比如，乡村居民为了更好地适应和坚持乡村旅游的发展，需要掌握互联网技术，常用到的新媒体短视频技术，教会他们应用新媒体技术将自己的农产品品牌推广出去，同时分享自己的家乡，以获得更多流量，实现良性循环。

3. 互动与协作

农产品具有其自身特点，要实现线上销售，需形成一定规模，具有标准化。乡村旅游和农村电商把分散的农户资源聚集起来，成立具有一定规模的农场，大批量生产农产品，还可以通过线下体验活动带动乡村旅游的发展，带动线上农产品的销售，比如对于参加乡村旅游的人来说，真切感受乡村生活、了解农产品的生产制作过程也是件有趣的事，通过游客的实际体验获得信誉评价，有助于农产品品牌的提升，这样乡村旅游和农村电商实现了共同合作发展。

（三）“乡村旅游”+“农村电商”联动融合发展可行性

1. 互联网信息技术的普及

农村电商的发展离不开互联网信息技术的支持，而互联网信息技术日渐普及，为乡村旅游和农村电商的融合发展提供了可能。自 2000 年以来，我国乡村旅游网站数量呈现出井喷式增长态势，不仅有省商务厅官方的乡村旅游网站，而且还有以某一区域性乡村旅游为代表的专门推广网站，共同推动了乡村旅游的可持续发展。随着电子商务技术的成熟，互联网技术的普及，乡村旅游网站从传统门户型网站转型升级为电子商务网站，这样可以线上完成在线支付、达成交易，同时电子商务运营模式也呈现出多样化发展。伴随着乡村旅游电子商务运营成本的逐渐降低，乡村旅游的宣传推广渠道也越来越多，受众范围也越来越广，与此同时，乡村旅游市场逐渐细分化，形成了完整的乡村旅游产业链。

2. 农村居民思想意识的觉醒

随着城市化进程的发展，农村地区面临一系列问题，农村地区资源存在闲置，而乡村旅游和农村电商的融合发展能够为农村地区解决一些问题，比如，乡村居民观念上的改变，把对乡村旅游的吃、住、行等传统旅游服务的重点转变到对乡村旅游的特色服务需求上。乡村旅游与农村电商的融合为农村地区经济发展提供了更为广阔的空间，增加了农业资源的附加值，极大地增加了当地农民的收入，加强了农村区域经济建设，使乡村旅游与农村电商的融合成为一种必然趋势。以乡村旅游地美食销售为例，游客既可以在享受旅游的同时品尝美食，有了农村电商的参与，无法去当地时，也可以通过线上平台实现购买，游客和乡村始终保持着一种联系，乡村旅游通过农村电商获得了更多的经济利益，也达到了旅游地区特色品牌的宣传，吸引更多的游客到当地旅游消费或在线消费，促进农村经济建设。

3. 旅游市场升温

近年来，中国城镇化进程不断加快，城乡一体化格局逐步完善，农村建设各方面都取得了前所未有的发展。同时，农村建设过程中保持良好的生态发展，原始的青山、河流、土地等天然资源得到了很好的保留和利用，呈现出乡村原始的面貌和气息。而相对地，城市居民面对快节奏的生活和较大的生活压力，更渴望身体和精神能够得到放松。乡村旅游恰好能够满足其需求，是城市居民休闲、旅游、度假的好去处，而且随着电子商务的加入，各种乡村旅游模式被创造，乡村旅游的发展潜力也被充分激发。

（四）“乡村旅游”+“农村电商”联动融合发展模式

1. 乡村旅游主导的融合发展模式

近些年，乡村旅游兴起，带动乡村发展，但是我国乡村旅游在发展过程中存在一定的问题，盲目借助资源发展乡村旅游，缺乏整体的规划和科学的引导，乡村旅游的资源优势未能得到充分开发。目前，我国乡村旅游网站主要有综合型门户网站、中间商网站以及专业的乡村旅游网站，具有一定的知名度，且有益于加强中小乡村旅游产业的合作。但是，此类乡村旅游网站仅仅是乡村旅游相关信息的发布，鲜有涉及乡村旅游目的地的农产品生产、销售的内容，而农村电商的加入可以使乡村旅游锦上添花，乡村旅游主导的融合发展模式是将农村电商引入到乡村旅游发展模块中，比如，可在网站中增加农产品信息模块，或实现农产品的线上交易功能，丰富乡村旅游网站内容，提升游客体验；与此同时，可建立"在线乡村"，实现游客通过网络平台即可完成预定，线下享受旅游服务，线下建立服务站或者合作社的方式，由当地的人负责接待，来实现和游客的对接，增强游客归属感、稳定感和亲切感，真正体验"回归田园"的生活。因此，乡村旅游主导的融合发展模式不仅丰富了乡村旅游的内容，带动了农产品的销售，还促进了乡村旅游的可持续发展。

2. 农村电子商务主导的融合发展模式

农村电子商务主导的融合发展模式主要是针对农村电子商务发展相对较好的乡村，将该乡村的旅游相关内容融入农村电子商务系统中。在农村电子商务平台中可针对性地添加美好乡村模块，发布乡村旅游相关的信息，比如旅游目的地的简介、交通、住宿等方面的信息，不仅为游客提供了乡村旅游攻略、可靠的出行参考，了解农产品背后的故事，而且为乡村旅游的宣传推广增加了渠道。对消费者而言，能全面反映产品的平台对其更具吸引力，而乡村旅游的特性决定了全面细致、方便购买、退货、点评的平台更具吸引力。与此同时，农村电子商务网站也要与时俱进，对整体内容做出调整，适当增加和农村电商相关联的乡村旅游的游、住、行等方面的内容，亦可推出食、购等方面信息，农村电商、乡村旅游信息相互交叉，互相吸引，能够为农村电子商务的发展助力。在这种模式下，乡村旅游实际上是农村电子商务系统的子系统，其在一定程度上丰富了农村电子商务网站内容与形式，借助农村电子商务的优势，带动乡村旅游的发展，在增加农民收入的同时，促进乡村旅游各项活动的顺利开展。

3. 共同推动的发展模式

随着移动互联网的发展，用户更倾向于在移动端消费、娱乐，旅游电商平台流量不断变化，用户移动端使用率超过80%，因此，信息时代实现乡村旅游电商化是发展乡村旅游的关键。“乡村旅游”和“农村电商”的共同发展模式，可以打破原来网站固有的局限，建立新的网站，实现乡村和农业的有机结合，并在电子商务中得以完美的体现。该模式下建立的全新网站属于综合型的电子商务网站，需要将某一区域的乡村旅游信息和农业的产、供、销信息有规划地融合到一起，不仅仅是信息发布，还覆盖了在线支付、物流配送、采购管理等多个环节。比如发展体验式旅游，游客通过线上完成预定，线下体验当地风土人情，商家可以在游客享受旅游过程中了解客户需求，宣传高质量的特产，实现较高的回购率。同时，选取优质的民宿，入驻第三方旅游平台，做线上推广，再发挥其资源优势，带动乡村数字化及智慧旅游系统建设，从而使电子商务和乡村旅游完美结合。

新时期，互联网信息技术和农村电子商务的快速发展，给乡村旅游的发展前景带来了新的机遇和挑战。针对目前乡村旅游发展存在的问题，迎合时代发展，满足消费者需求变化，必须加强乡村旅游与农村电商的联动融合发展，选取合适、有效的联动融合模式，实现乡村经济发展利益最大化，为农村经济建设服务，加强乡村旅游对农村经济增长的贡献，保障乡村旅游可持续发展。

二、三瓜公社的“乡村旅游+电子商务”扶贫模式

近年来，“脱贫”引起了社会各界和专家学者的关注。旅游业作为中国国民经济发展的战略性支柱产业，在中国脱贫工作中发挥着至关重要的作用，为脱贫作出了重要贡献。2019年12月，国务院扶贫办专门指出，要确保高质量完成脱贫攻坚任务。在脱贫的压力下，如何更好地响应国家消除贫困战略的要求，通过乡村旅游实施精准扶贫，一直是社会各界和众多学者关注的焦点。近年来，国家出台的各项政策极大地推动了农村电子商务的发展，乡村旅游电子商务扶贫也蓬勃发展。乡村“旅游+电商”精准扶贫逐渐成为一种新的扶贫模式，而安徽三瓜公社作为乡村振兴开发成功案例，为其

他乡村旅游深度融合电子商务精准扶贫提供了参考。

三瓜公社作为安徽省的特色小镇，其位于半汤镇汤山行政村，毗邻巢湖市半塘温泉度假区，地理优势明显，气候宜人，物产丰富。整体布局具有浓厚的村落文化色彩。三瓜公社的发展理念是“把农村建设得更像农村”，第一二三产业融合，融入“互联网+三农”发展理念，采用“企业+政府”的开发建设模式，特色农产品与电商产业融合，逐渐实现三瓜村的乡村振兴。目前，冬瓜民俗村、南瓜电商村以及西瓜美食是三瓜公社一期的重点开发村。开发不是损毁，三瓜村在实现乡村振兴历程中，保护了山林等自然资源，建设水系，保留了原始的乡村田林农湖系统，把乡村田野依地建设成诗情画意、宜游宜居的家园。

（一）发展条件

三瓜公社的成功发展不仅是依靠天然资源，还有政府、企业、居民的大力支持。政府为其提供了战略性规划和指导。2015 年 12 月，经国务院批准，中国 PPP 基金成立，是全国唯一的国家引导基金，由财政部牵头，基金覆盖多个省份，涉及交通、市政、生态建设、环境保护等领域。正是因为政府这些有针对性的政策和策略，才使得 2015 年成立的三瓜公社能够持续发展，实施“电商+旅游”的发展模式，从而推动整个巢湖市的经济发展。政府按照“冬瓜民俗村”“西瓜美食村”和“南瓜电商村”的三个建设定位，重新设计了民居，农户全面参与，线下实地体验，企业示范引领，实行税收优惠政策，构建产业发展模式，打造融资平台、建设与完善三瓜公社的基础设施及旅游设施等。

政府引领，企业经营，农户参与是三瓜公社发展的必要条件。三瓜公社的规划需要实际投入才能实现，前期需要大量投入，而能够提供资金支持的就是企业，三瓜公社在发展特色小镇的建设中投入较大，比如“古巢国印象”景区打造、再现冬瓜民俗村的传统文化、保留传统古民居等项目中，正是由于企业提供的可靠的资金链，蓝图才能落地实施，特色小镇的建设规划才能逐步向前；同时，三瓜公社和多家电子商务企业展开直播商业合作，一起开拓新的发展模式，带动农产品上行，通过“互联网+三农”，特色农特产品电商交易中心建设成立。三瓜公社把合作社作为纽带，起到企业的示范与引领作用，从产品的种植到生产加工再到销售，整个链条充分整合，调动村民的积极参与到订单式农业发展中，收入快速增加。

特色小镇项目的发展离不开居民的参与和支持，保障持续性护航。当地居民积极参与特色小镇的建设，因为南瓜电商村的建设，需要有各类人才的帮助，他们需要通过结合物联网、云计算和移动互联网等技术，应用“互联网+”技术，把汤山全面发展成为互联网应用的典型示范，帮助就业和带动经济，把其建成乡村振兴的典型；在文旅融合的背景下，三瓜公社当地居民遵循古代有巢氏生活场景，参与冬瓜民俗村的建设，让游客切身体验有巢氏文化。

（二）发展效益

1. 科学顶层规划，促进规范发展

合巢经开区政府邀请中国乡村规划设计院编制三瓜公社的发展规划思路，促进了三瓜公社特色小镇的规范发展。坚持“把农村建设得更像农村”的设计理念，多种方式盘活农村存量资源，规划“一户一特，一村一品”的建设布局，重新定义农村，升级自然生态，能够使城市资源下乡、农村特色产品进城，立足合肥都市圈，抓住合肥快速发展红利。产业顶层策划在三瓜公社的建设探索过程中起到了重要作用。秉承“绿水青山就是金山银山”的发展理念，三瓜公社的产业规划与乡村环境整治、生态修复、村庄建设同步进行。在“互联网+三农”的社会背景下，三瓜公社将努力打造一个第一二三产业与文化旅游相结合的村庄，更好地响应国家提出的“美丽乡村建设”战略。

2. 发展电商产业，带动三旅融合

三瓜公社以农业旅游为主要业务，通过农产品的加工，极大地促进了农产品的高附加值。农旅为主，引领电商小镇品牌化建设，目前已开发出茶叶、泉水等一系列特色农业文化产品。借助京东、阿里巴巴、苏宁等第三方电商平台，线上每日单品销售量在1000多单。截至目前，山泉大豆、温泉花生、温泉蛋、温泉鸡、冷泉鱼等产品的数量和质量都得到了有效保障，销售良好。有利于带动当地种植业、养殖业的发展，也有利于促进当地的物流产业，相关生产加工产业也被激发，帮助村民实现就业致富，形成村级集体经济发展模式。

三瓜公社以电商为重点，依托南瓜电商村打造商旅，成为三瓜公社强大的产业支撑。打造“三旅”平台，促进乡村三产融合发展。将农旅、商旅、文旅三旅结合，实现农旅赋能“三农”、商旅链接未来、文旅重塑乡村，全面推动乡村振兴。同时，以电子商务为抓手，依托南瓜电商村，形成从生产、销售到物流的电商全产业链，探索产业联合体的运行机制，探索村企合作、村社合作、企业社区合作、乡村创客和个体经济等多元经济的共存与合作机制，企业与村庄和谐共生，走集约化的农村电子商务发展之路，打造“安徽电商第一镇”。三瓜公社依托自身优势资源禀赋，开发建设半汤六千年民俗馆、古巢国遗址、手工作坊群等文旅项目，实现文化与旅游的完美融合。

3. 吸引人才回乡，指导创业就业

三瓜公社鼓励大众创新创业等项目，采取各种措施吸引异地工作创业的青年返乡创业就业，鼓励外来创客下乡，改变原有的半汤空心村。三瓜公社引进电商和创业企业，不断完善相关产业的基础设施，创造了大量的创业就业平台和机会供居民选择。三瓜公社通过提高当地一系列农产品的附加值，把当地农产品开发包装成有品牌的商品，增加当地居民收入，提高生活水平。同时打造多个涉及农民的产业基地，如桃园基地、茶叶基地等。目前，三瓜公社已有90多家企业入驻，主要是为返乡人员提供技术、资金等方面的支持。同时，三瓜公社还搭建了平台，主要是培养乡村建设、发展农村电子商务等方面需求的人才。三瓜公社的发展吸引了不少相关专家和专业人才，为返乡创业就业人员减少了顾虑，提供了支持，共同服务于农村建设和发展。

总之，从不同的参与者角度出发，分析其发展条件和发展效益。一是政府（含合巢经济开发区政府财政局、税务局等政府部门）邀请专业规划单位编制村庄规划，加大对项目的财政支持力度，落实税收优惠政策，打造融资平台，建设完善三瓜公社基础设施和旅游设施。发展效益包括三瓜公社特色小镇的规范化发展、三瓜公社项目的资金支持、企业税负减轻、企业贷款渠道便捷、村庄环境改善、形成独特的生产生活生态风貌。二是企业（中国农村规划设计院、安徽淮商集团、三瓜公社投资发展有限公司、汤山旅游开发公司）坚持“把农村建设得更像农村”的建设理念，举办新型职业农民休闲农业专业培训课程，依托三瓜公社官网，建立共享电商网络平台，投资三瓜公社项目，引入种子基金和创业基金，建立半汤乡校级校企开放合作，共同搭建校外实践平台，运营管理三瓜公社相关项目，与旅行社合作，推广旅游线路。由此产生的发展效益包括“一户”“一特”“一村”“一品”的建设布局，利用互联网平台实现村民就业创业，充分激发特色小镇建设参与者的积极性，闲置市场化运作，实现“互联网＋三农”，完善电子商务产业相关设施建设，引进电子商务和创业企业，培养农村电子商务、农村建设等方面的人才，学校与企业共赢，多主体参与管理，形成良好的市场环境，增加三瓜公社的客源，促进旅游业发展。三是居委会在协调土地出让事宜、统一收储村民房屋、回收闲置校舍、振兴旧厂房、旧村干部办公等方面发挥了非常重要的作用。建设半汤乡学院、改造三瓜公社总部、南瓜村农产品销售中心等。四是居民主要参与三瓜公社方案的编制，提出意见，转让房屋和土地使用权，参加专业农民休闲农业专业培训课程。发展效益主要包括获得租金收入、实现就近转移就业、返乡创业、提高收入、改善生活、提升参与感。

（三）制约因素

三瓜公社模式发展也有其制约因素：①基础设施的不完善。乡村电子商务的开展避免不了要依靠互联网的基础设施建设，目前农产品及农产品加工是三瓜公社开展电商的主要商品对象，而农产品的特点是季节性强、时效性要求强、易损坏，这就对物流运输提出了更高的要求，所以抵御市场风险的能力较弱，而目前乡村的物流系统建设不能很好地满足农产品运输的高要求，这些客观滞后的因素会使农村地区的电子商务发展进展较慢。②电商人才的局限性。其一，人才是经济发展的重要因素，农村地区普遍存在人才激励不足、工资水平偏低等问题。三瓜公社同样会面临人才匮乏的问题，在一定程度上挫败居民发展电子商务的信息。其二，三瓜公社也会存在农村居民开始的不信赖，思想保守等问题，因为农村居民每年有限的收入很难承担风险带来的损失，这也是农村电子商务发展的一个制约因素。③电商商品的趋同性。三瓜公社的电商模式，以实物的产品和纪念品销售为主，提供社会化个性化服务的销售较少，用户体验不强烈，产品大致趋同，多为农产品加工而成的食品，店铺千篇一律，没有显著的品牌特色，电子商务的新业态新形式还未被挖掘。

“互联网+”背景下的“电商+乡村旅游”扶贫模式可以推动巢湖市三瓜公社更好地完成“把农村建设得更像农村”的理念和旅游文化事业的发展，让三瓜公社的脱贫发展更加顺利，使其作为巢湖市特色景区，提升巢湖的知名度，吸引更多外来游客，带动巢湖旅游业的发展，从而促进巢湖周边地区的社会经济发展。同时，通过探索三瓜公社的“电商+乡村旅游”扶贫模式，可为其他电商产业与乡村旅游精准扶贫深度融合发展提供借鉴。推动农村第一二三产业深度融合发展，促进“电商+乡村旅游”扶贫的新模式，激发乡村的发展动力，打造观光、体验和旅游农业带，充分调动当地居民积极性，让其参与到乡村项目的建设、运营及周边产品加工生产中，促进三瓜公社周边地区经济发展，建设生态宜居的美丽乡村，加强农村农业科技建设，整理农村生态体系建设经验，逐步实现乡村振兴。

三、乡村旅游电商平台的搭建与创新

随着国民收入的提升，人们在物质生活有所提高的同时对精神生活有了更高的要求，近年来，越来越多的人热衷于旅游。据网络公开数据显示，国内旅游人数呈增长状态，2021 年，国内旅游总人次 32.46 亿人次，比上年同期增加 3.67 亿人次，同比增长 12.8%，恢复到 2019 年的 54.0%。我国文化和旅游部公开数据也显示，国内旅游业收入情况呈攀升趋势，2019 年，国内旅游业总收入为 5.7 万亿元，相较于 2018 年，增幅为 11.7%。在旅游业发展势头迅猛的情况下，国内旅游市场秩序也得到不断优化，政府部门也出台一系列的政策规划促进乡村旅游业的可持续发展，以此扶持富有人文内涵及生态化特色的乡村旅游业。例如，《关于进一步促进旅游投资和消费的若干意见》由国务院办公厅印发说明坚持乡村旅游个性化、特色化发展方向。2018 年国家发改委等 13 个部门联合印发的《促进乡村旅游发展体质升级行动方案（2018—2020 年）》，明确提出要加大对乡村旅游发展的配套政策支持。国家的政策支持，乡村旅游电商平台的建立，促使乡村旅游向现代化、产业化转型，已越来越受到各界人士的关注。结合当地乡村旅游资源，开发及创新旅游产品和服务，对乡村旅游电商平台进行搭建及创新非常有必要。

（一）乡村旅游电商平台的搭建及创新的重要意义

在互联网信息技术不断发展的情况下，人们更为侧重于利用网络渠道了解各类信息，乡村旅游顺应时代发展趋势融合电子商务并搭建电商平台，是为了更好地应对市场变化，同时利用信息化推动乡村旅游行业向现代化和产业化转型。具体而言，乡村旅游电商平台的搭建及创新的重要意义主要表现在以下两个方面：

其一，有助于拓宽乡村旅游信息服务渠道。在我国旅游企业规模不断增加的情况下，仍然有相当一部分中小旅游企业，这类企业的客户数量有限，无法对乡村旅游客户群体有全面、详细的了解，对乡村旅游市场的信息掌握不够，不利于中小旅游企业的发展，无法扩大其影响力。而搭建并创新乡村旅游电商平台，可以为乡村旅游企业提供数据支撑，乡村旅游企业可以借助平台的技术优势，更多地了解目标用户，并利用大数据、云计算等技术对相关信息进行分析和处理，这样乡村旅游企业开发及创新乡村旅游产品、制定营销方案就有了必不可少的数据支撑。与此同时，可以充分利用该平台，游客可通过该平台实现与乡村旅游企业的互动和沟通，这对企业改进、创新、提升顾客服务也是非常有益的。

其二，有助于增加乡村旅游的销售渠道。乡村旅游传统的销售模式，是以旅行社为主导，通常是旅行社对乡村旅游景区进行宣传，而旅行社对游客提供的旅游路线及服务都是固定的，无法满足游客个性化的旅游服务需求，无法真正地了解乡村。乡村旅游电商平台的搭建，是以游客为中心的，充分考虑游客的旅游偏好和兴趣，为其设计个性化的乡村旅游路线，量身定制旅游计划。同时，乡村旅游电商平台还可以为游客提供一条龙服务，更多元化、更全面的服务，比如订房、订票、购买商品等。所以，乡村旅游电商平台的搭建，不仅能够增大企业宣传力度，增加企业的销售渠道，同时，也降低了企业的宣传费用和交易费用，带来更多的利润。

（二）乡村旅游电商平台的搭建及创新策略

乡村旅游并不是单一型的产业，而是产业链，涉及食、住、行、游、购、娱等多方面。政府从宏观角度制定适合当地乡村旅游特色的规划体系及监管体系，构建标准化、规范化的乡村旅游电商平台，对于推动乡村旅游发展、促进乡村经济有效增长有着重要的积极意义。乡村旅游电商平台的搭建及创新策略具体体现在以下几个方面。

1. 加强乡村旅游电商平台的网络营销建设

互联网时代的到来改变着人们的生活方式。人们除了物质生活的需要，对精神生活也有了更高的追求，传统的乡村旅游模式向现代化、产业化发展是必然趋势。搭建乡村旅游电商平台，使具有本地特色的自然景观、生态农业、农产品等与生态旅游业深度融合，使乡村旅游电商平台为旅游产业获得更多经济效益。乡村旅游电商平台的建立，还需对网络营销加强建设。具体来说，要在了解当地乡村旅游市场发展情况的基础上，确定目标市场，确定目标客户群体，深入分析其特点，例如，对目标市场的客户进行分类，了解目标客户的乡村旅游习惯及偏好，进行对比分析，然后再依据不同的目标客户分类，制定多元化、个性化的网络营销方案。在此过程中，需要现代信息技术的参与，例如，利用大数据分析技术对乡村旅游电商平台获取到的用户数据信息进行整合与分析，客观、全面地了解乡村旅游游客的能力、偏好等，由此总结出游客对乡村旅游的兴趣点。不仅如此，数据分析结果还可以为乡村旅游企业开发旅游产品及制定个性化营销策略提供指导依据。尤其在制定特色的营销方案方面，旅游企业可以传统营销和网络营销相结合，线上营销与线下营销相结合，加快当地乡村旅游业建设，推动乡村旅游业发展。此外，乡村旅游景区有必要和企业建立合作关系，基于乡村旅游电商平台加强网络营销的合作，构建良好的网络营销环境，通过联合合作，共同营销，使当地旅游景区逐渐形成相互合作、相互促进的乡村旅游产业链。比如，在乡村旅游电商平台设置友情链接，当游客在搜索及浏览其中一个景点的页面时，游客也能看到能够满足其旅游需求及与其偏好相符合的旅游景点网站链接推荐，这对于培养和挖掘更多潜在乡村旅游客户有着积极作用。

2. 健全乡村旅游电商平台功能

在构建乡村旅游电商平台的过程中，应健全平台的各项功能，全面服务游客，应将乡村旅游景点的风景、民俗风情、美食等内容融入平台，为游客全面了解乡村旅游景点的旅游产品及服务提供帮助。与此同时，为乡村旅游产品的销售增加了一个渠道，为旅游企业的宣传、品牌影响力的提升都有促进作用。乡村旅游电商平台随着乡村旅游景点和农产品的融入，囊括的信息内容越来越多，越来越广，比如，景点基本信息、景点特色、景点服务等。然而目前，有一些乡村旅游电商平台存在内容不完善、功能不全的问题，更是缺乏为游客提供的个性化服务功能，还有些乡村旅游电商平台的信息繁杂，游客未能一目了然、快速地找到信息，这样一系列问题使乡村旅游用户没有很好的体验。为更好地满足乡村旅游游客的便捷需求和个性化需求，健全乡村旅游电商平台功能是十分必要的。

首先，从游客对乡村旅游平台的视觉感知及平台操作等角度进行分析，比如，平台的页面设计、板块设置、搜索功能等，各部分之间是否协调、方便游客。其次，把乡村旅游产品创新融入进去，满足游客需要，完善乡村旅游电商平台的功能。比如，添加线上线下相连接的数据库，企业的产品发布功能，商品的在线交易等功能。在乡村旅游电商平台中，游客可以与游客、旅游企业充分互动，这也有利于激发乡村旅游电商平台的活力，持续经营。游客借助乡村旅游电商平台互动区域的信息，可以更好地了解乡村旅游景区的信息内容，结合其他游客发布的旅游体验和建议，并根据自己的乡村旅游偏好与旅游企业客服进行在线沟通，从而获得更有针对性的个性化乡村旅游服务。

3. 强化乡村旅游电商平台信息数据库建设

发展乡村旅游，助力乡村经济，国内各地纷纷发展自身特色，获得一定成效，为农村地区的经济发展作出了很大贡献，其背后的信息数据库建设也是重要的一环。搭建乡村旅游电商平台的规划与完善，意味着乡村旅游向现代化、产业化转型，具有重要的意义。我国乡村旅游资源丰富，有多个省份的旅游景点数量较多，均为乡村旅游大省，但部分乡村旅游地区的电子商务建设缓慢，未能跟上消费者的需求变化，且乡村旅游电商平台的建设未能与时俱进，及时完善功能。乡村旅游电商平台如要实施可持续发展经营，需与大数据结合，建设平台的信息数据库是重要一环，是持续经营的核心，要满足乡村旅游电商的需求，发展成健康旅游、农业+亲子旅游、科技示范旅游、原生态旅游、民俗文化旅游、商务会议旅游等新型商业模式。乡村旅游电子商务平台的顶层设计要求各地旅游管理部门做好工作，组织各部门有序深化合作，加大对乡村旅游电子商务平台建设的资金投入，为促进乡村旅游电子商务的发展提供必要的支持。同时，当地的旅游企业也是不可忽视的，地方旅游管理部门也要与其建立合作关系，共同建立乡村旅游电子商务平台的信息库。信息数据库不仅要包含更全面的当地乡村旅游数据信息，还要保证数据库具有较高的技术含量和较高的社会参与度。此外，在建设乡村旅游电子商务平台信息库的过程中，还需要与当地旅游服务中心合作，建立乡村旅游服务数据共享机制，然后对乡村旅游数据进行整理整合。

在构建乡村旅游电子商务平台的信息数据库时，还需要保证数据库与地方政府职能部门之间的信息交换和共享。该数据库收集了各类乡村旅游信息，如交通、气候、景区、游客人数等，游客只需登录乡村旅游电子商务平台即可浏览相关信息，对其乡村旅游出行具有重要的参考作用。同时，在云计算、大数据分析等现代技术的支持下，乡村旅游电子商务平台信息库将当地乡村旅游产业相关数据信息上传到当地政府数据开放平台。根据数据信息，乡村旅游企业可以掌握和了解乡村旅游行业的当前发展现状和市场竞争趋势，对当地乡村旅游的优势有更清晰的把握，进一步开发和创新乡村旅游产品和服务。此外，对于乡村旅游电子商务平台的信息库，地方政府部门还应建立监管体系，确保信息和数据的准确性和真实性。

乡村旅游作为中国旅游业的重要组成部分，为加快农村发展、促进社会经济水平的提高作出了重要贡献。建立乡村旅游电子商务平台，借助云计算、大数据等现代信息技术优势，拓展乡村旅游信息服务渠道，增加销售渠道。未来要不断优化乡村旅游电子商务平台的网络营销、平台功能和信息库，促进乡村旅游健康发展。

第四章

我国乡村旅游电子商务发展现状及问题分析

第一节 我国乡村旅游电子商务发展现状

一、我国乡村旅游发展现状

随着我国经济的不断发展，尤其是进入21世纪以后，人们追求物质文化生活的水平不断提升，旅游逐渐成为人们生活中必不可少的一部分，由于私家车的普及，城镇居民喜欢利用闲暇时间，全家到附近的乡村，感受自然、释放压力。这更是推进了周边游的市场需求。因此，各地由政府牵头，社会企业、村民合力发展，逐步建立了一批有较大影响力和较高运营成效的乡村旅游项目，得到了市场广泛的追捧和好评。

乡村旅游给予城镇居民新的生活方式，通过感受乡村的美景、美食，新鲜的空气、食物，休闲放松的生活节奏，使游客身心得到全面的放松。同时，乡村旅游以其绿色发展、低能消耗、高附加值的特点，给所在乡村地区带来了切实的绿色经济收益。这是一种双赢的旅游新模式，在我国广大的乡村地区具有极大的发展潜力。正是看到了这一行业的发展优势，在我国各地均通过多种方式，积极促进旅游业与农、林、牧、渔业等相关产业融合发展，形成了类型各异的乡村旅游形式，涌现出了一批环境优美、服务设施齐全，具有浓厚乡土生活特质的乡村休闲度假特色村，使我国未来乡村旅游发展前景广阔。

二、我国旅游电子商务应用现状

（一）旅游企业和互联网技术的整合还有待进一步加强

随着互联网技术、电子商务信息技术、三维全景虚拟现实等高新科学技术的逐步成熟和应用成本的逐步降低，高新科学技术在旅游业中的应用更加普遍。同时，旅游业相关管理部门在不断完善和加强对于高新科学技术的监督和管理，规范高科技应用行为。物联网已经渗透乡村旅游电子商务系统的各个方面，成为发展旅游业不可或缺的重要组成部分。各地旅游企业可能运用到的现代信息技术都是发展较为成熟的技术，如互联网、物联网、多媒体客户端、移动客户端、电子地图、数据库等。但是，也存在一些旅游景区的电子商务发展还处于初级发展阶段。缺少网络平台支持，即使挂靠在其他网络平台中，这些平台的功能也相对简单，仅以静态宣传景区的旅游信息为主，缺少其他的特色功能。这对于当今众多的旅游电商平台激烈竞争的行业发展态势是极为不利的。

（二）旅游电子商务平台应用功能的开发还不够全面

基于互联网的旅游电子商务应用，我们可以通过宣传模块、导航模块、咨询模块、热门推荐模块、反馈模块及相关链接模块来进行展示，针对上述六个板块功能设计情况，分析当前我国旅游电商平台还存在以下有待改进之处。

第一，宣传板块。顾名思义该模块就是通过多种形式在网站上展示景区旅游信息，包括图片、文字、动画视频等形式，突出景区特色，吸引游客、代理商关注，从而达到宣传景区的目的。对这一板块的基本要求是信息要全面、丰富、时效性强。在许多4A级以下景区的电子商务平台中，信息更新慢是最主要的一个问题，在我们抽样查询的90个各地旅游电商平台中，发现仅有不足20%网站的宣传平台信息更新较为频繁，其他信息至少1年以上未进行更新，这是难以满足游客通过网络查询景区相关信息的基本需求的。

第二，导航板块。这个模块类似于旅游指南，将各个旅游景点的位置通过电子地图标注出来，每一个景点处另设有链接，介绍该景点的详细信息。该模块可以帮助游者随时定位，寻找目标景区，节省时间。在这个板块设计中，游客希望其功能设计更贴切，更能满足游客在游前、游中、游后的实际需求，但恰恰相反，在一些地方性的旅游网站中，不仅功能模块设计趋于形式、套路化，难以体现景区特色，甚至在许多链接中，存在无法点击、加载错误等问题。这对于初次游览网站平台，进行旅游活动的消费者来说，无疑直接带来负面影响，不利于景区的进一步宣传。

第三，咨询板块。该模块的主要服务形式包括热线电话、电子邮箱、在线客服等，及时回复游客的询问。对于这一板块的开发，旅游企业重视程度呈现出明显差异，在一些国家级 5A 景区中，在线咨询服务设计较为完善，有实时响应的在线机器人客服或者人工客服能够与消费者互动。但是在一些 4A 级以下景区的电商平台中，咨询板块形同虚设，出现热线电话无人接听，电子邮箱时效滞后，在线客服匹配度低等问题。

第四，热门推荐板块。主要是对独具特色、口碑良好的线路、酒店、餐饮、景点、旅游产品等进行推荐。这一板块是推广景区特色服务的重要窗口，在一些国内主流电商平台中，可以看到内容丰富、形式各样的旅游线路推荐，但是在地方旅游景区的电商平台中，依然存在内容与信息严重滞后的情况。

第五，反馈板块。利用微博、微信、论坛等平台，让游客及时反馈旅游体验心得，一方面可以起到宣传作用，另一方面可以为旅游景区相关部门管理活动的完善提供参考依据。这一板块是旅游企业联系游客、维护企业形象、增强用户黏性最好的通道，但许多企业并未意识到它的重要作用，对于游客反馈的信息，不能及时处理、有效处理，甚至不予处理，为旅游企业的客户关系管理带来极大的负面影响。

第六，相关链接板块。游客通过这些链接，可以浏览其他旅游相关网站，获取更加全面的信息。对于景区来说，可以实现资源共享、信息交流、景区之间协调发展，进而提升旅游企业竞争力。这一板块中，属于电子商务平台的附加功能，绝大多数旅游景区的电商平台中均有涉及，这是与其他景区平台流量共享的重要通道，同样不能被忽视。

三、乡村旅游与电子商务融合发展现状

（一）“乡村旅游＋电子商务”的诞生

“乡村旅游＋电子商务”是信息化时代诞生的新业态，其以网络、信息、智能、数据等先进、前沿技术为基础，以电子商务网站为平台，以丰富多样、契合当代公众旅游消费需求的乡村旅游项目为支撑。数据显示，我国乡村旅游经济占比超过70%，但因城乡二元结构、信息不对称导致诸多优秀的乡村旅游项目难以实现市场化。借助电子商务的技术、信息流、平台与媒介优势，将乡村旅游项目电子化、数字化，依托便捷性、虚拟性、开放性网络空间加大乡村旅游项目宣传力度，改进乡村旅游营销方式，激发广大群众乡村旅游消费动因，不仅可以提升乡村旅游对游客的吸引力、建立更加完善的乡村旅游外宣矩阵，还可以延伸乡村旅游产业链，促进乡村旅游蓬勃发展。

（二）我国乡村在线旅游发展规模不断增长

电子商务与乡村旅游融合，拓宽了乡村旅游的在线消费空间。近年来，我国居民在线旅游消费总量持续攀升，各大电子商务平台抓住在线旅游新契机纷纷开发在线旅游产品与服务。据我国在线旅游交易市场规模的统计，2009—2020年我国在线旅游交易规模增量约10107亿元，年复增长率超过30%，表明当前我国在线旅游消费规模庞大、增量空间广阔。不仅如此，数据显示我国2009年在线旅游交易渗透率为4.77%，2020年在线旅游交易渗透率为17.52%。这表明越来越多的消费者接受、认可并倾向于从在线平台了解旅游项目信息、享受旅游服务或购买旅游产品。

（三）乡村旅游与电子商务融合发展的时代已经到来

1. 网络覆盖率的逐渐提升为乡村旅游与电子商务融合发展带来技术保障

到2020年，在我国乡村地区光纤及4G网络普及率超过99.5%。移动智能终端、互联网技术、网络应用及平台等快速发展，使乡村网民规模持续增大，为乡村旅游与电子商务的融合发展注入新的活力，也为乡村旅游的电子

化转型提供了坚实的技术保障，为产业链延伸积蓄了动能基础。

2. 农民思想意识的转变为乡村旅游与电子商务融合发展带来发展的可能性

城镇化进程不断推进、城乡文化交融程度逐步加深、城乡人才交流愈加频繁，转变了农民单纯依靠农业生产的固有经营观念。加之乡村电子商务蓬勃发展，部分农民开始尝试依托电商平台销售农产品或进行自主创业，对电子商务的认可与支持程度明显提升，为乡村旅游与电子商务的融合发展提供了主体力量支撑。

3. 乡村旅游与电子商务融合发展极大地促进了乡村旅游市场的不断升温

随着居民收入的提升，旅游已经成为人们休闲娱乐的主要活动之一，且相较于城市而言，乡村独特的自然景观、风俗人情、农耕文明对游客有着强大的吸引力，人们愈加向往返璞归真、亲近自然的生活方式，对乡村旅游的消费意愿也更加强烈。乡村电子商务平台、旅游基础设施逐渐完善，也使乡村旅游获得了可持续发展动力。

（四）乡村旅游与电子商务融合发展的主要模式

“乡村旅游 + 电子商务”以电子商务网站为平台，以信息化、数字化与电子化为核心，在线提供旅游产品或服务。在电子商务赋能背景下，众多电子商务平台开始打造个性化的乡村旅游服务与产品，主要有两种模式：一是将传统乡村旅游服务供应商“电子化”并成立旅行社网站，如网易频道。其特点为规模小、分布零散，通常以供给为导向开发在线旅游产品及服务。二是以网络运营商为主体，整合多家乡村旅游服务商的线上旅游服务平台，即在线旅游（Online Travel Agency，OTA）平台，如同程旅游、艺龙网、马蜂窝等。其特点为能够整合海量的乡村旅游项目信息，以消费者需求为导向开发个性化、丰富的乡村旅游产品，能够为消费者提供行程规划、酒店住宿、机票购买等综合性乡村旅游服务。但在该模式下，乡村旅游服务供应商处于信息劣势地位，再加上对成本、收益的考量，此模式仅适用于成熟、大型乡村旅游项目的推广。

第二节　我国乡村旅游电子商务发展中存在的问题分析

一、我国乡村旅游电子商务发展存在的问题

乡村旅游电子商务的应用是一个必然趋势，但是也存在着一些问题。乡村旅游以其独有的特点深受广大游客喜爱，它的活动形式丰富、游客广泛、经济发展带动性强，深受政府部门的支持。在政府政策的带动下，各地乡村旅游抓住机遇，实现了跨越式发展。然而，制约乡村旅游发展的先天因素依然存在，如基础设施建设滞后、高水平专业人才紧缺、引进外资力度不够等，这些问题能否顺利解决，决定着我国乡村旅游电子商务能否实现长足发展。

（一）乡村旅游发展存在的问题

1. 投入资金不足，基础设施落后

乡村旅游景区基础设施滞后、资金投入不足影响乡村旅游快速发展。究其原因，一方面是乡村经济落后，自身经济实力薄弱，依靠当地政府来完善基础公共服务设施较为困难；另一方面是对外资的吸引力不够。政府政策不够优惠、引进外资的渠道不够开阔、景区宣传力度有限等，都会阻碍外资的投入。

2. 乡村条件相对落后，难以吸引高素质人才

广大乡村地区的科技文化教育水平普遍偏低，乡村旅游专业人才不足，后续专业人才不足，这些都是乡村旅游发展的制约因素。虽然政府部门正在加大力度培养专业性人才，但是乡村旅游工作环境较为艰苦，薪资待遇也不高，很多专业人才受这些因素影响深入基层的意愿较小。

3. 地方特色有待提升，尚未与文化充分结合

乡村旅游特色不够突出，乡村旅游多集中在民俗、观光等方面，同质化现象严重，不能吸引更多游客前来体验，这些无差异、大同小异的乡村旅游

景区，发展空间有限、发展前景并不乐观。一方面乡村旅游景区开发项目雷同，对于追求个性化、新鲜感的游客来说，无法满足其高层次的需求；另一方面，随着社会的发展，乡村的生活、消费观念正在向城市文化靠拢，原有的原生态自然气息逐渐消失，乡村旅游的优势不复存在。

4. 品牌观念淡薄，服务质量较差

旅游品牌的打造对于乡村旅游竞争力的提升尤为重要。现阶段，乡村旅游管理者缺乏品牌意识，市场观念弱，依然沿用传统发展理念，抱残守缺，对于企业的品牌定位不清晰，推广渠道和方法也不够明确，导致市场秩序混乱，旅游收益大打折扣。

5. 商业化严重，原始生态被破坏

当前，我国部分地区乡村旅游对于可持续发展的理念落实不到位，商业化思维严重，为了追求短期的经济效益，而忽略了旅游资源的本底条件，也不考虑周边客源市场状况，大搞景区形象工程。这样做不但会破坏当地的生态环境，还会损害其在游客心目中的整体形象，不利于乡村旅游业的发展。

（二）乡村旅游电子商务应用存在的问题

1. 侧重于平台开发，忽略了在其他层面的应用

电子商务在乡村旅游中的应用，既要包括普通平台应具备的功能，又要起到与外部信息交流的作用。而一般对于电子商务的理解，简单地认为是旅游企业宣传产品的手段，正是由于这种片面的观点，部分网站更侧重平台项目的开发，而忽略信息传递、数据传输等方面的建设，忽略旅游电商网站对于旅游者信息搜集、旅游目的地要素整合等方面的开发和应用。

2. 乡村旅游企业孤身作战，成“信息孤岛”局面

大部分乡村旅游企业只关注自己，建立一个简易的电子商务平台也只是做简单的宣传而已，没有与同业者信息共享的意识，难以真正实现企业综合竞争力的提升，个体的实力再强也无法兼顾乡村旅游的各个方面，实力较弱的乡村旅游企业可能会被“遮蔽”，这也不利于地方乡村旅游业的良性发展。因此，地方政府和行业要带头对当地乡村旅游资源进行整合，对旅游信息进行共享。

3. 乡村旅游电子商务的建设滞后

首先，全国很多地方都建设有本地的乡村旅游网站，但由于缺乏持续投

入的动力和建站经验等原因，各地网站风格趋同，没有突出各自的地方旅游特色。其次，乡村旅游电子商务功能过于单一，大多只有当地风景展示和订票入口，没有利用短视频等新方式进行各个景点的充分展示，也没有游客互动板块。再次，信息的发布和更新比较滞后，没有专门人员来运营。总而言之，乡村旅游电子商务建设从理念和网站来讲都相对滞后。

二、乡村旅游与电子商务融合发展过程中存在的问题

（一）“乡村旅游+电子商务”产品定位偏小众

当前我国在线乡村旅游产品、服务的定位侧重于满足当地或小区域范围内居民的休闲娱乐、农村体验、文化精神等需求，市场定位起点较低、目标市场范围狭窄。如目前推出的乡村旅游电子商务平台虽然具备酒店在线预订、租车信息查询、农家乐餐饮预订等功能，但平台影响力较小、引流效果不佳。再加上此类平台尚处于初级发展阶段，乡村旅游服务功能不健全、缺乏吸引力。部分OTA平台虽涉足乡村旅游行业，但仅推广大型、成熟、具有一定知名度的乡村旅游项目，区域性、小众型“乡村旅游+电子商务”产品定位致使乡村旅游竞争实力较低、难以满足消费者多元化消费需求。

（二）从业人员观念落后、技能欠缺

乡村旅游市场规模庞大、发展前景可观，但从应用层面来看未能深入挖掘电子商务与乡村旅游融合的显著优势，二者契合程度不够。一方面，乡村地区旅游电子商务起步较晚、发展缓慢，虽然农民对电子商务认可程度较高，但缺乏应用电子商务进行持续经营的理论知识、专业技能；另一方面，目前我国复合型、创新型及应用型乡村旅游从业人员十分匮乏，面对形式灵活的乡村旅游电子商务运营模式时，部分从业人员因观念滞后、知识与技能结构单一、思想认识不到位，导致其难以适应乡村旅游发展新形势，不能接受乡村旅游新型营销方式。因此，现阶段从业人员观念与技能落后是乡村旅游与电子商务融合发展的关键阻碍因素之一。

（三）交通和网络覆盖的不足仍然广泛存在

乡村旅游发展需要完善的基础设施予以支持。从交通层面来看，当前我

国乡村交通体系日益发达，但在偏远的乡村地区尚未实现交通道路的全面覆盖，交通可达性较差导致游客难以亲身体验乡村原生态自然风光，且会增加游客的时间成本，影响游客的旅游体验。除此之外，我国部分乡村旅游项目供应商为农户，如农家乐、采摘园等多为农户自主经营。

虽然当前乡村网络覆盖率、智能终端普及率明显提升，但应该引起重视的是，互联网技术在农户家庭中的应用并不广泛，制约了乡村旅游与电子商务的融合发展，不利于丰富乡村旅游电子商务平台的服务功能与产品类型。

（四）乡村旅游产业链尚未形成，旅游产业附加值仍未凸显

目前，我国乡村旅游项目尚未形成规模效应，产业链不健全且涉及范围狭窄。如农家乐、采摘园、乡村垂钓等旅游项目丰富但缺乏关联性，难以打造乡村旅游品牌，且各个乡村旅游项目经济附加值较低。除此之外，我国大部分乡村旅游项目缺乏辨识度，多以城市旅游项目为蓝本，如民俗文化体验项目将乡村手工产品、绘画作品等置于展览馆内，导致乡村旅游项目特色不足、未能充分发挥乡村地区得天独厚的农业资源与农耕文明优势，造成“千村一品，村村同质”的局面，难以通过大力发展乡村旅游带动乡村手工业、农业、文化创意产业的发展。

第五章

我国乡村旅游电子商务发展案例分析

第一节　政府推动下的广西乡村旅游电商发展

在信息技术快速发展的今天，电子商务、“互联网+”等新的业态得到了快速发展，同时引发了新一轮的国民消费升级，也成为带动农村产业经济发展的新渠道、新手段。在广西，尤其是农村地区，互联网经济发展的整体水平较国内领先地区呈现出明显滞后局面。因此，广西壮族自治区政府意识到大力发展信息产业，运用互联网技术带动城乡间的融合，促进广西整体经济发展，带动乡村振兴战略在广西的落地实施都具有重要的现实意义。

一、广西乡村旅游电商发展

（一）广西农村电商发展

广西壮族自治区政府充分意识到电子商务拉动的消费和内需对于经济发展的作用越来越大，在国家大力倡导推进电子商务产业发展的政策带动下，广西相继出台了一系列政策举措，支持本省电子商务产业的健康发展。2013年，习近平总书记提出了“一带一路”的发展规划后，广西依托其明显的区位优势，全面启动“中国—东盟信息港”的建设，使区域内跨境电商发展环境日益优化。在广西东兴、龙州等边境地区，其跨境电子商务更是得到了快速发展。随着电子商务在广西发展日益普及与成熟，电商渠道也逐步从城市延伸到了乡村。据不完全统计，目前广西已拥有较为完善的乡村电子商务网点高达一千余个，其中被列入“全国电商进农村综合示范县”的地区已有29个。国家为扶持广西经济发展，也开展了“电商入桂”的系列活动，阿里巴巴“一达通”、浙江传化集团、中万环球有限公司等一批优秀的电商企业先后落户广西发展。为配合国家政策更好地落地实施，在广西还相继举办了一系列促进电商发展的各类型活动，如“广西壮族三月三”电商节、“党旗领航电商扶贫”活动、广西电子商务创业大赛等活动等，推进广西内电商产业蓬勃发展的同时也带动了当地浓厚的电子商务创业氛围。

根据2014年财政部、商务部联合发布的《财政部办公厅、商务部办公厅关于开展农村电子商务综合示范的通知》，广西壮族自治区政府迅速展开响应，全面开展农村电子商务示范区建设，从基础设施、物流体系、商业模式、政策引导、市场机制等方面对《通知》与《实施方案》进行贯彻与落实。大力推动相关人才培养工作，通过省、市、县、乡等各级政府整体运作，以试点形式逐级开展农村电商建设。

（二）广西乡村旅游电商发展

广西素有“八山一水一分田”的美誉，同时广西也是我国水果等特色农产品销售量最高的地区。除了丰富的优质农产品资源以外，独特的生态旅游资源和丰富的民族特色文化也是广西吸引国内外消费者瞩目的重要因素。广西在“十三五规划”中特别提出了发展广西新型旅游业态的发展思路，通过政府引导与地方建设，将不断加快当地由山水观光等自然景观旅游向农村休闲度假旅游转变，以带动其乡村经济发展。目前，广西建设有民族特色小镇52个，全国乡村旅游扶贫重点村落735余个，全国特色景观旅游名镇名村29个。

由于广西极具特色的自然景观与民俗特点，吸引着国内外不计其数的旅游消费者前来休闲观光，除了久负盛名的自然景观以外，特色的民族乡村游也蕴藏着巨大的市场需求。但是由于以往缺少对互联网推广手段的充分利用，更多的旅游消费者只是通过微信公众号、抖音视频等渠道零星地获得当地的旅游消费信息，宣传范围过于狭小，影响力更是不足。值得一提的是，在广西还存在着广西特色乡村旅游网、广西乡村旅游网等行业细分网站，但是这些网站信息更新严重滞后，而且内容过于单一，网站活跃度差，带来的社会及市场影响并不明显。移动端有广西乡村旅游联盟 APP、广西民宿旅游、广西乡村记忆民宿、广西生态游、右江区乡村旅游服务平台等微信小程序，但是整体关注量、订单量都处于较低水平，宣传推广作用不明显，消费引流的效果差。

为积极促进广西农村经济发展，利用丰富乡村旅游资源，带动广西乡村振兴事业发展，广西出台了一系列的改革措施，用政策实现保驾护航。2022年8月，广西壮族自治区文化和旅游厅发布了《广西乡村旅游高质量发展专项规划（2022—2025年）》。在规划中提出，广西应借助现有资源优势，依托“环城、傍景区、沿路、沿江、沿边”空间分布特点，打造乡村旅游产业带。在对接广西本土旅游业发展布局规划及环广西国家旅游风景大道的规划要求基础上，确立了以“两大环城乡村旅游圈，三条乡村旅游发展带，五大乡村旅游片区”为主体的广西乡村旅游的整体空间布局。同时规划了在未来五年，在广西培育五个以上面向国际化的乡村旅游目的地、两家以上的5A级旅游景区的建设目标。进一步打造世界级阳朔遇龙河旅游度假区，创建2个以上乡村度假型的国家级旅游度假区、10个以上全国乡村旅游重点镇（乡）、60个以上全国乡村旅游重点村、14条以上乡村旅游廊道、300个以上广西特色文化旅游村、3000家以上精品旅游民宿等。同时规划在广西每年新增15家以上的四星级以上乡村旅游区，每年增设全区重点扶持和提升的乡村旅游项目，数量不低于10个，努力将其打造成为全国知名的乡村旅游品牌。继续重点培育广西百镇千村生态特色文化旅游示范镇（村）建设，数量扩展到100个以上；继续推进中国美丽休闲乡村建设，继续加强全国休闲农业重点县建设，加强乡村旅游融合示范区建设。通过上述举措，力争将广西的乡村旅游产业升级为全国业内的知名品牌，并打造为“乡约广西·秀美壮乡”品牌形象。

2020年以来新冠肺炎疫情不断蔓延，对广西乃至全国的乡村旅游业发展均带来了不同程度的影响，一些乡村旅游企业经营困难，甚至处于停业或半停业状态，在建的乡村旅游项目建设也存在进展缓慢的普遍情况。广西壮族自治区人大常委会提出鼓励乡村地区不断开发新产品、新业态和新服务，为游客提供更加多元的旅游体验，实现差异化发展，从而提振乡村旅游业发展。

经过多年来不断的探索与实践，广西在旅游业助力乡村振兴领域中已逐渐形成了自己的特色与思路，形成了在全国范围内优势较为明显的产业旺、农民富、乡村美、生态优、文化兴、人才强的乡村振兴景象。在刚刚过去的2021年，广西全年累计接待乡村旅游游客数据近4亿人次，这个数字已经达到当年全国旅游人数的48.9%；创造省内乡村旅游消费超2500亿元，相当于2021年国内旅游总消费的28.6%，为广西GDP总量贡献了10.5%的重要力量。从广西的案例中，我们可以充分看到旅游业在乡村振兴战略实施中起到的重要且决定性的作用。

“十三五”以来，在广西新增的各级旅游景区和旅游度假区中，近80%以上都集中在农村地区，在这些项目的成功落地实施的基础上，广西持续监管与建设，创建了全国级的乡村旅游重点村达40余个。乡村旅游业的加快发展促进农民增收的同时，美化了村容村貌，优化了生态环境，也留住了乡愁。

二、广西推进乡村旅游电子商务发展的重点举措

为促进广西乡村旅游产业的高效发展，在广西壮族自治区政府的大力支持下，在文化旅游部门的推进倡导下，近年来，广西依托互联网与移动终端设备，在充分利用大数据、云计算等先进技术基础上，构建了广西乡村在线旅游电子商务数据平台，以电子商务数据平台为依托，积极建设广西智慧乡村旅游服务系统，为乡村旅游消费者的高效服务提供在线支持，同时实现全程监测，保证优质的乡村旅游产品与服务的输出。

（一）平台建设思路

通过调查研究，消费者对各类旅游产品的青睐程度依次为：山水景观类产品、人文景观类产品、各类主题型旅游产品；而旅游消费者在选择目的地时除了考虑旅游特色与费用等主要因素外，食宿与安全等因素也越来越受到重视。简单的走马观花式的“吃住玩”式旅游已经不能满足消费者愈发多元

化的消费需求，为应对这些改变，广西各地旅游部门采取了将深挖特色，打造专属 IP 作为发展的核心目标，不断挖掘乡村旅游与民族文化的结合点，在实现乡村旅游产品的差异化运营与推广基础上，不断进行拓展与升级，满足更多旅游消费者的需要。在新型乡村旅游市场中，凭借其优质服务、特色文化、个性化强的旅游规划与资源占据有利的市场份额。

针对我国乡村旅游市场基础设施落后、同质化资源明显、优质资源匮乏、服务质量不高普遍特点，广西通过不断优化整合线上线下的资源，除能够提供在线购买各类车票、旅游景区门票基础上，还包括民宿预订、个性化旅游定制等服务，覆盖了消费者在出游前、游览中、返程后等各类场景的一站式服务，为树立品牌效应、增强用户黏性呈现了积极的作用，推出了一系列的本土优质化、安全性、便利性的乡村旅游产品与服务（见图 5－1）。

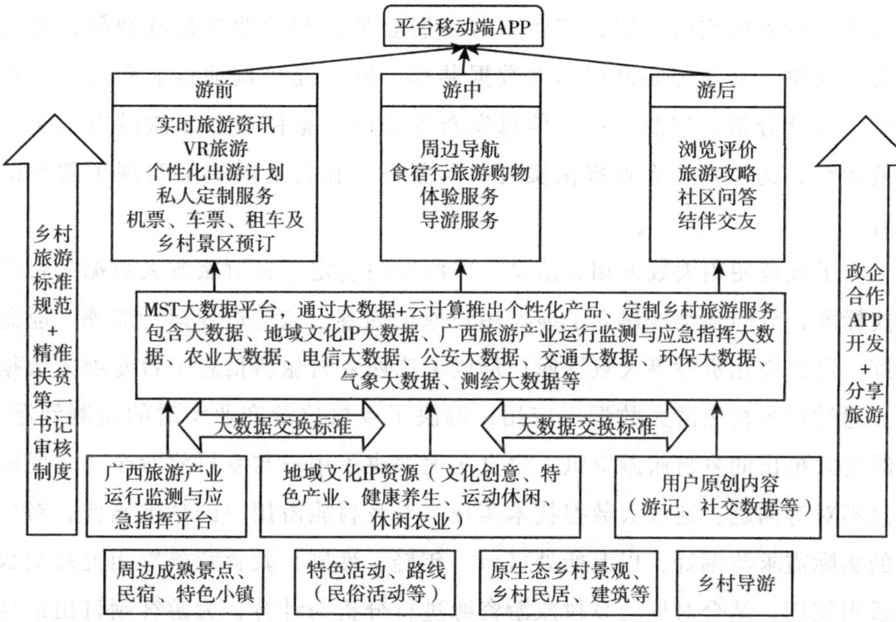

图 5－1　广西乡村旅游 MTS 模型

（二）广西推进乡村旅游电子商务发展的具体举措

1. 深度挖掘线下资源，聚合优质本土化的特色乡村旅游产品

广西鼓励各乡村旅游景区积极整合周边景点，如企业为主体经营的特色

小镇、民俗等成熟景区资源。同时广西壮族自治区政府推进乡村振兴战略的落地实施，各级地方乡镇政府也在积极挖掘本地区的少数民族文化、乡村建筑文化、特色乡村旅游线路等乡村旅游资源，通过与旅游文化企业合作，成功打造如壮族“三月三旅游文化节”等优质的民族文化IP。结合传统休闲农业进行资源有效整合，不断拓展如文化创意旅游、康养健身旅游、运动探险旅游、特色产业观光旅游等新型项目。

2. 充分利用信息技术，提供多元个性化的旅游定制产品

针对当下旅游消费者多元化的需求，广西充分运用互联网及移动终端设备，将大数据与云计算等先进的信息技术种植到乡村旅游业态中来，绘制精准的消费者画像，精准捕捉消费者的个性化需求，为消费者提供性价比高、个性化明显的乡村旅游定制服务。在广西已建设的“广西旅游产业运行监测与应急指挥系统”中收集有大量相关数据信息，包括电信运营商和网络运营商的实时数据，广西旅游发展委员会相关业务系统数据，以及公安、气象、交通等多部门的大数据共享，同时充分调动行业管理、产业监管、统计分析、应急指挥、信息发布等功能，整体服务于旅游电商平台系统运行，为用户与企业提供实时数据服务，在行业响应上实现了效率的提升。

为了规范使用大数据相关信息，广西专门制定了针对旅游大数据平台的交换标准，分门别类地建立了涉及用户原创内容、旅游产业运行监测、应急指挥、民族文化资源等大数据库，形成了广西乡村旅游信息平台专项大数据库。通过对乡村旅游大数据库应用，解决了乡村旅游产业实时的监测问题，同时实时推出的乡村旅游资讯，也真正地解决了用户与乡村旅游企业之间的信息不对等问题；通过大数据技术实现了对乡村旅游用户的精准画像，对用户的实际需求与偏好，以及所处区域、年轻、性别、教育背景等相关社交数据适当使用，结合对周边乡村旅游资源进行分析与计算，为游客制订出最佳的、精准的游玩体验方案成为可能；在广西，乡村旅游企业甚至可能实现专门针对各类细分人群的个性化服务方案，为乡村旅游消费者提供多元化、个性化旅游计划和路线及定制私人服务。

3. 落实扶贫乡村领导参与机制，打造更好的乡村旅游体验

在广西，为促进乡村旅游产品提供更好的服务质量，具备更佳的用户体

验感，文化旅游部门从政策入手，引导各级各地方加强相关工作的管理与执行。2018年，制定并出台了《2018年广西乡村旅游质量等级评定管理暂行办法》（以下简称《办法》），《办法》规定，为加强与提升广西境内乡村旅游景区的服务水平，相关部门可以按五个星级的评价标准对乡村旅游服务进行评价，并进行公开公示。对于刚刚投入运营的乡村旅游景点与路线，未满一年不可参与质量等级评定，统一参照一星的评价标准进行审核；在星级评价标准基础上，同时叠加打分评估机制，对乡村旅游过程中的用户体验与服务质量进行监控，此环境由辖区主要领导进行审核与评估，最终落实机制的有效推进。

4. 积极调动乡村闲置人力，广泛参与分享，扩大景区影响面

在广西，许多乡村掀起了“体验乡村生活”的主题分享活动。各地区在将乡村现有的分散的闲置房屋、乡村基础建筑设施、普通村民住户进行有规划的整合，打造为系列的乡村民居、乡村民族风格建筑、乡村自然景观等。充分发挥农村闲置人力资源利用效率，鼓励村民参与乡村生活的分享活动，拍摄成各类图文、视频素材在网络上进行宣传，内容覆盖出游前准备、出游中攻略、出游后保障等信息内容。这些闲置资源不需要企业或乡村投入更多的资金支持，通过稍加改造直接即可变成天然的乡村建筑、乡村景观资源，进而实现乡村民居的运营。对于乡村所需要的人力资源，各地区直接通过培训本地的闲散居民，将他们变为本土导游、本土旅游服务人员，为外来游客提供贴身的一站式导游服务，服务范围覆盖出游前的信息资讯、游览中的导游服务、游后的持续跟进。这种乡村民居与本土导游的乡村旅游建设模式，让前来旅游的用户能够更好地深度融入当地生活，充分体验广西极具特色的乡村民俗文化。

（三）广西乡村旅游APP平台功能架构设计

在广西乡村旅游APP移动端平台，为游客与企业打造了包括乡村旅游产品的售前、售中、售后各类活动真实场景，其功能结构如图5-2所示。

到广西的乡村旅游用户可以登录APP平台，除了完成平台提供的常规的资讯推送和游前预订交通、民宿等功能外，在平台上还创新地植入了乡村导游预定、前期场景及线路的VR体验功能；在平台上，游客不仅可以随时搜

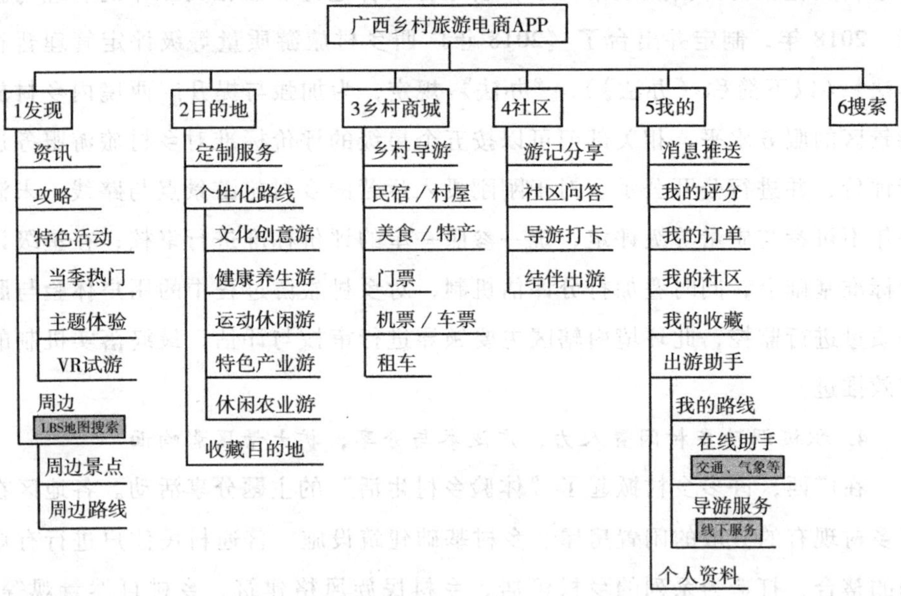

图 5-2 广西乡村旅游电商 APP 功能架构图

索到周边景点、美食、民宿、路线、特色活动等旅游产品的信息，同时平台也提供了外地游客的全程助手的功能，游客可以提前启动定制服务，利用手机、iPad 等移动终端的协作，平台能够为用户提供全程的旅游服务，这包括：周边设施情况提示、最佳旅游线路推荐、旅游路线导航、旅游气象服务、特色乡村产品购买攻略、在线客服等，以线上 + 线下融合的形式把乡村旅游服务渗透于旅游产品的售前、售中、售后全过程之中。

针对旅游企业、乡村旅游组织者及本土导游端，均可在旅游商城发布相关乡村旅游产品和服务信息。所发布的产品或服务信息需由乡镇的主管领导亲自审核和评估，以达到对本地乡村旅游产品与服务的全程监控，使乡村旅游安全保障机制落地见效。

广西乡村旅游 APP 平台针对当前乡村旅游的痛点问题，运用大数据技术，通过融合线上线下的本土乡村旅游资源，构建了平台电商模式与移动端 APP 的功能体系，打造了基于大数据技术的广西乡村旅游电商平台，在促进当地特色乡村旅游服务和产品创新，推动广西乡村旅游业快速发展，为政府未来旅游精准扶贫工作提供了有益参考。

三、广西乡村旅游优秀案例

（一）康养旅游推进巴马乡村振兴

1. 基本情况

巴马瑶族自治县位于广西西北部，县域面积1976平方公里，10个乡镇，104个行政村和5个社区，聚居着瑶、壮、汉等12个民族，总人口30.5万人，少数民族占总人口的85.29%，其中瑶族人口占17.46%。这是一个集“老、少、边、山、穷、库”于一体的新时期国家级贫困县，全县共有57个贫困村，14405户贫困户，65091名贫困人口，属深度贫困县。

然而，独特的地理位置，丰厚的历史积淀，也造就了巴马县特殊的旅游资源，主要包括：原始森林、天坑群、水晶宫、百魔洞、百鸟岩、赐福湖等自然旅游资源；西山红七军21师师部旧址、韦拔群牺牲的旧址教育基地、“龙田精神”发源地燕镇龙田村等红色旅游资源；仁寿源、长寿岛、田园风光、民族风情、实景演艺等人文旅游资源。

脱贫攻坚战5年来，全县57个贫困村、65091贫困人口全部脱贫，2019年顺利实现整县脱贫摘帽，2020年现行标准下所有贫困村贫困户如期实现全部脱贫出列，脱贫攻坚取得全面胜利。旅游业作为巴马第三产业中的支柱产业，在参与全县脱贫攻坚、助力减贫方面发挥了重要作用。

2. 旅游扶贫成效

（1）旅游软硬件条件不断优化。

“十三五”期间，巴马的公共交通设施在政府的大力支持下，得到了长足的发展，使百姓出行日趋便利，巴马的枢纽地位不断得到加强。周边地区的县与县之间，县与山区之间，景区与景区之间，多种交通模式均已触达。五年间，政府对巴马地区旅游基础设施建设累计投入资金达3.5亿元人民币。建设了一批旅游集散中心、特色乡村旅游景区，景区之间实现互联互通，极大促进了来桂游客的流量共享，带动了周边景区整体发展。

（2）巴马的品牌影响逐步提升。

随着2018年巴马国际马拉松赛事与2021年中国—东盟传统医药健康旅

游国际论坛（巴马论坛）的连续成功举办，在丰富了巴马旅游元素的同时，宣传了“世界长寿之乡”的品牌，推进了各行业与旅游产业的融合，实现了旅游与基地产业的跨界融合，巴马地区各产业协同发展，催生了新业态，延伸了产业链，创造了新价值，带动全县2.2万个贫困人口实现增收。

（3）康养旅游助力扶贫发展格局日益显现。

通过“旅游+大健康”，旅游减贫的“造血功能”得到充分印证，当地旅游企业包含高端酒店、自然奇观、实景演出、特色美食、文博游览、民俗体验、乡村野趣、非遗工艺、养生民宿等多种经营方式，在政府牵头建设，村民集体参与的形式使群众生产生活条件得到了极大改善，广西大部分贫困山区面貌焕然一新，乡村旅游经济增长所带来的成果得到了显著提高。以巴马村为例，在“十三五”时期，先后接待国内外游客超3000万人次，达到了“十二五”时期的2.33倍；实现旅游总消费300亿元以上，达到“十二五”时期的2.61倍，广西许多乡村地区的群众依靠文化旅游产业实现了增收致富，开启了幸福生活的“金钥匙”。

3. 主要做法

（1）以规划设计为先导，体现巴马旅游特质。

巴马始终坚持规划先行，探索“多规合一”，优化旅游发展空间布局，坚持“先策划、后规划、再建设”的原则，始终把科学规划贯穿在旅游发展空间建设当中，始终坚持“全域与特色、区域与精品、休闲与度假相结合”的原则贯穿在旅游发展空间建设当中。将巴马地区打造成康养旅游新基地。政府委托专业团队针对巴马发展实际情况编制了《巴马县全域旅游总体规划设计》《巴马大健康产业发展规划》等文件，从功能区规划、土地利用规划、县城总体规划、旅游总体规划、交通规划、水利规划、环保规划各方面实现了有机的结合，通过绘制巴马县域空间信息与旅游资源图，为国土空间规划提供了基础数据支撑，运用大数据实现科学预测，帮助巴马地区扭转旅游发展理念，将原有的单一观光游逐渐转型为以大健康为理念的康养旅游，加快了巴马旅游产业转型提质，奠定了坚实基础。

（2）以乡村旅游为助推器，决战决胜脱贫攻坚。

巴马县依托独特的区位优势、资源优势、品牌优势以及后发优势，在党建引领下，一直以来，以开发乡村旅游产业带动当地脱贫攻坚工作，将发展乡村旅游作为带动乡村振兴的重要抓手，在建设过程中采取政府支持、群众自筹、县乡联动“三位一体”的模式打造了多个如坡纳乡村旅游示范区的乡村旅游示范点，使当地村民的人均纯收入从2005年不足1500元的水平，直接跃升至如今的人均年收入2.5万元以上水平。

在巴马县，目前已经建设了较为完善的四大景区地带，分别是以百魔洞景区为核心的坡月养生养老度假区、以洞天福地景区为核心的仁乡休闲度假区、以水晶宫景区为核心的大洛观光旅游区、以仁寿源景区为核心的平林长寿文化探秘区，通过上述示范景区的带动和辐射作用，实现了四个乡镇约5万村民的大幅增收，解决了两万余贫困人口的生计问题。

在广西那桃乡，成功将平林村敢烟屯仁寿乡舍打造成了五星级乡村旅游区，在示范引领的作用下，形成了明显的辐射作用，它带动了周边的敢烟、常新、坡甫、反修、良马、塘乐、达西等自然村的经济发展，其中90户360余位村民脱贫；在广西地区实施的因地制宜的对乡村旅游资源开发的举措，推动当地乡村旅游融合发展，有效带动农民增收致富。通过对乡村景区、乡村旅游区的建设发展，为周边村庄的农民创造了大量的就业机会，直接从事旅游工作近六千余人，间接从事旅游工作超五万人。

(3) 以“旅游+”为孵化器，优化产业发展结构。

近年来，巴马沿着“旅游+”的思路在做文章，将产业、文化与旅游打造成“三位一体”经济发展铁三角，与当地村民的生产、生活相结合，与当地良好的生态发展相融合，践行了“乡村振兴，产业先行”的建设思路。将巴马由原有的单一农业经济逐步转向一二三产业融合发展的多元化经济，极大地推动了当地乡村经济的快速发展。

构建“旅游+农业”产业联合发展模式，依托巴马的特色农业发展，打造了那澜湾、华昱三生农场等一批农业生态观光区、水果采摘区乡村旅游业态。

构建“旅游+文化”产业联合发展模式，以广西本土瑶族文化为基础，推出少数民族文化体验游项目，建成了巴优瑶寨、文钱射弩文化展示馆等旅游景区。

构建“旅游+养生”产业联合发展模式，培育赐福湖君澜度假酒店、世纪养生园、百魔洞养生度假区等一批精品酒店和度假场所，为乡村旅游消费者提供高端餐饮服务。

构建“旅游+扶贫”产业联合发展模式，构建了“公司+合作社+基地+农户”模式开展乡村旅游景区运营机制，建成食用菌产业基地生态旅游观光项目、仁寿乡舍乡村旅游区，推动了当地旅游扶贫项目的建设。

(4) 以乡村旅游发展为载体，提升传统文化内涵。

乡村振兴，文化同行。巴马以乡村旅游发展作为保护、传承和发展传统文化的重要载体，注重传统文化与乡村旅游开发相结合，通过主题开发、文化展示、互动体验等形式，丰富了传统文化的内涵，增强了文化自信，唤醒了文化自觉。

清朝年间，巴马曾有百岁老人邓诚才受到光绪帝赐予的“惟仁者寿”牌匾，根据这一历史典故，巴马以长寿为主题，深度拓展长寿文化、开发长寿美食，结合民族风情，构建了一体化的仁寿源景区；以巴马延寿民俗为主题，建造了全国第一个长寿博物馆，馆内陈列了以长寿为主要内容的专题性展品，展现巴马寿星风采和巴马特色长寿食品，吸引了游客前来探究长寿现象和学习长寿健康文化；以巴马布努瑶的长寿文化与巴马赐福湖自然山水、民族文化融合为主题，打造了展示巴马人勤劳、勇敢、朴实、乐观的品格，演绎长寿人生生活画面，展现巴马民风民俗和长寿文化的大型山水实景演出舞台剧《梦·巴马》，打造“看得见山、望得见水、记得住乡愁”的美丽巴马。

4. 成功经验启示及未来展望

(1) 坚持以富民增收为发展目标。

巴马坚持把富民增收作为发展乡村旅游的最终目标，通过增强旅游产业的辐射联动效应，鼓励城乡居民特别是贫困农民积极参与当地乡村旅游服务，帮助当地群众搭建创业就业平台，让老百姓借助乡村旅游的发展获得更多实惠。

(2) 坚持融合发展的主体思路。

在广西巴马，政府通过快速发展乡村旅游产业，整体带动相关产业发展，在突破第一二三产的界限基础上，推进旅游与农业、工业、商业、文化、体育、交通、扶贫等各行业的融合，形成了部门联合、产业融合的旅游发展特点，同时成为当地新的经济增长点，通过多点支撑，建成了全面发展的“大旅游、大市场、大产业”格局。

（3）坚持生态优先的发展理念。

对于广西巴马来说，它的最大财富和最大优势是它的生态资源，因此可以说生态线就是巴马的生命线。巴马在发展其乡村旅游产业过程中，需要充分发挥其生态优势，通过实际行动深入践行“绿水青山就是金山银山”的两山理论。尊重自然、绿色发展、传承历史，坚定地走低碳环保理念，是巴马生态文明建设和乡村旅游开发的重中之重。在上述理念的指引下，广西巴马通过治山理水、依山傍水、实现显山露水，这也是巴马生态文明建设和乡村旅游开发的根本方向。

（4）坚持多元共建的模式。

巴马旅游扶贫模式主要包括：①景区开发带动辐射模式，累计带动 3.68 万农民实现了直接或间接就业；②旅游项目投资拉动模式，引导贫困地区农民采取土地流转、房屋资产入股分红、门票分红等方式实现增收，带动 4 个乡镇 48000 多人，其中贫困人口 22168 人；③当地成功案例引领模式，通过当地企业家回乡投资创业，形成“旅游公司 + 农户”的发展模式，以土地入股、就业、分红等方式助力精准脱贫；④村镇自主开发模式，在村镇一组单位成立以发展乡村旅游经济的集体合作社，在广西目前已建设有 5 个重点旅游扶贫村注册成立乡村旅游开发合作社，在提供旅游景观资源基础上，配合种植食用菌、本地特色粮食作物、特色动物养殖等项目，实现乡镇旅游生产脱贫。

下一步，巴马将继续重视发挥好旅游减贫、旅游致富的独特作用，巴马旅游将始终坚持“世界眼光，国际标准”，即将启动的“巴马国际长寿养生旅游胜地”建设，已经做好了高起点规划、高品质建设、高水平管理、高定位营销的目标要求，以国际知名的康养旅游胜地为目标指向，打造广西地区又一乡村旅游新高地，实现广西由单一景区景点的观光游向融合大健康概念的新时代康养旅游转变步伐，增强旅游减贫的循环“造血”功能，为精准扶贫注入新动能，推动新发展，创造新辉煌，引领“广西的巴马”“中国的巴马”向“世界的巴马”嬗变。

（二）产业联动、高质量脱贫的百色巴某村乡村旅游扶贫案例

2018 年以来，百色市田阳区巴某村紧紧围绕省委省政府关于打赢脱贫攻坚战，带领全省人民奔小康的阶段目标，实现精准监控、稳步落实，确保可持续发展的部署要求，紧密结合脱贫攻坚与乡村振兴，结合巴某村实际，全力打造“18°巴某凉泉度假村”，以旅游为引擎，发展壮大旅游、种植、养殖三大重点产业，推动巴某乡村旅游业又好又快发展，实现产业链联动和巴某村高质量脱贫。

1. 基本情况

五村镇巴某村地处百色市田阳区南部大石山区，距城区45公里，距镇政府所在地13公里。全村总面积14.2平方公里，辖8个屯14个村民小组，户籍人口425户1648人，其中，劳动力880人，有733人外出务工，占全村总人口44.5%。有耕地面积1478亩，人均1.11亩。2015年底精准识别后，全村有建档立卡户254户1021人，贫困发生率为61.95%，列入“十三五”时期深度贫困村。巴某村海拔840米，年平均气温18.6℃，年均降雨量1360毫米；低纬度高海拔，气候温凉，自然环境优美，发展生态乡村旅游资源的优势明显。

2. 旅游扶贫成效

依托巴某村山清水秀、气候宜人的自然禀赋，以及毗邻华润供港基地的优势，因地制宜大力发展乡村旅游，以广西五星级乡村旅游区、四星级汽车旅游营地美丽旅游乡村为发展目标，做足山水、空气、气候、产业等文章，不断完善旅游基础设施建设，把巴某村打造成为广西五星级乡村旅游区。重点实施游客服务中心、村史馆、民宿改造、桃李景观园、花海栈道、上山观景平台、景观桥、花溪地、汽车露营地等旅游基础设施建设。

自治区文旅厅高度重视巴某旅游建设项目，2018年以来共安排专项旅游扶贫资金1353万元用于巴某村旅游基础设施建设。目前已完成游客服务中心、9户民居改民宿、村史馆、花溪地、景观桥、环屯步道等基础设施建设，正在建设花海栈道及上山观景平台、村头小广场。

目前，巴某村乡村旅游区由恒茂旅游公司接管运营，民宿实行年底保底分红模式，每户每年民宿收入不低于1.2万元。通过发展乡村旅游，为巴某村8个自然屯258户1008人建档立卡户增加稳定收入，有效助推巴某村脱贫攻坚、群众脱贫致富奔小康。

2019年底，巴某村实现高质量脱贫，乡村振兴建设率先走在全区乡村前列，逐步实现为同类地区推出好经验、好做法的总目标。荣获“全国乡村旅游重点村”“中国美丽休闲乡村”“广西五星级乡村旅游区”“广西十大最美乡村”等荣誉称号。

3. 主要做法

（1）发展多元产业，提高旅游扶贫综合效益。

采取“公司＋合作社＋基地＋农户”的模式，通过合作社统一流转土地，引进公司合作发展种植、养殖、旅游为主的三大特色产业，发展观光农业产业的“拳头产品”。实施500亩桃李基地、1100亩油茶示范基地、200亩铁皮石斛基地、150亩高标准葡萄及野菜园等项目，同时，配套种植柑橘、油茶、三华李等水果2000亩，既有观赏价值，又有经济价值，为巴某村展现生态、绿色、环保、宜居、人文的景观打下坚实基础。引进华润五丰公司建设供港供湾养殖基地，建设肉鸡、蛋鸡、商品猪、肉牛等集中区，自主发展年出栏20万羽肉鸡、年出栏300头育肥牛等养殖项目，每年增加村集体经济收入10万元以上。乡村旅游9户民宿户每户年收入1.5万元，村集体收益5万元，并带动群众发展特色旅游产品、农特产品，实现集体经济壮大、群众增收、产业提级的多赢目标，推动了旅游产业发展。

一是实施乡村风貌改造。开展特色住房外立面改造，装饰红砖外墙，加装屋顶钢架及格栅；建设村庄微菜园、小绿地、小景墙、小广场以及庭院式、沿湖式花化等项目，安装太阳能路灯及屯沿湖夜景灯，匠心打造房前屋后以及湖坝叠水精品景观，展现具有乡村气息的新农村。

二是实施乡村环境治理。动员群众拆除危旧房以及屯内附房、围墙、养殖棚等，清除乱搭乱建及陈年垃圾；开展道路两旁本地景观树移植及沿山、沿路林相改造；实施农村污水处理工程，开展屯内水湖清淤，修复湖坝驳岸，修建沿湖栈桥步道，种植水生植物，净化水体；加大农村垃圾分类设备投入，完善分类工作机制，将分类成效纳入日常监督事务，调动群众自觉意识。

三是实施乡村配套设施。完善路网体系，修建屯内环屯东、西两路，行程车行道闭环线；完善片区人饮及灌溉设施提升，推进生态扶贫农田水利、高效节水灌溉项目建设，安装人饮净水设备，改善群众生产、生活用水条件。

(2) 强化党建引领，激发乡村旅游发展新活力。

巴某村以强化党建引领，深入实施“党建强基、全心为民，自治强根、规约律民，法治强本、稳定安民，德治强魂、匠心塑民，智治强政、科技惠民，综合施策、服务利民”的“六民”工程，制定村规民约，建立党群联兴家园、综治服务中心、法治文化主题园，开展“最美”文明评比活动，展示乡贤，弘扬美德，推进“智慧乡村”建设，不断推动乡村治理现代化，提高群众自我管理、自我发展的能力水平，从而增强了乡村旅游发展活力，脱贫攻坚和乡村振兴工作成效明显。

4. 经验启示及未来展望

(1) 延伸产业链是扩大旅游扶贫效益的有效途径。

巴某村在建设乡村旅游产业过程中，始终围绕产业做文章，用乡村旅游产业发展带动周边产业同向推进，将产业支撑旅游，旅游促进产业的发展思路贯彻始终。创建了高质量脱贫示范村工作。巴某村立足实际，调动了村民和群众的积极性，在产业建设过程中让他们充分发挥作用，运用集体的智慧和力量成功打造了“18°巴某凉泉度假村”的品牌称号。建设了一批广西五星级乡村旅游、四星级汽车旅游营地，满足不同游客的多元化需求。巴某村将建设美丽旅游乡村作为发展目标，近年来，一批优秀的游客服务中心、民居改民宿、桃李景观基地等旅游项目纷纷落成，为做大做强巴某村乡村旅游产业的宏伟目标奠定了坚实的基础设施条件。在巴某村成功引进华润五丰有限公司养殖等特色产业项目，通过延伸产业链实现产业联动，利用旅游资源的先天优势，有效带动相关产业发展，使巴某村及周边贫困户增收致富，切实享受到了改革成果。

(2) 坚持群众路线是提高旅游扶贫成效的重要方法。

巴某村在发展乡村旅游产业过程中，始终坚持群众路线，注重发挥人民群众的主体作用，积极引导当地群众广泛参与，在乡村旅游发展中可以做到“家家参与”“人人共享”到乡村旅游项目中来，让乡村旅游发展的红利深入民众当中。

巴某村通过广泛宣传，联合发动群众，创建了“18°巴某凉泉度假乡村旅游旅联体”，这在国内乡村旅游业中属于创新型的机制，鼓励村民将民居改民宿项目，推进18°巴某凉泉度假乡村旅游民宿与田阳宾馆等酒店宾馆联合运营，加强18°巴某凉泉度假乡村旅游与全区旅游资源融合发展，努力实现与国家AAAA级旅游景区田州古城、广西聚之乐休闲农业园景区，国家AAA级旅游景区敢壮山布洛陀文化遗址旅游景区，广西“梦里壮乡”生态旅游区等景区景点的融合发展。

积极开展宣传推介，加强与周边市区、区内外旅行社、旅游企业合作，吸引更多的游客到巴某、田阳旅游，推进18°巴某凉泉度假乡村旅游，不断巩固提高巴某村旅游扶贫的红利和成效，助推巴某村高质量脱贫，推动田阳区壮民族文化旅游目的地和广西西部旅游“夜归地”建设，推动全区特色旅游、全域旅游的健康发展。

第二节 智慧旅游加快云南乡村旅游业转型升级

一、云南省乡村旅游状况

云南省位于我们西南地区，由于其地处云贵高原，地形地貌与气候特征均具有鲜明的特色，因此，具有大量天然的优秀旅游资源，随着旅游产业在云南的蓬勃发展，在20世纪80年代中期，云南省乡村旅游业逐渐开始兴起。起步较早的如西双版纳和德宏，都是具备丰富旅游资源的典型地区，但是在这些地区组织的乡村旅游活动多为民间自发组织，或企业自身开发建设的，从规模、内容、服务、水平上均处于较低水平。

云南省借助其自身秀美的风景与宜人的气候等优势条件，在发展乡村旅游产业中有天然的基础。2000年左右，社会经济快速发展，带动了国内人民生活水平的显著提高，私家车这个商品已经走进了许多普通的家庭，这为人们闲暇时间外出旅游提供了极大的便利条件，而近郊游、乡村游就成为国民的首选。人们有更多的机会走出家门，走进城市周边的乡村，置身于大自然之中，感受和体会大自然给身心带来的放松与愉悦，为忙碌而高强度的工作与生活增添一些色彩与乐趣。

近年来，云南省依托自然优势在乡村旅游产业取得了长足的发展，已经逐渐形成了“住农家屋、品农家菜、干农家活、享农家乐”的乡村旅游链的完整体系。与山水景观旅游的不同之处在于乡村旅游让那些来自城市的游客感受到与以往不同的新的生活方式，在乡村新鲜的空气浸润下，品尝乡村美食、体验乡村生活，这不仅缓解了城市游客日常生活带来的紧张与压力，同时也拉近了游客与村民的距离，增进了彼此的互相认知，更重要的是带给乡村居民切切实实的经济收益。这种多赢的旅游新模式，在云南蕴藏着极大的发展潜力。云南省借助本身优势，采用多种方式，将本地优势产业旅游业积极与农、林、牧、渔业等相关产业进行联合发展，构建了多种类型、差异化的乡村旅游形式。目前在云南，建设了一批环境优美、服务设施齐备、乡土特色浓郁的乡村休闲度假村。垂钓采摘、林园观光、篝火晚会等新的旅游项目纷纷融入传统农家乐形式的乡村旅游中。随着电子商务的日趋普及，在乡村旅游与网络融合的领域，云南也开辟了许多新的思路，如在景区宣传推广与网络上的虚拟农场相结合，吸引大批网民的加入，为本地乡村旅游带来新的消费群体。这些不断兴起的新形式，都在彰显着云南省在乡村旅游产业中的巨大发展。

在云南，随着政府的大力支持，乡村旅游业得到了不断发展，原有的零散农家乐形式的乡村旅游景点逐渐开始有条理地规划，走上了规模扩建、功能整合、内容丰富的发展之路，建成了在当地具有较大影响力的森林公园、农业园区、休闲山庄等，已经具备满足乡村度假旅游需求的完整的乡村旅游景区。在云南的“农家乐”发展的新方向已经演变成为“吃、住、行、游、购、娱”六位一体的新型农家乐综合体。

据不完全统计，云南的“农家乐”休闲旅游景点数量在“十三五”期间得到了井喷似的增长，数量已达到12582个，近6万农户参与经营，直接从业人员达到30余万人，整体接待游客数量超1亿人次，直接营业收入超500亿元。上述这些数据有力地证明了云南乡村旅游的显著发展成果，它不仅仅为农民带来了可观的经济效益，同时为社会创造了大量的就业岗位，解决了农村劳动力剩余问题，也有力地拉动了云南省农村经济发展，改善了农民生活方式，在大力发展景区建设过程中，使农村面貌焕然一新。截至2021年底，云南省乡村旅游四、五星级酒店数量达到95个（见表5－1）。

表 5－1　　　　云南乡村旅游各市四五级酒店分布情况

城市名称	数量（个）	比例（%）
昆明	30	31.58
曲靖	3	3.16
保山	7	7.37
红河	3	3.16
大理	8	8.42
德宏	3	3.16
丽江	17	17.89
迪庆	5	5.26
昭通	1	1.05
玉溪	3	3.16
楚雄	3	3.16
文山	2	2.11
普洱	3	3.16
西双版纳	4	4.21
临沧	3	3.16
合计	95	100.00

资料来源：云南省旅发委。

2020 年，云南省乡村旅游工作会议部署“十四五”期间相关工作，核心思路在于推动全省乡村旅游高质量发展，大力实施“以旅促农、农旅结合”的发展战略，通过深入贯彻落实党中央、国务院关于实施乡村振兴战略的重大决策部署，在“十四五”期间，将重点推动构建乡村旅游品牌体系、夯实乡村旅游发展基础、强化乡村旅游安全管理、完善乡村旅游利益联结机制、拓宽乡村旅游投融资渠道、健全乡村旅游营销体系、规范乡村旅游民宿发展、加快乡村旅游人才队伍建设等工作取得新成效（见表 5－2）。

表 5－2　　　　云南省 200 个旅游特色村各市分布情况

城市名称	数量（个）	比例（%）
昆明	15	7.5
昭通	13	6.5
曲靖	13	6.5
玉溪	14	7.0

续表

城市名称	数量（个）	比例（%）
保山	12	6.0
楚雄	12	6.0
红河	14	7.0
文山	12	6.0
普洱	12	6.0
西双版纳	13	6.5
大理	15	7.5
德宏	12	6.0
丽江	12	6.0
怒江	10	5.0

资料来源：云南省旅发委。

近些年，云南乡村旅游高速发展，取得了显著的成绩，除了在规模上的扩大外，通过不断实践也逐步形成了自己的运作模式，主要表现为以下几种：

（1）政府直接参与模式。云南拥有天然且丰富的旅游资源，政府通过整体规划与布局，在其中选择交通便利且设施完备的村镇，由各级政府带头组织当地村民参与到乡村旅游产业中来，通过科学统一的规划，根据乡村旅游的基础设施需求，不断完善和建设旅游服务功能，由政府参与逐步发展当地乡村旅游。目前已建成了如昆明市团结乡、丽江市黄山乡、瑞丽市大等喊村、昆明市福保文化村等多处较为典型的优秀乡村旅游景区。

（2）著名景区带动模式。著名景区带动模式是指以当地著名旅游景区为中心，在周围乡村配套完善休闲度假设施和服务，调动周边村民参与行业运营及景区游客的接待等相关服务，通过著名景区已有的影响力带动周边乡村旅游发展，从而达到增加农民收入，改善生活状况的目的。目前运营比较成功的景区，如：石林县的五棵树村、宁蒗县泸沽湖的落水村、梅里雪山下的明永村、罗平县多依河景区，都属于此类模式。

（3）企业独立运营模式。在一些旅游资源丰富、特色明显的村镇，地方政府通过引进有经验和实力的企业独立进行运营，企业引入资金一方面对乡村公共基础设施进行景区化改造，同时也鼓励并带动当地村民通过开发利用原有村舍，为前来观光游客提供乡土特色饮食服务和乡村生活体验，结合云南丰富的少数民族特色，发展乡村游与民族风情文化游融合的旅游产品。目前较为成功且具有代表性的村镇有：昆明鼎业集团开发的束河古镇项目、柏联集团开发的和顺镇项目、西双版纳橄榄坝农场投资的五个傣族村寨项目等。

（4）综合开发模式。政府选择旅游资源较为集中的村镇，牵头进行总体的乡村旅游规划设计，投资建设乡村旅游必要公共基础设施，积极引进资质良好且有合作意向和市场经营能力的企业进行进一步建设与运营，带动周边村民共同参与，通过制定符合旅游市场需求的休闲活动，推进本土乡村旅游发展进入良性轨道。目前较为成功的案例，如：罗平县的万亩油菜花+九龙瀑布+多依河景区+鲁布革电站，多元化的乡村旅游线路，成功激活了景区周边的乡村的经济发展，村民积极参与，通过勤劳致富，取得了巨大的经济和社会效益，目前当地已经成为具有国际声誉的乡村旅游胜地。元阳县的梯田风光+少数民族生活体验，历经多年的发展，也跻身国内热门乡村风光旅游度假休闲区行列。香格里拉的藏族风情+优美的森林湖泊牧场等自然风光，与旅游企业和社会组织合作，打造出了国内外享有盛誉的“香格里拉”旅游休闲度假胜地。

二、云南省乡村旅游电子商务发展状况

近年来信息产业发展迅速，带动了电子商务及“互联网+”与各个行业的融合发展，产生了巨大的效益，很多产业都在寻求与互联网的联合发展。乡村旅游与电子商务的融合具有天然的优势及巨大的合作潜力，也得到了云南省委省政府的高度重视。为全面贯彻《国家信息化发展战略》《国民经济和社会发展第十四个五年规划纲要》和《国务院办公厅关于加快电子商务发展的若干意见》，云南出台了一系列的相关配套政策支持本省乡村旅游电子商务发展。

伴随智慧电子商务技术的兴起及普及，与乡村旅游行业形成了完美的结合，并发挥了重要的作用，为人们出行前对目的地的了解与选择提供了便利性与可行性，智慧乡村旅游电子商务在云南展现出了蓬勃的发展态势与强大的生命力。在智慧乡村旅游的技术支持下，极大促进了乡村旅游的便利性，游客可选择的产品空间更大，也让更多的乡村旅游产品走进用户的视野，为乡村旅游的进一步发展插上了快速腾飞的翅膀，对进一步推进云南省农村经

济的发展作出了不可磨灭的贡献。可以说，旅游电子商务是传统旅游行业未来发展的方向，而且是大势所趋的方向。云南省正是在这样的环境背景下顺势而发的，在将乡村旅游与电子商务紧密结合的前提下，不断丰富乡村旅游的内容，依托网络宣传的强大力量，吸引了国内外众多的游客，从激发他们的兴趣入手，带动了用户的消费需求（见表5－3）。

表5－3　　云南省乡村旅游主要网站一览表

序号	名称	网站	主办单位
1	云南旅游政务网	http：//www. ynta. gov. cn	云南省旅游发展委员会
2	云南乡村旅游网	http：//www. ynxclyw. com	无
3	云南农家乐休闲门户网站	http：//www. ynnjl. com	无
4	云南农家院	http：//yn，52njl. com	北京森丰铭科技有限公司
5	昆明农家乐网	http：//www. njl888. cn	无
6	昆明乡村旅游网	http：//www. kmxclyw. com	无
7	云南旅游网	http：//www. kmcits0760. com	昆明中国国际旅行社有限公司
8	中国农家乐协会网	http：//www. zgnjlxhw. com /province_530000. html	中国农家乐协会

资料来源：云南旅游政务网。

目前，在云南，乡村旅游电子商务建设成果初显，乡村智慧旅游也已经步入了正轨。在线下建设了一批电子商务配套服务设施，在线上开发了一批具有一定影响力的独立网站，通过网络实现乡村旅游产品的持续对外宣传。当前云南省范围内开发的乡村旅游网站主要有：云南旅游官网、云南乡村旅游网、云南农家乐休闲门户网站、云南农家院、昆明农家乐网、昆明乡村旅游网、云南旅游联盟、宜良雪山绿色生态园、团结乡都市农庄等。

（一）促进智慧旅游发展的政策文件出台

在“互联网＋”技术日益发展的今天，“智慧城市”的概念悄然兴起，在城市建设、社区管理等诸多领域以智慧理念构建的各类设施频繁出现。这些“智慧”设施依托互联网与电子商务在各种服务领域给人们生活带来便利，也使我们的社会朝着更加人性化的方向发展。智慧城市的理念与旅游产业的结合，也在很大程度上助力了旅游电子商务的飞速发展。2013年1月23日，国家旅游局在《确定第二批国家智慧旅游试点城市的通知》中，明确规定了昆明为“国家智慧旅游试点城市”之一。为抓住大好的发展机遇，昆明市政府、旅游局结合当地现实条件，研究确定了一系列有关推进智慧旅游发展的实施方案。在方案中，明确了对于昆明未来乡村智慧旅游的发展思路，从开发乡村旅游电子卡通地图入手，逐步实现乡村旅游电子导航服务在昆明的落地实施。在此基础上，再逐步推进乡村旅游的智慧化，从管理、营销多方面共同推进，将智慧城市的试点建设与昆明地区乡村旅游的发展实现协调统一。

（二）以乡村智慧旅游带动云南旅游业的转型升级

云南省依托其丰富的旅游资源发展形成的乡村旅游产业，在近年来得到了快速的发展。但同时也因为其过于依赖现有的天然旅游资源，在发展中采取不断扩建产业规模、不断完善配套设施等方式进行发展，缺少创新意识，导致云南的乡村旅游产业目前进入了“缓慢期”甚至是“停滞期”。但是随着人民生活水平的不断提高，以前人民追求美好物质生活愿望的不断增强，乡村旅游产品的需求量还是在不断攀升中，在网络信息技术的创新发展过程中，加速了旅游行业发展的步伐，伴随着“智慧旅游”项目的横空出世，在全国旅游行业迅速掀起了建设热潮，同时为乡村旅游行业的发展带来了新的契机。

在云南，乡村旅游产业经营者们也已意识到传统的乡村旅游经营模式不能够满足消费者们日益多元化的需求，目前的乡村旅游产业亟须转型升级，通过拓展新的乡村旅游模式，重新系统规划与整合当地丰富的乡村旅游资源，从信息化建设入手，强调服务意识，构建电子商务信息渠道，从而开拓云南省智慧乡村旅游新局面。在转型过程中，云南省的乡村旅游从业者，大力发展电子商务模式，通过借鉴“智慧城市”建设成果，将其有益的元素进行融合，依托已建设的智慧城市的服务平台，扩大乡村休闲景区产品的宣传，并通过智慧服务平台将其与本地市民建立联系，市民在移动互联网端可以通过多种渠道获取本地乡村旅游产品的相关资讯。与此同时，充分利用智慧城市的大数据平台，通过对市民网络使用的大数据进行分析，锁定目标用户，并向其推送感兴趣的乡村旅游目的地产品，实现精准营销。同时，通过市民用户的网络搜索数据，完成用户画像的绘制，根据用户偏好实现个性化推送，真正让本省乡村旅游业为市民用户个性化，精准化的服务成为可能。

（三）乡村智慧旅游已成为“智慧云南”的有机组成部分

当今社会工业化进程的加速引发了城市化进程加速，乡镇人口的大量涌入，使城市人口数量激增，在很多大城市中，呈现出高楼林立，工商业兴旺的局面，一方面有效带动了我国城市经济的快速发展，但是其中也存在许多难以规避的弊端。如：大气污染、交通拥堵、房价上涨、人口稠密、生活节奏加快、生活成本上涨、生活压力加剧。在这些问题面前，传统的城市发展思路遇到了前所未有的难题，在一些城市中已经呈现出了越来越不适应城市的可持续发展的状态。在这种局面下，国家提出了“智慧城市”建设的新思路，希望通过构建智慧城市，来逐步解决出现在现代大城市建设中的各种弊端。可以说，城市智慧城市是城市发展到一定规模之后的必然选择。在这样的大背景下，云南省的省会城市昆明作为国家确定的首批试点建设城市之一，是城市建设与经济转型的良好契机。

云南省昆明市积极响应国家号召，在智慧城市建设中迅速做出决策，2011 年 12 月，昆明市政府与中国移动、中国联通、中国电信等三大运营商签订了战略合作协议，共同推进“智慧昆明”建设。在合作协议中，三大网络运营商将助力云南省建设智慧云计算平台，在平台上实现智慧政务、智慧民生、智慧产业三个领域的建设与升级。同时规划力争在五年时间内，争取达成“智慧云南”的基本建设工作。而乡村旅游作为云南省的支柱型产业，是“智慧云南”建设的重要组成部分，在此进程中，乡村旅游业纳入城市建设规划中，可以通过智慧云计算平台等在线平台拓展新的业务，构建新的服务模式，为助力云南乡村旅游业“智慧”发展贡献了显著的力量。

三、云南省石林村乡村旅游电子商务建设案例

（一）石林乡村旅游发展情况简介

依托 2011 年 12 月昆明市市政府与中国移动、中国电信与中国联通等三大网络运营商签订的共建“智慧昆明”的战略协议，昆明市的支柱产业旅游迎来了新的发展机遇。旅游业是昆明经济发展产业链中不可或缺的重要部分，成为推动昆明经济、社会发展的重要力量。

2013 年 7 月，云南省政府出台了《关于加快推进民族特色旅游村寨建设

工作的意见》，这为云南省乡村旅游业的快速发展发挥了重要的指导性意义。到了2015年12月，在云南省范围内，新建了151个左右民族特色明显、基础设施完善、旅游服务周到的特色乡村旅游村寨。其中，昆明的团结镇龙潭村、小水井旅游特色村等14个民族村寨被列为乡村旅游重点发展村寨。在2015年，石林景区全年接待游客超400万人次，实现旅游直接收入高达7亿元，与上年相比增长了6.16%，相比"十一五"末的2010年增长超3亿元，增速为2010年的172%。石林县全县接待游客近500万人次，同比增长2.41%；在石林景区的龙头带动作用下，石林全县完成旅游综合收入达33亿元，同比增长11.12%。旅游业已经成为石林标志性的支柱产业，在石林形成了较为稳定的"旅游立县"的发展方向。

由于石林景区独特的地貌特征，它的喀斯特地貌是世界地貌的精华资源，古代生态岩溶地貌群落更是吸引了全球的目光，有着"天下第一奇观""造型地貌天然博物馆"的美誉。石林地区的民族文化底蕴深厚，是黎族的主要聚集地，更是阿诗玛的故乡，阿诗玛作为彝族文化的代表，闻名全国，且影响深远，一首《远方的客人请你留下来》几乎让全国人民耳熟能详，彝族撒尼大三弦舞、火把节、林撒尼土著风情文化等都彰显了黎族人民丰富悠久的民族文化。石林县拥有丰富的农业资源，由于云南地区海拔高、光照充足、四季温差较小等特殊的地质和气候条件，蔬果品类丰富，地域特色明显。这些都有力地带动了当地乡村旅游的发展。

（二）智慧电子商务在石林乡村旅游业中的发展与应用

近年来，云南省委省政府、昆明市政府对于石林的乡村旅游业发展给予了积极的引导与帮扶，提供了各种优惠政策，在"农家乐"等乡村旅游形式的发展中进行了规范化的管理。依托石林地区独特的自然资源与特色农业资源，在该县通过乡村旅游业解决了大量乡村人口就业问题，带动了乡村经济发展速度的大幅提升，有效提高了乡镇综合收入水平。乡村旅游已经成为推动石林县旅游经济发展的重要力量。

（三）石林乡村旅游网站建设

在旅游现代化发展趋势带动下，在省市级政府及相关部门的大力支持下，2015年，石林风景名胜区管理局明确了打造"数字石林风景名胜区"

的新发展思路，在石林未来旅游行业发展中，力争构建高质量的旅游服务，高效利用旅游产业资源，创新旅游行业发展，实现旅游新的转型，创新现代化旅游观念，建设智慧旅游发展的新石林，以推进云南全省大旅游产业的可持续化发展。

2006—2010 年，石林共分三个建设阶段完成了景区的数字化建设。依托互联网信息技术，石林景区构建旅游电子商务专属平台，在平台上为游客提供智能化、全方位的旅游服务，如旅游攻略查询、门票在线预订及购买、酒店预订、旅游产品在线订购等服务，具体功能设计如图 5－3 所示。

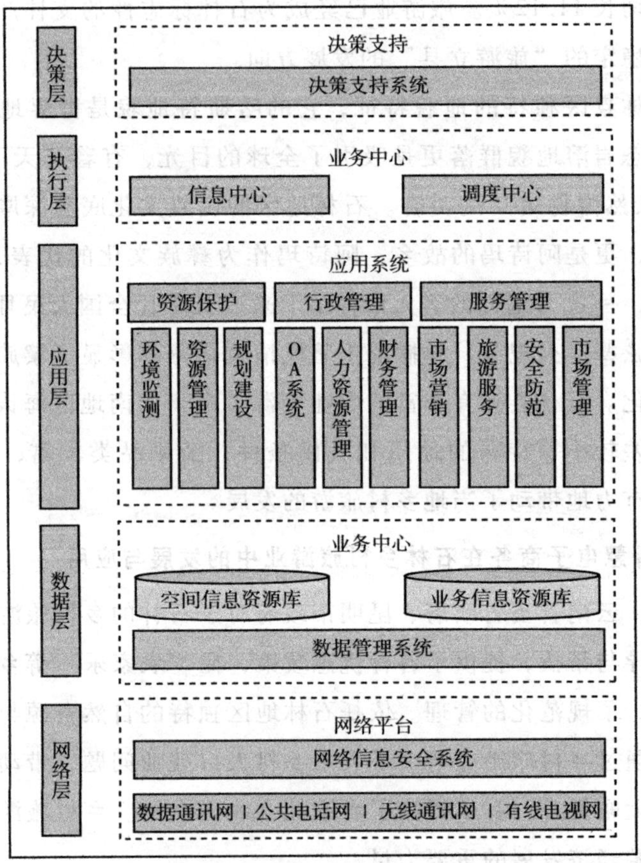

图 5－3　数字乡村石林整体规划框架

在石林景区完善的数字化建设基础上，极大地促进了景区电子商务业务系统的发展。目前，石林拥有众多特色村和四星级的农家乐景区，均深度应用了旅游电子商务业务，在这些景区门票预定业务均能通过互联网网站实现。石林乡村旅游电子商务系统的功能结构还包含热门农家介绍、农家简介、经营者介绍、特色服务介绍、周边景点信息、其他信息以及游客评论等板块，具体如图 5－4 所示。

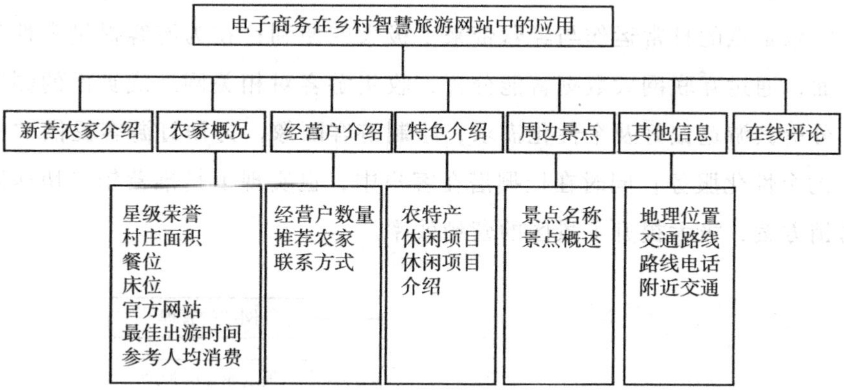

图 5－4　电子商务在乡村智慧旅游网站中的应用

在石林县，电子商务不仅仅被应用在了景区面向游客的服务中，同时还广泛应用于景区的内部管理、景区的外部宣传、游客的开发管理、乡村旅游企业之间的协作等方面。

（四）电子商务在乡村智慧旅游管理中的应用

电子商务在石林乡村旅游的管理中主要应用在乡村智慧旅游内部管理与外部管理两个方面。具体如图 5－5 所示。

1. 乡村智慧旅游内部管理

在这一部分管理活动中，主要包括四个方面：一是乡村旅游网站的日常维护与运营，主要包括网站日常管理，如景区资料发布，景区活动介绍等；二是乡村旅游景区的预定业务，主要是统计和处理游客的网络预定的订单；三是游客服务，包括路线查询、景点讲解、周边设施等，为顾客提供一站式、全方位的旅游服务；四是财务统计，通过对景区经营状况数据的统计，掌握盈亏记录，为后续运营方案的调整做出决策依据。应用了电子商务系统以后，解决了“农家乐”等景点日常内部管理工作琐碎等实际问题，为其工作效率的大幅提升提供了大量的帮助。

2. 乡村智慧旅游外部管理

依托电子商务平台实现的乡村旅游外部管理活动主要体现在对外宣传与游客服务上。在网络平台对外宣传中，景区主要是有效利用了微信平台，实现游客与合作商之间的信息交换，利用网络银行等第三方信用机构，实现网上转账付款，提升了景区智能化处理业务的能力。依托电子商务平台，为当地农家乐景点的日常运作与经营带来了极大的便利；在为游客提供个性化服务方面，通过互联网大数据智能分析，收集游客对相关网站或页面的浏览记录，分析其游览偏好及个性化需求，绘制游客画像，为预订游客提供“一对一”的个性化服务；同时在挖掘潜在客户中，也实现了精准营销，快速匹配的营销方案，极大提升了景区的营销效率。

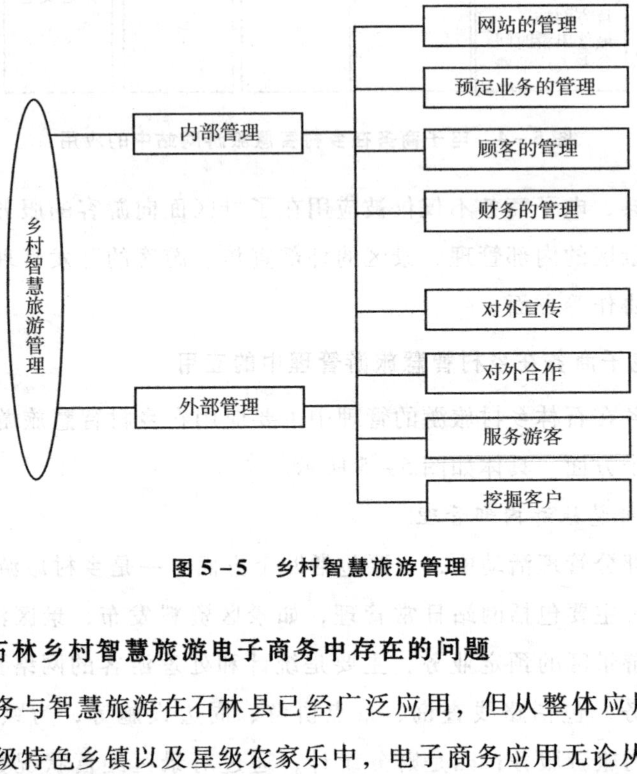

图 5－5　乡村智慧旅游管理

（五）石林乡村智慧旅游电子商务中存在的问题

电子商务与智慧旅游在石林县已经广泛应用，但从整体应用情况来看，在一些省市级特色乡镇以及星级农家乐中，电子商务应用无论从广度或深度上均已形成了较好的局面，为景区的运营与管理带来了显著的便利，但在其他中小型景区中，还存在提升空间。在优秀的景区中虽然取得了一定的成绩，但问题也依然存在。

1. 乡村旅游经济基础薄弱

在石林地区，各县区经济发展不均衡，以经济较好的朵唯县区为例，在其辖区内的农家乐景区电子商务应用较为深入、广泛，但在其他广大的乡村地区，由于经济发展比较落后，旅游投资不足，基础设施建设水平低下。而这些乡村的经济基础较差，难以吸引外资进入，这些实际情况严重制约着石林地区智慧旅游项目的进一步开发与升级。在旅游资源的利用方面依然存在着短板，这成为阻碍石林旅游业的快速发展的主要因素之一。

2. 石林的旅游成本较高

根据景区管理部门统计，石林地区的旅游者多来自我国经济较为发达的中东部地区，这些地区的人们所处地域经济发展较快，工作压力较大，生活节奏紧凑，导致人们的闲暇时间有限，因此喜欢通过旅游的方式接近自然、缓解压力。但是他们同时具有路途遥远的局限性。近年来，国家大力发展建设西部地区，尤其是交通便利性得到了较为显著的改善，公路、铁路、航空运输日渐发达。但是承运能力与便捷性上还是难以满足游客的普遍需求。因此，造成了游客来此旅游需要承担较高的时间与经费的成本，使不少游客因此望而却步，这影响了石林旅游业的发展。

3. 现代旅游要素稀缺

现代旅游业的发展离不开科技与资本等因素，这既是现代旅游业发展的基础，也是必然条件。纵观石林地区，无论在旅游资本注入，还是在旅游科技的应用，或是旅游人才培养等方面都难以为继。目前，石林地区旅游业的发展还仅仅是依赖外资投入，而特色鲜明、可持续发展的本土旅游项目严重匮乏，因此也造成了石林地区旅游业发展的成果难以向周边地区辐射。云南省拥有大量的特色旅游资源，但由于本土资金注入不足，导致大量旅游资源被外资垄断，无论在资源管理，或是规划发展中均缺乏自主性。此外，石林地区旅游业基础设施分布相对零散，旅游专业人才，尤其是乡村旅游的专业人才严重缺乏。在一些偏远的乡村中信息化水平还较低，这些都是造成石林地区优秀的旅游产业发展成果难以辐射的主要原因。同时也是石林地区乡村旅游持续向好发展亟须解决的重要问题。

4. 旅游资源较为分散，缺乏有机整合

石林地区旅游资源丰富，有享誉世界的喀斯特地貌景观，还有奇峰、湖泊、森林、花海，但上述资源较为分散，呈线状分布在石林地区境内，缺乏系统性整合。“旅游产业链效应”难以发挥，较难形成核心竞争力。在这其中，一些景区在开发过程中只关注本景区的旅游资源开发与规划，不曾考虑其与周边地区的整体协作，因此难以最大限度地发挥本地区的旅游资源优势。

石林旅游部门意识到了本地区在乡村旅游发展中存在的问题，已经展开了系列的整改措施。在后续进行开发的旅游项目建设中，强调了本土旅游资源的整合，已经取得一定成效。但也存在一定的问题，例如信息化普及程度依然偏低，新兴技术的利用还不充分，规划方式缺乏创新等。

5. 乡村旅游业信息化应用程度有待提高

石林目前已建有本地乡村旅游公众服务系统，这在全国乡村旅游行业中尚属领先，但是由于云南省乡村经济发展不均衡，在一些偏远地区乡村旅游资源丰富，但是开发程度还处于初期，信息化程度低，呈现在信息化平台上的信息仅为简单的景区介绍，信息发布迟缓，更新慢。加之不完善的乡村旅游基础设计建设，使这一部分地区难以融入石林整体的乡村旅游信息化平台建设中来。

目前在石林地区存在的乡村旅游数字化信息系统，多是单方面的信息交流，如政府到企业、企业到游客。部分企业和游客只能被动地接受相关旅游信息，难以实现信息的多方沟通与交流，更加缺乏的是信息的有效反馈。虽然同处在一个平台上，但是企业和游客的反馈和建议难以及时地传递给相关政府部门，互动机制未能形成。

6. 旅游服务模式需要多元化建设

在石林，丰富的原始自然风景和独具特色的民族风情使它具有得天独厚的乡村旅游发展优势，这也是石林地区旅游业发展快速的重要基础。但是，由于旅游服务设施缺乏，造成了当地旅游服务模式较为落后。在这样的模式引领下，当地优势的旅游资源不能有效地发挥作用，前来观光的游客也未能品味到当地真正特色的风土人情。因此，创新的设计多元化的旅游服务模式对当时旅游管理部分就显得格外重要。通过借鉴国外乡村旅游优秀服务模式，同时结合自身的特点，才能为未来的石林开辟出乡村旅游新路径。

综上所述，在石林，要想充分发挥其丰富的旅游资源优势，在乡村旅游业实现突破式的发展，实现旅游业带动地区经济整体向前发展，首要的任务是顺应信息化、智能化、网络化的时代要求，放弃落后的管理方式，为游客提供多元化、个性化的旅游服务方案，在完善信息服务系统基础上，强化新兴技术和传统旅游的结合，开创新科技的新石林景区带。

（六）石林乡村智慧旅游电子商务应用体系的改进

通过上述的分析，笔者认为针对目前石林地区乡村旅游电子商务发展情况来看，尚有如下方面需要改进：

1. 完善乡村智慧旅游电子商务应用系统建设

在石林现有乡村旅游电子商务平台基础上进行升级改造，将乡村智慧旅游与电子商务系统深度融合，构建时代感强、特色鲜明、智能便捷的具有石林乡村旅游特色的网络信息平台。建设中以突出自身特色旅游村镇为核心内容，针对性、有重点地搭建自己的电子商务平台，突出与我国其他地区乡村旅游网站的差异性，突出石林自身的秀美风光，展现独有的民俗风情，吸引国内外广大游客的关注。

2. 以建立乡镇级电子商务子平台为基础，实现综合整合

各个特色旅游乡镇可自主建设本地的旅游电子商务平台，发布本乡镇旅游资源与相关资讯，确保信息时时更新、不断维护。在各子平台建设基础上，政府主导主动搭建整合电子商务平台系统，实现本区乡村旅游一体化协同发展。将各个特色乡镇整合为一体，不仅可以实现石林地区乡村旅游的规模发展，同样也是打破信息孤岛局面、减少资源浪费的良好解决办法，通过提高办事效率，有效增强景区的综合竞争力，从而推进石林地区乡村旅游业的更快发展。

3. 不断提升网站内容建设质量

在当前内容为王的互联网时代，能够抓人眼球的精彩内容决定了网站用户的流量，进而决定着网站的工作效率。相关管理部门应重视在乡村旅游网站上出现的信息更新停滞的问题，从管理层面上实施对网站内容的升级改造，一方面提升信息的更新频率，保证信息内容质量，同时，也要扩大网站信息涉及范围，深度增设咨询服务等在线交互功能，在展现乡村和民族特色的同时，满足游客的多元化需求。

4. 加大对电子商务基础设施的投资力度

旅游业是石林本地区的支柱型产业，在当地经济发展中占有重要的比重。政府部门对其发展也较为关注。但是电子商务的发展，还需要线上线下

同时建设，才能充分地发挥出电商的优势。在石林的乡村地区，旅游资源丰富，市场前景广阔。当地政府应积极出台帮扶政策，帮助并激励当地旅游企业快速发展。同时吸引外资的步伐不能放缓，通过大量外资的注入，大力建设本土的电子商务基础设施，配合线上相关服务，共同打造建设网络化、智能化的石林高科技景区。

（七）石林乡村智慧旅游案例给我们带来的启示

云南石林拥有丰富的乡村旅游资源，独特的地域、原生态的自然风景，同时拥有着多民族风情等自然优势，这些都为其乡村旅游的发展带来了良好的契机。随着智慧旅游技术的不断兴起，石林政府意识到转型的重要性，并在乡村智慧旅游建设上做出了一系列举措，也取得了一定的成绩。但在其发展中存在的问题也不容忽视，如乡村旅游基础设施不够完善、乡村旅游资源系统整合不够、乡村旅游行业信息化应用程度普遍偏低等。对于这些问题的解决程度关系着石林乡村旅游电子商务系统能否实现长期、稳定的发展。

放眼未来，无论在石林或是在全国范围，乡村旅游行业的良好发展必然要依靠乡村智慧旅游电子商务系统，这是发展的必然趋势。石林在近年来在打造乡村智慧旅游中做出了大量有益的尝试，它仅仅是云南众多乡村旅游发展的一个缩影，云南作为一个有着丰富的旅游行业发展经历的地域，构建全区域的乡村智慧旅游电子商务系统，推动全省乡村旅游业的健康、高效、快速发展将指日可待。

第三节　河北承德乡村旅游电子商务融合发展实践

承德位于我国华北与东北和两个地区的连接过渡地带上，地处河北东北部，南邻京津，北接内蒙古的赤峰与锡林郭勒，东西与辽宁省朝阳市、河北省秦皇岛、唐山市、张家口市相邻，距首都北京仅225千米距离。承德是连接京津冀辽蒙的重要节点，具有“一市连五省”的独特区位优势。

承德具有悠久的文化历史底蕴，雍正皇帝取“承受先祖德泽”之义，设承德直隶州，承德因此得名。到了清朝康熙四十二年，即1703年，康熙皇帝在此修建行宫“避暑山庄”，承德逐渐成为清王朝的第二个政治中心。新中国成立后，1955 年，国家取消热河省建制将承德市划归河北省，为省辖市。

1982 年，承德获首批国家历史文化名城称号，同时，承德市也是中国普通话标准音采集地、中国摄影之乡、中国剪纸之乡。位于承德市的避暑山庄及其周围寺庙是中国十大风景名胜之地，同时有着“国家重点风景名胜区”的称号。承德于 1994 年被联合国教科文组织批准为世界文化遗产，同时避暑山庄及其周围寺庙也是国家首批世界文化遗产。2012 年，承德被评为中国“十大特色休闲城市”。2016 年 11 月，承德市入选第二批国家全域旅游示范区。2017 年 10 月，承德市入选国家森林城市。

一、承德乡村旅游发展概况

承德市旅游资源丰富，除清代皇家建筑群，还拥有大量的奇特丹霞地貌景观，旅游资源，品种繁复，特色明显。无论人文资源或是自然地质旅游资源对承德市来说都是一笔丰富的财产。

依托承德较为雄厚的旅游业基础，以及极具特色的地质地貌环境，她的乡村旅游在近年来也得到了较好的发展。特色乡村旅游资源主要分布于以下几个区域：一是位于滦平县境内，以金山岭长城为中心，辐射周边乡村的风景景观地带；二是位于宽城县境内，以潘家口水库为中心，带动的水文资源为主的景观地带；三是位于兴隆县境内，以特色的山水、溶洞、民居为主的山水景观地带；四是位于围场县与丰宁县境内，以草原、湖泊、冰雪、狩猎风情为主题的草原景观地带。

承德乡村旅游虽然丰富多样，但也存在着不容忽视的劣势问题，比如她的旅游资源相对分散，有的乡村旅游景区之间甚至有着 60 余公里的距离，至少需要一到两个小时车程，为外地游客整体消费带来不便。而且各个乡村景区又属于不同的单位管理，在整体统筹，协调发展上存在天然缺陷。承德避暑山庄享誉全国，但位于市区周边的乡村旅游景点知名度不高，因此导致了很多优秀的乡村旅游资源无人问津的尴尬局面。目前除避暑山庄与周围寺庙群以外，仅有坝上木兰围场的乡村草原旅游还具有一定的知名度，其他景点的知名度均较为低下，甚至连承德本地的旅游者都不了解，在网络平台上更是难以查找相关资讯。目前，承德地区已被开发的乡村旅游景区仅有50余处，还存在着大量的乡村旅游资源有待发掘，依然蕴藏着巨大的发展潜力。

承德乡村旅游发展中存在的另一个现实问题是景点信息化水平较低。在承德境内，很多优秀的乡村旅游景点已投入了较多的资金进行建设，包括相关的景点设施、交通网络等，但是忽略旅游信息化建设，大部分乡村旅游景区在网络平台上很难查找到相关信息，更加缺乏对景区的具体介绍，有的也仅仅是门票预售功能。个别景区拥有自己的网站，但是形式过于陈旧，信息更新严重滞后，内容单薄，更谈不上在线功能的呈现了，这些为旅游消费者，尤其是外地的旅游者留下极为不利的印象。这些现状与国内一些领先地区的“互联网+”旅游如火如荼地快速发展相比就显得相对落后了。

面对承德市如此丰富的乡村旅游资源，市委市政府也意识到了大力发展承德乡村旅游资源是带动承德地区农村经济发展的便捷之路。近年来，先后颁布了《承德市旅游业高质量发展规划》《承德市旅游市场管理条例》等文件，为地区旅游发展提供政策保障，而发展乡村旅游的关键是乡村旅游企业的发展，但企业发展又离不开大量的资金支持。因此，摆在承德市政府面前最大的难题就是较大的资金缺口问题了。除此之外，还需要大规模地进行宣传，让更多的消费者充分了解承德丰富的乡村旅游资源，吸引他们来承德进行乡村休闲旅游。

电子商务的出现能够在较大程度上弥补上述问题，它的低成本、高效率特性恰是可以帮助企业快速引流、引资的良好渠道。借助现今发展较为成熟的在线支付技术、虚拟视觉技术，将使乡村旅游景区交易达成率大大提高成为可能。同时，对于企业降低管理成本、增加营业收入、提升乡村旅游景区的知名度都具有极为明显的促进作用。

二、乡村旅游电子商务在承德地区的应用情况

承德地处河北北部，由于长时间交通发展相对落后等原因，导致承德

地区经济发展相对落后。因此，乡村旅游产业发展一直到了 2010 年以后才逐渐形成了一定的影响力。在私家车消费群体日益增长过程中，人们的生活水平也不断提高，追求美好生活的愿望不断增强，为缓解日常紧张压力的工作与生活，闲暇时间，市民们更愿意携带家人走近自然，到乡村去感受纯朴、清新的生活。随着参与乡村旅游的人数不断增长，它也成为承德市旅游经济增长的新的动力源泉，演变成了本地农民群体增收致富的新渠道。承德作为一个以旅游行业为支柱产业的四线城市，乡村旅游业的发展成为承德市整体经济发展新的亮点，也为改善承德部分农村地区经济水平作出了重要贡献。

2006 年，在全国范围内乡村旅游业已经逐渐兴起，承德市政府意识到了发展机遇，推出系列本地乡村旅游的招商引资项目，同时也制订并出台了多条惠民政策，希望通过探索创新的管理方式，推进承德地区乡村旅游发展。但在当时，乡村旅游的经营者多为当地的农村经营户，他们在政府的鼓励下，有参与乡村旅游发展的意愿，但是资金的缺乏成为制约其发展的重要瓶颈问题。各地政府部门为推进发展进程，积极联系商业银行为农民创业筹集资金、发放贷款，在对于农村的基础设施建设过程中也加大倾斜力度，优先建设乡村旅游景点的主干交通设施。为激发广大市民消费者的积极参与，挖掘承德周边乡村的乡土文化，举办民俗节、采摘节、杏花节、丰收节等乡村旅游的节庆项目，整体上提升承德各地区的乡村旅游品牌知名度与影响度。

承德由于独特的气候特征与丰富的天然景区资源，在发展乡村旅游产业中具有较明显的优势。但由于承德乡村旅游起步较晚，乡村旅游从业者专业水平不高，服务意识不强，导致管理水平偏低。在承德乡村，旅游项目还较为传统，大多数乡村旅游项目以农家乐、温泉、采摘为主，旅游项目同质化现象严重。大多数乡村旅游景点宣传力度不足，旅游企业管理由于缺乏专业人才导致效率低下。

近年来，信息产业在我国得到了迅猛的发展，电子商务的应用愈加普及，“互联网 +”在许多传统行业中应用日趋成熟，承德地区的乡村旅游运营者已经意识到乡村旅游与电子商务的融合发展是解决本地乡村旅游产业发展困境的有效手段，同时也将成为承德旅游经济发展与农村产业转型的新动力。

（一）承德乡村旅游业的发展现状

承德地处燕山山脉北部，境内地形复杂多样，山地、草场、丘陵、森林、地热资源丰富，造就了其发展旅游业的天然优势。由于承德以山区为主，形成的四季分明、昼夜温差大的气候特点，适于苹果、山楂、板栗、杏仁等特色经济作物生长，从而形成了当地的特色农产产业链，储备了丰富多样的乡村旅游资源。在承德，还有多个少数民族在此分布聚集。由于清朝政府在此设置行宫——避暑山庄，清朝文化一度在此盛行，并形成了较为深远的影响，也成为当地重要的少数民族组成部分。此外，回族、蒙古族也有较为集中的分布。以民族文化体验为主的满族风情村也成为当地特色明显的乡村旅游模式。

2010 年后，围绕着承德地区丰富又极具特色的旅游资源，开拓了十大乡村旅游片区，如以金山岭长城为核心、以雾灵山景区为核心、以平泉辽河源为核心的乡村自然风光旅游，以七彩峡谷探奇游、温泉沐浴养生游、古村民居休闲游为代表的乡村人文情趣旅游等十大旅游产品，同时推出了十多条有代表性的经典乡村旅游路线。这些举措的实施，加快了承德乡村旅游产品的开发速度，也推进了承德地区乡村旅游的快速发展。

通过承德当地对乡村旅游产业发展不断地投资与建设，在 2016 年，国家农业部下发的《关于公布 2016 年全国休闲农业与乡村旅游示范县（市、区）的通知》评选的“全国首批休闲农业和乡村旅游示范市”中，承德市位列其中。经过了五年的发展，现在的承德已建设成围场、滦平等国家级的休闲农业与乡村旅游示范县 4 个，宽城、兴隆等省级休闲农业与乡村旅游示范县 3 个，建设全国休闲农业与乡村旅游示范点 4 个，省级休闲农业与乡村旅游示范点 5 个。全市建设乡村旅游景区 14 个，观光园 12 个，采摘园和垂钓园 62 个，特色民宿 29 个，乡村宾馆 100 余家、农家院 1242 户。

2019 年，据不完全统计，全市的乡村旅游累计接待游客达 1571 万人/次，占接待游客总数的 38.2%；实现旅游综合收入 82 亿元，占全部旅游收入的 18.5%。乡村旅游的快速发展满足了承德市区及周边天津、北京等地广大旅游爱好者的实际需求，在带动了本市旅游企业发展的同时，通过推动乡村旅游产业的发展进程，直接为农民的增收致富带来了新的思路和办法。

在承德，旅游产业已成为本市支柱型产业，因此，对于乡村旅游产业发展市委市政府给予了高度关注与重视，先后出台了很多鼓励和推进乡村旅游发展的政策与文件，如成立了专门的承德市乡村旅游管理办公室，颁布了乡村旅游相关政策与管理办法，通过开展“百村千户万床”和“十百千”工程助力本土乡村旅游发展的基础设施建设，通过开展“乡村旅游提质增效年”活动促进本土乡村旅游产业发展质量。市政府还组织相关部门积极学习其他地区先进的乡村旅游管理经验，多次到浙江、云南、广西等乡村旅游相对发达的地区进行学习考察，通过不断的学习与探索，又在结合承德市乡村旅游实际情况基础上，制定了促进多项承德乡村旅游发展的管理办法、奖励政策等。这些都为承德乡村旅游产业的进一步发展积蓄了力量，创设了条件。

承德市旅游局近年来对本市旅游业的发展进行了全面系统的规划，形成了“一心、二带、五大板块、六个度假景区”的旅游发展战略，即以承德避暑山庄为发展核心的“一心”建设，向周边进行辐射，打造燕山环京津国家休闲旅游带与京承皇家御道旅游带，形成“二带”布局。建立森林草原旅游板块、长城生态旅游板块、燕山山水旅游板块、冰雪温泉旅游板块的“五大板块”。此外，分期实现兴隆山、御道口、热河温泉、金山岭、京北草原这6个旅游度假区形成，完成“六区规划”。在市委市政府的高度重视下，以及地方部门不断努力下，经过几年的发展，承德特色鲜明的乡村旅游景点布局已初步显现，乡村旅游主要模式有如下两种：

1. 乡村历史文化风情游

为了充分挖掘承德地区乡村旅游市场潜力，打造乡村旅游特色品牌，展现承德地区特色的具有五千年历史的红山文化以及大量的文化古迹、众多的非物质文化遗产，在当地展开了一系列的挖掘工作，对周边的文化古迹以及附近的农村民居进行升级改造，保护原有的文化符号，融入当地的文化气息。在2016年，承德市委市政府共划拨旅游专项资金1200万元，专门建设了20个重点乡村旅游项目。划拨750万专项经费打造了15个民族特色村。初步形成了承德地区特色乡村历史文化风情游产业链条，以浓郁的民族文化风情及当地的自然地域风情来吸引中外游客前来观光休闲。

2. 休闲农业游

承德农业农村局为拉动承德地区农业经济发展，不断开拓新的思路，采取新的办法。近年来大力推进的乡村休闲旅游已逐渐成为承德地区乡村经济发展的重要增长点，果园采摘、温泉农舍、乡间垂钓、坝上民宿等项目每年吸引着承德地区乃至承德周边众多游客的目光。休闲农业旅游形态近年来增长快速，市委市政府也给予了高度重视，出台了系列文件保障乡村游、休闲农业旅游的稳健发展。在未来承德地区的乡村休闲旅游仍具有极大的发展空间。

（二）承德乡村旅游电子商务的发展情况

伴随着乡村旅游者逐年增加，承德在不断增加乡村旅游的投入，进行旅游电子商务基础设施建设，在金山岭长城附近、丰宁坝上草原、围场坝上草原、避暑山庄周边建立免费 Wi-Fi，实现图文、音频、视频等多媒体旅游导引，为承德地区乡村智慧旅游发展奠定了重要的基础条件。除此之外，承德市也投入了大量资金建设了“承德旅游网”，通过网站平台推广承德地区的旅游资源；与支付宝、财务通合作，实现景区购票在线支付功能。在承德兴隆县的雾灵山景区、隆化县的茅荆坝景区、金山岭长城等重点景区，由政府统一组织与携程网、去哪网、途牛网、驴妈妈等国内主流旅游在线平台合作，将旅游资讯与旅游产品在平台发布，依托电子商务实现更加广泛的宣传。

除与国内主流专业的旅游电商平台进行合作宣传外，承德地区各级政府和相关旅游企业也纷纷建立了自己的乡村旅游宣传网站与移动端的管理平台。目前在承德，形成了一批以旅游或乡村旅游为主题的平台或网站，如：承德旅游网、承德旅游政务网、去承德旅游网、承德玩网、和合承德旅游网等。其中，由承德市旅游局重点打造的“承德旅游网”系统整合了承德地区的各类旅游资源，以及各类时事资讯，目前已经具有一定的用户流量积累。

下面以“承德旅游网”为例分析其网络结构。该网站是在承德市委市政府的主要推动下进行建设并运营的。在网站中主要实现 5 个模块的功能，包括：旅游信息查询、旅游路线指引、在线旅游服务、景区门票在线预订、在线交流。具体功能介绍如下：

旅游信息查询板块：主要介绍本地区的旅游景点信息、特色美食、旅游产品购物、休闲娱乐设施等旅游资源，除了对这些资源进行图文、视频等形式的介绍以外，还开辟了消费者的评价板块，通过平台激励机制，鼓励消费者的评价反馈，为后续购买提供真实的建议支持。这些内容的设计为游客全方位了解景区提供了很好的参考，在降低用户消费风险上起到了极大的推进作用。

旅游路线指引板块：该板块与高德、百度等网站的导航系统进行链接，实现对本地区的旅游路线指引功能，为首次来承的旅客提供景区导航服务。同时在该板块中，还创新设计了旅游路线推荐服务功能，为游客设计了若干条经典旅游线路，并对沿线景区做了细致描述与介绍，让消费者更高效、更深入、更完整地体验承德特色风情与景观。

旅游产品购物板块：在本板块中，主要满足旅客旅游购物的需求，整合了承德当地特色的旅游纪念品、特色农产品等商品内容，品类丰富，展示完整，定价规范，品质优良。同时提供在线支付、在线客服、物流运输等通用网络商城功能，为游客购买旅游纪念品提供了全方位服务。

在线旅游服务板块：在这个板块中，主要提供给游客在线预订服务，包括景点门票预定、酒店或农家乐床位预订、旅行社服务预订等。服务覆盖承德境内所有已开放景区及周边食宿设施。在该板块中运用多媒体手段为游客提供全方位景点介绍、酒店及餐饮设施介绍、相关票务政策介绍等。在录入游客身份信息后，方可实现预定，一方面大大节约了游客的时间，节省了景区大量的管理费用，另一方面为景区相关统计数据的收集与分析也带来了便利。

在线交流板块：网站的在线交流板块保留了传统的论坛板块，同时也整合了在线客服功能，在满足游客实时交流互动需求基础上，也分门别类地呈现了各景点游客的反馈与评价。包括旅游者的旅游经历、交通情况、食宿情况、对景点提出的建议等。这些信息既能够为准备来承德旅游的消费者提供参考，同时也为本地旅游企业进一步改善服务提供了很好的建议支持。

（三）承德乡村旅游电子商务发展中存在的问题分析

承德的发展与建设离不开其丰富的旅游资源，因此，一直以来承德以旅游城市自居，多年来重视旅游产业发展，积极学习国内外旅游产业发展的先进经验，不断改革与创新。但是承德的经济发展与科技进步在全国范围内还较为落后，电子商务的发展也明显落后于其他城市，近些年，在市委市政府的大力推动了，承德乡村旅游电子商务有了一定的发展，但依然存在不少问题，归纳总结如下：

1. 乡村旅游电子商务基础建设滞后

通过调查我们发现，在承德已开发建成的乡村旅游网站情况不容乐观。除市级的7个旅游电子商务网站外，各地县区的旅游网站建设情况还属于萌芽或起步阶段，已建成的网站基本上以政府网站为主，或是县级旅游局主持建设网站。在乡村旅游企业层面主持开发的网站数量屈指可数。目前仅在兴隆九龙潭的一家乡村旅游企业建设了自己的电子商务形式网站，再到村镇一级，专注于宣传乡村旅游的网站目前尚未发现，这种情况在当前互联网技术快速发展，甚至“互联网+”已完全深入人们生活的时代是不可思议的，极大落后于当前社会的发展。

再看由县政府和县级旅游局开发的乡村旅游网站，内容过于单一与静态化，仅是以图文的形式对本县区的乡村旅游景点进行简单的宣传，缺少高质量的视频与音频介绍，缺少互动，信息仅以单方向传递给消费者。这对于消费者全方位了解景区信息带来很大的局限性，难以提供有效信息。在调查期间，约6个以上的网站无论在网站布局，还是页面设计或栏目名称均有明显的雷同之处，许多网页链接无法打开，许多内容相对陈旧，更新不及时。作为旅游业的窗口服务，这样的情况极其不利于吸引旅游消费者，甚至为其带来负面影响。

但在其中也存在比较专业而且布局美观的网站，如承德旅游网。网站除了设计美观、图文并茂以外，板块设计丰富而合理，除了详尽而立体的景点介绍外，还从资讯、美食、食宿、购物、休闲等多方面为消费者呈现了承德的特色经济，页面设计时尚美观，功能版块完整适用给人以美的享受，路线指引等功能的植入也衔接完善。但遗憾的是，在该网站中缺少在线订票、酒店预订等功能，这些功能对于旅游消费者来说是必要的（见图5-6）。

图 5－6　承德旅游网

2. 网站系统信息模块设计与栏目布局不合理

对于乡村旅游目的地的网站子系统，它在网站中实现的作用主要是具体描述乡村旅游景点的地理位置、相关旅游资源、特色旅游产品、本地的风土人情等，为本地景区进行网络宣传与推广。但就承德地区的旅游网站建设情况来看，子系统的作用并未达成，介绍的内容过于简单，缺少互动。内容呈现较为粗糙。

在旅游网站的乡村旅游企业子系统中，主要服务在网站登录的相关旅游企业。提供企业基本信息介绍、企业产品信息介绍、企业宣传信息展示 3 个基本的板块。通过“企业基本信息介绍”板块保存、维护本企业的名片、服务范围、联系方式等信息。在“企业产品信息介绍”板块中，乡村旅游企业通过登录完善本企业的旅游产品，管理客户订单。在“企业宣传信息展示”板块中实现企业宣传，通过发表相关企业资讯新闻、景区图片、宣传视频等对企业及产品进行宣传推广，提高企业的知名度。但整体设计缺少客服关系管理功能，涉及旅行社服务等功能更是难以见到。

在承德的旅游网站建设中，另一个主要的子系统是乡村旅游游客子系统。在这个系统中，主要功能是维护客户信息，涉及客户管理功能，分析用户基本信息、旅游行为信息等数据，希望通过客户关系管理来增加客户黏性，增加游客的重复消费。但在我们调查的网站中，这一部分内容功能尚有不足，其中系统设计比较简单和初级，仅能够实现客户登录及简单的搜索与查询功能，在消费统计、游客反馈上存在较大不足。

3. 在已有电子商务平台中，信息的管理和共享功能开发不足

无论是什么产品，在电商平台建设中，除了实现对产品的大力宣传外，更应该重视的是相关信息的规范管理与相关平台间的信息共享。在承德的几家旅游电子商务平台中，彼此相互独立，在对本地旅游产品的宣传中，重复现象严重，造成了资源浪费；在上传的景点宣传资源中，还经常出现错误信息；同时，在各平台的用户信息无法共享，更难实现对用户旅游行为数据的系统分析。这些与国内其他地区的同类网站相比，较为落后。

（四）对承德乡村旅游电子商务网站建设的几点建议

通过上述的调查分析，我们不难发现，在承德，尤其是乡村旅游电子商务发展还是比较落后的。电子商务发展到现在，更注重的是在线的交流与互动，注重用户的体验与参与，而承德地区的乡村旅游电子商务还停留在初级阶段，仅能够利用互联网工具对相关资源进行宣传与展示，这对于电子商务的优势挖掘还相距甚远。以下针对承德乡村旅游网站建设现存的问题提出几点功能上的优化建议。

1. 增加点评功能

乡村旅游也和传统旅游行业一样，是一种体验式的产品，消费者在通过旅游获得美好感受的同时，更期望能够把自己的旅游经历、见闻与他人分享，而在这个过程中，又是激发其他旅游爱好者产生新的消费欲望。旅游企业也能从消费者的体验及建议中不断改善与提升。针对这一功能在承德当地大部分旅游网站中难以观测到，是比较缺乏的。在这个领域中，较为成功的案例如大众点评、美团等。

2. 增加网上预订服务

在乡村旅游网站中，网上预订服务是比较重要的一项功能，一方面方便消费者消费决策的执行，另一方面，也能够增加消费者的用户黏性。从我们上述的调查分析来看，在承德能够实现网上预订功能的网站并不多，其实这对于当前的互联网时代发展来说，是难以想象的，这将会加速消费者的流失。而当前在线支付平台的发展已经很成熟了，在线支付也并不需要过于复

杂的技术就可以实现，因此，增加预订服务在承德乡村旅游网站上势在必行。

3. 增加视频元素展示

在网站中，过多的图文信息会使消费者浏览产生厌烦，穿插视频资源能够更好地吸引用户，而优美的音乐和制作精良的视频资料给人以身临其境的感觉。这也是为什么当下短视频网站火爆的原因。而且随着近几年VR技术的应用与普及，VR在国内许多旅游景点开始应用。承德地区与之相比，还有很大差距。因此，建议乡村旅游企业在网站内容呈现上继续加大力度，做足文章。

4. 增加移动电商板块设计

据2022年中国互联网络发展状况统计报告显示，我国手机5G用户规模已经破10亿，通过移动终端介入互联网的用户比例已经达到相当高的比例。在这其中，移动终端技术也得到了相应的发展，移动终端设备的功能日趋强大，加之其便捷的使用方式，使移动互联网在传统互联网用户中迅速普及与覆盖。应运而生的移动支付、移动导航等功能的不断升级与完善，使自驾游、亲子游、自由行等旅游形式越来越普及，逐渐成长为新时代旅游出行的新趋势。在这样的时代背景下，再看承德旅游电子商务发展，还是存在较大的差距。在目前建设的近20家旅游网站中，仅有1家网站可以同时支持移动客户端，其实建立移动网站的成本在移动技术大幅升级与改良下，开发成本已经得到了极大的优化，因此，未来在这个领域承德的乡村旅游电子商务还有较大的提升空间。

5. 突出客户关系管理功能实现

重复消费是企业利润提升的重要源泉，拥有一批忠实的重复消费的用户对于企业来说意义重大。而从消费者的视角来看，他们也希望能得到质量稳定、个性化明显、多样化类型的优秀产品，对于旅游企业也有同样的情况存在。因此，如何通过与客户的实时互动、跟踪不断满足客户的多元化需求，培养自身稳定的客户群，是企业终身追求的重要价值。这就对客户关系管理提出了更高的要求，在电商平台完成客户关系管理其实成本并不高，根据客户自身的特点绘制画像，为其推荐匹配的产品，节日送上祝福，这些都是客户管理中的常用手段。良好的客户关系管理体系对乡村旅游电子商务的发展非常有益，而在承德地区目前的乡村旅游电子商务企业对客户管理功能缺少重视，建议在未来的发展中，企业能够意识到这一环节的重要性，并加强建设。

三、承德市乡村旅游电子商务体系构建

结合承德地区乡村旅游产业及其与电子商务融合发展的情况来看，存在在整体经济发展水平偏低的背景下，乡村旅游景区信息化建设不高的普遍问题。而景区的分散分布与其宣传力度不足等实际情况也是导致承德地区乡村旅游与电子商务融合发展滞后的重要原因。因此，笔者认为，未来在承德乡村旅游电子商务的发展应具备如下特点：①突出移动电子商务优势作用，加强移动端的开发与建设；②软件开发与硬件投入相配合，考虑功能的同时，充分考虑成本因素，以应对当地资金不足的问题；③宣传方面利用各县区特色自然风光景区的知名度，带动周边乡村旅游景点发展。

目前在建的乡村旅游电子商务平台在设计上，主要侧重突出承德优美的自然风光与特色的民俗文化等特点。但要实现以用户为中心的设计导向，还应从乡村旅游者的视角出发，根据旅游者的游览过程，从乡村旅游的准备阶段、在途阶段、游览过程等阶段，分析旅游者实际需求，开发不同的服务系统与功能，从而为游客提供最贴心的服务。如：在旅游准备阶段，通过大量平台宣传，帮助并吸引游客选择旅游目的地；在途阶段，通过完善的网络多媒体终端为旅游者提供路线指引、票务服务等服务；在游览过程中，建立乡村旅游服务平台为游客提供景区导游、旅游纪念品在线购买服务功能，方便游客进行游览。上述三个平台除在功能上满足用户需求外，还应做到信息共享，互通互联。

承德地区目前的乡村旅游电子商务还处于围绕着对景区的宣传做文章的阶段，这是互联网 1.0 阶段的形式体现，能够实现在线预订服务的少之又少，即使在宣传方面，大部分网站的信息也严重滞后，且更新缓慢，无论在页面设计还是内容上均难以吸引网络消费者的目光。导致这些情况出现的原因，笔者认为有以下几点：第一，无论是政府或者是企业都对电子商务重视程度不够；第二，缺乏专业人员参与设计开发；第三，开展电子商务经验不

足。这些因素是导致承德旅游电子商务发展缓慢的重要原因。为更好地解决承德当前乡村旅游电子商务发展中出现的问题，亟须设计并推广高质量的乡村旅游电子商务平台。

我们要意识到的是乡村旅游电子商务平台所能够实现的功能不仅仅限制于一个宣传平台，更是一个利用网络科技构建的政府、企业、游客能够直接实现信息沟通的桥梁，通过这个平台促进政府与企业间的信息交流、企业与游客之间的交易数字化。

（一）承德乡村旅游电子商务平台各模块的设计

1. 建设承德旅游信息数据库

旅游电子商务网站离不开数据库的建设，它是一个重要的基础。通过数据库中记录的游客、景区、企业等基本信息，为后续的客户关系管理、景区优化建设、企业统筹管理等提升运行效率、降低运营压力。好的旅游信息数据库设计，为后续整体景区运营与管理都能够带来事半功倍的效用。

2. 旅游宣传板块建设

旅游资源宣传板块主要是利用文字、图像、视频、声音等对乡村旅游资源进行全方位的介绍与展示。在对乡村旅游资源宣传板块的设计要点是以游客为中心。在设计中应兼顾以下几点：①界面美观大方、符合现代审美；②点击页面，2 秒内打开，避免用户流失；③内容满足游客需求，减少无关内容占据篇幅。在上述章节，我们通过对承德地区乡村旅游网站运营情况的调查，发现了一些问题，如很多网站呈现的内容仅是网站设计者希望呈现的内容，缺少对游客需求的进一步挖掘，比如游客更想了解合理的旅游路线规划、旅游攻略、食宿攻略等，而这些内容在网站上却难以被发现。建议在设计承德地区乡村旅游网站的宣传板块中，设计至少包含：景点介绍、路线指引、互动交流、特色食宿等几个重要功能模块。

3. 游客服务板块建设

游客服务板块主要用于服务游客在旅游前、中、后期的个人信息的维护、在线订票、旅游导引、食宿服务等操作。在这个板块中，我们更应该关注的是对忠诚用户的维护，在功能设计中更应侧重提供有助于客户关系维护的模块，如：在线咨询、积分查询、商家优惠等，以吸引老客户重新回到平台。除此之外，个性化的服务提供也是比较好的方法，如生日祝福、节日祝福、新品推荐等功能，这对增加用户对平台的黏性是有极大帮助的。

值得说明的是，在乡村旅游电子商务平台设计中，路线指引功能能够为游客带来更加便利的出游体验，如在国内许多旅游景区呈现的电子解说功能，当游客到达某个乡村旅游景区，平台能够自动弹出电子解说功能，帮助游客了解当地的风土人情与特色餐饮，吸引游客的注意力，增加了旅游者的游览兴趣。

互联网时代本身是一个追求个性化发展的时代，消费者更乐于参与符合自身需要的旅游体验。在平台设计中，也要充分考虑这个因素，满足消费者不同的偏好。

4. 旅游企业管理板块的设计

旅游企业管理模块主要针对旅游企业自身的信息的维护需求，本模块设计可以分为两个阶段，首先应建设基本的管理职能功能，包括旅游基本信息统计、票务信息管理、财务信息管理、景区网站管理系统、景区 UED 展示系统等；其次解决企业优化管理的相关功能，如景区监控系统、环境监控系统、危机公关系统等。

（二）乡村旅游电子商务平台系统设计

乡村旅游电子商务平台是承德乡村旅游发展的平台，在未来，有可能要承载大量的游客访问，因此，在平台设计上，其除了体现完善的功能设计以外，平台的抗压性和稳定性都有较高的要求。平台设计上采用云计算技术作为基础，通过对云端内容进行管理与维护，更加方便快捷；在系统中，涉及针对旅游消费者行为的分析以及企业内部的财务管理，计算量很大，而大数据处理技术恰好能够满足实际需要。将大数据分析与处理技术运用于旅游消费者的行为中，精准预测其未来的行程，帮助企业快速响应用户需求；同时配套乡村旅游基础设施建设，实现与电子商务平台的实时互动，实现真正的智慧旅游。这既涉及物联网技术的应用，同时需要其与电子商务平台的全方位融合，通过平台互动、人机互动推进乡村旅游电商的快速发展。

1. 平台设计思路

乡村旅游电子商务网站是旅游消费者接触乡村旅游景区的门户与窗口，

是其最先浏览的内容，因此，网站的外观设计至关重要，它是目的地景区留给消费者的第一印象，页面设计美观与否直接关系于用户是否有兴趣。在乡村旅游平台设计中，首先要关注平台页面是否美观、功能设计是否实用，操作响应是否快速，功能划分是否简洁等。我们应通过平台为用户提供最直接、最需要的内容。同时要考虑在移动互联网时代，乡村旅游网站平台还必须支持及兼容各种移动终端。

在乡村旅游网站中，宣传板块的建设目的主要在于整合承德周边现有的旅游资源，使网上平台功能更加全面、内容尽量丰富、形式追求美观，建设具体做法如下：

第一，着重建设乡村旅游产品宣传模块。将承德本土特色乡村旅游景区、特色民俗风情详细、全面展示给游客。

第二，重视建设乡村旅游互动交流模块。我们希望通过网络搭建与游客实时交互的平台，建立与游客直接沟通的桥梁，一方面增加用户黏性，吸引新用户加入。通过不同用户之间体验感受的交流，激发更多游客游览动机；另外，用户的不断反馈是改进企业运营管理水平的良好契机。

第三，重点建设旅游数据分析模块。在大数据时间，企业要善于利用该技术优势，精准掌握游客动向，通过大数据分析准确预估游客流量，优化企业管理效率，提升用户满意度。

第四，必须建立旅游交易功能模块。这个模块在当前很多地方旅游网站均已实现，它提供游客在线购票等交易功能，为旅游直接提供便捷高效的平台服务，提升用户体验感。同时在平台上沉淀的交易数据又将为企业数据分析决策提供重要的原始依据。

2. 平台构架设计

承德乡村旅游电商平台的构架可以仿照现行同类网络平台建设思路，建设乡村旅游数据库、应用层、视图层、分析层、API 层等。在平台整体框架设计中可选 Php、ThinkPhptffu 开发工具，在视图层使用传统 HTML5 语言实现页面内容的展示。在平台局部刷新功能中可采用 JavaScript 与 Ajax 结合的方式实现。为实现用户体验感的提升，运用 ThinkPhP 实现平台控制器层的相关业务操作，在数据层通过 Sroarty 框架与 MySql 数据库实现数据的交互运用。为保证用户系统安全性，可使用 MD5 的加密方法实现密码保护。在完成网络平台的整体设计后，通过测试资源对平台运行的稳定性进行检测，在检测后方可正式上线。

（1）数据层。在平台数据库管理系统的设计建议采用 MySQL 技术，它的效率高、便捷性等特点能够较好地实现数据信息的管理。在数据表的设计建议采纳交易信息表、游客基本信息表、乡村旅游企业信息表、日志信息表等内容，这一部分内容是数据库系统最为核心部分，是后续的数据处理准确高效的决定条件，建议在设计前要有充足的调研，确保设计合理，减少冗余。在数据库的设计过程中，我们还要考虑的另一个重要内容就是系统开发的难度，过于复杂的系统设计会为后续维护与运行带来不必要的困难。

（2）应用层。作为乡村旅游电子商务平台的功能实现的一层，它能够实现内容的宣传、游客在线咨询、门票在线预订等所有功能。可以说，应用层设计成功与否关系到整个乡村旅游电商平台的优劣。在设计过程中，做到代码整洁、无冗余。可以通过 MVC 的框架设计思路，使视图层与应用层实现分离，为未来 PC 端与移动端设计的分离做好预留。

（3）视图层。在视图层的开发设计中，建议工作人员采用 MVC 模式，将其与应用分离，为后期软件开发提供便利的基础，同时兼顾 PC 端与移动端的协调，避免重复工作。在视图层的设计中也应该把握适度设计原理，针对用户的真实需求选取内容。通常在视图层设计中，普遍采用 HTML5 技术，它具有简单的操作界面，在用户使用中也无须安装操作，方便快捷，深受用户喜爱；HTML5 技术最大的优势就是移动开发，对终端设备兼容性强，极大节约开发时间与成本，这大大满足承德地区的乡村旅游网站建设的需求。

（4）分析层。在数据分析层中，主要作用是对进出系统的数据进行分析和汇总。它的价值一方面为便于企业和系统管理者对系统的基本状态与运行数据进行分析，以掌握平台整体状况；另一方面在于保证应用安全，实现病毒侦查、黑客入侵警告、网站攻击预警等。在分析层的设计中，不能破坏系统原有设计，可采用 AOP、反射等技术实现非侵入式设计，为后续分析系统功能的修改与迭代提供条件。

（5）API 层。也称接口层。本层是实现多平台功能交互的主要通道，在设计过程中建议采用 API 层，可实现常用功能如微信、支付宝、QQ 等在线支付及社交，这个功能开发对旅游者通过在线预订完成景区门票购买、餐饮预订等需求提供方便，同时实时的转发功能为消费者社交需求提供便利。在承德地区乡村旅游网站设计中，还可以对接景区信息与游客基本信息等数据，真正实现互通互联。

3. 技术选型

工欲善其事，必先利其器。使用适合的技术才能达到事半功倍的效果。结合承德地区乡村旅游平台建设的瓶颈问题，我们更需要在平台运行过程中体现低成本、快部署、高效率的优势特点，因此，建议采用 Linux + PHP + MySql 的组合技术进行开发，这套技术也同样成功应用在如百度贴吧、新浪新闻、阿里前端等的网络平台设计中。

4. 平台辅助技术

（1）大数据技术。在当前电子商务快速发展的时代，人们的生活已经与电子商务密不可分了。众所周知，用户在各大平台的活动轨迹形成的海量数据，经过分析与挖掘可以有效地为企业提供有价值的信息，而这就是我们所说的大数据技术。在电商平台中使用大数据主要集中在服务、管理、营销三个方面。

服务大数据是通过汇总平台沉淀的客户信息、资源信息、企业信息进行分析汇总，获得对游客的精准定位，从而为其制定符合用户特点和需求的旅游服务，包括旅游路线设计、旅游时间规划推送等，通过这些基于大数据的应用提升游客对平台的满意度。

管理大数据是通过大数据技术服务企业管理的。如通过景区的历史游览数据推断出未来的游客数量，通过景区路线数据推断出交通拥挤程度，这些大数据分析得出的结论为景区管理及各项景点工作安排提供重要依据。保证了景区稳定的客流量，为景区高峰期应急管理工作有序展开提供了保障。

营销大数据是面向企业开展景区营销工作的重要技术支持。相比传统营销活动来说，以大数据技术为依托的营销管理工作更具有精准性，指向性更强、效率更高。通过大数据的分析，我们可以准确预判游客人群特点，不同人群对旅游路线的偏好情况，以及旅游周边的餐饮住宿等设施需求，为企业高效管理、运营成果带来综合效益的提升。

（2）云计算技术。它是支持大数据技术应用的重要基础，主要实现对大数据的收集、运算与整理工作。解决了在传统企业运营方式中的计算难题。

它利用互联网提供的动态数据扩展到各项虚拟服务中，服务于互联网相关应用的使用与交付。云计算技术能够让企业把大量复杂的运算工作交付给阿里云等专业的云计算公司，从而降低企业本身的维护成本，在提高数据安全性的同时，极大保证了平台的顺利运行。

(3) 物联网技术。通过互联网平台可以实现的仅仅是为游客与企业提供相关的数据服务，这对于真实的景区运营来说远远不够，需要物联网技术应用补充。物联网技术在乡村旅游平台的应用可以极大提高企业对乡村旅游资源的管理水平。以物联网技术为支撑的智能监控系统，可以帮助企业监控景区流量、完成突发事件处理、预防游客意外出现等。从游客视角也便于其随时了解景区的旅游路线，根据自身兴趣设计游览路线。从旅游企业视角出发的自动门禁系统设计，能够帮助企业实时掌握景点的财务状况，处理拥挤景点客流疏导等工作。这些都是物联网技术的应用成果，在乡村旅游环节中的重要性也是较为明显的。

(三) 乡村旅游电子商务服务终端的设计

在乡村旅游与电子商务融合发展中，仅依靠电子商务平台还是不够的，在平台正常运转的同时必须要有相应的硬件设备作为支撑，上述我们讨论的电子商务平台的设计还应匹配以下几种旅游设施的建设：

1. 自助导游服务系统

在景区设置的自助导游服务终端设备，可以帮助游客解决各种旅游问题，如快速了解本景区的主要景点，实现重点景点的介绍与讲解功能，游客根据自身需要进行选取，让旅游活动更加直观和生动，同时为旅游企业的管理增加便利高效的措施。

2. Wi－Fi 覆盖

身处互联网时代之中，网络已经成为每个人出行的必备条件，在乡村旅游中为游客提供良好的网络信号是确保其随身网络移动设备正常运行的必要条件，也是提高游客满意度的最直接的方法。更重要的是，乡村旅游电子商务平台的运行也是离不开无线网络支持的，因此，在条件允许的景区中，都应该尽量地实现网络的覆盖。在承德，部分乡村旅游景区已实现 Wi－Fi 覆盖，如坝上的草原民宿、承德 7 家温泉度假村等，这样的基础设施建设极大地提升了游客的满意度，为景区进一步的宣传提供了良好的口碑基础。

3. LED 演示设备

在乡村旅游景区中可以适当设计安装LED显示屏等多媒体演示设备，提供各种声光兼备的宣传片或广告，这样的做法一方面为景区的旅游产品做宣传，另一方面也可以通过LED设备播放与景区相关的公益宣传、文化宣传等内容，彰显景区文化建设氛围，提升档次。

4. 自助购票系统

此类系统在国内许多景区中已有相当程度的普及，与交通部门的自助购票系统相类似，为游客购票提供便利，同时在景区流量高峰时也能够有效减少拥堵，提升用户满意度的同时也为景区的日常管理带来便利优势。

(四）关于乡村旅游电子商务平台成本收益的分析

为了更进一步说明在乡村旅游电子商务平台建设过程中企业的投入与收益情况，我们进行了如下的具体分析：

1. 关于成本投入

对于乡村旅游电子商务平台整体运行的费用，以及针对单一乡村旅游景点的硬件投入费用主要涉及以下方面：

(1) 软件开发费用。这部分费用主要体现在专业开发人员薪资供给、软件开发环境设置、相关技术投入等部分，根据现有的同类型、同规模的软件平台开发成本估算，乡村旅游电子商务平台软件开发费用约为1.5万元。

(2) 平台维护费用。平台投入使用后，需要日常维护以确保其平稳运行，在此过程中企业需要投入相关费用，如维护人员的工资费用，如虚拟主机需要托管，需要支付相关的托管费用，网站域名购买也需要支出费用……这部分费用总额约1.2万元。

(3) 宣传推广费用。为了扩大平台影响力，宣传推广活动是必须要进行的，对于乡村旅游平台来说也不例外。它既需要吸引更多的乡村旅游企业入驻，提供丰富多样的乡村旅游资源，同时也需要更多游客的关注。在宣传推广过程中，广告的制作与投放、人员的工资都需要企业投入不菲的资金，预估年推广费用至少5万元。

(4) 景区设备费用。为实现乡村旅游与电子商务的融合发展，一方面是要依托电商平台实现对景区宣传与管理的虚拟性，同时必须要配合平台打造景区的基础设施建设，以发挥电子商务更大的优势。如景区中的宣传设备建设、旅游导引设备建设、自动取票等设备建设等，除需要支付一定的设备购置费及安装费用外，日常维护费用也需要计划在内。对于农家乐、民俗村类的乡村旅游景区，在这一部分建设中约投入 2 万元即可，但是也存在景区的个性化需求不同，这类设备的选用可按需安装。

2. 关于平台收益

对于乡村旅游电子商务平台及其相关基础设施的投入，在为企业带来可观的宣传效果外，更直观地会为企业带来直接的收益。主要来自以下几个方面：①企业营销费用。作为第三方的平台如与旅游企业合作，为企业提供游客推送广告、相关宣传服务的同时，可向企业收取营销费用。②门票提成。通过第三方电商平台购买景区门票，平台可从其中抽取一定的提成，作为此项服务的费用。③酒店推广费用。平台与景区周边餐饮机构合作，如游客通过平台预订酒店，平台可从其中抽取一定的费用作为中介费用。④餐饮服务费用。平台也可以设计提供餐饮团购功能，与当地餐饮企业合作，在平台开辟美食团购板块，方便游客通过平台订餐，在此过程中平台也可以收取一定的订餐费。

乡村旅游电子商务在承德地区尚有较大的发展空间，缺乏龙头企业的带动，未来借助当地丰富的乡村旅游资源，乡村旅游电商发展潜力巨大，也将会为企业带来更多的利润空间。

四、承德兴隆县乡村旅游电子商务的发展

在前一节的描述中，我们主要针对承德乡村旅游资源、承德乡村旅游电子商务发展现状、存在问题进行了分析，并结合当地整体情况与特征构建了承德旅游电子商务平台。在此基础上，本节以兴隆县的乡村旅游发展为典型案例，从电子商务在承德乡村旅游发展中的应用做进一步的剖析。

兴隆县位于承德最南端，燕山山脉东段，古长城北侧。于民国十八年（1929 年），是典型的“九山半水半分田”的山区县。兴隆县境内有雾灵山国家级自然保护区、六里坪国家森林公园、九龙潭自然风景区等雄奇秀美的

山岳景观和峡谷水洞地貌等地质旅游资源。兴隆县也是全国的“山楂之乡”“板栗之乡”。兴隆县的乡村旅游可以说是承德市乡村旅游的缩影。

兴隆县具有丰富、优秀的旅游资源，同时也具有较好的地理位置，毗邻北京、天津等一线城市，兴隆距离北京市中心仅有 140 公里，距天津市中心仅 170 公里。县内 3A、4A 级景区较为密集，相比其他县区，兴隆县的旅游资源最为丰富，因此其旅游发展时间比较早，基础设施也比较好。这为北京、天津的市民到兴隆旅游提供了极大的方便，也为兴隆乡村旅游发展打下了良好基础。

兴隆县的电子商务发展较承德其他县区也有较好的基础。这离不开政府的支持，兴隆县政府早在 2015 年就出台了《兴隆县电子商务发展资金扶持管理办法》等文件支持地方电子商务发展。在兴隆，企业或实体销售大户建设的电商平台分别可以获得 3000 元—50 万元不等的政府资金扶持，在这其中具备较强的带动作用的电子商务项目还会被优先列入兴隆县重点的产业项目中来，获得更多的政府资源支持；在承德地区乡村旅游电子商务平台建设质量来看，最好的都集中在兴隆县。值得一提的是，除市区外仅有兴隆县乡村旅游企业建立自己的宣传网站。这些都说明了一个问题，兴隆的旅游企业更具前瞻性，选择兴隆县作为承德地区的乡村旅游电子商务建设的示范基地，具有更高的可行性。以兴隆的乡村旅游电子商务建设为模板，推广应用到承德其他县区，实现整体的融合发展。

（一）兴隆县乡村旅游概况

兴隆县位于承德最南端，地处京、津、唐、张交叉地带，距北京仅 140 公里、距天津仅 170 公里，距唐山 150 公里，距北京首都国际机场、天津国际港口均不足 2 小时路程。交通十分便利，素有“华北之肺”的美称，在民间被誉为北京和天津的后花园，极具旅游潜力。2015 年，国家国土经济发展研究中心与亚太环境保护协会联合组织了评选“中国深呼吸小城 100 佳”的活动，兴隆县荣列其中，并获得了“美丽中国国土气候旅居名片”的荣誉。

兴隆乡村旅游景区的主要特点是绿色天然氧吧、四季特色分明、昼夜温差明显，适宜避暑养生，在兴隆可以实现环境与人类的和谐共处，除乡村旅游资源丰富以外，还衍生出了特色明显的地质科普游，如兴隆溶洞景观，以及气势雄伟的森林峡谷观光游，如六里坪国家森林公园，趣味十足的水上休闲游，如九龙潭风景区，也有山水悠然的养老养生游等，这些丰富的旅游资源极大吸引了北京、天津、唐山等周边地区游客的到来。

借助天然的旅游资源优势，兴隆县一直以来就将"生态立县、旅游兴县"作为县区的发展策略，在政府大力支持下，兴隆县在旅游产业的建设取得了较为显著的成效。目前在兴隆已开放的景区有：六里坪国家森林公园，兴隆溶洞、青松岭峡谷景区、兴隆山景区、奇石谷景区、红河漂流、十里画廊景区、天子山景区、雾灵山国家级自然保护区等。乡村旅游农家院目前为止已发展到675家，县级旅行社8家，兴隆特色旅游产品经销商20余家，2019年以来兴隆县旅游年游客数量达到520余万人次，为兴隆县直接带来近10亿元经济增长。

（二）电子商务在兴隆乡村旅游中的应用

兴隆县旅游资源与特色农业资源丰富，地理位置优越，但是由于其宣传不足，虽然毗邻北京市区，与天津、唐山等地不过2小时车程，但是吸引周边游客的数量还是十分有限。为了改变这种现状，旅游业及乡村旅游业在兴隆的快速发展，近几年，兴隆县在市委市政府的支持下，改变了旅游产业原有的发展路线，充分利用现代化信息技术，走起了数字兴隆的转型思路，依托电子商务优势力量，结合当地丰富优质的旅游资源，打造高质量的旅游服务。这符合当前社会发展方向，在未来，对于促进兴隆县旅游业的高质量、可持续发展也具有重要的意义。

由于兴隆县发展旅游电子商务的行动要早于承德其他地区，因此成果也更加突出。兴隆旅游局组织景区与去哪网等国内主流旅游网站平台合作，在兴隆的大部分景区均可以通过去哪网等旅游网站进行在线订票，以在线支付的方式完成景区门票购买。同时，兴隆县政府及旅游局等相关部门也积极鼓励结合当地优势旅游资源建立自己的旅游网站，通过互联网实现景区的宣传与推广，经过几年的建设，兴隆的旅游网站无论是在数量还是建设质量上都明显优于承德其他地区。像兴隆雾灵山景区、兴隆九龙潭景区都已经建设有自己的官方宣传网站。为了鼓励乡村旅游的发展，政府主持将本域内的特色乡村旅游资源进行整合，通过乡村旅游网站进行整体推广，兴隆县乡村旅游网站通过乡村介绍、农家院、特色餐饮、旅游商品、旅游招商、联系我们、在线咨询等七大板块向游客和网民们全方位呈现出兴隆乡村旅游的整体发展面貌，为吸引外来游客参与乡村旅游作出了一定的贡献。

（三）兴隆乡村旅游电子商务发展中存在的问题

作为一个以旅游为主要经济发展支柱的产业布局，兴隆县及乡镇政府对旅游电子商务非常重视，通过几年的不断建设目前也取得了一定的成绩，但是成绩与问题并存，不足之处也不容忽视。

1. 旅游业现代化管理水平偏低

（1）景区缺乏统一的管理。兴隆旅游资源具有天然优势，在区位上又处于“一县连五市”的重要地区，兴隆本身具有良好的旅游发展潜力。但由于兴隆县的各类特色景区分属于不同的旅游企业开发，企业间缺少沟通与融合，各自为政的局面较为突出，并未形成统一的规划与管理，这就造成了大量旅游资源的同质化。以乡村旅游为例，兴隆的农家院整体风貌较为相似，都是围绕着农家餐饮，烧烤、农村民宿等形式展开，缺乏个性化特点的展示，因此对未来的可持续发展制造了瓶颈。

（2）差异化运营能力显不足。兴隆毗邻京津，游客来源除承德地区以外，也主要以京津地区的游客为主。以北京地区为例，距北京市中心 90 公里处，有密云水库景区，对于平时工作繁忙的城市居民，他们虽然愿意在闲暇之余到乡村体验归隐山林的感觉，但在选择旅游目的地时，除考虑景区特色以外，距离也是重要因素，因此，面对同样的自然山水类景区部分北京游客会选择更近、更便捷的密云水库观光游览，而不是距离更远的兴隆九龙潭景区。对于旅游成本偏高的问题，差异化运营就显得更为重要了。如何打造更具体验感、独特性、娱乐性、休闲度高的景区，也是摆在兴隆旅游企业面前的重要问题。

（3）景区宣传推广面较小。旅游业作为兴隆县的主打产业，为兴隆的 GDP 带了较大份额的贡献，但是政府及企业在宣传推广上并没有投入大量资金，因此也导致兴隆县景色优美，但知名度不高的窘境。目前投入的宣传广告，也因为对目标人群分析准确性不高，导致未能实现精准营销，在对承德旅游集散中心附近的 55 位游客进行的调查中发现，了解或知晓兴隆县旅游景点的有18人，约占1/3。因此，在这个问题上相关部门还需要投入精力。

2. 兴隆旅游电子商务专业化程度不高

以承德地区旅游电子商务建设情况来看，兴隆县迈出了领先的一步，但是横向与其他城市乡村的旅游电子商务相比，还是存在很多的差距。比如网站建设功能不完善、响应速度慢、内容更新不及时等。具体表现在以下几个方面：

（1）电子商务平台建设时代性不足。目前在兴隆县景区建设的旅游网站中普遍存在页面设计简单化、互动设计单一化等特点，在页面中仅仅呈现了景点信息的静态画面，信息的更新也不及时，在大部分的网站中并没有提供在线订票、在线支付功能，而这个功能是最有利于实现游客转化的。许多景区虽有网站建设，但是维护不及时，甚至出现多年未维护的情况，信息落后、错误百出，这不仅不能为游客提供有用信息，甚至还会带来负面效应。

（2）电子商务协同化管理意识不足。目前在兴隆规模较大的景区均有自己的网站建设，这造成了客流分散的局面，通过整合旅游资源建设统一的旅游信息平台对于客户进行集中管理，实现资源共享、共同发展都有着重要的意义。这在兴隆县是缺乏的，甚至造成了电子商务和旅游活动的脱节，这也是目前兴隆旅游电子商务发展中的另一个瓶颈问题。

（3）电子商务专业人才的缺乏。专业人才的缺乏制约着兴隆县旅游电子商务的发展，尤其是乡村旅游电子商务，问题更为突出。对于电子商务的网站建设需要专业人才的智慧，但在网站的日常运营与信息更新中，专业人才依然是必不可少的。这个问题不仅在兴隆县存在，即使在经济发展更为快速的承德市也依然是一个重要的问题。由于承德地区的整体经济水平低、交通不便利，导致外来人才引进难，本土人才流失快的尴尬局面。如何快速引入专业人才投入旅游电子商务行业发展，是整个承德地区都面临的重要课题。

3. 兴隆乡村旅游电子商务应用体系的改进建议

通过以上的分析表明，在兴隆乡村旅游电子商务发展还存在较大的提升空间。笔者团队结合兴隆县乡村旅游资源的特点以及其前期乡村旅游电子商务平台的建设情况，为其后续发展提出如下几方面的建议：

（1）建立兴隆乡村旅游电子商务平台。政府牵头整合兴隆县所有乡村旅游资源，建立全面的乡村旅游电子商务平台，平台内容覆盖兴隆境内所有乡村旅游景区信息、民俗文化、地方特色美食、交通路线设计等，为游客进行信息检索提供便利，增加网站用户的满意度。

（2）提升现有网站建设质量。充分利用现有乡村旅游网站资源，完善信息质量，提高更新频率，剔除恶意链接，增加在线支付、路线导航、景区全景鸟瞰等功能，生动展示乡村和民族特色全貌，吸引消费者，提高网站流量。在页面的设计中，应体现兴隆乡村特色，既具有时尚感，又美观大方。针对移动端平台的设计，追求简洁、美观、快速的特点。

（3）加强旅游电子商务终端建设。当前是智能化的旅游时代，无论是哪种形式的旅游，匹配智慧旅游的线下终端设施必不可少，如景区电子导游、自助购票等智能化景区终端设备是提高游客满意度，增加游客重复消费的重要因素。建议政府应该给予重视，通过资金投入帮助完成建设。

第四节　乡村振兴背景下宽城西岔沟村乡村旅游电子商务的创新发展

一、宽城西岔沟乡村旅游与电子商务融合发展的时代背景

伴随着市场经济快速发展和互联网科技的广泛应用，新技术、新平台、新模式、新业态成为乡村旅游发展的必经之路。西岔沟村位于河北省承德市宽城满族自治县域内，满族是中国一个悠久的民族，七千年的历史长河中，满族文化经历了新开流文化、茶啊冲文化、肃慎、挹娄、勿吉、渤海、女真，生生不息、一脉传承。公元1616年，努尔哈赤起兵统一女真各部落，建立后金。1636年，皇太极将国号改为“清”，从此，满族文化与中国封建王朝的皇家文化融为一体。满族的文化丰富多彩，在其形成和发展的历史过程中，开放虚怀、兼收并蓄。西岔沟村是典型的满族村落，满族村民约占总人口的81%。2014年6月成为“首批中国少数民族特色村寨名录”成员之一，是承德市唯一进入该名录的村寨。村内有正宗满族镶黄旗后裔，保留了满族传统习俗，此外，西岔沟村位于鸭嘴山脚下，森林茂密，生物多样，空气清新，负氧离子含量高，自然条件优越，

实属休闲度假的乡村旅游佳处。

党的十八大以来，生态文明建设已经上升到国家战略高度，乡村旅游的发展是生态文明建设和乡村产业振兴的突破口。西岔沟村既是全国首批“少数民族特色村寨”，又是“全国生态文化村”，在燕赵大地之上，西岔沟村乡村旅游资源形成了一座满族文化的宝藏等待着世人挖掘和探索。西岔沟村乡村旅游与电子商务融合发展，既是响应国家、省和地方各级政府关于大力发展和提升乡村旅游的要求，是其充分发挥在自然和人文环境方面的优势，实现进一步发展的需要，也是西岔沟村作为满族民族村寨，保护满族文化，发挥满族文化特色优势，发展乡村旅游的需要。

（一）政策背景

1. 乡村旅游相关政策

乡村旅游促进了社会资源和文明成果在城乡之间的共享及财富重新分配的实现，对于加快实现新农村建设及城乡统筹发展具有重要意义。因此，在国家和近年来出台的多项政策法规中，不断提到要大力发展和提升乡村旅游。

（1）《国务院关于加快发展旅游业的意见（2009）》。

该意见提出要推动旅游产品多样化发展。实施乡村旅游富民工程。开展各具特色的农业观光和体验性旅游活动。加快旅游基础设施建设。重点建设旅游道路、景区停车场、游客服务中心、旅游安全以及资源环境保护等基础设施。实施旅游厕所改扩建工程。加强主要景区连接交通干线的旅游公路建设。

（2）《国务院关于促进旅游业改革发展的若干意见（2014）》。

该意见提出大力发展乡村旅游，依托当地区位条件、资源特色和市场需求，挖掘文化内涵，发挥生态优势，突出乡村特点，开发一批形式多样、特色鲜明的乡村旅游产品。

（3）《河北省人民政府关于促进旅游业改革发展的实施意见（2015）》。

该意见提出提升乡村旅游。实施乡村旅游富民工程，加强基础设施建设，开发形式多样、特色鲜明的乡村旅游产品，拓展农业农村休闲、观光和体验功能。

（4）《“十四五”旅游业发展规划（2022）》。

规范发展乡村旅游，深入发掘、传承提升乡村优秀传统文化，优化乡村旅游产品结构，构建全方位、多层次的乡村旅游品牌体系，通过乡村旅游产业发展有效衔接乡村振兴战略，重点支持脱贫地区乡村旅游发展壮大。

2. 少数民族文化保护政策

国家民委印发的《少数民族特色村寨保护与发展规划纲要（2011—2015年）》明确指出：在工业化、城镇化的背景下，民族文化传承遭受巨大冲击；受多种因素影响，村寨的民族特色和乡村特色急速消失。做好少数民族特色村寨保护与发展工作，在促进经济发展的同时抢救和保护少数民族传统文化刻不容缓。

3. 民族村寨发展与保护相关政策

少数民族村寨在发展乡村旅游的同时，要注重保护少数文化，发挥少数民族文化的特色优势。

（1）《国务院关于加快发展旅游业的意见（2009）》。

该意见提出要在妥善保护自然生态、原居环境和历史文化遗存的前提下，合理利用民族村寨、古村古镇，建设特色景观旅游村镇，规范发展“农家乐”、休闲农庄等旅游产品。

（2）《国务院关于促进旅游业改革发展的若干意见（2014）》。

该意见提出要合理利用民族村寨、古村古镇，发展有历史记忆、地域特色、民族特点的旅游小镇，建设一批特色景观旅游名镇名村。

（3）《少数民族特色村寨保护与发展规划纲要（2011—2015年）》。

该纲要明确指出要充分发挥民族村寨自然风光优美、人文景观独特的优势，把经济发展与特色民居保护、民族文化传承、生态环境保护有机结合起来，培育壮大少数民族特色村寨乡村旅游。引导村民重点发展“农家乐”，培育和开发少数民族特色餐饮。深入挖掘民族村寨文化，将民族文化元素有机地融入民族村寨旅游产品开发的各个环节中。举办少数民族节日庆典、祭祀活动，集中展示村寨文化，丰富游览内容。发挥少数民族特色旅游在推动民族乡村发展中的引领作用，培育一批特色村寨旅游示范点，形成特色村寨旅游品牌。

4. 承德在京津冀一体化战略中的定位

(1) 生态涵养作用。

京津冀协同发展，以疏解首都核心功能、解决北京“大城市病”为基本出发点，要求着力扩大环境容量生态空间，加强生态环境保护合作，在已经启动大气污染防治协作机制的基础上，完善防护林建设、水资源保护、水环境治理、清洁能源使用等领域合作机制。

(2) 配套服务地位。

承德市委、市政府以创建“国家级生态文明与经济社会协调发展示范区”为总抓手，加强生态建设和环境保护，建设京津水源涵养功能区，加强京津与旅游会展、文化创意、教育科研、医疗卫生、健康养老和战略性新兴产业发展合作国家主体功能区建设试点、国家生态文明先行示范区、国家循环经济示范城市，将建设与北京融合共进的国际旅游城市，成为首都经济圈连接冀辽蒙、面向京津的重要节点城市。

5. 旅游电子商务相关政策

(1)《关于深化“互联网 + 旅游”推动旅游业高质量发展的意见(2020)》。

该意见强调，坚持技术赋能，深入推进旅游领域数字化、网络化、智能化转型升级。坚持开放共享，加快形成以开放、共享为特征的旅游业发展新模式。

(2)《“十四五”旅游业发展规划 (2022)》。

该规划提出线上线下要加快旅游产品与服务融合，充分运用数字化、网络化、智能化科技创新成果，升级传统旅游业态，创新产品和服务方式，推动旅游业从资源驱动向创新驱动转变。

(二) 经济背景

1. 旅游业是拉动经济发展的重要动力

旅游业是综合性产业，是带动经济发展的重要动力，是人民生活水平提高的重要指标，是文明传播、文化交流、增进友谊的桥梁。党中央、国务院对推进旅游业改革发展一直高度重视，特别是在经济发展进入新常态的背景下，中央着眼于扩大内需、稳定增长、增加就业、减贫、发挥旅游在惠民生中的独特作用，着力打造旅游支柱产业、对旅游强国建设进行了一系列新部署。

2. 国内中产阶级消费升级，旅游需求转为刚需

随着国内中产阶级消费升级，旅游需求正逐步转为刚需，旅游形态升级（从观光到休闲）。根据测算，到2020年中国的中产阶级人数将会占到全球的16%左右，中产阶级占国内消费的比例将会从2012年的32%逐步增加到81%，与其相关的旅游行业未来在GDP中的重要性将大大增强。

3. 承德市经济发展定位与产业发展升级

（1）旅游城市的发展定位。

《中共承德市委关于制定国民经济和社会发展第十三个五年规划的建议》提出要围绕“京津冀水源涵养功能区、国家绿色发展先行区、环首都扶贫攻坚示范区、国际旅游城市”的“三区一城”发展定位，要大力加强美丽乡村建设，切实把美丽乡村建设与脱贫攻坚、乡村特色旅游、农业产业化园区建设、特色民俗文化开发、沟域经济发展紧密结合起来。

（2）旅游产业亟须转型升级。

承德市有丰富的旅游资源，但旅游业长期以来依赖避暑山庄及周围寺庙的皇家文化游。要实现与北京相融共进的国际旅游城市，就要积极做好旅游品牌建设，乡村体验游也将成为承德市旅游业发展的突破方向之一。组织开展各具特色的农业观光和体验性旅游活动，发展乡村游、民俗游、观光游、采摘游，优先建设一批有规模的休闲城、谷、川、沟，大力发展沟谷经济。

（三）社会背景

1. 城市化进程加速促进乡村旅游的发展

随着城市化进程的加快，久居喧嚣城市的人们产生了对田园风光和乡村宁静生活的回归需求，向往“住农家屋，吃农家饭，干农家活，享农家乐”的意境体验，游客可在西岔沟村采摘果品、赏花的同时，体验满族民间传统节庆活动、吃满族特色美食、购买当地土特产品，收获多种乐趣。

2. 城市环境恶化，人们渴望回归自然

城市人口的急剧增加和高度集中带来诸多环境问题，如：雾霾频发、水质不断下降、噪声污染、垃圾堆积等，人们希望回归自然，呼吸新鲜空气，

体验返璞归真的生活。鸭嘴山区植被覆盖率高，负氧离子含量高，是游客放松身心的好去处。

3. 乡村旅游已成为休闲度假的重要形式

随着物质水平的提高、生活理念和消费观念的变化，现代休闲旅游成为很多人度假的形式。乡村旅游作为现代休闲旅游的一种重要形式，能够满足游客利用短期假日愉悦身心、休闲娱乐及康体健身等多种功能需求。

4. 带薪假期政策的落实将带动乡村旅游的发展

国务院在《关于构建和谐劳动关系的意见（2015）》中要求切实保障职工休息休假的权利。完善并落实国家关于职工工作时间、带薪年休假等规定，规范企业实行特殊工时制度的审批管理，督促企业依法安排职工休息休假。带薪年假等政策的逐步落实，将促进乡村旅游的发展。

（四）文化背景

1. 保护与传承民族文化的需求

《国务院关于进一步繁荣发展少数民族文化事业的若干意见（2009）》明确繁荣发展少数民族文化事业，是一项长期而重大的战略任务，深刻认识繁荣发展少数民族文化事业的特殊重要性和紧迫性，把繁荣发展少数民族文化事业作为一项重大的战略任务，采取更加切实、更加有效的政策措施，着力加以推进。

2. 民族民俗文化有待挖掘和活化

民俗文化是一种历史悠久的文化遗产。西岔沟村是典型的满族村，有多种形式的满族民俗文化可挖掘，如迟家庄居民是正宗的满族镶黄旗后裔，至今仍保留满族传统习俗，还有会满族传统舞蹈、雕刻、体育活动的艺人。西岔沟村可立足现有满族民俗文化基础，充分挖掘满族民俗文化，不但让满族后代体验先民的生产生活习俗，让其他民族了解满族民俗文化，更能保护满族民俗文化，让渐渐消失的文化遗产活化。

3. 保护与发展满族文化是发展旅游的实际需要

承德市现有宽城满族自治县、丰宁满族自治县和围场满族蒙古族自治县三个满族自治县，是我国主要的满族聚居区之一。然而，目前全市尚没有一处集中展示满族文化与体验满族民俗的场所，相关题材旅游产品缺乏。

二、西岔沟乡村旅游与电子商务融合发展的原则与目标

（一）发展原则

1. 主题明确，突出特色

西岔沟村规划主题要明确，根据村内的资源类别和特点确定不同主题，以所拥有的自然和文化等资源类别为依据，系统安排和合理规划西岔沟村旅游项目和配套设施，围绕主题进行各项规划，突出特色。

2. 统筹规划，协调开发

西岔沟村本次规划包含对于原有基础设施的完善及新项目的开发。其中，关于鸭嘴山的开发涉及地形地貌复杂、线路较长的问题；关于满族文化的开发牵扯到资源可获得性的问题。因此，要进行全面统筹、分步实施、合理安排规划项目，处理好不同项目之间的关系，分清轻重缓急，有序开发，良性循环，协调发展。

3. 资源基础，市场导向

西岔沟村作为中国第一批少数民族村寨，保护满族传统文化是西岔沟村、宽城县乃至承德市满族文化保护与传承的迫切需要，也是深入贯彻《少数民族特色村寨保护与发展规划纲要（2011—2015 年）》精神的需要。本次规划在保护满族传统文化的基础之上，立足满族文化的资源特色，分析市场需求，提高游客体验度。在产品、项目的设计上既包含对于传统满族文化和民俗的展示，也要发挥少数民族特色旅游在推动民族乡村发展中的引领作用。

4. 模式创新，可操作性强

为提高对于游客的吸引力，充分挖掘满族文化中的亮点，在项目和产品设计上力求创新，一方面考虑游客的深层次需求，另一方面避免与全国现有其他满族村寨的现状相雷同。同时，考虑项目和产品落地的可行性，避免大而空或泛泛而谈，做到全面性、逻辑性和严密性。

5. 尊重自然，持续发展

鸭嘴山是宽城县境内第二高峰，尚未得到开发，但山中动植物资源丰

富，环境优美。项目建设以可持续发展为首要设计原则，强调设计遵从自然，注重环境保护，建设人与自然的和谐统一关系。在开发建设和管理中要防止破坏性建设，切实保护生态环境，使旅游与自然、文化与人类生存环境构成一个整体，实现经济发展目标与社会发展目标的和谐统一，实现经济、环境、社会效益的最佳平衡。

6. 电子商务扶贫、利益双赢

按照以人为本的思想进行规划，在规划布局、项目设计、服务设施等各方面体现对游客的人文关怀，使游客满意、受益。在西岔沟村建设和项目安排上，尽量将村民的生产活动与旅游服务结合起来，规划村民的生活道路，尽量照顾当地村民的利益，使开发与当地村民的利益相一致，达到与村民共生共赢、共同发展的目的。

（二）发展目标

根据西岔沟村旅游资源特点、旅游开发现状，结合西岔沟村在宽城县及承德市的定位，突出特色，彰显亮点，从根本上弥补宽城县乃至承德市满族文化内容挖掘不足，相关题材旅游产品匮乏的局面。通过整合现有资源，统筹安排，科学规划和分期开发，使旅游基础设施与服务设施得到完善，旅游产品的广度与深度得到拓展，使西岔沟村形成春赏花、夏避暑、秋采摘、冬民俗四季旅游产品，吸引游客、留住游客，成为宽城县、承德市乃至京津周边地区旅游的新名片，促进经济效益、社会效益与生态效益的全面提高。

三、西岔沟乡村旅游与电子商务融合发展的条件分析

（一）自然条件

1. 依山就势，位置优越

西岔沟村位于河北省承德市宽城县境内，宽城县城西部 9 公里处。村庄位于鸭嘴山脚下，地理坐标约为东经 118. 4°，北纬 40. 6°。由学房庄、迟家庄、杏树坟、车门沟、上窝铺、丁家庄等 16 个自然村组成。毗邻承秦出海公路，位于京承秦金三角旅游线的重要位置，是常规旅游线路上的重要节点。

2. 四面环山，曲径通幽

西岔沟村位于鸭嘴山脚下，属燕山山脉，是群山环抱下的小山村，村庄整体形态大体上呈“上下Y字型排开”，一条崎岖的山路和蜿蜒的小溪，自北向南穿村入户。这里四面环山，青山绿水，生态优良，森林覆盖率高达85%以上，整个村庄以自然村落的形式零散分布于恬静的山谷中，辟有一条主干道与外界相连，曲径通幽，闹中取静。

3. 季风气候，四季分明

西岔沟村属暖温带、大陆性季风气候，其气候类型组合为暖温带，特点为季风性强，季节差异及光、温、水的地域差异明显，光、热、水同季。年平均降水量662.5毫米，季节分布和年际变化极不均匀，夏季降水量较多。年平均蒸发量为158.9毫米，以4月、5月、6月最大，1月和12月最小。鸭嘴山四季分明，昼夜温差大，太阳辐射强，空气清新，负氧离子含量高。炎炎夏日中，山村却以其清凉的气候成为避暑佳地。

4. 森林茂密，百花争艳

鸭嘴山为宽城境内第三高峰，海拔1100米，面积1000多亩。鸭嘴山区山体峻峭，沟谷狭窄，地表破碎，雨裂冲沟众多，形成了头道沟、二道沟和三道沟。山中森林茂密，自然景观优美，植被覆盖率高，灌木、杂草丛生，动植物资源较为丰富，许多植物和动物在这里繁衍生息，具有生物多样性的特点。动物资源丰富，有各种兽类和鸟类。植物主要为华北区系植物，植被垂直分布明显。有古柞树林、百年野生核桃楸林等植被景观，山上的一颗几百年树龄的野生楸树，巨大的树干形成5个枝干，形似人的手掌，当地村民形容它为“佛手”，具有很高的经济价值和观赏性。野花漫山遍野，春夏季节满山都是盛开的鲜花，景色优美。山沟及山前冲积台地上适于果树种植，盛产板栗、核桃、梨、山楂、苹果、杏等干鲜果。

5. 棕壤褐土，多矿物质

受夏季暖热多雨、冬季寒冷干旱的气候影响，西岔沟村域范围内土地以棕壤和褐土为主，具有良好的生态条件，生物资源丰富，土壤肥力较高，富含硒、钙、磷、铁、钾等矿物质。此处生长的苹果、梨、板栗等鲜干水果富含这些矿物质。

6. 山泉流经，水源缺乏

西岔沟村北部山岳流经下来两道山泉，在刘家庄处汇聚成为一条河流，流经整个西沟沟村。山顶有一处清泉被当地村民誉为“长寿泉”，泉水无比甘甜。由于属暖温带季风气候，水量冬春少而夏秋多，季节差异大。

（二）经济条件

1. 经济区位

西岔沟村所属的宽城县地处承德市、秦皇岛市、唐山市、辽宁省朝阳市四市交界，位于环渤海、环京津经济圈腹地。2013 年，宽城县地区生产总值 218.0094 亿元，被评为承德市唯一的河北省经济发展先进县，素有“中国板栗之乡”“河北桑蚕之乡”之称。西岔沟村以果品业、农副产品及旅游等产业为经济发展的主要抓手。

2. 经济水平

西岔沟村曾是个落后闭塞、远近闻名的贫困村，村里没有支柱产业，村民的主要经济来源是外出打工。为改变落后局面，村民把希望寄托于满山的果树，如今还注册了品牌，生活水平大为改善。2014 年全村年苹果、板栗收入超 10 万元的大户达到 30 户（占总户数约 6%），超 5 万元的大户达到 100 户（占总户数约 20%）。2014 年人均纯收入达到 10547 元，而同时期全国农村居民年人均纯收入仅为 9892 元，超出全国水平 6.6%。

3. 产业结构

西岔沟目前以经济林产业为主，有“花果乡村”的美誉，以林下产业和农家乐为辅。全村总面积 1.8 万亩，其中经济林面积 5000 亩。

在经济林产业中，形成了以苹果、板栗为主的支柱产业。板栗、苹果等各种干鲜果树 30 多万株，年产干鲜果品 1300 多吨，梨园、桃李园、杏园、野生桑葚园等采摘园 30 处，总面积达 500 亩。为了充分利用林下空间，西岔沟村在果园内种植花生 500 亩，改接山核桃 1 千株，达到了资源的优化配置。农家院 7 户、垂钓园 1 处，依托地理优势，大力发展农家游。

4. 交通条件

西岔沟村位于宽城县城西部 9 公里处，离宽城县城仅约 20 分钟的车程。周围承秦出海公路、北凌公路、平青乐公路、平铁公路纵横相连，承秦高速公路全线贯通。北京—宽城公交运营后，宽城县将融入京津承唐秦等大中城市1—3小时交通圈。

（三）旅游条件

1. 旅游区位

《河北省环京津休闲产业带发展规划》将承德列为全省四个环京津休闲旅游城市之一。西岔沟村位于鸭嘴山脚下，毗邻承秦出海公路，位于京承秦金三角旅游线的重要位置，是常规旅游线路上的重要节点。承秦高速，将使西岔沟村融入冀东经济区旅游环线。

2. 发展状况

西岔沟村旅游主要为果品采摘和农家乐，有板栗、苹果等各种干鲜果树30多万株，年产干鲜果品1300多吨，梨园、桃李园、杏园、野生桑葚园等采摘园30处，总面积达500亩。2015年4月，该村举办了第一届赏花节，所赏花卉有梨花、杏花、苹果花等，吸引了来自县内外的游客和摄影爱好者，初步产生了一定的影响力。为了充分利用林下空间，西岔沟村在果园内种植花生500亩，改接山核桃1千株，达到了资源的优化配置。有农家院7户、垂钓园1处，依托地理优势，大力发展农家游。

（四）社会文化

1. 社区结构

全村共16个自然村，13个居民组，519户，1767口人，其中，满族人口1380人，全村总面积1.8万亩。

2. 风俗习惯

西岔沟村满族人口占全村总人口的80.6%，尤其是位于村口迟家庄的130多口迟姓居民，他们是正宗的满族镶黄旗后裔，至今仍保留满族传统习俗。村中还有满族传统文化艺人，如剪纸、雕刻、歌舞等，这些为后续深入挖掘满族文化，丰富满族文化旅游产品提供了条件。

3. 乡土文化

西岔沟村虽然离宽城只有短短9公里的距离，但仍然保留着完好的乡村风貌和乡土文化，文化生态保护良好，村民自然淳朴，当地的村民生活习俗习惯也较好地保留下来，进入西岔沟村内部，有两株三百年以上的古树，一株是榆树、另一株是松树，两株树就如一部编年史，和村民一起经历了风风雨雨，记载着村庄的发展历程，村民对其有着深厚的感情。经过岁月的洗礼，古树仍呈现其独特的魅力，是村庄特色的体现。

（五）旅游电子商务发展条件

西岔沟乡村旅游发展模式较为单一，基础设施建设和配套资源较为欠缺，难以满足当前市场发展和游客多样化的需要。

四、西岔沟乡村旅游资源评价

（一）旅游资源调查分类与评价

1. 旅游资源调查分类

（1）国标分类。

旅游资源是指自然界和人类社会能对旅游者产生吸引力，可以为旅游业开发利用，并可产生经济效益、社会效益和环境效益的各种事物和因素。根据策划项目组的实地调查和对相关文献资料的查阅，根据全国旅游标准化技术委员会《中国旅游资源普查规范》中《旅游资源分类、调查与评价》（GB/T 18972—2003）对西岔沟村的旅游资源进行划分，确认西岔沟村主要旅游资源包括7个主类、14个亚类、23个基本类型，共有37个旅游资源单体（见表5-4）。

表5-4　西岔沟村旅游资源分类表

主类	亚类	基本类型	资源单体
A 地文景观	AA 综合自然旅游地	AAA 山丘型旅游地	鸭嘴山
B 水域风光	BC 瀑布	BCA 悬	丫头山瀑布
	BD 泉	BDA 冷泉	二道沟冷泉溪水
C 生物景观	CA 树木	CAA 林地、CAC 独树	鸭嘴山山中林木、榆树、楸树、苹果树、杏树、板栗
	CC 花卉地	CCB 林间花卉地	山间野花丛
D 天象与气候景观	DB 天气与气候现象	DBB 避暑气候地	避暑气候、蓝天白云

续表

主类	亚类	基本类型	资源单体
F 建筑与设施	FA 综合人文旅游地	FAE 文化活动场所	戏台
	FC 景观建筑与附属型建筑	FCI 广场 FCK 建筑小品	如意园、民族广场、福禄台、苹果雕塑、八旗影壁墙、满族文化广场、满族文化墙、亭、廊、村口生态牌楼
	FD 居住地与社区	FDA 传统与乡土建筑 FDG 特色店铺	满族特色民居、村内店铺
	FG 水工建筑	FGB 水井 FGF 提水设施	水井
G 旅游商品	GA 地方旅游商品	GAA 菜品饮食 GAB 农林畜产品与制品 GAE 传统手工产品与工艺品	满族特色餐饮、黄米酒酿造工艺、满族民间剪纸
H 人文活动	HB 艺术	HBA 文艺团体	大口落子小剧团
	HC 民间习俗	HCA 地方风俗与民间礼仪 HCB 民间节庆 HCC 民间演艺 HCG 饮食习俗 HGH 特色服饰	敬酒礼仪、秧歌队、颁金节、萨满教、果树种植
	HD 现代节庆	HDB 文化节	赏花节、摄影节
数量统计			
7 主类	14 亚类	23 基本类型	37 资源单体

（2）其他分类。

根据王云才在《乡村旅游规划原理与方法》中的论述，按照其划分标准及方法，西岔沟的旅游资源共有 8 个主类、18 个亚类和 38 个基本类型，共有 40 个资源单体（见表 5－5）。

表 5－5　西岔沟旅游资源分类

主类	亚类	基本类型	资源单体
A 乡村环境与地文环境	AH 综合自然旅游地	AHA 山丘型旅游地	鸭嘴山
B 乡村水域风光	BC 瀑布	BCA 悬瀑	丫头山瀑布
	BD 泉	BDA 冷泉	二道沟冷泉溪水

续表

主类	亚类	基本类型	资源单体
C 乡村生物景观	CA 树木	CAA 森林（树林）、CAB 丛树（丛林）、CAC 独树	鸭嘴山山中林木、榆树、楸树
	CB 花卉地	CBB 林间花卉地	山间野花丛
D 自然景象	DB 天气与气候	DBE 避暑气候地	避暑气候、蓝天白云
F 乡村建筑设施与乡村聚落文化	FB 艺术与附属景观建筑	FBG 雕塑、FBH 牌坊、FBI 戏台、FBL 廊、FBM 亭、FBQ 影壁、FBS 广场、FBU 观景地、FBW 人文标志地	如意园，民族广场，福禄台，苹果雕塑，八旗影壁墙，满族文化广场，满族文化墙、亭、廊，村口生态牌楼
	FF 传统乡土建筑	FFB 民居	满族特色民居
	FG 科学教育文化艺术场所	FGC 学校	村小学
	FH 工农业生产观光区和生产线	FHG 果园	苹果园、板栗园
	FL 购物场所	FLA 店铺	村内店铺
G 乡村旅游商品与传统工艺	GA 地方旅游商品	GAB 菜系肴馔 GAC 名点餐饮	满族特色餐饮
	GB 传统工艺	GBC 传统酒酿造工作、GBJ 民间剪纸	黄米酒酿造工艺、满族民间剪纸
H 乡村人文活动与民俗活动	HB 文艺团体	HBA 剧团	大口落子小剧团
	HC 民间习俗	HCA 礼仪、HCB 民间演艺、HCD 民族节日、HCE 宗教活动与庙会、HCI 农事活动	敬酒礼仪、秧歌队、颁金节、萨满教、果树种植
	HD 现代活动	HDB 文化节庆活动	赏花节、摄影节
I 乡村景观意境旅游资源	IA 乡村景观通道	IAA 乡村交通道路	村级公路
	IB 乡村景观意境	IBA 乡村山水环境意境、IBB 乡村聚落文化意境、IBC 现存农耕田园生活意境、IBD 乡村区域整体景观意境	乡村山水环境意境、乡村聚落文化意境、现存农耕田园生活意境、乡村区域整体景观意境
数量统计			
8 主类	18 亚类	37 基本类型	40 资源单体

2. 旅游资源评价

（1）旅游资源评价方法。

根据《旅游资源分类、调查与评价》（GB/T 18972—2003）建立了旅游资源单项评价体系。根据《旅游资源公共因子综合评价体系》，可分为“评价项目”和“评价因子”两个等级。项目评估为“资源要素价值”“资源影响力”“增值”。其中“资源要素价值”项目包括旅游游憩价值、历史文化科学艺术价值、稀缺度、规模、富裕度和概率、完善度等五个评价因子。“资源影响力”项目包括两个评估因素：知名度和影响力和适用期或使用范围。“附加值”包括“环境保护与环境安全”的评价因子（见图 5 –7）。

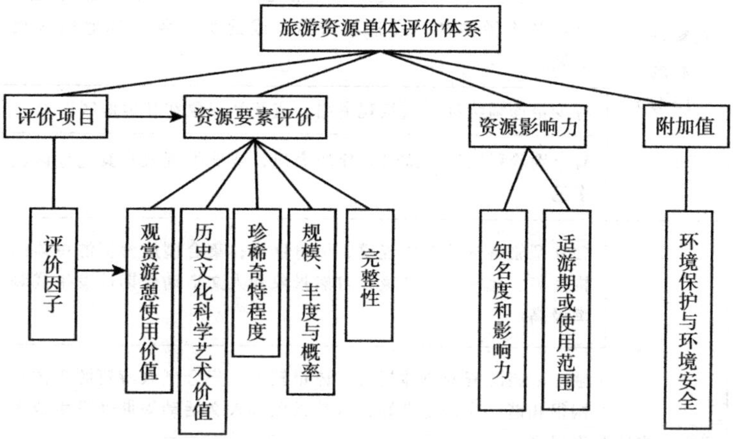

图 5 –7　旅游资源评价分配标准项目和评价因子

旅游资源单体评价体系中增值环保与环境安全评价因子评价项目历史文化科学艺术价值适游期或使用范围知名度与影响力完整性规模、丰度与概率珍奇度观赏休息使用价值（见表 5 –6）。

表 5 –6　　旅游资源评价赋分标准

评价项目	评价因子	评价依据	赋值
资源要素价值（85 分）	观赏游憩使用价值（30 分）	全部或其中一项具有极高的观赏价值、游憩价值、使用价值。	30—22
		全部或其中一项具有很高的观赏价值、游憩价值、使用价值。	21—13
		全部或其中一项具有较高的观赏价值、游憩价值、使用价值。	12—6
		全部或其中一项具有一般观赏价值、游憩价值、使用价值。	5—1

续表

评价项目	评价因子	评价依据	赋值
资源要素价值（85分）	历史文化科学艺术价值（25分）	同时或其中一项具有世界意义的历史价值、文化价值、科学价值、艺术价值。	25—20
		同时或其中一项具有全国意义的历史价值、文化价值、科学价值、艺术价值。	19—13
		同时或其中一项具有省级意义的历史价值、文化价值、科学价值、艺术价值。	12—6
		历史价值或文化价值或科学价值或艺术价值具有地区意义。	5—1
	珍稀奇特程度（15分）	有大量珍稀物种，或景观异常奇特，或此类现象在其他地区罕见。	15—13
		有较多珍稀物种，或景观奇特，或此类现象在其他地区很少见。	12—9
		有少量珍稀物种，或景观突出，或此类现象在其他地区少见。	8—4
		有个别珍稀物种，或景观比较突出，或此类现象在其他地区较多见。	3—1
	规模、丰度与概率（10分）	独立型旅游资源单体规模、体量巨大；集合型旅游资源单体结构完美、疏密度优良级；自然景象和人文活动周期性发生或频率极高。	10—8
		独立型旅游资源单体规模、体量较大；集合型旅游资源单体结构很和谐、疏密度良好；自然景象和人文活动周期性发生或频率很高。	7—5
		独立型旅游资源单体规模、体量中等；集合型旅游资源单体结构和谐、疏密度较好；自然景象和人文活动周期性发生或频率较高。	4—3
		独立型旅游资源单体规模、体量较小；集合型旅游资源单体结构较和谐、疏密度一般；自然景象和人文活动周期性发生或频率较小。	2—1
	完整性（5分）	形态与结构保持完整。	5—4
		形态与结构有少量变化，但不明显。	3
		形态与结构有明显变化。	2
		形态与结构有重大变化。	1

续表

评价项目	评价因子	评价依据	赋值
资源影响力（15分）	知名度和影响力（10分）	在世界范围内知名，或构成世界承认的名牌。	10—8
		在全国范围内知名，或构成全国性的名牌。	7—5
		在本省范围内知名，或构成省内的名牌。	4—3
		在本地区范围内知名，或构成本地区名牌。	2—1
	适游期或使用范围（5分）	适宜游览的日期每年超过300天，或适宜于所有游客使用和参与。	5—4
		适宜游览的日期每年超过250天，或适宜于80%左右游客使用和参与。	3
		适宜游览的日期超过150天，或适宜于60%左右游客使用和参与。	2
		适宜游览的日期每年超过100天，或适宜于40%左右游客使用和参与。	1
附加值	环境保护与环境安全	已受到严重污染，或存在严重安全隐患。	—5
		已受到中度污染，或存在明显安全隐患。	—4
		已受到轻度污染，或存在一定安全隐患。	—3
		已有工程保护措施，环境安全得到保证。	3

根据对单个旅游资源的评价，得到单个旅游资源共有的综合因子的评价得分。根据旅游资源单项评价总分，旅游资源评价指标由高到低分为五个等级：旅游资源五级，分值范围≥90分；四级旅游资源，得分范围≥75—89分；三级旅游资源，得分区间≥60—74分；二类旅游资源，得分区间≥45—59分；一级旅游资源，得分区间≥30—44分；无旅游资源等级，得分≤29分。其中，五级旅游资源称为“特级旅游资源”；五级、四级、三级旅游资源一般称为“优秀旅游资源”；二级、一级旅游资源一般称为“普通级旅游资源”。

（2）旅游资源评价结果。

根据《旅游资源分类、调查与评价》（GB/T 18972—2003），构建了旅游资源单项评价体系。根据《旅游资源公共因子综合评价体系》，分为“评价项目”和“评价因子”两个等级。项目评价为“资源要素价值”“资源影响力”“附加值”。其中“资源要素价值”项包含观光游憩价值、历史文化科学艺术价值、稀有程度、规模、丰度和概率、完备程度等五个评价因子。

"资源影响力"的项目包括两个评价因素，即"知名度和影响力"和"适用期或使用范围"。"附加值"包括"环境保护与环境安全"一个评价因子。

根据旅游资源评价体系得出西岔沟旅游资源评价结果如表5－7所示。

表5－7　　　　西岔沟旅游资源评价结果

等级		旅游资源单体名称	数量	比例
优良级旅游资源	四级	如意园，民族广场，福禄台，苹果雕塑，八旗影壁墙，满族文化广场，满族文化墙、亭、廊，村口生态牌楼，赏花节，摄影节，避暑气候，蓝天白云，满族特色民居	15	55%
	三级	苹果园、板栗园、乡村山水环境意境、乡村聚落文化意境、现存农耕田园生活意境、乡村区域整体景观意境、满族特色餐饮	7	
普通级别	二级	敬酒礼仪、秧歌队、颁金节、萨满教、黄米酒酿造工艺、满族民间剪纸、鸭嘴山、村小学、鸭嘴山山中林木、榆树、楸树、二道沟冷泉溪水	12	37.5%
	一级	大口落子小剧团、山间野花丛、果树种植	3	
未上级旅游资源	一级	村级公路、丫头山瀑布、村内店铺	3	7.5%

（二）旅游资源分布与集合评价

1. 旅游资源分布

西岔沟的旅游资源较为丰富，聚集分布在村域范围内，深具满族元素的旅游资源主要分布在西岔沟村入口至大该子沿线；采摘园主要分布在西梁周边区域及杏树村、太阳沟；山水风光主要分布在鸭嘴山及其山谷地带。这种聚集分布有利于西岔沟的旅游开发。

2. 旅游资源集合评价

（1）旅游资源类型组合——类型丰富。

西岔沟村的旅游资源类型多样，既有自然旅游资源又有人文旅游资源。按传统旅游资源观分类，我国旅游资源包括自然景观资源、人文景观资源、民俗风情资源、传统饮食资源、文化资源和工艺品资源，以及都市和田园风光资源等。西岔沟村具备所有类型的旅游资源，旅游资源类型组合较好。

（2）旅游资源数量特征——数量较多。

根据国标分类西岔沟旅游资源包括7个主类、14个亚类、23个基本类型，共有37个旅游资源单体。根据王云才的划分标准及方法，西岔沟的旅游资源包括8个主类、18个亚类和38个基本类型，共有40个资源单体。两种划分方法虽然有所区别，数量有差异，但总体上来说西岔沟旅游资源数量较多，其中四级旅游资源15个、三级旅游资源7个、二级旅游资源12个，一级旅游资源3个，未上级旅游资源3个。

（3）旅游资源空间组合特征——聚集分布。

西岔沟的旅游资源分散在西岔沟村的村域范围内，但分散中又有集中，同一类型的旅游资源聚集在一定的区域内，便于进行功能分区划分，如民俗风情旅游资源主要分布在西岔沟村口到民族广场的区域内。

（三）西岔沟乡村旅游文脉评价——满族文化

满族是一个漫长的渔猎民族，据推测满族历史最早可以追溯到7000年前。肃慎、挹娄、勿吉、靺浗、渤海、女真是现代满族一脉相承的祖先。满族文化丰富多彩，在其形成和发展的历史进程中，开放虚心，兼有吸收和积累。西叉沟村80%的村民是满族，其中迟家庄是正宗镶黄旗，至今仍保留着满族的一些风俗。

满族婚礼习俗：满族入关前，其婚礼礼仪十分古朴简单。入关后，受汉族婚礼“六礼”的影响，逐渐形成了烦琐细密的满族婚礼礼仪，包括通媒、小定、拜女家、下茶、开剪、迎娶、坐帐、合卺、分大小、回门、住对月等程序。

满族居住习惯：满族居室，室内建锅台和炕，通向室外烟囱。那所房子“柱子全部插在地上”，四壁用土石砌成，屋顶被草覆盖。门开东间，内设连二炕，这种房子被称为“筒子房”或“袖珍房”，建筑形式被称为“轿式”。烟囱呈圆形瓶状，多为竖起西颈或竖起西山南墙，由泥、木、石、砖砌成。主屋南北方向有木制的窗户、格子、上下两张窗户、外面贴纸。室内的东间（明间）是灶的家，兼作堂屋。在室内设置南北大炕就是“万字炕”。

满族服饰风俗：主要有旗装、马衣、帆布、裤子四种形式。

满族信仰习惯：满族早期都信仰萨满教。萨满神事的主持者是萨满。各姓大致以天、地、山、川、虎、蟒蛇、蛇、木、狐、熊、黄鼠狼等自然物为崇信对象。

满族的娱乐游艺习俗：满族的舞蹈主要有“空齐”舞、庆隆舞、满族秧歌、笊篱姑姑舞等；满族的曲艺以八角鼓最为盛行；满族的游艺活动主要有“抓加拉瓜”“抓小鸡”等。

满族饮食习惯：满族主要以小米、玉米为主，兼作杂粮。蛋糕以酥皮甜脆为重，饮食以软甜酸为重。菜醇厚咸，喜欢野味。由于常年生活在山林中，特别是在冬天，人们更喜欢吃大黄米干饭、文火勺、粘豆包、年糕等软而耐消化的食品。现在以玉米、大米为主食。

（四）西岔沟乡村旅游核心元素——满族元素

宽城满族自治县化皮溜子乡西岔沟村是典型的满族村，房屋错落有致，街道平坦宽阔，路边绿树环绕，山上果树连片，描绘出一幅生态文明的画卷。随着西岔沟入选首批中国少数民族特色村寨，满族元素成为西岔沟村核心旅游元素，村庄处处渗透着满族元素，处处体现着满族文化。

（五）西岔沟乡村旅游资源总体评价

1. 资源独特，种类丰富

西岔沟既有自然旅游资源，又有人文旅游资源，旅游资源种类比较丰富，自然资源景观禀赋独特，人文资源方面，满族文化是其核心元素，而且已经入选首批中国少数民族特色村寨，初具少数民族特色村寨的雏形，满族风俗体验将构成旅游的主要吸引物，因此核心旅游元素垄断性较强。

2. 初具规模，条件有待改善

西岔沟村已建成如意园，民族广场，福禄台，苹果雕塑，八旗影壁墙，满族文化广场，满族文化墙、亭、廊等具有满族特色的建筑设施，初步具备少数民族特色村寨的要求，但是接待设施还有待改善，文化内涵有待挖掘。

3. 文化底蕴深厚，有待深入挖掘

西岔沟村以满族文化为核心的历史文化底蕴深厚，是西岔沟最重要、最有特色的旅游资源，至今仍然保留了部分传统习俗，但是由于满族汉化严重，有些习俗已与汉族传统习俗融合，因此有待深入挖掘满族文化。

4. 乡土意境浓厚，文化原真性高

乡村山水环境意境、乡村聚落文化意境、现存农耕田园生活意境、乡村区域整体景观意境较为浓厚，山清水秀，呈现出一幅美丽的乡村画卷。但是西岔沟村乡村景观开发程度较低。西岔沟村境内除苹果园、板栗园采摘之外，缺少传统意义上用于观光游览的景点，存在无处可玩、留不住游客的现实问题。

五、西岔沟乡村旅游与电子商务融合发展的机遇与挑战

（一）发展优势与现有成就

1. 优势

（1）资源优势。①满族风情，文化原真。西岔沟村是一个历史悠久，保存完好的满族文化民族村落，具有丰厚的文化底蕴。西岔沟村的人文资源还保留一定的原真性，如农耕文化、乡土风情都较好地保留了原来的面貌，民风淳朴，为旅游的发展提供了基础。满族人口占全村总人口的80%，位于村口迟家庄的迟姓居民130多口，是正宗的满族镶黄旗后裔，至今仍保留有一些满族传统习俗。村里开展群众性民族文化活动，促进民族优秀传统文化的传承、保护、开发和利用，为特色村寨创建增添了浓浓的民族气息。②山水相宜，生态优质。西岔沟村位于宽城县城西部9公里处，毗邻承秦出海公路。这里四面环山，青山绿水，生态优良，森林覆盖率高达85%以上。整个村庄以自然村落的形式零散分布于恬静的山谷中，辟有一条主干道与外界相连，是一处曲径通幽、闹中取静的所在。村庄背靠的鸭嘴山属燕山山脉，为宽城境内第二高峰，海拔1100米，面积1000多亩，动植物种类丰富，自然景观优美。

（2）区位优势。①燕山腹地，连接秦唐。西岔沟村地处津京冀腹地，交通便利，地理位置是华北连接东北和承德连接秦皇岛、唐山的重要交通通道。宽城支撑的中心城市承德，地处京津冀都市圈和环渤海经济圈，是燕山山脉腹地重要的区域性中心城市，是连接京、津、辽、蒙的重要交通枢纽，是华北地区连接东北老工业基地的第二大通道，是内蒙古中东部地区重要的

海上走廊，具有“一城连五省”的独特地理优势，拥有广阔的旅游市场。②毗邻承德与宽城，文化叠加效应明显。西岔沟村毗邻承德与宽城两大旅游文化重镇，有着得天独厚的文化与品牌优势，文化叠加效应逐渐显现。承德是国家级历史文化名城、首批优秀旅游城市和河北省龙头旅游城市。避暑山庄及周围寺庙群1994年被联合国教科文组织列入世界文化遗产名录，并成为国家首批5A级景区。得天独厚的旅游资源使这里成为全国热点旅游城市，每年有1000多万游客前来旅游观光，休闲度假。而宽城满族自治县是我国主要的满族聚居区之一。宽城满族自治县满族文化底蕴深厚，旅游资源丰富。有辽金时期汉传佛教圣地——万塔黄崖寺；有《大刀进行曲》的诞生地；有湖光山色、雄奇秀美，有“北方小桂林”之称的塞外蟠龙湖；有燕山山脉第二高峰——都山。随着承秦高速公路的开通，宽城将成为北京——承德—秦皇岛金三角旅游线上的重要节点，旅游业将迎来快速发展的黄金时期。

(3) 交通优势。①高速路网建成，旅游提速。邦宽公路、承秦出海公路、承秦高速公路等主干线将宽城与承德、秦皇岛、唐山、赤峰、朝阳、天津、北京等大中城市连接起来。宽城位于京津承秦旅游圈的核心地带，距离承德市区仅80公里，距离北京、天津、秦皇岛车程在3小时以内。承德“一环八射”高速公路网建成后，承德到周边主要城市的车程将缩短至2小时。随着京沈高铁客运专线的通车，承德到北京的时间将缩短至40分钟。承德机场的建设将形成一条高效便捷的航运通道。对外交通的便利大大增强了宽城县的可达性，为宽城县的旅游业发展带来了良好的机遇。西岔沟村的旅游发展也将因此受益。②县域交通便捷，四通八达。西岔沟所在县域内交通便捷，公路总里程达1324.383公里，有省级公路5条179.699公里，县级公路4条190.882公里，乡级公路18条286.846公里，村级公路223条654.609公里。平青乐公路、承秦出海路、邦宽公路、北凌线、京建公路5条省级公路以及各种县乡级公路交错纵横使宽城的内部交通便捷。

(4) 生态优势。①气候宜人，冬暖夏凉。西岔沟村属大陆性季风型山地气候。由于地貌复杂，高山丘陵交错起伏，川谷纵横，形成许多小气候区，因受地形、季风环流影响，夏季清凉，适宜周边城市人群来此地避暑，由于该村背靠宽城第二高峰——鸭嘴山，挡住了冬季吹来的干冷气流，背风向阳，气候温暖，阳光充足，西岔沟村又变成了避寒之地。②空气清新，植被茂盛。西岔沟村生态环境较好，由于远离城市，周边群山起伏，森林覆盖率高，使西岔沟村的空气负氧离子含量超过了90%，有一种甜甜的味道。生物多样性明显，天然林木与人工果林较好地结合到一起，成为当地的果林绿化典范。其发展“远松近果”模式绿化山乡，宜林则林，宜果则果，目前森林资源覆盖率46.4%以上。主要树种有油松、柏树、山杨、柞树、五角枫、苹果树、梨树、大樱桃树、李子树、山杏树等。其间分布有以荆条、酸枣、山杏等为主的灌木丛或灌草丛。有丰富的山野菜、中草药、蘑菇、干果等生态资源。

2. 现有成就

（1）林果产业已成规模，有“花果之乡”的美誉。

西岔沟村在特色村寨建设中，林果业已经是西岔沟村的支柱产业，特别是苹果，成为西岔沟村的名片。目前，西岔沟村苹果有富士、国光、黄元帅等多个品种，年产苹果达100万公斤，人均产量居全县之首。目前，西岔沟的“西富”牌苹果已经畅销北京、天津、内蒙古等市场，按照“质量标准化、生产规范化、产品规模化”的要求，建设1500亩冀北精品苹果标准化生产科技示范区，年产“西富”牌精品苹果4000吨，产值2400万元；按照“绿色、安全、优质、高效”的原则，建设3000亩冀北精品有机板栗标准化生产基地，年产“西富”牌精品有机板栗600吨，实现产值600万元。村子周边果树成林，春天繁花锦簇，秋季硕果累累，有花果之乡美誉。

（2）满族文化已被挖掘，具备一定基础。

西岔沟村是历史悠久的满族文化村，村里满族文化已经得到一定的文化挖掘，现少数民族特色村寨已初步形成，已建成了如意园、民族广场、福禄台等景点，计划建7个采摘观光园、1处狩猎场、发展满族特色农家院30家，形成年接待游客2万人的能力，开辟农民致富新途径。经过几年的建设，西岔沟村产业结构更加优化，村级经济迅速发展，人居环境日益改善，满族风情更加浓郁，农民生活水平显著提高。村里筹集专项经费保留了秧歌队和大口落子小剧团，村民纷纷加入自娱自乐。村成立了民族团结进步创建活动领导小组，采取村民代表集中观看宣传片、发放宣传单、组织家庭参加民族法律法规知识竞赛等形式经常性地开展民族团结进步宣传教育活动。开展群众性民族文化活动，促进民族优秀传统文化的传承、保护、开发和利用，为特色村寨创建增添了浓厚的民族气息。

（3）借助两大文化节庆，初步形成品牌效应。

西岔沟村乡农家游是近几年发展起来的新兴产业，现已成为富民增收的新途径，近年对游客开展了一定的营销手段，取得了较好的效果。由承德市摄影家协会、中共宽城满族县委宣传部、宽城满族自治县化皮乡主办，宽城摄影家协会协办的“多彩宽城·美丽乡村”摄影行在西岔沟村拉开帷幕。活动吸引了全国、省、市众多摄影家参加，老师们通过精美的作品全面展示了宽城在积极推进新农村建设方面取得的丰硕成果，展示了该县“山水秀美关、城乡和美、生态优美”的民族特色优势，同时展示了县内根雕、金银丝沙画、金银剪纸、刺绣、酿酒等民间传统艺术。2015 年 4 月，西岔沟村伴着人们喜悦的笑声和整齐的锣鼓声迎来了 2015 年首届“少数民族特色村寨——西岔沟赏花节”，本次赏花节主题新颖，是第一次以少数民族为特色、以少数民族舞蹈和文化为主要内涵的赏花节，成功对西岔沟的资源及文化进行了宣传。

（4）成功申报“中国少数民族特色村”，知名度提高。

2014 年初，西岔沟村作为满族特色村被国家民委命名为全国首批 340 个少数民族特色村寨之一，是河北省同批入围的 9 个少数民族特色村寨中唯一一个位于满族自治县境内的满族特色村。目前，经过省市县各级政府的集中打造，建设了民族广场和福禄台图腾文化展示区，进行了满族文化墙体彩绘和传统民居改造，西岔沟满族特色村寨已经初具形态。

（5）村容村貌得到改善，基础较好。

近年来在县乡两级政府的有力领导下，西岔沟村的村容村貌得到了极大的提升，改变了农村脏、乱、差现象，并不断加大基础设施建设力度，修建村内公路、果园路 20 公里，村庄内实现了户户通，公路全部实现了硬化。安装照明路灯 310 盏，村内主要路段和村庄全部实现了亮化。在旅游基础设施的建设上，修缮民族文化活动广场 2000 平方米，绘制满族文化墙 2000 平方米，改造满族民居 70 户，以满族青砖绿瓦的方式保护改造墙垣 2500 延长米，建设满族村庄标识 1 个、索伦杆 38 个，路灯杆八旗 120 面，新建民族特色门楼 36 个，墙帽 5000 延长米，满族特色随处可见，有了较好的发展基础。

（二）存在的问题

1. 产业结构问题

（1）以观光采摘为主，业态单一。

西岔沟村现在主要产业为林果业，年产苹果达100万公斤，人均产量居全县之首，并已走上了品牌化之路，所以其旅游发展的主要形态为果品采摘和农家乐，这种形式不能有效增加游客逗留时间，使其产生过多的消费，更不能对其他的产业形成带动作用，反过来又限制了旅游的发展。当地农民的主要参与形式以简单的农家乐形式的餐饮为主，游客达到后并没有娱乐消遣活动，购和娱的环节并没有合理安排，其开发深度有待进一步加深。

（2）旅游要素不完善，经济拉动力较弱。

从旅游的六要素看来，食住行游购娱缺一不可，环环相扣，才能形成完整的旅游产业链条，而西岔沟现在的发展还不能形成完整的旅游价值链，这也是对经济的拉动作用较小的原因。主要依靠果品采摘和餐饮经营，并没有进一步开发产业链条上的其他环节，使之成为新的产品和利润点，所以，旅游的产业链、消费链、生活链都需要进一步进行延伸，能够让游客在西岔沟村得到不同的旅游体验。

2. 旅游产品问题

（1）缺乏核心吸引物，旅游吸引力偏弱。

西岔沟村虽然是以满族风情为主要旅游资源，其他的旅游资源较为丰富，但是缺乏核心的旅游吸引物，资源多为雷同重复，不能形成有效的旅游辐射半径，所以吸引力偏弱。在开发形式上，西岔沟村的满族文化并没有得到有效的转化，更不能和旅游市场有效对接，开发水平较低，产品形式单一，整个村子都是以农家采摘为主要的旅游产品形式，对于游客不能形成较好的吸引力。

（2）营销力度较弱，品牌知名度低。

从产品营销上看，西岔沟没有形成市场精准定位和有效的营销策略。在承德市的范围内，西岔沟的旅游广告很少见到，宣传广告的覆盖范围有限，不能达到知名度提升的作用，更不能起到品牌建设的作用。到目前还没有一个强有力的品牌形象，对外的知名度也较低，在产品的营销上，品牌意识欠缺，产品没有特色，规模小，产品杂乱，都是当地农民自发组织经营，导致形象模糊。

（3）体验性产品困乏，创新意识落后。

西岔沟村在旅游产品的开发上，没有深入挖掘满族文化，将文化活化成旅游产品，与产业对接，与消费对接，而是走上了传统的乡村旅游道路，集中在了没有市场竞争力的果品采摘和农家餐饮上，与游客的互动性、参与性体现得不明显，缺乏趣味性和知识性。产品没有新意，缺乏创新意识。

（4）旅游商品匮乏，亟须进一步丰富。

西岔沟村的旅游商品极其匮乏，在规划小组的调研过程中发现，除了用于采摘的果品外，几乎再无其他，也没有任何相关的纪念品可以购买。一个成熟的旅游目的地，购物这一环节是非常重要的，西方成熟的市场，购物环节可占到整个消费比重的50%，所以，西岔沟村的旅游商品还要大力地挖掘，并与满族文化有机地结合起来，进行精致的包装，使用统一的品牌，让游客真正地做到“可看、可游、可买、可玩”。

3. 旅游企业问题

（1）旅游企业管理低下，没有形成规模效应。

西岔沟村的旅游企业主要以农家乐的形式，零散分布于村的周边，规模较小，其特点主要是小、弱、散，没有形成规模经济效应，全部为自发性的经营。农家乐依然采用传统的家族式管理与经营，员工为当地农民，表现为管理水平较低，大部分为自营自销，组织结构松散，没有固定员工，更谈不上企业文化的建设和绩效管理，所以效率较低。西岔沟村在发展旅游的同时，建设自己的龙头企业必不可少，这样可形成规模效应，降低自己的生产成本，提高利润率，也可树立自己的品牌优势。

（2）缺乏专业知识和经验，经营水平低下。

西岔沟村的旅游经营人员，都是本地当地的农民，并没有相关的知识和经验，虽然当地居民友好善良，淳朴自然，可是服务水平和服务意识欠缺，没有相关服务经营技巧，导致整体水平不能有效提升。所以，乡村旅游人才培训和经营户的经营水平对乡村旅游的发展影响很大，西岔沟村应组织专家及有经验的从业人员进行有效的人力资源培训。

4. 旅游资源问题

（1）产业结构问题。①以观光采摘为主，业态单一。西岔沟村现在主要产业为林果业，已走上了品牌化之路，其旅游发展的主要形态为果品采摘和农家乐，这种形式不能有效增加游客逗留时间，使其产生过多的消费，更不能对其他的产业形成带动作用，反过来又限制了旅游的发展。②旅游要素不完善，经济拉动力较弱。西岔沟现在的发展还不能形成完整的旅游价值链，这也是对经济的拉动作用较小的原因，主要依靠果品采摘和餐饮经营，并没有进一步开发产业链条上的其他的环节，使之成为新的产品和利润点。

（2）旅游产品问题。①缺乏核心吸引物，旅游吸引力偏弱。西岔沟村缺乏核心的旅游吸引物，资源多为雷同重复，不能形成有效的旅游辐射半径，所以吸引力偏弱。在开发形式上，西岔沟村的满族文化并没有得到有效的转化，更不能和旅游市场有效对接，开发水平较低，产品形式单一，整个村子都是以农家采摘为主要的旅游产品形式，对于游客不能形成较好的吸引力。②营销力度较弱，品牌知名度低。从产品营销上看，西岔沟没有形成市场精准定位，以及有效的营销策略，到目前为止还没有一个强有力的品牌形象，对外的知名度也较低，在产品的营销上，品牌意识欠缺。③体验性产品匮乏，创新意识不足。西岔沟村在旅游产品的开发上，没有深入挖掘满族文化，将文化活化成旅游产品，与产业对接，与消费对接，而是走上了传统的乡村旅游道路，缺乏趣味性和知识性。产品没有新意，缺乏创新意识。④旅游商品匮乏，亟须进一步丰富。西岔沟村的旅游商品极其匮乏，在规划小组的调研过程中发现，除了用于采摘的果品外，几乎再无其他，也没有任何相关的纪念品可以购买。

（3）旅游企业问题。①旅游企业管理力低下，没有形成产业规模效应。西岔沟村的旅游企业主要以农家乐的形式，零散地分布于村的周边，规模较小，其特点主要是小、弱、散，布局上也是依托住处零星的布局，没有形成规模经济效应，全部为自发性的经营。农家乐依然采用传统的家族式管理与经营，员工为当地农民，表现为管理水平较低，大部分为自营自销，组织结构松散，没有固定员工，更谈不上企业文化的建设和绩效管理，所以效率较低。西岔沟村在发展旅游的同时，建设自己的龙头企业必不可少，这样可形成规模效应，降低自己的生产成本，提高利润率，也可树立自己的品牌优势。②缺乏专业知识和经验，经营水平低下。西岔沟村的旅游经营人员，都是本地当地的农民，并没有相关的知识和经验，虽然当地居民友好善良，淳朴自然，可是服务水平和服务意识欠缺，没有相关服务经营技巧，导致整体水平不能有效提升。所以，乡村旅游人才培训和经营户的经营水平对乡村旅游的发展影响很大，西岔沟村应组织专家及有经验的从业人员进行有效的人力资源培训。

（4）旅游资源问题。①文化资源不能与市场对接。西岔沟村的满族文化资源丰富，满族人口占全村总人口的80%，位于村口迟家庄的迟姓居民130多口，是正宗的满族镶黄旗后裔，至今仍保留有一些满族传统习俗。2014年初，西岔沟村作为满族特色村被国家民委命名为全国首批340个少数民族特色村寨之一。是河北省同批入围的9个少数民族特色村寨中唯一一个位于满族自治县境内的满族特色村。可是，这些优势并没有转化成真正的旅游产品，没有与产业对接，没有与消费对接，不能形成新的经济增点，这也是西岔沟村旅游发展最大的挑战。②季节性强，淡旺季明显。西岔沟村与承德地区的大部分乡村一样，由于气候条件和资源条件的限制，在旅游发展中都是夏季旺、冬季淡，这种淡旺季明显的资源条件就会导致客源过于集中，脆弱的旅游服务设施和生态环境难以承受游客的需求，所以，西岔沟村应重点打造冬季冰雪旅游项目和产品，调节淡旺季的客源流量。③同质化竞争加剧。西岔沟村的旅游资源虽然具有一定的吸引力，可是其资源独特性较差，与周边的乡村同质化严重，垄断性弱，不能形成该村独有的旅游资源，这势必会造成和周边的同质化竞争，依靠同质资源争夺客源的局面。所以，西岔沟村应该走差异化发展之路，紧紧依托满族文化这一主线，创新旅游产品，形成自己的独特优势。

（三）机遇与挑战

1. 发展机遇

（1）政策支持。①国家级战略的提出，为承德地区旅游提供难得机遇。党的十八大以来，中国经济发展进入“新常态”阶段，经济转型升级势在必行，自上而下设计了两个战略系列：国内可持续发展战略系列和国际和平发展战略系列、京津冀协同发展、以长江经济带建设和“一带一路”建设等三个国家战略为轴心。京津冀协同一体化的发展，给承德周边乡村旅游带来了广阔的发展前景。承德地处京津唐承等大城市辐射区，地理位置优越，交通便利，劳动力、房产等成本较低，产生了吸引项目投资的“洼地效应”。随着京津唐承之间引力加强，逐渐出现互为郊区的局面，将推进承德旅游产业的迅速发展，为承德的经济发展提供广阔的区域机遇，同时，也为承德周边地区的乡村旅游发展提供了难得的机遇。②国家级旅游文件的出台，为乡村旅游的发展提供了政策保障。最近几年，国家紧密出台了一系列的旅游文件，尤其是《国民旅游休闲纲要》《中国旅游法》《关于加快发展旅游业的意见》等旅游文件的出台和实施。《国民旅游休闲纲要》明确提出到2020年，职工带薪年休假制度基本得到落实，城乡居民旅游休闲消费水平大幅增长，国民旅游休闲质量显著提高的国民旅游休闲发展目标。《国民旅游休闲纲要》的颁布与实施拉开了我国全民旅游休闲的大幕，必将掀起新一轮国内旅游发展的热潮。《关于加快发展旅游业的意见》所提出的乡村旅游的发展政策，为我国乡村旅游的发展提供了政策支持。《旅游法》的意义重大，中国的旅游行业真正地拥有了属于自己的第一部法，也说明以后的旅游业发展更加的规范，这些都为乡村旅游提供了政策保障。③地方文件及标准的出台，为乡村旅游的发展提供了技术支持。承德把乡村旅游作为全市旅游发展的有机组成部分，作为促进农村社会经济发展和文明进步的有力手段，先后出台了《关于加快实施乡村旅游的意见》《承德市旅游重点镇和旅游专业村评定标准及方法》《承德市星级农家乐标准及评定方法》《承德市家庭旅馆接待服务标准（暂行）》等文件，为全市乡村旅游发展提供了政策支持和方向指引。④少数民族文化保护相关文件出台，引导了文化旅游的发展。我国《少数民族特色村寨保护与发展规划纲要（2011—2015年）》明确指出：在工业化和城镇化背景下，民族文化传承受到巨大冲击，受诸多因素影响，村落的民族和农村特色迅速消失。做好民族特色村庄保护和发展工作，在促进经济发展的同时，也需要抢救和保护少数民族传统文化。充分发挥民族村寨优美的自然风光和独特的人文景观优势，将经济发展与特色民居保护、民族文化传承与生态环境保护有机结合，培育加强民族村寨乡村旅游。引导村民重点发展“农家乐”，培育发展民族饮食。深入挖掘民族村寨文化，将民族文化因素有机融合到民族村寨旅游产品开发的各个环节。在民族节日举行庆典和祭祀活动，突出村庄文化，丰富旅游内容。充分发挥少数民族特色旅游对民族村寨发展的带动作用，培育特色村寨旅游示范点，形成特色村寨旅游品牌。西岔沟村作为中国少数民族特色村寨，要充分学习贯彻这一政策，发展文化民俗旅游。

(2) 市场机遇。①国民收入不断增加，旅游需求持续走高。随着我国国民收入的不断提高及假期制度的完善，以及我国国民的旅游主观意识的增强，我国的整体旅游需求连续走高，供需两旺。中国旅游业作为中国对外开放的主导产业，加快旅游要素向社会资本的全面开放，民间资本成为中国旅游业的主要投资力量。随着内需的提振、消费的提高和国民收入的增加，中国旅游业正进入黄金时期。中国政府将采取各种措施将旅游业培育成为国民经济的战略支柱产业。国内旅游政策环境持续改善，行业也将迎来新的发展阶段。②城市化进程加速，乡村旅游市场得到释放。城市化进程是中国现在乃至将来若干年的一个大的趋势，城市化使更多的农村人口转移到了城市，使他们在城市有了一份工作，有了自己的生活，中国的乡村变得越来越少，成为稀缺资源，城市的生活虽然带来了生活品质的提升，但是，却满足不了他们回归自然的愿望，这也是乡村旅游成为人们追求心灵释放的途径的原因。③旅游需求的个性化趋势给乡村旅游带来新的机会。当代旅游市场发展变化的重要特征之一是市场消费需求的个性化发展，游客更加注重参与性和体验性强的旅游活动，专题旅游作为为满足某些特殊兴趣和爱好的游客而举办的具有特定内容的旅游项目应运而生。自驾游、自助游、深度体验游的市场的兴起。生态旅游作为绿色旅游消费，被认为是实现旅游业可持续发展的首要且必然的选择。回归大自然、放松身心是人类的本能需求。尤其是随着经济的发展和城市的无限扩张，生态旅游作为旅游业的主流板块，在世界范围内前景良好。我国随着工业化和城市化进程的高速发展，人们回归自然的愿望急剧增加，生态旅游产品在市场大受欢迎，成为城市居民最为推崇的一种旅游方式。乡村旅游凭借自己的乡土资源、森林景观、民俗文化、生态环境，可发展成多种业态形式，适应了市场的需求。

(3) 环境机遇。①多维交通体系逐步健全，辐射半径增加。随着宽城县深入推进高速公路、干线公路和农村公路建设步伐的加速，逐步打造“一轴、一环、五骨、七脉”（两条高速公路“十字”交叉轴，长河矿业经济区和龙城产业聚集区环路，五条国省干线公路主骨架，七条重点县乡公路脉络）的四通八达县内公路网。加快推进承秦高速公路建设，加紧唐平高速公路、唐平高速公路宽城支线、承秦高速连接线等项目的进行，构筑直通曹妃甸、京唐港、秦皇岛港的冀东北出海临港交通枢纽；实施承秦及辅线和邦宽线、京建线、平清乐线、北凌线等干线公路上档升级，推动“一核两轴三重点四区”县域空间布局发展；推进杨三线、峪三线、大唐线、安唐线等县乡公路和村组公路的路、桥、隧改造步伐，全面提升宽城满族自治县在两省（河北省、辽宁省）四市（承德、秦皇岛、唐山、朝阳）交汇处的交通区位优势。多维交通体系的逐步健全，使西岔沟村的旅游业提上了快车道，加速了其发展速度。②周边旅游区发展迅速，叠加效应明显。西岔沟村地处旅游文化资源丰富的承德宽城境内，依托承德这一北方历史文化名城，可享受到承德分流的游客，周边都山景区和蟠龙湖景区的发展，虽然形成了一定的遮蔽效应，但是也同时达到了品牌叠加的效应。资源互动，形成旅游的产业规模。旅游互动是与周边地区的差异互补资源之间的市场联动，如张北的草原资源是承德没有的，“地质＋草原＋森林＋运动”将会使夏季旅游更为丰满，而“温泉＋冰雪”使得冬季旅游动静结合充满生机和温暖。西岔沟可联合周边的景区景点进行品牌的推广。

2. 发展挑战

（1）同质化竞争严重，乡村旅游获利能力降低。承德周边县城地处燕山山脉，大多是以农业为主，属于冀北地区重要农业区，在休闲、观光、旅游、度假为标志的新的消费市场的强力刺激下，一些区县，特别是有着丰富山地、森林、果树和水资源的山区，积极开发农业观光和乡村风情旅游项目，取得了很大成功。随着市场热度的不断提高，各县区纷纷通过加大投资和规模建设，引导当地居民发展农业观光旅游，走有当地特色的旅游发展道路，导致周边的乡村资源同质化严重，西岔沟村所在的宽城县化皮溜子乡整体都是以水果种植为主要产业，这样和周边的乡村竞争加剧，同质化竞争严重，造成游客大量的分流。

（2）旅游新业态出现，瓜分乡村旅游市场。随着乡村旅游这种产品的不断升级和换代，类别形式多样，出现了很多的乡村发展为休闲农业型、文化体验型乡村、景区型乡村、景区依托型乡村、新农村建设型乡村旅游的新业态，他们在开发产品上别出心裁，并对市场做过充分的调研，深受市场的欢迎，对于传统的农业型乡村旅游是很大的冲击。此外，休闲市场出现的乡村旅游的替代品也是不容忽视，如客源地出现的休闲中心、城市公园、娱乐场所等，对部分潜在游客的出游意愿造成极大的影响，瓜分了乡村旅游的市场。

(3) 传统乡村旅游需要创新，乡村旅游民俗文化需被挖掘，自身认知和参与缺失。目前，许多乡村旅游商品还停留在提供住宿和餐饮的低水平，不太注意提高自己的知识、文化内涵和参与度，游客逐渐失去兴趣。国内很多乡村旅游商品单一，服务项目相同，特别是在一个小区域，很多乡村旅游景点明显相同。这种设计类型一致的活动模式难以形成具有独特卖点的旅游吸引力，相互间竞争加剧，市场风险增加，部分地区开发效益下降。

(4) 外部政策及经济环境的不利影响。近年，中央出台的一系列政策，限制公款消费及公职人员的消费，再加上今年经济下行，尤其是股市的不景气，使我国中产阶级收入减少，对出游增加了一定的障碍。2015 年以来，我国经济出现下滑，上证股指由前期的高点 5100 多点迅速跌到 3000 点附近，使我国股民损失惨重，而我国的股民与我国的旅游消费人群高度重合，这也势必会给我国的旅游消费带来冲击。

(四) 发展对策

通过 SWOT 分析，可以清楚地对目前西岔沟村的旅游发展优势、劣势、机遇和挑战有清醒的认识，在制定西岔沟旅游发展规划中，依然要做大做强，创出品牌；强化基础、优化环境，实现民富村强、环境友好、美丽幸福乡村的目标。同时，在挖掘民族文化、民族特色上多下功夫，争取把西岔沟建成产业支撑强劲、民族特色鲜明、人文自然和谐的少数民族特色村寨。具体的对策有：

1. 文化旅游引领，打造功能完备的产品体系

西岔沟村应深度挖掘当地的满族风情文化资源，从单一产品向产品多样，组织形式丰富的乡村旅游产品群，打造满族风情文化、休闲农业、亲子互动、乡村度假等品牌，解决目前产品雷同、内容泛化的乡村局面。

2. 现代农业项目与旅游业对接，完成产业融合

西岔沟已形成了以苹果、板栗为主的支柱产业。板栗、苹果等各种干鲜果树30多万株，年产干鲜果品1300多吨，其中，年产苹果1000吨。这里出产的苹果糖度高、口感好，注册了“西富”牌苹果商标，通过了国家绿色认证，获得国家级、省级多个奖项。西岔沟村应整合周边村落，大力发展林果采摘项目、特色农家院、山地度假酒店等旅游项目，建设特色突出的生态民俗型度假地，形成旅游产业与当地的特色农业有机融合。

3. 旅游多业态的发展、整合与推广

欧洲重视乡村旅游绿色内涵的发展，日本重视乡村旅游社会传统文化的发展。目前，我国乡村旅游的发展侧重于经济效益。这是由我国国情决定的，但随着经济的发展和供求主体素质的提高，乡村旅游的生态内涵和文化内涵必将进一步挖掘。这与我国“天人合一”的传统哲学和当前构建和谐社会的发展思路也是一致的。未来，西岔沟村乡村旅游将更加注重合理开发和规划，改变重设施建设轻环境建设的现象，进行深度产品开发，注重参与性，努力挖掘乡村旅游产品的生态文化内涵，使农耕文化与现代文化和谐融合。

4. 社区参与生态文明发展

建设美丽乡村是建设社会主义新农村的有效载体，“美丽乡村”需要“四美”，即科学规划布局之美、村庄环境整治之美、创业增收之美、乡村文明素质之美。实践证明，利用社区参与机制发展乡村旅游是推进美丽乡村建设的有效途径。西岔沟村可通过旅游为抓手，让当地的居民参与进来，对乡村进行合理分区和规划，实施基础建设，保护环境，深度挖掘当地的文化资源，为当地的农民增收创业形成良性循环，并且提高当地居民保护环境的意识，建设成为美丽乡村。

六、西岔沟乡村旅游市场分析与预测

（一）乡村旅游市场发展趋势分析

（1）乡村旅游升温，环城游憩凸显旅游不再是“观光”的代名词，其

固有的文化属性已经被越来越多的人所认可和重视，旅游向更深层次的文化发展已经成为一种趋势。随着国民经济的发展和居民生活水平的提高，国内旅游市场需求发生了明显变化。随着工作节奏的加快和心理压力的增加，城市居民越来越倾向于选择能够在闲暇之余放松精神、回归自然的休闲度假旅游，而农村居民则渴望拥有豪华、现代的城市旅游体验。宽城县独特的地理位置和适中的距离使其成为环北京的休闲带和北京市民的重要旅游目的地。一方面，周边旅游景点纷纷推出活动和节目吸引游客；另一方面，郊区旅游方便、省时、成本低，所以郊区旅游成为周末休闲旅游的时尚之物。

（2）旅游与农业融合效应逐渐增强。随着生活水平提升和城市化进程的加速，人们远离了农田，但又向往回归，这就使旅游与农业进行了融合，催生了休闲农业的新模式，这一新的业态对乡村旅游的发展提供了巨大的机会。此外，市民对健康的关注度直线上升，亲近自然，回归自然，保护生态的意识增强，健康旅游成为人们对旅游的重新定位。河北承德周边县区生态旅游市场异常火爆，木兰围场、京北第一草原、雾灵山等旅游景区共接待游客近 10 万人次。

（3）自驾游市场份额超过了团队游。北京私家车拥有量达到 350 万辆，且每年还以 10% 以上速度增长。自驾游已经成为北京周边旅游景点一道亮丽的风景线。北京也有近百万取得驾照的司机，属于“无车一族”。他们已经成为租车市场的主力军，北京的租车市场正在蓬勃发展。每年“五一”期间，北京的自驾游人数占旅游总人数的 31.45%。当汽车进入人们的家庭，人们的出行方式将会有很大的改变。汽车大大扩展了个人和家庭的社会活动空间，使人们能够进行更长距离的旅行。另外，通往市郊各区的公路状况也非常好，为自驾车旅游提供了良好的交通基础。自驾游市场发展空间巨大。

（4）亲子游产品受到市场的追捧。随着全面“二孩”政策的实施，旅游市场也迎来了前所未有的发展红利。看好“80 后”父母的消费需求和消费能力，途牛宣布成立独立产品品牌“瓜果亲子游”，计划用三年时间打造千人亲子教练团队，打造个性化、多元化、创新型亲子游产品和服务。艾瑞咨询最新发布的《2015 中国在线亲子游市场研究报告》显示，2014 年中国在线亲子游市场交易额为 65.1 亿元，预计 2015 年将增长 76.2%，达到

114.7亿元。全面“二孩”有望进一步刺激不断扩大的亲子游市场。但目前来看，缺乏个性化的产品，同质化问题突出，仍然是这个市场最大的痛点。

（5）生态旅游逐渐深入人心。随着可持续发展概念的深入人心，生态旅游已成为实现可持续发展目标的旅游模式。旅游逐渐向个性化、家庭化、亲情化发展。游客期望通过旅游活动获得独特体验，追求个性，探险旅游也日益增多。承德的山地地貌可以满足散客的需求。随着游客文化素质的不断提高，生态休闲度假旅游将成为一种新的旅游时尚。由于游客的职业、文化水平、审美标准不同，他们的诉求也是多样化的。通过旅游实现自我价值，展现参与性。在承德，汉、蒙、满等民族融合形成民俗文化，让游客体验独特的民俗文化，增加旅游的趣味性。

（二）市场空间结构与定位

1. 目标市场总体定位

根据区位条件、旅游资源基础和旅游业发展现状，西岔沟村旅游客源市场的总体定位为：扎根京承，面向津秦唐，联动辽鲁晋，走向全中国。

2. 市场空间结构

根据区位条件、旅游资源基础和旅游业发展现状，及景区所处地区和京津冀各市县及周边省区人口数量与人均GDP水平，考虑距离衰减规律，对西岔沟村旅游区旅游目标市场进行空间定位，将其客源市场分为基础市场、拓展市场、机会市场三种类型。

（1）基础市场——承德与北京。①承德市场。承德市是我国北方重要的旅游中心城市，是河北省两大旅游龙头城市之一。承德市常住居民372.96万人。其中，承德市双桥区、双滦区、鹰手营子矿区常住居民共约62万人，兴隆、平泉、围场等县常住居民共约311万人。市区人口32.5万人，人均可支配收入较高，达6811.9元（2008年），已经产生较为旺盛的旅游需求，随着城乡居民生活水平的提高，周末休闲度假的需求将日益增长，应重点考虑。经调研显示，“休闲度假”和“观光游览”是承德市民最主要的出游目的，分别占60.2%和53.7%，承德市民最感兴趣的旅游资源依次是山水风光、文物古迹、民俗风情，分别占72.7%、50.0%、41.2%，而对文化艺术、饮食烹调、旅游购物的兴趣一般，对医疗保健、节庆活动的兴趣则较低。而宽城休闲旅游区今后的旅游开发方向为以山水休闲、文化休闲、乡村休闲为主，融合自然生态旅游、蓝色水上旅游、古色文化风情、红色旅游资源的休闲旅游区。并且，宽城休闲旅游区的自然山水风光、红色文化资源、满族特色民俗风情等禀赋良好，能够满足承德居民的出游意愿，为其提供大众观光、休闲度假、红色参观、文化体验等一系列旅游产品。由于西岔沟村隶属于承德，距离承德较近，是西岔沟村的稳定客源地。②北京市场。北京是距西岔沟村景区最近的特大国际城市，是重要的区域旅游市场。北京市总人口 2151 万人，根据《北京市统计局 2014 年国民旅游经济和社会发展统计公报》，北京全年城镇居民人均可支配收入达 32903 元，比上年增长 13.2%，农村居民人均纯收入 14736 元，比上年增长 13.6%，从消费能力上具备了相应的经济能力，休闲度假需求已经非常现实。由于北京与承德的特殊地缘关系，承德旅游的发展必然依靠北京这个大市场，因此，分析研究北京旅游市场的情况对承德旅游的开发和发展有重要意义。根据调研显示，所有的被访者都对今后每年去郊区休闲旅游的次数进行了预估。其中，有 33% 的被访者今后每年打算去郊区休闲旅游 1—2 次，23% 的被访者打算去郊区休闲旅游 3—5 次，17% 的被访者打算去郊区休闲旅游 5 次以上，另有 27% 的被访者不打算去郊区休闲旅游。与过去实际去郊区休闲旅游情况相比，未来打算每年去郊游 3 次以上的被访者增多了，一部分从未去过郊区旅游的被访者也有计划今后出游。据此推算，目前北京每年郊游人次达到 1850 多万人次，以后每年出游人次将会增加 24.6% 左右。

（2）拓展市场——天津、唐山、秦皇岛。①天津市场。天津为我国北方第二大城市，也是华北地区除北京外的另一个直辖市，GDP 总量和人均 GDP 相对较高，常住人口 1300 多万人，出游潜力巨大。2010 年，天津经济取得突破发展，实现地区生产总值 9108.83 亿元，城市居民人均可支配收入 24293 元，全市私人汽车达到 100 万辆。2010 年天津国内旅游收入达 1150 亿元，同比增长 21%。旅游外汇收入 14.2 亿美元，同比增长 20%；共接待入境旅游者 166 万人次，同比增长 17.7%：接待国内旅游人数突破 9200 万人次，同比增长 15%；旅游业增加值占全市 GDP 比重达到 5.8%，各项经济指标创历史最高水平。天津市庞大的常住人口、居民持续增加的可支配收入、庞大的私家车保有量使其成为一个潜力巨大的旅游客源市场。到访天津的旅游者成为毗邻天津的旅游目的地可以争取的机会市场。②唐山市场。唐山作为河北省的工业重镇，是河北省经济体量最大的地级市，地区生产总值6225.30亿元，居河北城市第一位，中国城市第19位。其中，第三产业增加值比重为33.3%，比上年提高1.0个百分点。同时，唐山是中国优秀的旅游城市，其背山临海的地理结构、复杂多样的地貌类型和特有的地方历史文化，培育了多种特色旅游资源。2014年底，唐山共有旅行社179家，星级酒店56家，其中5星级酒店3家。国家A级以上景区38家，其中4A级以上14家，新增闽州古城、菩提岛4A级景区。全年接待国内外游客3011.62万人次，旅游总收入256.67亿元。其中，接待国际游客8.7万人次，旅游外汇收入5732.69万美元，接待国内游客3002.92万人次，国内旅游收入253.12亿元。同时，唐山也是河北省重要的旅游客源地，其输送客源的能力不容小视。所以，西岔沟村应高度重视唐山市的旅游市场，进行品牌的促销。③秦皇岛市场。北京、承德、秦皇岛，三座城市与宽城联系紧密，已经形成一条“北京—承德—宽城—秦皇岛”旅游线路。由于优越的区位、便捷的交通和差异化的旅游资源，秦皇岛、北京、承德三座城市已经互为旅游目的地、客源地，区域旅游合作日益增强。宽城休闲旅游区位于北京、承德市区和秦皇岛之间，具有独特的区位优势。因此，秦皇岛市城镇居民是宽城休闲旅游区重要的潜在客源市场，到访秦皇岛的旅游者是重要的机会市场。2010年，秦皇岛市全市实现生产总值930.49亿元，比上年增长12.3%，年末户籍人口298.76万人，城镇居民人均可支配收入17118元，比上年增长10.7%。全年共接待国内外游客1880万人次，旅游总收入147亿元，均创历史新高。值得注意的是，2010年秦皇岛共接待俄罗斯游客4.9万人次，成为国内仅次于海南三亚的第二大俄罗斯海滨度假目的地。城市经济实力不断增强，居民收入水平不断提高，以及庞大的国内外游客市场，使秦皇岛成为宽城休闲旅游区重要的潜在客源市场。规划组对秦皇岛市城镇居民出游行为的抽样调查和访谈表明，68.75%的秦皇岛市民认为“有时间想外出走走”，23.4%的市民认为“旅游是非常重要的生活组成部分”。可见，秦皇岛市城镇居民的出游意愿很强。选择三日游行程的样本所占比例最高，占31.45%，选择自驾车出游的占25.45%。可见，与秦皇岛市距离适中，便于开展三日游行程、适合自驾游的旅游目的地容易受到秦皇岛市民的青睐。秦皇岛市民每次能承受的平均旅游支出以1501—2000元所占的比重最大，外出旅游的消费能力较强。

(3) 机会市场——周边省份、长三角地区、珠三角地区。西岔沟村的机会市场包括周边省份，如山东、辽宁等，长三角地区、珠三角地区及海外市场，以到承德或宽城等地旅游的分流的国内游客及国际游客为主。目前，珠三角、长三角地区是我国经济最发达的地区，居民可自由支配收入已达到中等发达地区水平，旅游消费潜力巨大。从出游情况来看，这两个地区也是出游率最高、旅游消费最多的地区，这部分游客规模较少，但停留时间较长，消费水平较高，所以在我们旅游产品发展成熟稳定后，应努力发展。

(三) 市场功能结构与定位

1. 市场总体定位

旅游市场定位的关键在于决定旅游商品在目标市场的竞争优势，更好地吸引游客，满足购买和消费的需要。因此，西岔沟村的旅游市场定位，必须突出该村旅游资源特色，充分发挥现有优势，在目标市场中占有独一无二的位置，树立自己鲜明的旅游形象。

根据西岔沟村自身的旅游资源特色、旅游业发展现状以及旅游业在承德市整体的地位考虑，适合采用短缺市场定位。旅游产品的开发，要突出乡土风情、满族文化等人文景观，以特色和精品取胜。要根据游客的心理渴望，合理开发利用旅游资源，推出游客真正想要的旅游产品和项目。同时，分析其他地区已经推出的旅游产品和发展态势，针对其他人开发不成功的产品，考虑优化自己的同类型旅游产品，从而获得与其他地区的比较优势，如果他人已经开发出成熟的产品，就要慎重考虑是否将类似产品投放市场参与竞争，以免产生不必要的机会成本。由于西岔沟村旅游业目前还处于起步阶段，与周围其他成熟目的地还有一定差距，因此，西岔沟村旅游市场以缩小差距、寻求市场机会、扩大旅游市场范围、增加游客和收入为前提。在重视旅游需求的基础上，因地制宜，循序渐进，以经济效益为基础，以社会、经济和生态效益协调发展为目的，实现可持续发展。具体可以采取高品位、低成本、重精品、彰显特色、多品种、创造唯一等策略加以利用本村的满族风情文化和民居乡土景观，吸引游客来此进行文化体验和观光游览；充分利用乡村中具有满族风情的民居，满族的劳作工具，满族饮食文化及当地的优质生态资源，吸引游客来此进行休闲度假、亲子教育和森林养生；利用当地的山地景观、水域资源、宁静的自然环境，拓展市场，争取户外运动、科普考察、老年度假等新兴市场的眷顾。

2. 市场功能结构

（1）核心市场——文化体验、观光游览。根据西岔沟村的旅游资源特点及所处的地理位置，将其核心功能定位于观光游览和文化体验，其核心市场为观光游览和文化体验的游客。旅游产品是指游客以欣赏、游览自然风光、名胜古迹等为主要目的的旅游产品。这种旅游产品在世界许多国家也被称为景观旅游产品。旅游产品水平最浅，与旅游者关系分离，缺乏深度互动，而旅游产品在我国现阶段是旅游产品市场的主流，也是最有效开展旅游的吸引物。近年来，随着国民经济的快速发展，国内旅游市场也在持续上升，无论是出境游还是国内游，旅游人数和旅游收入都呈爆炸性增长趋势。同时，随着体验经济作为一种新兴的经济概念在经济领域被频繁提及，人们不再满足于其安逸的旅游型旅游产品，希望在旅游产品中增加文化内涵，提高游客的体验性和参与性，因此，“文化体验旅游”作为一种新的旅游产品逐渐产生，有些产品已经产生了一定的经济效益和知名度。西岔沟有着较好的观光旅游资源，可凭借其山水景观和满族文化在这两种市场获利。

（2）主体市场——休闲度假、亲子教育、森林养生。根据西岔沟村现有的资源条件和环境禀赋，将其主体市场定位于休闲度假、亲子教育和森林养生。“回归自然”成为现代文明的一大主题。随着现代社会人们生活节奏的加快和工作压力的加大以及城市环境的污染，人们对“自然”和“本色”的东西更加偏爱，使得回归大自然的休闲型和度假型旅游逐渐升温，人们迫切希望能够在周末或节假日，到大自然去彻底放松身心，陶冶情操，真正做到融入自然、返璞归真。除了休闲度假外，西岔沟村的旅游产品还能根据市场的需求，提供不同的主题功能，如亲子教育、森林养生等。随着我国旅游业的快速发展，游客的参与意识逐渐增强，传统的“白天看庙，晚上睡觉”的旅游模式已经成为过去，人们出外旅游，更希望通过旅游来实现自我价值，体验各种经历。因此，一些参与性、娱乐性、趣味性和科技性强的旅游项目逐渐成为人们旅游的新宠。此外，随着旅游者文化素质的不断提高，生态旅游将成为旅游新时尚，如森林养生等旅游产品。随着旅游的大众化和国内居民收入水平差距的拉大，对多样化消费档次和结构的需求也成为旅游市场发展的一个重要趋势。

（3）辅助市场——户外运动、科普考察、老年度假。西岔沟村的辅助功能市场定位于户外运动、老年度假和科普考察。户外旅游不同于传统旅行社组团，是一种以旅游者自身体验为重点，在自然风景区将一项或多项户外活动作为休闲娱乐的旅游。目前，在欧美国家，参加户外休闲活动的人占参加休闲活动的人的40%以上，在希腊等许多山脉、户外运动历史悠久的国家，这一比例高达80%，户外休闲用品市场的发展也相当成熟。21世纪初，经济观察员曾预测21世纪的7个最佳投资方向，其中之一是“休闲运动大行其道，将成为人们生活的重要内容”。2000年全国户外产业市场规模仅为6000万元，2002年达到3亿元，2005年达到近10亿元大关。据相关权威部门预测，中国户外产业这一“金矿”的潜在储量将超过千亿元。基于这一背景，“户外”是目前体育用品市场中最小但最有发展空间的项目。我们国内的“户外”只是整个体育用品市场的千分之一。由于需求大、供不应求，户外运动市场无疑有良好的投资机会。只要中国经济稳定增长，户外运动产业就能持续快速增长，其中老年人休假应引起足够的重视，我国自1999年以来已进入老年型国家。针对人口老龄化问题，21世纪我国老龄化将更加迅速，预计到2040年，65岁以上老年人口比例将达到20%以上，即每5人中就有1名老年人。开发“银发资源”，老年产业发展，将增加相关商品种类，拓展服务领域，促进市场繁荣，增加社会财富，扩大就业渠道，推动经济增长，旅游市场中的老年游客成为目前最为重要的客源，他们拥有闲暇时间和消费能力，可大力开发老年度假产品。

（四）市场预测

1. 西岔沟乡村旅游市场发展态势预测

（1）未来市场将保持总体上升趋势。随着闲暇时间的增多，人们旅游消费欲望与现实可能在时空上有了保障，标志着人们已经能从单纯追求物质消费需求渐变为对物质消费与精神消费的多种向往。闲暇时间的增多以及带薪休假制度的推行成为宽城休闲旅游的良好机遇。另外，承德建设国际旅游城市的总体规划为宽城休闲旅游发展提供了良好的环境依托，广阔的发展平台，有利的环境氛围，充足的国内外客源，有利于宽城休闲游的快速发展。加速的城镇化进程和较强的经济基础为宽城休闲旅游的市场拓展打下了坚实的基础。这些因素都会使西岔沟的旅游市场容量越来越大，未来市场前景也是一片光明。

（2）主要客源以周边城市人口为主。西岔沟村作为华北地区传统的乡村旅游地，旅游产品相对单一，因而导致客源也相对集中在以北京、承德为首的城市，以及来周边景区景点分流的游客。由于西岔沟的高品位旅游资源较少，在我国的知名度较低，所以只能属于区域型的旅游目的地，其辐射半径较小，不能独自吸引较远的游客来此旅游。

（3）游览季节时间集中。承德地区的气候属于大陆季风气候，冬季漫长，春秋较短，由于资源特色属性决定了淡旺季明显，旅游产品多集中在夏季的观光与休闲度假，导致游览时间季节性明显。由于产品主要集中于观光型旅游产品，休闲度假类旅游产品及特色旅游商品开发明显不足，造成旅游者在此消费能力不强。西岔沟也不例外，可通过打造冬季旅游产品及节庆活动，达到淡季不淡的作用。

（4）以观光客源为主，度假养生为辅。虽然观光旅游产品的层次最浅，其与旅游者的关系是分离的，缺少深层互动，但在我国旅游市场不成熟和人均消费水平较低的情况下，观光旅游产品在我国现阶段仍是旅游产品市场的主流，并且也是最为有效的开展旅游的抓手，市场空间依然巨大。由于受到现有资源与产品特点制约，到西岔沟旅游的游客仍以观光居多。

（5）客源以中低端为主，逐渐向高端过渡。西岔沟村将依托旅游资源和产品的特殊性，以及相对偏低的出游成本吸引京津为主的华北地区旅游者，旅游客源将逐渐从低端向中高端层次的客源市场发展。经过调研，到访宽城的国内旅游者平均旅游花费为 854.27 元，其中，餐饮花费所占比重最大。大多数旅游者在宽城停留 1—2 日，但其住宿花费、娱乐花费、购物花费等均偏低。因此，宽城休闲旅游区的发展要努力延长旅游者在旅游区内的停留时间，提高旅游者花费需要提供更多、更丰富的游览、娱乐、体验项目，尤其是要加大力度建设旅游商品体系，完善旅游购物基础设施，积极开展各类购物旅游活动，刺激旅游者的消费需求，不断提高旅游消费。因此，可以预测，来西岔沟的游客群还是以中低层次的观光游客为主，但是，通过特色产品的推出和品牌的塑造，游客群将逐渐向高端过渡。

2. 西岔沟乡村旅游未来游客人次数预测

（1）预测方法。

目前，乡村旅游市场的预测方法并没有一个统一有效的预测模型，另外，西岔沟村的旅游资源又具有一定的特殊性，以国内少有的满族风俗文化为主要旅游吸引点，再加上该村并没有精确的游客统计资料，故采用定量与定性相结合的方法，以定性方法为主，定量方法为辅。定量方法有时间序列模型、空间引力模型，定性预测法有产品生命周期预测理论、专家意见法等。

时间序列模型认为变量的当前值仅与该变量的过去值和现在值以及过去的随机扰动项有关。其要点在于，利用变量的过去值的信息，通过复杂的外推技术预测该变量的将来值。即使潜在结构模型未知，该方法也通过使用由样本数据确定的限制条件而不是需要减小样本误差和提高预测精度的结构限制条件来实现精确预测的可能性。有人指出，时间序列法在旅游规划中应用广泛，但随着预测期的延长，准确性和可靠性迅速下降，因此，不太适合中长期预测。

空间引力模型公式为：

$$T = G\frac{x_1 x_2}{D}$$

式中：

T——各客源地来景区的游客量；

x_1——人均可支配收入；

x_2——客源地的人口数；

D——客源地距景区的交通距离；

G——经验参数。

根据国内经验，引力模型具有较高的精确度，并充分考虑了客源市场的经济发展水平、人口规模和距离旅游区的交通距离，受人为的影响小。

（2）预测结果。

依据目的地基础市场与主体市场人口数、人均可支配收入及距目的地的平均距离，参考对游客调研数据及各个地市的游客整体规模，估算年游客人数。经计算，西岔沟村旅游区的年均游客规模预计为8.4万人次。

(3) 市场增长模式预测。

依据旅游地生命周期理论，旅游地的发展一般都由低级向高级发展，经历起步期、成长期、成熟期和衰退期（再生期）四个阶段。根据同类生态旅游景区历年游客流量，考虑河北省内旅游景区的发展现状，结合旅游地生命周期理论，按规划期限对西岔沟村乡村旅游景区进行市场年际增长规模预测。

在游客基数小，但市场营销措施得力的情况下，起步阶段游客数量增长速度必定很快，增长率可望达到10%；进入成长期游客数量增长率可达10%—20%，进入成熟期游客数量一般增长平稳，为10%—15%。根据全国和河北省旅游客源市场的发展趋势，再加上西岔沟村旅游属发展所处的阶段为起步期阶段，因此，近期的游客增长率按较低的增长速度10%计算，至2020年，旅游区游客将达到15.96万人次。

七、西岔沟乡村旅游与电子商务融合发展总体提升战略

（一）理念引领

1. “全域旅游”理念

全域旅游是随着旅游业从传统旅游向休闲度假转型升级的过程，是一种新定位的区域旅游发展理念。像现在这样全国著名的旅游景点，分布在该县域内的旅游景点星罗棋布，美不胜收。在申报全国各类等级旅游景区时，地方建议全县打包申报，并自豪地提出“我县整体为大景区”的充分理由。这正是基层工人对全域旅游最朴素、最形象、最准确的认识。西岔沟村也以“全景农村建设、全域旅游发展”为目标，以实施《国民旅游休闲纲要》为契机，大力发展以自驾游、休闲旅游、农业旅游、体验旅游为主要卖点的乡村旅游，大力发展乡村旅游特色化、规范化、规模化、效益化、要着力推进品牌化。

2. “乡村旅游生活化”理念

乡村旅游发展要经历四个阶段。第一个阶段是农家乐阶段，相当长一段

时间以来，农家乐会作为乡村旅游的主力或基础业态长期存在。只要农民作为投资主体、管理主体，他的主体地位不变，农家乐就会一直存在下去。第二个阶段是乡村旅游阶段。这个阶段的特征是规模化的市场，业态有乡村酒店等各种各样。这时的投资者不是简单的农民和农民合作组织，而是出现了外来投资者。第三个阶段是在乡下度假。台湾省比较典型，我们所谓的提升、升级，主要体现在这个阶段的出现。在这个阶段，业态、投资、运营管理的主体、对应的生活方式发生了很大的变化。第四个阶段是乡村生活。理想乡村旅游发展的至高阶段，被称为乡村生活。这种生活方式既有农村生态的美好，农村民俗文化的基础，又有城市服务的品质，它应该是时尚，具体业态包括健康养生，体育休闲等。

3.“乡土文化”理念

乡土文化深深植根于人类古老而悠远的精神底层，真正蕴藏着传统文化的骨灰和鲜血，正是文化之根。文化是旅游的灵魂。要在日益激烈的乡村旅游竞争中脱颖而出，只有挖掘出当地最具特色的乡土文化元素，才能摆脱单纯“游山”的传统模式，展现出特殊的乡土魅力，同时乡土文化也得到保护和传承。美丽的乡村不仅让老百姓在山清水秀的环境中享受田园生活，更是一种可持续的生态经济，使老百姓永续增收致富。普通的山川、农耕地，甚至传统的风俗、地方文化，都可以悄悄地变成当地农民的“财富”。西岔沟村是中国少数特色村寨，有着浓郁的满族文化和风情，在旅游发展中要保留乡土建筑风貌，保护村民原有的生活形态，通过家族文化的传承使得该村有历史传承、自然风貌、文化记忆，努力留住乡愁。

4.“微旅游”与“慢旅游”理念

进入文化和经济生活多样化的时代，新兴的品质生活“慢旅行”开始受到关注。相比个人、家庭、集体、旅行社的匆忙旅行，慢游是一种定向性强、兼顾兴趣和事业的旅行，是一种以个人、同事朋友、旅行社组团（如穿越之旅）诉说旅行质量为主的旅行。慢游就是把游客变成临时居住者而不是游客。如果放弃“这将是一生一次的旅行”的想法，那就只能是一次拥挤的旅行。相比之下，慢旅行灌输了一种想法：“你需要知道还有很多旅行机会等着你。”。再加上我们可以更悠闲，不要再急着赶航班再做荒唐的安全检查，选择坐火车、汽车或轮船旅行。旅行中我不喜欢走普通的旅行路线。我像当地人一样衣食住行。"微游"是指短途旅行，随时可以出发。我不太需要旅行装。你不需要花很长的时间去计划和想办法，是随性的、随时的、随意的旅游方式，是人口密集的城市形成的环城市游憩休闲带。西岔沟村毗邻承德，紧邻宽城，地处津京冀城市圈，正是微旅游客源市场的主要目的地，应充分针对市场进行有效的谋划，抢占市场的制高点。

5. "旅游形象引领整体产业发展"理念

旅游形象和品牌领先的城市个性和品牌，这是近年来我国众多旅游目的地发展形成的重要成果，以旅游产业为窗口行业和地方名片承担着地方形象大使的职能。西岔沟村在旅游发展过程中达成了这样的共识，由各级地方政府主导，统一加强对城市旅游形象的整体宣传介绍，在对外政务、商务及经济文化旅游交流活动中，统一使用区域旅游品牌形象和标志提高城市旅游品牌的知名度和声誉，并在城市旅游品牌的统率下，开发多层次、多类型的旅游产品系统，丰富城市旅游品牌的内涵，构建相应的产业要素支撑旅游品牌体系的发展。

（二）乡村旅游发展定位

1. 功能定位

西岔沟村旅游正在经历重要转型，未来数年，该村旅游将经历一个休闲旅游快速推进时期。西岔沟村是一个多元和谐、生态文明、可考察学习的具有原生满族文化的新农村，通过其满族文化的挖掘，并与当地产业的对接，西岔沟村也应当成为一个幸福而美丽、可观、可学、可休、可享、可玩的休闲度假乡村。

西岔沟村旅游的功能定位是：扩展现有西岔沟村的游览范围，深入挖掘满族文化，整体打造一个以满族风情文化与山水资源为依托，以满族文化景观与生态自然景观的完美结合为核心吸引力，以乡村文化观光与满族文化体验为重点，融合并聚集山林生态观光、乡村民居观光、文化休闲、生态休闲与乡村休闲等旅游项目的国内一流文化旅游区。

2. 目标定位

以西岔沟村良好的生态环境和逐步丰富的多元文化氛围为基础，以生态空间体验和参与性文化体验为主题，进一步开发城市居民休闲度假市场和公务考察学习旅游市场。以“中国满族文化第一村”为品牌，以休闲旅游为支撑产品，建设环境优美、文化深厚、休闲特点突出、中国北方地区乃至全国旅游市场极具吸引力的特色休闲旅游目的地。西岔沟村旅游的目标定位是：中国新兴乡村休闲旅游目的地及满族民俗文化体验地——中国满族文化休闲旅游第一村。

（三）乡村旅游发展战略

1. 指导思想

突出满族文化、多元生态、山地风貌和采摘文化特色，发展文化旅游、休闲体验旅游，培育大市场，与产业对接，改革旅游管理体制，提高经营管理水平，完善基础服务设施，优化旅游产业结构，提高产业规模和素质，提高旅游业的经济效益，全面提高社会效益和生态效益，促进旅游业的相关产业融合和带动作用，把西岔沟村建设成为在中国北方地区乃至全国有着一定品牌优势的乡村旅游目的地。

2. 战略目标

打造“国家级休闲农业与乡村旅游示范点与国家4A级旅游景区”。

3. 发展战略

（1）政府主导，市场运作战略。在社会主义市场经济条件下，以政府主导为保障，以企业运营为基础，充分发挥政府对旅游开发的导向作用和市场对旅游资源配置的作用，确保旅游文化的有效挖掘、旅游资源的有效开发，已达到旅游产业的持续发展并且加速国内市场和一部分海外市场的合作。

（2）文化先行、精品支持策略。以中国满族文化旅游第一村为品牌，以民俗文化体验旅游为龙头，形成民俗旅游、乡村旅游、生态旅游、亲子旅游、健身旅游五大主力产品和旅游解说系统、农村步道系统、亲水休闲走廊系统、民俗村寨四大配套产品培育一些高层次旅游精品，形成旅游产业的强大支撑。

（3）因地制宜，充分利用资源战略。“一村一品”的实质是激活区域经济的手段，是地方的象征，它代表了地方的社会经济发展水平，也代表了这个地方在某个地区乃至全国和全球市场享有的声誉同时也反映了这个地方的精神风貌。西岔沟村要充分利用本地资源优势，因地制宜，自力更生，建设家园，发展旅游经济活动。开展“一村一品”运动，充分发挥自身优势，区别于周边农村和承德地区的乡村旅游产品，开发具有地方特色的精品和拳头产品，进入国内和国际市场。

（4）文化主导、功能复合战略。西岔沟应突出文化与生态主题，深入开发银发族之旅、青年旅游、自驾游等“精致之旅”、怀旧之旅、花卉生态农产品之旅、原住民传统节庆之旅、温泉之旅、潜水之旅等主题旅游，与先导产品民俗文化有机融合，提升旅游品位。此外，不断创新丰富的旅游产品种类结构，开发工业旅游、农业旅游、修学旅游等新型旅游产品，以适应市场需求多元化、个性化的趋势。

（5）品牌塑造，多元营销战略。西岔沟村应注意自己品牌的塑造，打造良好的口碑效应，将自己的优势转化为品牌优势，以提升自己的顾客忠诚度。由于乡村旅游产品和目标市场也出现了多元化，基于此，西岔沟村要根据其不同的目标市场，采用不同的分销渠道，以扩大消费群的覆盖面。针对大众客源市场，可以利用电视广告、媒体、网络、报刊或人员宣传等方式进行直接销售；针对高端客源市场，可直接或支持相关组织组建登山、摄影或户外探险俱乐部等方式，并慢慢渗入到二三级客源市场的高端消费群，达到直接销售和间接销售双重效果，以获得一定数量的稳定客源和可观的经济效益。面对需求量大的青年市场，可注重旅游供销网站、户外集结网站、微博、微信、短视频等新媒体传播方式的应用。

（6）区域合作，联动发展战略。区域合作战略是在特定的区域范围内的旅游业和相关行业部门以及地方政府，在一定的领域和层面，通过协商建立起战略性合作关系的计划和模式。西岔沟村通过与其具有一定关联性的景区的合作，依托自身独特的资源，加以借势来提升景区自身知名度，扩大景区旅游发展空间，如与都山景区、潘家口水库景区协同发展，利用与之距离相近、品牌相当的地缘优势，共同宣传造势，共享客源，形成黄金三角旅游线路，达到相互借势的目的。西岔沟村在营销时可以依托承德和宽城的区域优势，进而带动个体优势，以个体优势凸显区域优势，联合区域内重点景区，进行品牌化联合运营，并通过多种传播途径共同打响中国满族第一村的品牌。

（7）环境保护，可持续发展战略。旅游产业的生存发展与资源保护和环境质量改善有着天然的契合关系，被称为“永恒的朝阳产业”，但如果不重视资源保护和环境和谐，同样不能继续健康发展。西岔沟村在旅游开发与建设过程中，应尽量避免旅游开发可能带来的消极影响，坚持贯彻旅游资源开发与保护相结合的原则，大力倡导绿色开发、绿色工程、绿色经营、绿色消费，尽可能保持和营造良好的自然生态环境和社会人文环境，实现景区经济、社会、生态环境效益的良性循环，保证景区经营持续健康发展。

(8) 文化活化，原生体验战略。旅游文化是进行旅游规划的前提和基础，旅游规划是对旅游文化的总结、提升和表现。满族文化内涵丰富，但是将文化资源打造为旅游产品必须通过文化资源的活化，将文化落实到具体的建设项目上，使其外显能被游客感知甚至切身体验。西岔沟村应充分挖掘森林文化或文化创新，突出旅游景区的特色而使之具有新的吸引力。在满族民俗文化资源活化打造旅游产品时，必然根据旅游的发展趋势，发挥森林资源的绿色优势，体现地方文化特色，使游客能够对原生的满族文化充分体验和互动，适应旅游市场需求变化。

(9) 社区参与，体制创新战略。西岔沟在旅游开发和规划上，应充分听取当地村民的意见，在经营中，也应该让当地的居民参与进来，分享旅游带给乡村经济发展的红利。另外，景区在建设时应走向市场化，政府以退促进，创新管理体制。在原有纵向管理机制的基础上，引入企业的高效管理机制，辅以社区居民的横向管理机制，协调利益分配机制，以加快旅游区开发建设的速度。以优惠政策吸引旅游界高级管理人才和营销人才，优化旅游管理团队结构。

4. 建设目标

经过近、中、远期的努力，将全面完成“12345”工程，即“一座满族文化风情村、两大旅游价值极、三大满族传统节庆、四大配套主题产品、五大亮点旅游工程”的开发与建设，整体塑造中国著名旅游城市的总体形象。

(1) 一座满族文化风情村。以北方乡村风貌为主脉，以满族文化为衬托，以乡土原生文化为根本，全面营造出中国北方满族历史文化名村的总体氛围。

(2) 两大旅游价值极。通过对西岔沟的地形分析和旅游功能布局，打造两大旅游价值核心，分别是以满族文化中心广场为核心的满族文化体验中心和以鸭嘴山山顶为中心的山地游览观光区，一个是文化价值极，另一个是自然价值极，两者相互依托，相互呼应，构建起整个乡村旅游的价值极。

（3）三大满族传统节庆。打造西岔沟村特色的文化节庆，分别是满族文化的颁金节、春天的赏花大会以及冬储节。

（4）四大配套主题产品。以满族风情文化为主要内核，结合西岔沟村的资源禀赋和文化条件，对接我国旅游市场，推出满族风情文化体验游、乡村休闲度假游、森林康体养生游、亲子互动娱乐游这四大主题产品。

（5）五大亮点旅游工程。通过五大亮点工程的打造，来支撑整个西岔沟乡村旅游的开展与休验，这五大亮点工程是满族风情园项目、水景廊道与湿地公园项目、民俗民居体验项目、鸭嘴山登山文化步道项目、现代立体乡村采摘园项目。

八、西岔沟乡村旅游与电子商务融合发展措施

（一）乡村旅游产品开发

1. 单项乡村旅游产品

（1）乡村旅游产品谱系（见表5－8）。

表5－8　　　　西岔沟乡村旅游产品类型表

产品大类	产品细分
乡村观光型旅游产品	乡村山地河谷观光产品
	乡村村寨观光产品
	现代农业观光产品
乡土民俗文化体验型旅游产品	农事活动体验产品
	乡村娱乐体验产品
	民俗风情体验产品
乡村休闲度假型旅游产品	康体养生产品
	自驾车旅游产品
	野营旅游产品
	乡村养老度假产品
	乡村亲子互动旅游产品

续表

产品大类	产品细分
乡村节庆型旅游产品	乡土文化节庆产品
	乡村民族俗节庆产品
乡村户外运动旅游产品	户外运动产品
乡村购物与美食体验旅游产品	乡村购物与美食体验旅游产品

①乡村观光型旅游产品。根据西岔沟的旅游资源及本规划的项目设置，乡村观光型旅游产品主要包括以下产品类型：第一类，乡村山地河谷观光产品。主要依托鸭嘴山及其沟谷地带，突出观光与休闲功能，注重游客参与性，打造原生态体验式旅游产品，为旅游者提供以乡村森林观光、乡村水域观光为主的乡村旅游项目。该类型旅游产品主要包括溪畔养生游乐沟谷带、鸭嘴山水自然观光区等。第二类，乡村村寨观光产品。主要依托西岔沟少数民族村寨，开发村落观光旅游产品，该类型旅游产品主要包括赏花观景游览环线、采摘庄园农事体验区等。第三类，现代农业观光产品。主要依托西岔沟村苹果园、板栗园，开发现代农业观光旅游产品，让游客入内摘果、赏花、观中药种植，享受田园乐趣。该类型旅游产品主要包括硒富立体生态农园、少数民族医药教研基地、太阳沟板栗采摘园提升项目、中药观光养生园等。

②乡土民俗文化体验型旅游产品。根据西岔沟的旅游资源及本规划的项目设置，乡土民俗文化体验型旅游产品主要包括以下产品类型：第一类，农事活动体验产品。依托西岔沟的苹果园、板栗园、中药养生园，设置采摘、剪枝、喂养小动物等农事体验活动，重点突出项目设置的参与性、观赏性与娱乐性。该项目旅游产品主要包括硒富立体生态农园、少数民族医药教研基地、太阳沟板栗采摘园提升项目、中药观光养生园等。第二类，乡村娱乐体验产品。主要依托西岔沟农村优越的自然生态环境开展各种休闲娱乐型旅游活动，如主题娱乐体验、民族特有娱乐项目体验、民俗娱乐体验活动等。设置的活动应具有较浓的趣味性、参与性。该类型旅游产品包括满族非物质文化遗产体验项目、DIY 满族特色手工坊、满族歌舞演艺、满族传统体育游艺等。第三类，民俗风情体验产品。西岔沟已入选中国少数民族特色村寨，依托丰富灿烂的满族文化，开展民俗风情体验

产品，主要体会满族的姓氏文化、居住文化、餐饮文化、婚娶礼仪、生活礼仪、交往习俗及社会生活习俗、民族歌曲舞蹈等，将灿烂的满族文化直观地展现在游客的面前，满足游客对满族的好奇心。此项目主要包括八旗文化亭、满族风情文化街、满族卡通人物雕塑群、满族姓氏溯源展台、满族文化牌楼、满族文化书吧、DIY满族特色手工坊、清宫御膳房、满族文化博物馆、萨满祭祀项目、满族非物质文化遗产体验项目、图腾迷宫、满族歌舞演艺、满族传统体育游艺、“镶黄旗演义”实景演出、满族婚俗体验基地、农家乐集中营等。

③乡村休闲度假型旅游产品。西岔沟村山清水秀、蓝天白云，夏季气候凉爽。依托西岔沟优质的水、药材、气候等，突出休闲、养生、避暑等目的，把观光、游乐、休闲项目与养生、度假结合起来。根据西岔沟的旅游资源及本规划的项目设置，乡村休闲度假型旅游产品主要包括以下产品类型：第一类，康体养生旅游产品。西岔沟村利用林下土地种植中药材，依托西岔沟的优美自然环境和中药种植，开展康体养生旅游产品。该类型旅游产品主要包括少数民族医药教研基地、中药观光养生园，开展养生授课、名医问诊、养生茶和药膳养生餐等活动，使游客在旅游休闲中了解我国中医药传统文化的精髓及发展历程。第二类，自驾车旅游产品。如今自驾车旅游成为一种潮流，西岔沟村交通便利、环境优美、地理位置优越，将成为自驾车旅游者的理想目的地。该类型的旅游产品主要包括沿赏花生态路环线自驾赏花等。第三类，野营旅游产品。住惯了城里的高楼大厦，离开了钢筋水泥，不妨来西岔沟鸭嘴山里野营，体会抬头看星星、低头摸鱼虾的乐趣。该类型的旅游产品主要包括二道沟“山野人家”野营地。第四类，乡村养老度假旅游产品。城市里雾霾严重，不利于老年人养老，到山清水秀、没有雾霾的山村养老是很好的选择。依托西岔沟优美的自然环境、中药材种植，开发乡村养老度假旅游产品，开展保健疗养、探亲访友、候鸟安居、知识学习等多种类型乡村养老度假旅游产品。第五类，乡村亲子互动旅游产品。依托西岔沟亲子互动设施及互动游戏，开展乡村亲子互动旅游产品。该类型旅游产品主要包括满族传统体育游艺、水上儿童乐园、浅水溯溪游乐场、文化巨石河岸、垂钓园与滑冰场、湿地文化长廊、“我的魔法屋”建设项目等。

④乡村节庆型旅游产品。根据西岔沟的旅游资源及本规划的项目设置，乡村节庆型旅游产品主要包括以下产品类型：第一类，乡土文化节庆旅游产品。依托西岔沟现有的果园与优美的自然环境，开发乡土文化节庆旅游产品，以促进旅游者到西岔沟参观、游览，形成井喷效应。目前，西岔沟举办的乡土文化节庆产品主要是赏花节、摄影节。第二类，乡村民俗节庆旅游产品。依托西岔沟村满族特色村寨的优势，深入挖掘满族文化内涵，开发乡村民族节庆旅游产品，以增强游客对满族的认识和了解，满足游客对满族的好奇心。该类型的旅游产品主要是颁金节、冬储节。

⑤乡村户外运动型旅游产品。依托西岔沟独特的地形地貌，开展登山、户外拓展等类型的乡村户外运动型旅游产品，增强游客的参与性、运动性。该类型旅游产品主要包括户外拓展基地、时光阶梯、“满”园春色亭等。

⑥乡村购物与美食体验旅游产品。依托西岔沟独特的满族风情，深入挖掘满族文化内涵，开发满族特色的饮食文化和独具当地特色的商品，开发乡村购物与美食体验旅游产品。该类型旅游产品主要包括满族风情文化街，可以进入满族文化书吧、DIY满族特色手工坊、清宫御膳房购物体验，还可以到相关的专卖店及精品店购买独具满族风情的商品。

（2）重点旅游产品。

①乡土民俗文化体验型旅游产品。

功能定位：民俗体验。

产品构建：参与体验满族的信仰民俗、岁时及游艺民俗、礼仪习俗、居住习俗、饮食习俗、服饰习俗、育儿习俗。

具体产品：满族风情文化街、满族卡通人物雕塑群、满族姓氏溯源展台、满族文化牌楼、满族文化书吧、DIY满族特色手工坊、清宫御膳房、满族文化博物馆（萨满祭祀、满族非物质文化遗产体验）、图腾迷宫、满族歌舞演艺、满族传统体育游艺、“镶黄旗演义”实景演出、满族婚俗体验基地等。

②乡村节庆型旅游产品——颁金节庆典策划。

具体时间：农历10月13日。

地点：民族广场。

颁金节庆典：实景演艺皇太极改族名为“满洲”的历史；邀请地方民族院校和民间艺术组织表演满族民间舞蹈，如莽式空齐舞、鞑子秧歌等；邀请体育系表演二贵摔跤；邀请满族格格隽子哥演唱满族歌曲；邀请满族艺术家、画家、书法家绘满族画、写满族字。

2. 线路旅游产品

（1）设计原则。

线路旅游产品应该遵循六项原则，即以满足游客需求为中心的市场原则；人无我有、人有我特的主题突出原则；生态效益原则；进得去、散得开、出得来原则；推陈出新原则；旅行安排的顺序与节奏感原则。

（2）旅游线路设计。①区域乡村旅游精品线路。京北乡村旅游精品线路：北京—宽城—西岔沟。承秦高速乡村旅游精品线路：承德—宽城—西岔沟；秦皇岛—宽城—西岔沟。②经典乡村旅游线路。a. 一日游经典线路：八旗影壁墙—满族文化牌楼—满族风情文化街—民族广场—满族文化博物馆。b. 两日游经典线路：八旗影壁墙—满族文化牌楼—满族风情文化街—民族广场—溪畔养生游乐沟谷带—采摘庄园农事体验区—鸭嘴山水自然观光区。③四季乡村旅游线路。a. 春季踏青赏花特色旅游线路：西岔沟村口—赏花环形生态路—摄影小驿站—观景游憩台。b. 夏季清凉避暑特色旅游线路：西岔沟村口—西岔沟民族广场—溪畔养生游乐沟谷带—时光阶梯—鸭嘴山水自然观光区。c. 秋季采摘特色旅游线路：西岔沟村口—西岔沟民族广场—硒富生态农园；西岔沟村口—西岔沟民族广场—太阳沟板栗采摘园。d. 冬季民俗体验特色旅游线路：八旗影壁墙—满族风情文化街—西岔沟民族广场—满族文化博物馆—满族文化演艺台—满族婚俗体验基地。④不同主题乡村旅游线路。a. 民俗文化体验精品线路：八旗影壁墙—满族风情文化街（满族卡通人物雕塑群、满族姓氏溯源展台、满族文化牌楼、满族文化书吧、DIY 满族特色手工坊、清宫御膳房）—满族文化博物馆（萨满祭祀、满族非物质文化遗产体验）—图腾迷宫—满族文化演艺台（满族歌舞演艺、满族传统体育游艺、“镶黄旗演义”实景演出）—满族婚俗体验基地。b. 避暑纳凉精品线路：西岔沟村口—溪畔养生游乐沟谷带—鸭嘴山水自然观光区。c. 现代农业精品线路：西岔沟村口—西岔沟民族广场—硒富生态农园。西岔沟村口—西岔沟民族广场—太阳沟板栗采摘园。d. 乡村度假精品线路：西岔沟村口—溪畔养生游乐沟谷带—二道沟“山野人家”野营地。

（二）乡村旅游项目开发

1. 项目架构（见图5-8）

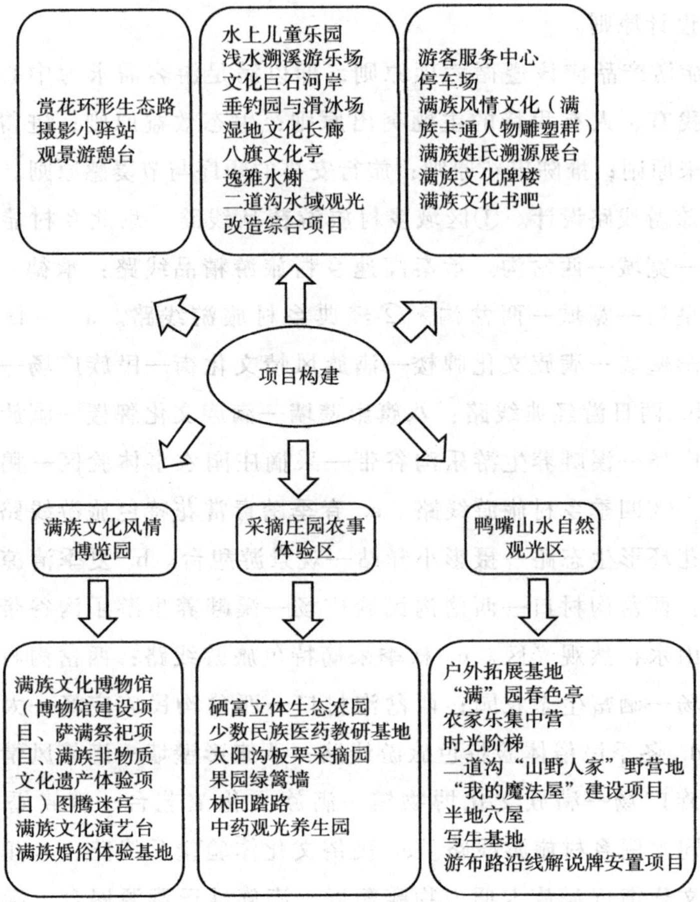

图5-8 乡村旅游项目开发架构

2. 重要可行建设项目

（1）赏花观景游览环线项目设置。

①赏花环形生态路。

项目选址：村域沿线的果园。

设计理念：赏花·观景·品人生。

创意来源：西岔沟村已开办赏花节，但基础设施不够完善。

项目构思：在西岔沟村原有环线路的基础上进行修缮，拓宽路面至3.5—4米。

核心功能：让赏花、观景更顺畅。

②摄影小驿站。

项目选址：环路沿线有小块平地处。

设计理念：因景色而摄影，因摄影而美好。

创意来源：在游览旺季，多有游客或摄影爱好者驻足拍照而影响他人游览的情况，景区因人流涌动，摄影时间增长，游览线路受阻，此设计关注细节，以人为本。

项目构思：在自然风光优美，视觉角度较好，并有一定空间的场所设立摄影台，环路沿线可根据空间设置3—5处。地面铺设石板，周围木质栏杆或石质栏杆，栏杆和地面刻画满族元素花纹或图案。

核心功能：为摄影爱好者提供空间和时间，为精彩的瞬间留下永恒。

③观景休憩台。

项目选址：环路沿线平地处。

设计理念：让脚步停下来，歇歇脚，寻找生活的美好。

创意来源：每次旅游，我都想把尽可能多的景点塞进尽可能短的时间段。在这样一条匆忙的道路上，在环顾花流的节奏中，我们真的享受旅行嘛。“旅行所感受到的快乐与前进的速度成反比”。当我们回忆起匆忙旅行的记忆时，往往会叹气。那时候为什么不在那里多待一会儿呢。还想再去哪里啊。在这样的遗憾和反省增加的情况下，我们开始改变旅行时间的想法。希望我们从这里开始。

项目构思：在环路沿线有宽敞平地处，修建既可观景又可休憩的平台，沿线可根据具体场地情况修建多处，每处建筑提供配套桌椅，有食物供给站，也可自带食物。

核心功能：临时休息、加餐场所。

（2）溪畔养生游乐沟谷带项目设置。

①儿童水上乐园。

项目选址：大该子村口浅水坝。

设计理念：享受亲子互动的美好时刻。

创意来源：亲子互动产品目前已经成为国内市场上炙手可热的项目，在旅游产品中显得尤为突出，旅游就是让人放松身心，回归自然，以家庭型为主要形态的游客，大多数的游客都希望能够找个机会和自己的孩子亲密接触一下，来弥补日常生活中对孩子的亏欠，所以，儿童水上乐园主要针对家庭型的游客而设计。

项目构思：儿童水上乐园是西岔沟村旅游发展打造的重点项目，项目地位于大该子村口的沟谷溪流地带，主要功能是满足儿童的各种水上娱乐体验，在截流所形成的小型水面基础之上，增加沙滩乐园、游玩戏水池、水滑梯、水上攀岩、山水沙滩等娱乐项目，可购买引进水上飞轮、水上蹦床、游艇、悠波球、水上滚筒、水滑梯、水上城堡等小型水上游乐设施，打造一个欢快的水上娱乐体验项目。

核心功能：休闲娱乐、亲子互动。

②浅水溯溪游乐场。

项目选址：河流上游。

设计理念：具有安全性的溯溪探险。

创意来源：溯溪是一项可以结合登山、攀岩、露营、游泳、绳索操作、野外求生、定位运动、赏鸟等综合性技术的户外活动。西岔沟可借助山形地貌和溪水走势，打造简单的浅水溯溪游乐区，无须借助专业设备和专业技术，没有激流险滩、深潭飞瀑等许多艰难险阻，通过吊桥、石桥，富于变化的地形，便可充满挑战。

项目构思：大人、孩子均可参与，安全系数高，光脚挽裤腿便可入水，设计时可在水底放上不同的材质做铺垫，如沙子、鹅卵石、大石头等，还可以起到按摩脚掌的作用。当大人拉着孩子在水中溯行，是一种考验，同时又得到一种信任和满足，一种亲近自然的自信与成就感。

核心功能：观光游览、亲子互动。

③文化巨石河岸。

项目选址：河流下流。

设计理念：文化与自然的完美融合。

创意来源：西岔沟村的山石资源非常丰富，可就地取材，利用其丰富的山石资源，设计成河岸的景观，并与满族文化相融合，可谓一举多得。

项目构思：溪流两岸可用当地的大石头来进行点缀，让石头自然分布在河流的两岸，营造自然天成之感，所用石头最好要大而均匀，形态美观，可供游客欣赏也可在石头上休息，在空间的宽敞地，可用巨石排成各种形状的阵列，增加游览情趣。在一些形态美观，个体突出的大石头上可进行石刻彩绘，将满族文化故事、诗词、景区宣传用语、环境保护口号表现在石头上，形成一个独特的景观。

核心功能：观光游览、文化体验。

④垂钓园与滑冰场。

项目选址：河流中游水库。

设计理念：夏季垂钓，冬季滑冰。

创意来源：承德地区北方的乡村都会面临一个问题，就是淡旺季的游客差距，夏季为旺季，冬季为淡季，这就需要在冬季能有一个或多个具有吸引力的项目招来游客，借助于修建的水库这一水利设施，冬季开展满族滑冰，夏季垂钓，来淡化季节差。

项目构思：在整条河流的中游沟谷地带修建一座小型水库或塘坝，水库中投放优质鱼苗，周边设置遮阳伞，提供钓竿、水桶、小凳和冷饮等服务，游人可以在此垂钓休闲，修身养性，从而自得其乐。每年在此举办钓鱼大赛，以充分激发钓鱼爱好者的兴趣，度假村亦可提高知名度，并从中获得丰厚的经济效益。水库周围夏天可用于开展垂钓，冬天开展满族滑冰活动，水库周边可设帐篷酒店、湖岸烧烤、中央啤酒花园等美食餐厅，也可做些摄影设施，用作婚纱摄影基地。

核心功能：娱乐互动、休闲度假。

⑤湿地文化长廊。

项目选址：河流中游水库。

设计理念：向游客展示西岔沟自然与文化之美。

创意来源：自然与文化解说是高品质的旅游中必不可少的一个项目，通过解说可以让游客更加深刻地体会旅游目的地的资源内涵，引起共鸣，提高旅游的感悟，所以，通过湿地文化长廊来达到这一目的。

项目构思：在垂钓园的附近建一个湿地文化长廊，主要通过以壁画、展板、图片和文字解说的形式，向游客展示湿地自然文化和满族文化历史渊源，及其孕育的景观与地方文化，也可展示满族特有的地方文学，为文化旅游爱好者提供一个学习交流的平台，达到自然教育的目的。长廊可建成古典园林中贴水廊的形式，带有满族剪纸风格的花窗，凸显满族文化主题。

核心功能：文化解说、自然教育。

⑥八旗文化亭。

项目选址：分布整条水景廊道。

设计理念：承载八旗文化，不仅是亭子那么简单。

创意来源：亭子是游客休息的场所，也可在亭子里达到观看周围景观的目的，亭子的形式多样，八旗亭可与满族的八旗文化相融合，达到景观与文化的融合，休息与感悟的统一。

项目构思：从溪流的下游区域一直到溪流的上流，修建八个文化观景亭，均匀地分布在整个河流区域，用八旗的文化为每个亭子命名，分别为正黄旗亭，镶黄旗亭、正白旗亭、镶白旗亭、正红旗亭、镶红旗亭、正蓝旗亭、镶蓝旗亭，颜色与内饰要充分体现各个旗族的特色和文化，亭子的顶盖应采用盔顶形式，做成满族八旗士兵的头盔，远远看上去有英姿勃发之感，使游客体验到满族浓郁的文化。

核心功能：休闲观光、文化体验。

⑦逸雅水榭。

项目选址：河流下游。

设计理念：给你片刻宁静来欣赏这醉人美景。

创意来源：人们总希望有自己的一个宁静的空间，总希望有自己一个雅致的领域，人们崇尚热闹，但不喜欢拥挤；崇尚宁静，但不喜欢孤独，逸雅水榭就是这样一个地方，让游客临水而观，看那粼粼细波，潺潺流水。

项目构思：在河流边上零星点缀几个水榭，用于游客观赏水景，水榭为三面环水，名字取“安逸雅致”之意。整个建筑融古朴典雅为一体，游人可在此品茗弈棋、赏景聊天。水榭周围可种植芦苇，形成茂密的芦苇丛，水榭若隐若现，有一种意境之美。

核心功能：观光游览、休闲游憩。

⑧二道沟水域观光改造综合项目。

项目选址：河流上游。

设计理念：水域观光与水域治理的综合体。

创意来源：通过水域观光改造综合项目，达到净化水质，使河道中的水更加的清澈，完善的河流的形态，深浅相宜，宽窄有序。

项目构思：西岔沟村河流由西北至东南，设置多级叠加水，结合多样化的水流环境，形成了宽则宽、弯则弯、深则深、浅则浅、多样化的河道形态和环境。在二道沟谷开敞河段建设调整池，其作用是收集山洪及初始雨水，在调整池内设置自动格栅去除杂质，污水停留时间为 6 小时。调节池上方设计了活动树平台作为空间转换的节点。平台一侧临水，岸边种植大蒲、芦苇等水生植物，起到空间限定的作用。平台边缘设置木板凳供游客休息，高大的水植物恰好成为其背景，给人一种安全感。

核心功能：观光游览。

（3）360°满族体验迎宾带项目设置。

①重点项目：满族风情文化街区。

项目选址：迎宾带北部临水区域。

设计理念：让你有时光倒流感觉的满族文化老街。

创意来源：满族文化是对我国影响最为深远的少数民族文化，有三百多年的王朝历史，西岔沟需要一个集中展现满族文化的空间，游客通过游览，让人有时空穿梭之感，那古香古色、那漆栋画染，别有一番风情。

项目构思：在迎宾带的西南侧沿路间一条满族风情文化街，街道整齐干净，用青石板铺路，道路两侧建成明清古典建筑，用于商铺和体验场所，两侧建筑用青砖黛瓦装饰外立面，每层檐下都是漆栋画染，门前设一对金字黑匾，古色古香，楼檐上挂上彩色的灯笼，既起到美化作用，又能达到亮化的目的。路旁的路灯设计成古典的中国宫灯，墙上涂上彩绘，做成文化墙，或用古典样式的展示窗来展示当地的文化。

核心功能：观光游览、文化体验。

②子项目：满族姓氏溯源展台。

项目选址：满族风情街内。

设计理念：追本溯源，解除满族人姓氏的困惑。

创意来源：满族人姓氏是其不同历史时期文化的反映之一，在不同历史时期有不同的表现形式。在满族共同体形成时期，努尔哈赤和皇太极时期，姓氏为多音节，用汉字书写由两个以上汉字共同组成。满族进入关口后，其姓氏逐渐过渡到单音节，即与汉字单字姓相同，其姓氏实质上既有原多音节姓氏的内涵，也有与汉族姓氏相同的单音节表现形式，形成了满汉兼容的文化特质。但是在漫长的历史中，满族人对自身的姓氏来源知之甚少，因此，通过建设满族姓氏溯源展台，使满族人知道自己的满族姓氏来源。

项目构思：在迟家庄建设一座长 10 米、宽 3 米的展台，展台骨架为木质，绘有展台上展示满族姓氏的演变历程、满族姓氏与汉族姓氏对照关系图，游客（满族游客）可以查找自己的满族姓氏，找到自己的根。

核心功能：游览互动、文化体验。

③子项目：满族文化牌楼。

项目选址：满族风情街的两端。

设计理念：满族文化的集中体现。

创意来源：满族文化的牌楼，通过牌楼，便可步入街道，犹如时光之门。

项目构思：在满族风情文化街的两端分别建设两个满族文化的牌楼，牌楼不要金碧辉煌，突出古朴自然，但要在细节上彰显满族的文化，如索罗干、八旗文化等元素，让人印象深刻。

核心功能：观光游览、文化体验。

④子项目：满族卡通人物雕塑。

项目选址：满族风情街的两侧设计理念：童心·童趣。

创意来源：人们在日常生活中有太多的严肃，太多的沉重的思考，何不轻松一下，会心一笑，才发现一切都是风轻云淡，那就设几尊卡通人物的雕塑吧，文化也能幽默一下。

项目构思：在满族风情街的两侧树立数尊满族卡通人物的雕塑，分布于整条街道，形成新的景观。雕塑以人物为主，包括清朝的皇帝、皇后、清朝的王爷、清朝的著名文人、清朝的传说人物等，可以设计成可爱的卡通人物，形象夸张，艺术表现张力十足，平添许多的乐趣，游客可驻足停留观看，摄影留念。

核心功能：观光游览。

⑤子项目：满族文化书吧。

项目选址：满族文化风情街内。

设计理念：感受满族文化，追溯清朝历史。

创意来源：让游客真正地感受满族文化和满族历史的地方，通过书籍的阅读、心灵的构建、思想的学习，才能深刻地体会。

项目构思：在满族风情文化街设立一处建筑，作为满族文化书吧，主要以清朝历史典籍、满族风俗文化类、乡村旅游景观类、清朝文学类等书籍为主，书吧内的装修风格为中式古典风格，游客来到后既能够停留阅读，也能够购买带走。

核心功能：文化展示，旅游购物。

（4）满族文化风情博览园项目设置。

①满族文化博物馆。

a. 满族文化博物馆建设项目。

项目选址：西岔沟村服务中心南侧空地。

设计理念：看得见的历史、摸得到的文化。

创意来源：满族历史悠久、满族文化源远流长。

项目构思：在西岔沟村服务中心南侧空地建满族风格的四合院落，展示满族历史（选取有代表性的人物及事件），以及满族历史遗存。将满族元素融入其中，包括索罗干、万字炕、烟囱、摇篮等。

核心功能：集中展示满族历史与文化。

b. 萨满祭祀项目。

项目选址：满族文化博物馆内。

设计理念：原始的信仰。

创意来源：满族在漫长的历史时期内，信仰和承继着与通古斯人的古老多神信仰一致的萨满教。

项目构思：在满族文化博物馆内开辟萨满祭祀活动区。在萨满祭祀活动区设置神坛，神坛上挂神像（萨满神、动物神、萨满色夫神、自然神、努尔哈赤——长白山主、瞒尼神），也可摆设神偶代表神灵。并在萨满祭祀活动区表演家祭、野祭等仪式，演唱萨满音乐、跳萨满舞。

核心功能：展示祭祀礼仪。

c. 满族非物质文化遗产体验项目。

项目选址：满族文化博物馆内设计理念：活的传承。

创意来源：满族的非物质文化遗产。

项目构思：在满族文化博物馆内开辟一个区域设置满族非物质文化遗产展厅，开展满族非物质文化遗产体验项目。展厅内采用3D技术等集中展示满族的非物质文化遗产（剪纸、皮影等），另有传承人在展厅内进行绝活表演，游客可以现场互动体验，使游客重温儿时生活记忆、发现手艺制作的执着与不易。该项目以抢救、保护、展示、传承、弘扬满族非物质文化遗产为理念，集代表性、真实性、独特性、直观性、艺术性、体验性、互动性于一体。

核心功能：非物质文化遗产的展示和演艺。

②满族图腾迷宫。

项目选址：西岔沟村服务中心南侧空地。

设计理念：来自远古的呼唤。

创意来源：图腾文化是人类最古老、最奇特的文化现象之一，世界上大部分民族都存在过图腾文化。对后世文化发展产生了巨大影响，图腾文化在世界文化史上占有重要地位。满族图腾主要有乌鸦、柳枝、野猪、鱼、狼、鹿、鹰、豹、蟒蛇、青蛙等。满族古姓多为氏族和部落名称，即古代图腾名称。

项目构思：该项目设置了图腾迷宫，整个迷宫造型为鹰形，迷宫的重要节点有乌鸦、柳枝、野猪、鱼、狼、鹿、鹰、豹、蟒蛇、设置青蛙形象图腾柱，图腾柱是图腾的象征之一，即在柱上雕刻动物或半人半兽形象，象征其氏族图腾祖先。

核心功能：满族图腾文化展示。

③满族文化演艺台。

项目选址：民族广场。

设计理念：舞台演艺。

创意来源：满族有丰富的民间歌舞，有多样的体育游艺，集观赏性与趣味性于一体。

项目构思：在民族广场用石头搭建一个具乡土气息的满族文化演艺台，

主要用于表演满族歌舞、游客参与体验满族传统体育、“八旗传奇”实景演出，增强到西岔沟旅游的娱乐性。

核心功能：满族歌舞展演、满族传统体育的参与游艺、实景演出平台。

a. 满族歌舞演艺。

项目选址：满族文化演艺台。

设计理念：舞出民族魂。

创意来源：满族戏曲、民间舞蹈种类繁多。满族戏曲包括子弟书、八角鼓、倒喇、热河五音大鼓、朱春等。满族民间舞蹈包括莽式空齐、鞑子秧歌等。

项目构思：在演艺台上表演子弟书、八角鼓、热河五音大鼓、莽式空齐舞等，烘托气氛。鞑子秧歌可在演艺台周围表演，深入到游客中，可以和游客进行互动，游客也可以亲身体验鞑子秧歌，在嬉闹中舞动起来。

核心功能：歌舞欣赏。

b. 满族传统体育游艺。

项目选址：满族文化演艺台及周围。

设计理念：简单的游戏、悸动的心。

创意来源：满族传统体育项目包括“抓嘎拉哈”、“老鹞子抓小鸡”、跑马冲城、骑射、跳骆驼、摔跤、举重石、溜冰、滑雪爬犁等。

项目构思：在满族文化演艺台及周围举办满族传统体育项目大比拼，游客可报名参赛，参加“抓嘎拉哈”、“老鹞子抓小鸡”、跑马冲城等体育游艺项目，这些体育项目均为亲子互动游戏，让游客体味童年时的乐趣。

核心功能：游艺体验。

c. “镶黄旗演义”实景演出。

项目选址：满族文化演艺台。

设计理念：镶黄旗传奇故事。

创意来源：西岔沟的迟家庄是正宗的镶黄旗后裔，传说故事众多，可收集整理，还原镶黄旗原貌。

项目构思：镶黄旗因旗色为黄色镶红边而得名，镶黄旗是上三旗之一，旗内无王，由皇帝所亲统，兵为皇帝亲兵。该项目依据历史考据演义镶黄旗成立、发展、壮大的过程，让游客深入了解镶黄旗。演艺台的布置要符合历史原貌，使游客有重回历史之感。

④满族婚俗体验基地。

项目选址：西岔沟。

设计理念：满族婚礼、天长地久。

创意来源：满族婚娶礼仪包括通媒、小定、拜女家、下茶、开剪、迎娶、坐帐、合卺、分大小、回门、住对月等程序。

项目构思：选取西岔沟内闲置的两座民居，按照满族婚俗备好嫁妆、布置婚房。游客可拍摄婚纱照、坐花轿、租住在“新房”共度新婚之夜，体验原汁原味的满族婚礼。

核心功能：婚俗体验。

(5) 采摘庄园农事体验区项目设置。

①硒富立体生态农园。

项目选址：苹果采摘园。

设计理念：富贵苹安。

创意来源：西岔沟富产苹果，且注册“硒富”品牌。

项目构思：现在西岔沟苹果采摘园已经具备一定规模，可利用生物间的相互关系，发展山区立体种养的生态农园。在苹果树下开辟几个片区，蜜蜂、柴鸡特色养殖片区；栗蘑、中药材、花卉、草莓、花生、苜蓿等林下种植业片区。

核心功能：赏花、采摘、经济附加值。

②少数民族医药教研基地。

项目选址：采摘园。

设计理念：教研结合。

创意来源：目前，西岔沟已经与相关部门接洽医药教研基地的相关事宜。

项目构思：在果园开辟少数民族医药教研基地，主要种植芍药、天麻、白术、贝母、板蓝根、薄荷、山药、金银花、丹参、决明子、西芎、牛七、桔梗等药材。将果园林下土地整理成无数一米见方的地块，每一个地块种植一种药材，在每一个地块旁边树立一个说明牌，用于说明每种药材的名称、属性、药性等。

核心功能：了解中药材。

③太阳沟板栗采摘园提升项目。

项目选址：太阳沟。

设计理念：板栗与栗蘑共存。

创意来源：太阳沟的板栗采摘园已经有一定的规模，但是开发较为原始。栗蘑，学名“灰树花”、又名“舞茸”，因野生生长在板栗树下而俗称“栗蘑”。栗蘑形如珊瑚，层叠似菊，肉质柔嫩，味如鸡丝，脆似玉兰，不仅是宴席上的山珍，更具保健和药用价值，有“食用菌王子”之称。

项目构思：在板栗园套种栗蘑，开启“树上摘金地上捡银”的模式，二者相伴相生。在板栗园入口处建一座集板栗与栗蘑形象于一体的园门，提升板栗采摘园的主题。

核心功能：板栗、栗蘑相伴相生，提升经济效益。

④果园绿篱墙。

项目选址：果园。

设计理念：绿色的藩篱。

创意来源：绿篱墙美观、自然，比围栏更具野趣。

项目构思：在果园边缘密植大叶黄杨，大叶黄杨耐修剪，可将大叶黄杨修建整齐，形成果园天然的篱墙。

核心功能：增强果园的景观效果。

⑤林间踏路。

项目选址：周边果园。

设计理念：踏出果园仙境。

创意来源：春赏花，夏乘凉，秋摘果，冬踏雪，一条小路，踏出了四季的变幻，走出了人生的情怀。

项目构思：在果园里用石板铺就弯弯曲曲的林间踏路，游客可以在踏路上信步漫游，随着踏路的延伸深入到果园深处，寻找最美的景、最甜的果。

核心功能：引领游线。

⑥中药观光养生园。

项目选址：村域果园。

设计理念：养生的奥妙。

创意来源：西岔沟欲开展林下中药种植项目。

项目构思：建一座集科技农业、名贵中药材种植、田园风情生态休闲旅游体验于一体的中药养生生态旅游观光园。该项目采用一坡一品的种植模式，主要包括药用种植观赏园、养生文化馆、药膳馆等子项目，开展养生授课、名医问诊、养生茶和药膳养生餐等活动，使游客在旅游休闲中了解我国中医药传统文化的精髓及发展历程。

核心功能：观光、养生。

(6) 鸭嘴山山水自然观光区项目设置。

①户外拓展基地。

项目选址：鸭嘴山。

设计理念：运动新风尚。

创意来源：鸭嘴山山势较缓、山石奇特，适宜开展户外拓展。

项目构思：在鸭嘴山修建一处户外拓展基地，吊索桥、合力桥、设置空中单杠、逃生墙、情侣挂索、平衡阶、网攀架、摇杆架、水木囤、人生棋盘、独木桥、梅花桩、抱石攀岩台、商演攀岩壁、雪山飞狐、障碍台、借力索、山盟海誓（同心锁）、儿童攀爬架、抽板过河、水上梅花桩、浮桶架桥、泰坦尼克等项目。

核心功能：提供户外拓展项目。

②“满”园春色亭。

项目选址：鸭嘴山。

设计理念：一览众山小。

创意来源：鸭嘴山山顶缺少观景点。

项目构思：在鸭嘴山山顶建一座重檐攒尖顶的仿古亭，仿古亭就地取材，采用石头建造，尽显古朴、淡雅。仿古亭取名“满”园春色亭，一语双关，既突出鸭嘴山美景，又凸显满族韵味。

核心功能：休憩、览景。

③农家乐集中营。

项目选址：杏树村。

设计理念：住满族民居，品满族美食。

创意来源：满族美食众多，建满族特色的农家院留住游客。

项目构思：在杏树村建3家农家乐，以泥土或土石筑房，房顶覆以草或灰瓦，以传统的硬山顶或悬山顶为主要形式。门开东间，内设连二炕，屋内修筑锅台和万字炕。正房南北皆设木制窗，花格，上下两扇开合，外糊纸，正房前设“苞米楼子”。房屋西侧或西山南墙垛外建圆形瓶状烟囱。院中置索罗杆。

核心功能：特色餐饮、住宿。

④时光阶梯——历史刻在游步路里。

项目选址：二道沟。

设计理念：一步一步走出历史。

创意来源：满族历史源远流长，在漫长的历史中有可歌可泣的英雄人物，有可慨可叹的历史事件，在这里每走一步都仿佛在与历史对话。

项目构思：二道沟石头众多，就地取材，在山谷地带修建生态游步道。选取满族历史上的重要事件雕刻在石阶上，共选取365件，象征一年三百六十五天，从一月一日的历史事件开始雕刻，隔一段距离雕刻一月二日的历史事件，只需雕刻日期及历史事件名称即可，直到365件历史事件雕完。365天，365个故事，游客可以寻找与自己生日相同的那一天，并拍照留念。

核心功能：增强登山的乐趣。

⑤“山野人家”野营地。

项目选址：二道沟开阔地。

设计理念：山里人·山里红。

创意来源：二道沟位于鸭嘴山腹地，山石奇特，溪水潺潺，适合野营。

项目构思：二道沟中有奇特山石相对处在山谷中，似天然山门，可在其基础上稍加修砌，并篆刻野营地名称。在野营地内就地取材设置石桌、石椅、灶台、公共厕所，放置篝火架、帐篷等。

核心功能：体味野趣盎然。

⑥“魔法屋”建设项目。

项目选址：“山野人家”野营地附近。

设计理念：童趣·梦想中的小屋。

创意来源：每个人都有一个梦想中的小屋，带着孩子来实现梦想吧。

项目构思：在“山野人家”野营地附近建6座充满童趣且与当地自然环

境相协调的小屋，游客可以带着孩子在这里玩耍、住宿，体会童年乐趣。

核心功能：充分吸引游客的目光。

⑦半地穴屋。

项目选址：二道沟。

设计理念：原始聚落重现。

创意来源：二道沟山石奇特，山体平缓，适宜修建半地穴房屋。

项目构思：修建几间半地穴式的房屋，从地表向下挖出一个方形或圆形的穴坑，在穴坑中埋设立柱，然后沿坑壁用树枝捆绑成围墙，内外抹上草泥，最后架设屋顶。屋内，地面修整得十分平实，中间有一个坑，用来烧煮食物、取暖和照明，睡觉的地方高于地面。居住区采用环形布局，四周环绕一条壕堑围护。

核心功能：展示原始聚落风貌。

⑧写生基地。

项目选址：鸭嘴山半山腰。

设计理念：艺术的天堂。

创意来源：鸭嘴山山清水秀，且西岔沟要引进画家，需要一个写生基地。

项目构思：西岔沟山清水秀，可为众多的艺术写生爱好者提供优美的写生场所。在鸭嘴山半山腰修建一座写生接待中心，接待中心按三星级酒店的标准建设，咖啡厅、会议室、画室应有尽有。

核心功能：为艺术写生爱好者提供服务。

⑨游步路沿线解说牌安置项目。

项目选址：鸭嘴山游步路沿线。

设计理念：无声的语言。

创意来源：满族图腾（满语斑吉）。

项目构思：游步路沿线每隔 500 米安置图腾样式解说牌。解说牌立柱为满族图腾，用木头雕刻，高度为 1.5 米左右，解说牌边框也可雕刻满族图腾，体现古朴、粗犷之美。

核心功能：解说功能。

（三）乡村旅游与电子商务融合发展营销策略

1. 整合营销策略

传播推广与市场营销是旅游地塑造自身及品牌形象，得到游客广泛认同的系列活动过程。主要目的是提升旅游地品牌形象的知名度。整合营销既是一种新的营销思想和理念，更是一种管理思想和管理理念，是品牌发展战略和经营战略的重要部分。通过整合旅游地内部与外部的各种资源要素，实现西岔沟满族文化特色村寨真正以生产为核心向营销为核心的方向转变。

（1）整合营销的层次。①协调营销传播中所有可管理的部分。广告、公共关系、人员直销、销售促进等要调整为一个连贯的、统一的整体。西岔沟满族文化特色村寨的营销策略要对所有旅游产品、所有市场的对外传播手段和渠道进行整合，这是整合营销的核心。重点是放在提高及加强运作效力和外向型传播的传送上。②内部连贯性和一致性。旅游地内部的连贯性和一致性是营销传播一致性的保证。西岔沟村需要对内部资源进行整合。使旅游地以当地资源、以运作为导向转向以游客、以终端用户为导向。a. 内部建立相应的组织机构，从组织上保证整合营销的实施。b. 确立使游客结识“西岔沟满族文化特色村寨”这一品牌的关键点。c. 以员工作为营销传播目标是关键方面。服务者行为、方便使用的游览手册、产品包装、投诉解决程序、询问回应时间、忠诚认可度、信誉调整、清楚明白的接触通道等，都会影响旅游地的增长机会。③信息传递与管理利用已确立的组织机构和技术能力，建立合理的内部信息传递通道和客户信息管理系统。旅游地的内部信息以最优方式被传递给消费者、潜在消费者和其他目标人群，如通过官方网站、微博、微信等互联网平台发布旅游地信息，快速有效地传递给消费者；通过数据库的使用，将有关的消费者和潜在消费者信息实现有效管理，如建立会员消费制度等。

（2）整合营销的方式。①形象广告。形象广告是国内外旅游形象传播的基本手段，它可以将旅游目的地的形象定位、宣传口号、代表性景观制作成能反映旅游目的地美感与文化价值的广告作品，通过电影、电视、广播、报纸杂志、网络等媒介进行宣传与推广，向受众传达统一的品牌信息、内涵和口号。就目前西岔沟满族特色村的实际情况来看，电视媒体推广的费用较高，很难长期普遍采用，因而近期可在承德电视台上打出宣传广告，以吸引基础客源。此外，还可以在承德市火车站以及省内主要火车站、汽车站等交通集散地设立户外广告牌，积极开展形象推广活动。②公共关系。公关策略是协调组织与公众的关系，使组织达到期望的形象状态和标准的方法和手段。公关活动不需要向广告媒体付费，但它能引起媒体的关注，达到对外宣传的效果，因此被认为是一种低投资、高产的传播方式。公共关系战略主要有发布新闻，如借助某新景区、新成果的发布，举办有影响力的公关活动和游说活动，可以达到吸引媒体关注、间接宣传旅游形象的目的。也可以邀请在区内和国内主流社会有广泛影响力的新闻媒体和旅游专栏记者。还可邀请政府机关及省内领导、旅游职能部门领导、专家和各界名流、明星到西岔沟参观考察，形成权威意见，塑造权威领导人，并将权威意见引入宣传推广行为，直接刺激消费需求。③网络营销互联网在现代社会信息传递中发挥着不可替代的作用。网络促销具有成本低、无时间限制、顾客访问方便、对象广泛等特点，未来必将成为最有效、最普及的旅游形象传播手段。a. 官方网站建设。建设西岔村满族特色村寨旅游网，旅游电子政务和电子商务合二为一，成为西岔沟村旅游的网上宣传阵地，在网上设立西岔沟村以及承德市域、宽城县域等地的旅游景点三维动画，让网民进行虚拟现实的旅游体验，变被动接受为主动接受。b. 微博、微信公众号建设。开设西岔沟满族特色村官方微博、微信账号。将景区建设、节事活动、四季美景、相关动态等发布网络消息。同时可以设置互动环节，增强游客的体验感与参与性。在形象推广的过程中，使游客对西岔沟的自然风光、文化底蕴、经营理念有更加深刻的认知，从而提升好感度和美誉度。c. 其他网络推广。与其他知名度较高的旅游网站建立链接；编写并发送电子刊物进行旅游宣传；利用电子邮件进行网上西岔沟旅游形象反馈调查；如与携程旅行网（Ctrip. com）、中华旅游网（etravelchina. com）、信天游（travelsky. com）等全国性或地方性网站进行链接，开展形象推广活动。

2. 差异化营策略

差异化营销的核心思想是针对目标消费者群进行定位，导入品牌，树立形象。在市场细分的基础上，针对目标市场的个性化需求，通过品牌定位与传播，赋予品牌独特的价值，树立鲜明的形象，建立品牌的差异化和个性化核心竞争优势。西岔沟满族文化特色村寨的旅游核心竞争力为保护与传承满族文化，围绕传文化、有特色、原生态的发展理念，根据市场细分和消费者需求，将节事活动营销作为差异化营销的主要营销方式，致力于打造具有广泛影响力的中国满族文化第一村。

（1）重点节事活动推广。

节事活动是专指各种以节日、盛事的举办为核心吸引力的特殊旅游形式。以整合旅游形象各要素、塑造和传播西岔沟旅游形象为目标的节事活动的策划和设计，关键是选择和策划组织具有带动性的旅游节庆。可以将西岔沟村的地方风俗和满族民间习俗、满族特色名小吃、当地特色农产品（苹果、板栗、药材）等众多要素进行有效组织与整合，形成有影响力的节事活动，配合大众媒体的传播报道来大力推广西岔沟的旅游形象，迅速提高其知名度和美誉度。

满族文化中主要传统节日包括春节、元宵节、二月二、清明节、端午节、中秋节，以及为纪念满族改名为“满洲”的族庆节日颁金节（农历10月13日）。节日期间一般都要举行珍珠球、跳马、跳骆驼和滑冰等传统体育活动。

①颁金节。满族“族庆”之日。1635年农历10月13日，皇太极发布谕旨，正式改族名“女真”为“满洲”，这标志着一个新的民族共同体的形成。1989年10月，在丹东“首届满族文化学术研讨会”上，把每年的12月3日定为“颁金节”。活动地点为：民俗中心广场、满族文化博物馆、满族风情购物街、农家乐集中营。活动主题为：追根溯源扬文化满族盛事西岔沟。活动内容为：满族歌舞表演、满族传统体育赛事（表演观摩）活动、满族特色美食体验活动、满族传统文化知识竞赛活动、满语诵读活动等。

②赏花节。2015年4月25日，西岔沟村伴着人们喜悦的笑声和整齐的锣鼓声迎来了首届“少数民族特色村寨——西岔沟赏花节”。本次赏花节主题新颖，是承德市范围内第一次以少数民族为特色、以少数民族舞蹈和文化为主要内涵的赏花节，成功地对西岔沟的资源及文化进行了宣传。

③摄影节。2015年，由承德市摄影家协会、中共宽城满族县委宣传部、宽城满族自治县化皮乡主办，宽城摄影家协会协办的《五彩缤纷的宽城·美丽乡村》摄影行在西岔沟村开幕。活动吸引了全国、省、市众多摄影家参加，老师们通过精美的作品全面展示了宽城在积极推进新农村建设方面取得

的丰硕成果，展示了该县“山水秀美、城乡美、生态优美”的民族特色优势，展示了县内根雕、金银丝沙画、金银剪纸、刺绣、酿酒等民间传统艺术。活动举办时间为 4 月初。活动地点为民俗中心广场、村内各景点。活动主题为多彩宽城美丽乡村（畅游山水聚焦满乡）。活动内容包括：满族歌舞表演、摄影活动、摄影作品展览。

④冬储节。“冬储”即冬天储藏的意思。北方的冬季寒冷而漫长，为了能在冬季吃上新鲜的水果蔬菜，在秋末的时候，就会储藏一些蔬菜，如大白菜、萝卜、大葱等。根据满族人的民间风俗和饮食习惯，在每年的秋末冬初，都会腌制酸菜。而酸菜也是满族传统特色饮食的重要食材。西岔沟村盛产苹果，到了入冬时节，每家每户都会把当年的苹果存放进自家果窖。冬藏的苹果，更加甜脆可口，别有一番风味。这些都是西岔沟满族文化特色村寨独具一格的特色。以此为契机打造满族文化“冬储节”，弘扬秋收冬藏的传统，创新满族风味饮食，凸显文化旅游形象。活动举办时间为每年 10—11 月，活动地点为农家乐集中营，活动主题为秋收冬藏食在满乡，活动内容为腌酸菜比赛、果窖参观、满族特色饮食纪实电视节目（微电影）、满族特色美食博览会、小吃节等。

(2) 其他节事。

①走百病。满族妇女的节日。一般在正月十六日。当晚，妇女们三五成群，结伴出行，或走沙滚冰，或嬉戏欢闹，叫作“走百病”。

②二月二。俗称“龙抬头日”。当日晨，满族人家把灶灰撒在院中，灰道弯曲如龙，故称“引龙”。然后在院中举行仪式，祈求风调雨顺。全家人还要吃“龙须面”和“龙鳞饼”。妇女们这天不能做针线活。

(3) 节事活动营销基本流程。

①品牌形象推广阶段。包括：a. 旅游形象标识的设计、口号的宣传、形象大使的选拔。b. 旅游网站的建设和维护。c. 设计制作各类型旅游宣传品、宣传材料。d. 旅游产品的开发完善、特色旅游线路的包装。e. 宣传造势、提高知名度。f. 旅游推介会的活动策划与准备。

②旅游推介会阶段。a. 召开新闻发布会，发布西岔沟满族特色村寨的旅游形象与形象推广计划。b. 在承德市区、京津冀等地举办大型旅游推介会，宣传介绍景区旅游的新形象、新产品、新线路。c. 利用西岔沟、宽城县、承

德市等地已有的节事活动推波助澜。

③活动进行阶段。a. 在活动中，进行亮点活动的打造。b. 活动的选址要经过认真的筛选，在西岔沟村具有代表性的地点，如民族广场等地。c. 邀请旅游网站和地方报纸的记者前来参加活动，进行宣传。d. 可邀请名人来参加活动。

④节事活动效果与影响力反馈阶段。a. 节事活动效果可进行问卷调研，可以委托地方高校或调研机构进行测评。b. 可在网络上进行调研。

（4）其他促销方式。

①旅游联合促销。与周边地区联合促销，合力打造满族自治县域内的特色景区。

②产品与服务质量的改善。旅游产品的更新和深度开发、服务质量的升级、提高。

第六章

乡村振兴背景下乡村旅游电子商务发展路径

乡村振兴战略是党中央根据我国当前农村发展实际情况提出的具有全局性、战略性的规划，其背后体现了我国实现城乡发展一体化，彻底解决新时期我国“三农”问题的决心。“农民”问题一直是我国社会发展中重中之重的问题，涉及“农民”的相关政策内容在推进我国农村现代化进程、社会主义经济发展进程中都起着至关重要的作用。在我国，城乡二元结构主导长期发展，加之农村地区的分布多具有交通欠发达、地理位置较偏远等特点，使我国大部分农村地区的基础设施建设与城市存在较大差距。从 2004 年以后，党中央一号文件一直聚焦“三农”问题，且多次强调加强农村基础设施建设是改变“三农”问题的重要内容。其中，解决好农村基础设施建设是首要问题。农村基础设施既包括在我国社会发展中发挥了重要作用的水、电、路、气等最基本的设施类型，也包括如网络、科技、信息、物流等促进农村社会发展的综合设施建设。

在信息化时代，互联网技术的应用极大提升了社会的工作效率，涉及乡村旅游产业的内部管理和外部营销活动，同样需要信息化与互联网技术的支持。在乡村旅游的目的地管理和企业日常工作管理中需要信息化，针对游客开展的服务与营销活动也需要信息化支持。乡村旅游的信息化建设是传统旅游产业适应信息时代发展而做出的必要转型，是我国新农村建设中加快农村经济发展的重要手段之一，信息化建设同样有助于创新开展乡村旅游系列活动。因此，在我国很多地区，在乡村旅游产业发展进程中都非常重视当地旅游部门信息化的发展能力。尤其是针对目前的乡村旅游市场，已经发生了重大转变。新生的乡村旅游形式大量涌现，如背包游、自助游、自驾游等个性化、碎片化的旅游方式都受到了消费者青睐与追捧。这对乡村旅游的接待部门提出了更高的要求，为了能够更好地解决信息沟通的问题，让游客无障碍地进行乡村旅游，摆脱对旅行社的依赖，实现城乡居民的自由互动，成熟的信息化网络均是其中的必要条件，这也是后续我们在做乡村旅游产品创新开发中必不可少的。

第一节　乡村旅游产品的创新发展路径

一、乡村旅游产品解析

通常我们所说的“乡村旅游产品”是指，乡村旅游经营者利用乡村旅游资源，向旅游消费者提供的乡村旅游景区服务及与其相关的特色产品。根据近年来乡村旅游发展过程中对旅游资源的市场需求来看，乡村旅游产品按其结构可以划分为核心产品、辅助产品、扩展产品三个层次（见图6－1）。其中，乡村旅游的核心产品就是以乡村景观、乡村文化和接待度假服务为主的，满足游客观赏、休闲需求的产品内涵。乡村旅游的辅助产品则是为满足游客除观光休闲以外，在旅途中必然实现的相关需求，如餐饮、住宿等。一些创新型的乡村旅游项目也属于这一类范畴，如博物馆、工艺品、娱乐活

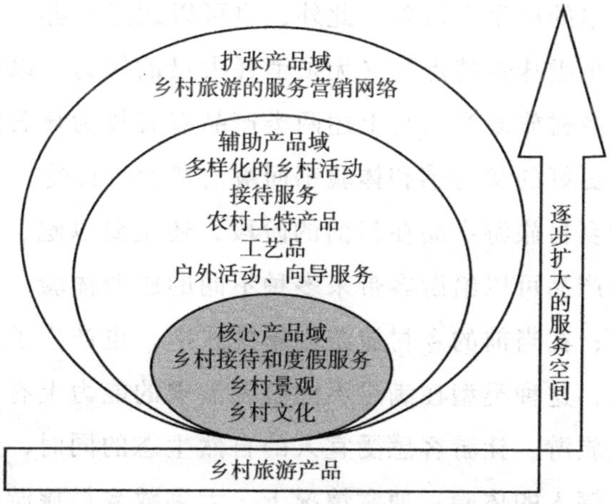

图6－1　乡村旅游产品结构图

动、博览会庙会、乡村特色农产品等。乡村旅游拓展产品是指为乡村旅游提供的配套营销网络或服务网络，这对于促进乡村旅游的高品质发展具有极为重要的作用。然而，我国目前乡村旅游产品的发展大多只停留在了第一个层次，有一小部分乡村旅游产品进入到第二层次中，对于第三层次的发展，则少之又少。乡村旅游产品三层次结构是指导我们在今后开发乡村旅游产品时的创新思路所在，我们应在深度开发核心产品的同时，注重辅助产品的开发，最终实现拓展产品体系的构建。

对于乡村旅游产品的分类，其实有着多种划分方法。从乡村旅游景区所处区域来看，可分为风景边缘型、偏远乡村型和城市周边型；根据旅游目的地形式来划分，可分为山野田园型、民俗风情型、居住康养型和复合度假型；根据消费者的旅游体验不同，可分为康养度假型、观光游览型和参与体验型；从乡村旅游产品的游客参与活动的体验视角，又可分为单纯观光旅游、体验式旅游和休闲娱乐旅游。观光类的乡村旅游产品通常是带领游客体验乡村的自然风光和乡土人情、民俗文化，可包括传统农业生产参观、乡村风景名胜游览、乡村生态环境体验、民俗风情和建筑特色观赏等形式。游客在此过程中主要是一种直观的体验，它属于乡村旅游产品最基本的形式。休闲娱乐的乡村旅游产品，通常以乡村自然环境为基础，通过带领游客体验乡村的民俗风情，品尝当地的无公害绿色农产品来感受美好的乡村生活，在此过程中游客主要是以吃、住的体验为主，感受农家生活，体验乡村优美的环境，品尝一餐简单的原生态饭食。此外，也可以通过举办一系列的主题乡村休闲项目，既满足趣味性特点，又无须消耗大量的体力，以增加乡村旅游情趣性。体验型的乡村旅游产品与上述两类产品有着较为显著的区别，它依靠可以给游客带来更好的参与感和体验感而被消费者所喜爱。

我国传统的乡村旅游产品在目前的阶段，还主要以吃、住、行为主。体验型的乡村旅游产品可以给游客带来多种不同的旅游体验，让他们获得更加深刻的旅游记忆；在当前的乡村旅游创新模式中，也产生了一系列跨综合体的乡村旅游产品，这种类型在满足不同游客需求的能力上有显著提升，除能够实现乡村观光旅游，让游客感受宜人的自然生态的同时，也可以让游客从大自然中获得更深入的体验；通常情况下，大多数乡村旅游产品都是具有复合交叉的特点。

二、乡村旅游产品的创新设计思路

（一）满足消费者美学体验的需求

乡村旅游同传统旅游一样，它不仅是一种放松活动，更应该是一种美好的体验。因此，对于乡村旅游产品的设计，首先要考虑的因素就是产品的审美体验。审美是要人们在体验事物的过程中能够感受事物与生俱来的艺术特质，而乡村旅游产品中的审美特性则应贯穿于旅游全过程中。消费者只有在体验到了美丽的风景和事物后才能感到快乐和愉悦，才能使身心得到放松。美学专家李泽厚先生曾对“美”阐述了他个人的见解：审美的形式可分为三个层次，即从悦耳、到悦目，最终实现悦心。结合乡村旅游产品来说，游客获得的第一次审美体验首先应该是赏心悦目的，这种体验感是通过对美丽的田园风光、绿色生态资源，包括绿地、花卉、溪流、丛林、瀑布、蓝天白云、动物、鸟类、鱼类和昆虫等自然事物直接带给游客的。此外，在接触大自然的同时，游客也会放下心理防范，放松精神，得到内心美的感受，从而达到愉悦的效果。

对于乡村旅游产品的开发和设计，首要任务是挖掘到自然资源中的美，还能够结合美学的产生原理，在乡村旅游产品中创造美，使整个乡村旅游业中的美景得以集中呈现，并形成相互呼应的有机整体。这可以通过对原生态的美进行修改和设计，使其发生精致化和纯净化的改变，符合游客的审美要求来实现。同时，要对乡村文化进行深入挖掘，通过旅游产品的展示和演出活动的组织，让游客在感官上感受文化之美，让游客的心灵得到升华。比如，以“农家乐”为主题的乡村旅游产品中，以往的旅游项目以住农家乐、吃农家乐为主。设计师一般只注重让游客体验乡村的吃住服务，而忽略了活动的设计和安排。大多数设计师专注于农家乐和当地菜肴的特色装饰。一些设计师会突出农家菜园、庭院、果园的体验活动，让游客在精神上感受乡村风情，从而实现愉悦的效果。

（二）在乡村旅游产品的主题上进行创新设计

乡村旅游近年来在我国发展势头明显，已经成为传统旅游业的重要分支，并为各地区带来了可观的经济收入，随着它的快速发展，乡村旅游的竞争也呈现出愈发激烈的态势。因此，乡村旅游企业要想在行业中脱颖而出，营造出自己的品牌优势，必须要以打造优秀的乡村旅游产品为发展核心。我们在对乡村旅游产品创新设计过程中，要把握以下几点关键环节：首先产品要具有鲜明的地方特色，突出乡村旅游景区的灵魂，通过鲜明的主题和特色、外观吸引了游客的注意力，刺激其消费欲望，同时增强产品的市场竞争力。其次，在乡村旅游产品的设计中，要打造特色主题，通过它展示产品的差异化特征。相比其他旅游模式，乡村旅游的产品相对单一，导致消费者会觉得旅游体验单调，缺乏主题。因此，设计师在设计乡村旅游产品时，还应充分结合各地区的资源、环境特点，同时结合对当地乡村旅游消费者精准需求分析结果，提炼出鲜明的主题，通过创新的表现手法，打造出独具特色的乡村旅游产品。

（三）强化乡村旅游产品的功能性设计

目前，在我国绝大多数地区的乡村旅游产品在设计活动内容上，项目比较单一，如农家乐、采摘等，长期运营情况下，消费者已逐渐没有新奇感，久而久之也就失去了吸引力。这是目前我国大多数乡村旅游产品发展过程中的一大瓶颈问题。值得我们关注的是，未来在乡村旅游产品设计上，先要考虑充分满足游客的观赏需求的同时，增加休闲娱乐、文化交流、品鉴美食、探险知识等新型活动的设计，让游客在项目中获得更多的新鲜的体验，使游客充分体验乡村旅游产品的差异性，满足游客多样化的旅游需求。乡村旅游业还可以拓展盈利渠道，如增加住宿、门票、交通、采摘、手工艺和娱乐等项目，以拉动经济效益的提升。此外，如何减少对乡村旅游产品的季节性影响也是值得我们关注的另一主题。

（四）塑造乡村旅游差异化的品牌形象

在乡村旅游产品的设计和开发中，首先要做的是定位，按照乡村旅游景区所处的区域、位置，以及其能够满足需求的群体来进行定位，设计乡村旅游的市场形象，从而构建完整的乡村旅游产品理念。同时，也可通过进一步的精确分析，设计乡村旅游产品口号；通过乡村旅游服务和日常管理，构建良好的活动规范；提炼乡村旅游产品的核心特点，设计独特的旅游标识，赋予乡村旅游产品个性化的色彩，形成一系列视觉形象，以达到吸引消费者的注意力的目的。综上，在考虑塑造乡村旅游品牌形象时，应先以理念为基础，通过构建良好的行为规范和视觉形象，提高市场认可度，通过网络营销与自媒体宣传推广，实施乡村旅游形象推广战略，打造美誉度更高、知名度更广、品质更加完美的乡村旅游品牌，给消费者带来差异化的旅游体验。

（五）乡村旅游产品设计中保持文化与环境的协调发展

在乡村旅游产品的设计上，需要体现产品的特色，但也要注意切忌过度开发，良好的生态环境和旅游资源是推动乡村旅游发展的重要力量，在产品设计过程中注意环境和资源保护，走可持续发展之路。参与乡村旅游的消费均是以体验乡村旅游产品为主要目的，追求的是原生态的旅游体验，逃离喧嚣的城市，来到乡村感受宁静的田园生活。为此，乡村旅游产品的设计一定要注意生态环境与地域文化的和谐统一，应保证乡村旅游产品在经济效益、社会效益和环境效益上实现同步发展。

三、乡村旅游产品系统提升策略分析

乡村旅游产品系统包括主题选择、形象设计、项目策划、辅助设施和服务系统五个子系统（见图6－2），在这其中包括了吃、住、行、游、购、娱、信息、环境在内的诸多要素。随着乡村旅游市场需求的不断变化，不同时期的产品价值在系统要素上也会发生转移和变化，随即也就产生了对乡村旅游产品开发和创新改造的需求。因此，乡村旅游产品推广成功的关键在于

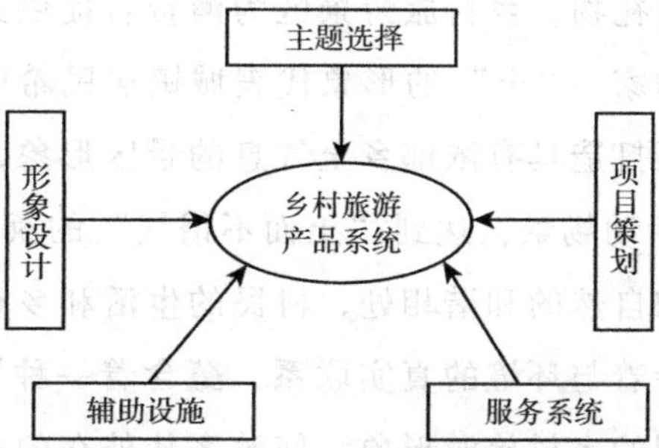

图6－2　乡村旅游产品系统示意图

五个子系统的不断改造和创新的设计。我们可以设想，如果一个乡村旅游产品具有独特的主题、鲜明的形象、诱人的项目、合理的设施、感人的服务，那么它一定会具有较强的吸引力，来驱动游客的消费欲望，增加游客的停留时间，提高游客的整体消费数量。

（一）有关主题选择

主题是乡村旅游项目运营的核心，也是品牌运营的基础。乡村旅游产品开发的主题应在充分挖掘当地民俗风情基础上，把握当地特色旅游资源特点，依托乡村的文化背景，科学适度地进行乡村旅游产品的包装，同时结合地方文化进行提炼和提升，使其具有主题鲜明的地域特色和文化特色，形成以“特色农产品、乡村风情、民俗文化、生态环境”为主题的卖点，充分将“农耕文化”“乡村特色”“民俗风情”等符号全面呈现给消费者，让城镇居民逢年过节来到乡村，深入农民生活，深入田间地头，重温父辈的生活历程，回忆自己的童年，体验农场纯朴的本质。在主题选择过程中，特别是对生态文化、乡村民俗文化、农耕文化、地域文化深入挖掘，从中探究乡村发展的脉络、生活习惯的演变、民俗的演变，而其特色则是发掘魅力和表现形式，在保护的前提下开发具有浓郁乡土气息的产品，展现乡村旅游的独特魅力。

（二）有关形象设计

就像传统景区对自身形象的要求一样，乡村旅游目的地也要重视景区的形象设计。在遵循地理、文化、市场、竞争四个要素分析的基础上，重点塑造乡村旅游目的地“家”“土”“和谐”等形象特征。“家”的形象使村民的民宿成为游客的家庭，农场变身成为游客的第二个家，农田是游客的家，农产品是游客带回家的礼物，乡村旅游景区为消费者提供家庭服务，让他们充分享受清洁、舒适的家。“土”的形象代表城镇居民希望回归自然的迫切需求，在乡村旅游景区打造具有浓郁乡土气息的景区形象，向游客展示村民生活中最“土气”的活动场景，达到“土而不俗气”的氛围。“和谐”体现了在乡村景区中人类和自然的和谐相处，村民的生活和乡村的建筑环境和谐相处，村民的生活保持着与环境的真实联系，蕴含着一种祥和、安静、和谐的氛围，最终形成鲜明的乡村旅游形象，使游客从外在的观赏升华到内心的共鸣，驱动消费力提升。

（三）有关项目策划

项目是乡村旅游活动的载体。在主题明确的前提下，乡村旅游从业者还应不断探索和创新乡村旅游活动项目，丰富乡村旅游内涵，积极开展乡村旅游项目景观设计。乡村旅游项目在设计中要呈现多角度、深层次地挖掘，追求农业风味、乡村魅力、山野情趣。从项目文化的角度来看，深度文化开发和整合现有各种资源的核心是将自然景观资源变成文化景观，突出文化内涵。从项目内容的角度来看，根据不同乡村的实际情况，将耕种、农业生产、农村风貌、农特产品与满足游客回归自然的需求联结起来，依托这些活动打造丰富多彩的乡村旅游项目，让游客吃好、玩好，且其乐无穷；从项目发展的角度看，游憩项目需要注入现代化元素，让游客在休闲中参与体验，提高游客对乡村旅游深度的认知；在项目规划过程中，还应充分考虑季节变化等原因，尽可能消除季节对乡村旅游的影响，拉长消费者的消费时长，提升乡村旅游整体的经济效益。

（四）有关辅助设施

乡村旅游服务辅助设施是游客成功完成乡村旅游活动所需的重要设施。乡村旅游辅助设施包括引导服务系统，如标志、地图、路牌等，设计中应尽量与景区环境保持协调一致；景区休息和服务系统，如山门、停车场、道路系统、交通工具、休息节点、服务设施、其他功能建筑等，在设计中应考虑与核心景点的景观特征相协调，从而达到引导和改善风景的效果；生活设施系统如通路、水、邮件、电力、广播电视、安全、卫生等相关设施，充分考虑在数量和等级上应能够满足游客的基本要求。辅助设施的建设是体现乡村旅游景区人文关怀的窗口，建设过程中应保证为消费者提供周到便利的服务同时，也不要贪心，不可能面面俱到，还应将降低成本的目标放在重要位置考虑。

（五）有关乡村旅游服务体系

乡村旅游服务体系相比前四项，是一种在乡村旅游标准化管理中的“软件”质量体系，包括服务态度、服务效率、服务等级、服务内容、礼貌礼仪等，在倡导新的服务理念下，景区应开展制定的服务，即真诚服务、快乐服务、细节服务、互动服务、增值服务，让游客参与到服务的生产过程中，通过服务体系使游客的个性化需求得到满足。乡村旅游产品的推广也是对上述五个子系统的再优化、再改造、再配置的过程。只有上述五个子系统的合理规划设计，才能实现乡村旅游产品的升级。

四、乡村旅游发展的提升途径

（一）文化提升

乡村旅游的魅力主要表现在城乡文化差异上。城乡文化差异越大，乡村旅游魅力越大。独特的旅游文化内涵和品位是旅游景区的魅力源泉。在乡村旅游发展过程中，要把握乡村旅游的历史特征、性格特征、时代特征、艺术特征和风俗习惯特征，挖掘利用乡村旅游的历史文化遗留、宗教文化传统、民间信仰和民俗文化等非物质文化遗产，并对旅游形象、旅游景观、旅游主题、旅游产品和游憩方式等进行文化扶持、创意包装、文化创新、文化资本拓展和旅游文化氛围营造，从而达到提高质量的目的。即使是依赖生态自然资源的村庄，乡村景区也要重新认识山水文化魅力，进行文化宣传，彰显游客与自然融合的美妙境界。

文化的普及有利于形成特色化、个性化的乡村旅游产品差异化。文化推广应包括四大要素，即通过对景区文化资源的梳理和挖掘，达到传承和弘扬本土（区域）传统文化的目的。提高景区知名度和核心旅游魅力，打造具有独特真实文化内涵的景区旅游形象，在旅游市场形成文化独特品牌通过旅游产品的文化包装，提高产品档次，改进项目功能，形成产品系列，满足游客的文化审美需求。在乡村旅游产品开发过程中，无论是设计师、开发商、经营者、管理者，首先是文化人、艺术家，有弘扬优秀文化的心，有发现美、创造美的审美心态，从文化的角度开发旅游资源。这种浓厚的文化氛围自然浮现，品位提升。

（二）整合提升

针对乡村旅游融合提升，首先要做的是资源整合。乡村旅游产品是综合的系列产品的组合。通过对农村环境资源、生态资源、文化资源、社会资源、经济资源、劳动力资源的大规模整合，把原本存在但长期被忽视、未被充分利用的各种资源整合起来，连成串。找准乡村旅游的关键产品，形成新的生产力，让它们在乡村旅游发展中发挥作用，构成更加完善的旅游资源体系，提升乡村旅游地区经济的整体竞争力。同时，要整合村与村之间的资源，分离一些服务功能，吸引和引导周边村的农民参与旅游接待服务，形成村与村之间良好的互动。

（三）体验提升

我国乡村旅游发展之初，重点开发了针对自然景观资源、农业生产收获活动和乡村节庆的旅游产品。这些产品容易模仿，容易引起整个行业产品的同质化。乡村旅游的本质是让都市人获得回望传统农家生活的自然乐趣，让他们通过参与和体验乡村旅游，获得身心愉悦。这就要求乡村旅游经营者深入分析研究消费者的体验需求，在产品设计中运用体验参与的思想，开发具有体验式、参与式的乡村旅游产品，如农业种植、畜牧养殖、农村工艺品制作、土特产采摘等产品项目。调动游客的视觉、味觉、嗅觉、听觉、触觉，使其在活动中感受到愉悦、收获、放松，从而长期吸引游客的关注、提升游客的忠诚度，继而全面提升乡村旅游竞争力。

（四）服务提升

在乡村旅游发展中，产品服务质量与游客的切身利益息息相关。在我国大多数乡村都或多或少存在着服务水平和卫生标准与城市相距甚远的问题，因此，提升乡村旅游发展中服务水平的工作，是迫切需要解决的。不断提高乡村旅游管理者的基本素质，增强其法律意识和服务意识，不断规范与完善服务品类，让游客满意，才能更好地为乡村旅游品牌树立新形象。对服务水平低、经营管理薄弱的乡村旅游目的地，要以“走出去、请进来”的形式，对乡村旅游从业人员进行系统培训，提高其文化素质和管理水平。在追求旅游服务内容特色化、个性化的同时，要坚持旅游服务的标准化、规范化，提高旅游“软件”服务质量。

乡村的文化内涵丰富。这里不仅有美丽的田园风光和古朴的乡村建筑，还有独具特色的饮食文化和浓郁的婚恋歌舞文化等宝贵资源，像垂钓、纺纱编织、水果采摘、磨豆腐、糯米糕等特色活动，是城镇生活难以触及的。因此，要深入挖掘乡村旅游的文化内涵，向纵深、多方位发展，让游客参与到各种活动中进行深度体验。只有让游客真正体验到乡村的乐趣，才能增强乡村旅游产品的吸引力，提高市场竞争力。在发展过程中，要以经验为中心，进一步优化“吃、住、行、游、购、娱”结构，加强乡村旅游集约化经营，延伸旅游产品链、服务链和管理链，提高乡村旅游效益。

切实加强乡村旅游发展规划，明确发展思路和发展重点，有计划、有步骤、有重点、有阶段，根据自身的生态农业特色和地域文化特色，特别注重对悠久传统民俗文化的再现和提炼，设计具有自身特色的独特产品，突出和支持核心景点，避免乡村旅游的盲目发展，实现项目景观与环境的协调，景观项目与核心景点的和谐是增强乡村旅游吸引力的重要保障。同时，合理的规划可以在空间布局上体现科学性和人文性，扩大乡村旅游的受众群。

加大政策扶持力度，加大资金投入，支持有经济实力和经营能力的乡村旅游目的地，结合社会主义新农村建设，完善基础设施，提高乡村旅游示范效应。根据乡村旅游发展要求，将乡村旅游经营单位纳入行业管理范围，评定等级，实行认证，建立开发管理长效机制，优化乡村旅游的社会保障、社会道德、卫生环境、宣传和语言环境等。形成良好的乡村社会环境，全面提升乡村旅游竞争力。在重视乡村旅游发展的同时，要避免对现有旅游资源的破坏，在资源的开发利用中保护资源，做到对乡村旅游资源进行良好的规划、建设、保护、宣传和开发利用，保护自然、简约、绿色、清新的环境，增强休闲和野趣，按照诚信、开发、示范的原则保护文化资源，维护文化的真实性和完整性，促进乡村旅游的可持续发展。

五、乡村亲子旅游产品开发实例分析

（一）乡村亲子旅游产品开发理念与目标维度

1. 乡村亲子旅游产品开发理念

（1）旅游载体的乡土性。

乡村亲子旅游产品是以农村为活动空间，以农村环境资源为载体开发的，乡村环境资源的核心特征是它的局部性。乡村独特的自然环境、原生态的乡村生活方式和文化模式，为亲子旅游活动提供了丰富的素材，亲子游客选择乡村旅游的目的也是为了享受和体验乡村的生态之美、乡村生产之美以及乡村生活的美丽。在旅游互动过程中增强亲子情感。因此，乡村亲子旅游产品的开发应紧紧围绕乡村旅游“乡土性”这一根本属性，从乡村的自然环境、生产环境、生活环境和历史文化等方面，深入挖掘乡村特色、地方特色，从而满足亲子游客的乡土情怀。

（2）旅游目的地的教育性。

青少年是一个人一生中获得知识和增长身体的重要时期。让孩子在旅游过程中增长知识、感受自然、提升能力，已经成为越来越多家长的共识。在乡村亲子旅游产品的开发设计中，我们应紧紧抓住消费者这一重要的心理诉求，突出教育功能，即以乡村的各种资源和环境为基础，将青少年在不同成长阶段的身心特点和认知能力、中小学的课堂学习需求和孩子的能力发展需要融入旅游产品，特别是要善用自然，将自然的“科学课堂”开发成具有教育性、体验性的亲子旅游产品，通过寓教于乐的方式，加深孩子对学校的课堂知识的理解，教给孩子在学校和家庭中学不到的知识和道理。既能培养孩子发现问题、解决问题的能力，又能更好地陶冶孩子的情操，塑造孩子的性格。

（3）旅游过程的互动性。

家长带孩子外出亲子游的一个重要目的就是增进亲子关系，优化亲子关系，而亲子互动是优化亲子关系最有效的途径和方式。亲子互动不同于其他类型的社交互动。它是一个双向影响的动态过程。这是父母和孩子之间相互关心，相互学习和加深亲密关系的过程。农村亲子旅游产品的开发要紧紧围绕亲子互动的理念，遵循儿童青少年的心理特征和情感活动，以家长和孩子共同的体验水平和情感需求为出发点，有效调动家长和孩子的情绪，从而更好地优化亲子关系。

（4）旅游产品的情感性。

孩子整个童年和青春期阶段的成长，都离不开与父母的情感交流。农村亲子旅游产品的开发，必须重视亲子间的情感互动和传递。通过设计带有“人情味”的温馨亲子互动产品，在旅游活动中潜移默化地传递情感内容，让孩子感受到父母的温暖和关怀。在乡村亲子旅游产品开发过程中，应遵循儿童青少年情感发展规律和情感活动规律，根据其情感需求，设计旅游产品、布局服务设施、安排旅游线路，以达到增强亲子情感的目的。

(5) 旅游设施的安全性。

作为少年儿童，其身心发育尚未成熟，大多活泼好动，缺乏自我保护的能力。旅游产品的安全问题往往是亲子旅游活动的最重要且核心的问题，他们存在于旅游线路的设计、旅游项目的选择、服务设施等多个方面。因此，亲子游对安全的要求高于其他形式的各类旅游。与城镇的环境和设施相比，农村的基础设施和服务设施还不完善，许多乡村旅游目的地位于山区、河岸和海岛，受天气变化等自然因素影响较深，对安全防范的要求更高。因此，乡村亲子旅游产品的开发设计和“吃、住、行、游、购、娱”等方面都要有安全考虑。在给予乡村亲子游消费者充分安全感的条件下，才能够使其全身心地投入到旅游产品的互动体验中来。

2. 乡村亲子旅游产品开发的目标维度

在教学中，课堂教育通常以知识与技能、过程与方法、情感态度与价值观三个维度来进行定位的。教学中“知识与技能”的目标是指人类生存所必需的核心知识和基本技能；“过程与方法”中的过程是指反应灵敏的学习环境和交流体验，方法是指基本的学习方式和生活方式；“情感态度和价值观”的目标，是指学习兴趣、学习态度、生活态度以及个人和社会价值观的统一。我们认为，乡村亲子旅游产品应实现其教育性，体现其互动性，传递其情感性。可以在此过程中运用相互渗透和融合的“三维”目标，使乡村旅游亲子活动设计更加完善、高效。乡村亲子旅游产品又与传统的学校教育不同，它的开发目标可以概括为“旅游教育目标”“亲子互动目标”和“亲子关系目标”三类。其中，旅游教育目标是乡村亲子旅游产品开发的基础，而亲子互动目标是乡村亲子旅游产品组织的主线，两者相互作用、相互影响；亲子关系目标是农村亲子旅游产品开发的高级目标，它不仅有旅游教育目标和亲子互动目标的支撑，而且对前两者还能够形成反馈机制，融洽的亲子关系更加有助于前两个目标的实现。

(1) 教育旅游目标。

亲子教育是以亲子关系为主要基础，通过亲子互动实现孩子与家长的共同成长。就家长而言，通过亲子教育，让家长更好地了解孩子的爱好、性格特点等，即对家长的家长教育：就孩子而言，在亲子互动过程中建立的家庭关系有助于促进孩子的身体精神卫生和孩子的记忆力、观察力、想象力、创造力、注意力等智力发展，以及孩子的言语能力、身体能力、人的能力和行动能力。因此，有学者将亲子教育归结为父母的父母教育和子女的家庭教育两大功能。此外，在我国的教育改革中，针对中小学普遍存在的应试教育，一直倡导以人的发展理论为基础的人的全面发展，重视思想道德素质、能力培养、个性发展和受教育者的精神卫生教育，促进学生德智体美劳全面发展的素质教育理念。基于上述认识，本书将农村亲子旅游产品开发的教育目标确定为：①家长的家长教育目标：即通过农村亲子旅游活动的参与，让家长深入了解自己的孩子，发现自己的亲子关系不足，培养家长正确、科学、合理的教育理念和养育方式；②儿童素质教育目标，在与家长共同参与乡村亲子旅游活动的过程中，获取知识和能力，塑造人格品质，促进身体和精神卫生，实现德、智、体、美、劳全面发展。

(2) 亲子互动目标。

农村亲子旅游活动的活动过程和方式主要体现在亲子互动体验上。互动的本质是交流。亲子互动即亲子沟通，即父母与孩子在相互接触的过程中相互影响的过程。一方面，亲子互动可以促进孩子的个性和社会性发展。按照社会学的理论观点，儿童与同伴交往的社会行为是基于家庭中的亲子互动模式。许多孩子从与父母的互动模式中学到的经验将被推广到其他社会关系，包括同伴关系是中等的。如果父亲对孩子的积极情绪表现做出积极的反应，他们的孩子会分享更多。另一方面，亲子互动可以促进儿童的认知发展。建构主义学习理论认为学习是社会互动的，即学习过程只有通过学习共同体的合作互动才能更好地完成。通过亲子互动进行学习，可以更好地获得学习效果，促进孩子认知的发展。儿童在不同阶段具有不同的身心特征和认知行为能力。

本书认为，在农村亲子旅游产品的开发过程中，可以构建由低到高、由简单到复杂的“伴随互动”“引导互动”和“竞合（竞合）互动”三个梯队，根据儿童身心发展的特点开展亲子互动：①伴随互动是亲子互动过程中互动的基本层次，主要通过语言交流、表情交流和简单的行为互动来满足儿童安全感的需求网络，使孩子得到家长的鼓励和重视；②引导互动是亲子互动的中间层次，是通过对家长表现的示范，让孩子有意无意地模仿和学习，在互动过程中达到行为示范和引导的效果；③竞争互动是亲子互动的最高层次。它通过孩子和父母的活动培养孩子的团队合作意识和独立做事的能力。

(3) 亲子关系目标。

亲子关系是指后代与父母之间的生物血缘关系。亲子关系作为父母与孩子之间互动形成的最重要的人际关系，深刻地影响着孩子的心理和行为。首先，家长是孩子第一次接触的老师，对孩子影响最深远。良好的亲子关系有助于家长了解和观察孩子的认知特点，从而有针对性地引导和发展孩子。青少年的潜能有助于儿童认知能力的发展。其次，良好的亲子关系也是儿童个性和社会性发展的基础。最后，良好的亲子关系可以使儿童从小获得身心发展的满足和精神上的享受，从而形成自信、友爱、谦逊等良好的人格品质，是孩子身体精神卫生的重要保证。本书认为，农村亲子旅游产品的开发应从以下五个方面体现亲子关系的目标：①安全感：孩子对父母安全感的需要和父母给予孩子安全感的程度；②沟通：亲子间信息交流的过程及亲子沟通方式的合理程度和沟通质量；③平等：亲子间相互尊重、平等沟通的程度；④相互信任：亲子间相互信任、相互依赖的程度；⑤默契：父母和孩子在日常生活中或在合作完成任务的过程中的默契程度。

（二）“三维目标”下的乡村亲子旅游产品开发

在旅游产品开发设计中，要把消费者的需求放在首位，以消费者的需求为核心，使旅游产品的性质与目标市场的特征相一致。在亲子旅游活动中，虽然家长和孩子是亲子旅游产品共同体验的主体，但家长作为亲子旅游消费过程中购买行为的决策者，如何更好地促进孩子的知识成长、智力发展已成为家长们的广泛共识。青少年不同于成人的显著特征是，他们处于不断成长的过程中，在其成长的不同阶段会表现出不同的心理特征和需求特征。因此，乡村亲子旅游产品的开发应以乡村为基础，根据儿童青少年不同成长阶段的身心特点和认知水平，开发具有显著教育功能的乡村亲子旅游产品，在实现儿童素质教育目标的同时，促进家庭教育。

根据乡村环境和旅游资源的特点，针对乡村亲子旅游市场的消费需求，我们提出了学前、学龄和青少年阶段乡村亲子旅游产品的开发思路，为构建基于旅游教育目标的乡村亲子旅游的产品体系搭建提供策略参考。

1. 学前儿童阶段

目前，教育学界和心理学界对“学龄前儿童”这一概念的认识并不完全一致。有“早期儿童”“幼童”“学龄前儿童”等不同称谓。我们在这里指的是，正式进入小学阶段之前的儿童统称为学龄前儿童。这个阶段是儿童的主观和人格形成时期，其心理特征是开始喜欢自以为是、以自我为中心，独立性逐渐增强。他们对周围的事物充满了好奇心和探索的欲望，也初步有了参与社会实践活动的愿望。但是他们的独立行动的能力是有限的，不能很好地控制和规范自己的行为，往往需要大人的陪伴和帮助。针对这一阶段儿童的亲子旅游教育的目标应包括：①如何主动引导孩子的认知，帮助其从具体形象向抽象逻辑过渡。②如何促进儿童的身体健康和身体运动的协调。③如何培养孩子的勇气、自信、合作等个性化品质形成，培养他们主动完成新任务的能力，培养其主动性和创造性的发展。④引导孩子“去中心化”，学会遵守游戏规则和掌握社会行为规范，学会与成年人或同龄人相处。

围绕着上述目标，在乡村亲子旅游产品的开发过程中，应符合现阶段儿童认知发展、身体发育、个性和社会性发展的特点，设计的活动应有助于促进儿童的身心发展。在乡村亲子旅游产品设计中，可充分挖掘乡村的山林、溪流、湖泊和海岸等自然环境，田地、果园等生产环境，村庄、房屋等生活环境，开发儿童趣味游戏和游乐活动，或将儿童舞台流行的室内游戏室、城市游戏外化，以乡村环境为背景，策划形成新的游戏、游乐形式。如利用农村丰富多样的水情，选择生态环境好、深度适宜的河段、池塘或溪流饲养小鱼、螃蟹、泥鳅等常见的水生动物，用简易的捕鱼工具徒手捕捞小动物。开发成“小河钓”等乡村游乐旅游产品，通过家长的陪伴和指导，让孩子不仅增强对水生动物的感性认知，学会使用钓鱼工具，还培养了孩子的勇气、主动性、合作性等个性品质，以及身体协调和实践能力。

2. 产品设计

金华村“童年 1980”项目位于浙江省金华市安地镇香村旅游度假区，香村旅游度假区是位于山村的桂花主题休闲景区，集桂花观光体验功能于一体，景观休闲与亲子娱乐景区“童年 1980”项目主要是以 80 后、90 后父母为主的亲子家庭亲子互动休闲区，主要的乡村亲子旅游教育目标是：①在农村亲子游戏过程中通过亲子陪伴互动等方式，提高孩子身体动作的协调能力。②通过亲子引导和互动，让孩子在学习游戏规则的过程中学会遵守规则。③培养儿童通过娱乐活动获得良好的个性品质。具体产品设计：利用村内赣西河的现有条件，对河道进行整治。在保留溪流原貌和生态的基础上，以“亲子共同记忆”为核心，规划“童年1980”亲子亲水游乐区项目，主要根据学龄前儿童的身心特点和对游戏的兴趣，设置80后、90后父母童年游戏，在唤起当代父母童年记忆的同时，让现在的孩子在父母的时光里感受童年的乐趣，让两代人一起在童年游戏的欢乐中，增进父母与孩子之间的情感沟通。

在“童年1980”亲子游乐区，乡村上村干川中段旁的草地与住宅谷地晒场融为一体，设置了大型童年草坪。亲子家庭可以在安全自然的空间里和父母一起体验童年的游戏，如跳橡皮筋、滚铁圈、转陀螺、扔沙袋等。亲子家庭可以根据孩子的兴趣爱好选择适当的游戏活动，与其他家庭一起进行游戏活动，制定游戏规则，促进儿童个性和社会发展。同时，在亲子互动游戏的过程中，也增加了亲子间的交流与沟通，增进了亲子间的情感。

第二节　乡村旅游电子商务的有效宣传与创新营销

一、电子商务在乡村旅游业发展中的应用途径

（一）深入分析目标游客的乡村旅游需求，实现乡村旅游业针对性发展

乡村旅游业是在我国社会经济得到较高水平发展的背景下产生的新兴行业，也是紧密对接满足人民群众日益增长的物质文化需求而产生并发展起来的行业，为了能够更好地实现行业的价值，提升发展潜力，将其与其他产业进行融合发展是一个好的思路。通过乡村旅游带动相关农村相关行业的发展，从而提高该地区农村经济实力，实现社会的稳定发展，是乡村旅游产业的一项重要使命。但是由于乡村旅游业发展的时间较短，其发展特点与其他传统旅游业相比还存在较大的差异，因此，目前的乡村旅游业没有完全将自身的发展特色与游客的个性化需求进行充分对接，存在大多数乡村旅游景区

在经营过程中忽略了游客的主要需求，并没有形成有针对性的服务特定目标人群的特质。在宣传策划方面，也没有形成突出景区特色、重点的宣传模式，不能实现对乡村旅游资源的全社会推广。乡村旅游在营销与推广中实现与电子商务结合是解决目前推广困境的有效途径。

2020年以后，随着移动互联网5G时代的来临，极大推进了电子商务的发展，涌现出许多新的媒体形式，如直播电商、短视频电商等，由于它们的形式活泼，用户参与感强，很快受到了网民的喜爱，并得到迅速普及。借助新媒体发展乡村旅游业，也变成了乡村旅游电子商务未来的重要发展方向。精准地对乡村旅游消费者进行需求分析，将游客真实的、个性化的需求反馈到乡村旅游企业的发展规划中，是我们在进行新媒体推广活动中的一个关键步骤。在此过程中，首先要进行数据收集，建立乡村旅游消费者信息数据库。据统计，目前支撑乡村旅游业的消费者主要是来自周边区域的城镇居民，因此，我们将用户调研对象集中在周边的潜在用户人群，对他们进行相关信息的采集，如周边的人口数量、游客以往的乡村旅游情况、游客的平均出行时间、游客平日的消费水平等。通过分析多方面的数据得出综合性结论，从而针对游客需求，不断优化乡村旅游业的品牌定位以及产品定价。

对于乡村旅游从业者，通过对收集到的信息进行深度分析，可以进一步细化，根据游客的不同需求进行分类，从而将乡村旅游业所包含的产业类型进行相应的扩展，扩大相关产业的涉及领域，提升住宿餐饮及交通等行业的服务水平，保证最大限度满足游客的旅游需求，提高游客对乡村旅游的兴趣。

（二）发挥周围著名景点的带动作用，制定全方位的旅游发展方针

改革开放以来，我国的社会发展水平迅速提高，国民经济收入也较以往有了明显增加，社会大众对精神文化的追求达到了新的高度，旅游业是典型的休闲娱乐行业，是未来社会发展的朝阳产业，具有巨大的发展空间。但以乡村旅游业发展现状来看，普遍存在着资源短缺的问题，而且相比较一些发展已经比较成熟的著名景点来说，乡村旅游景区规模小，不能长时间留住游客，也会使一些游客感觉乡村旅游性价比不高。基于上述情况，我们还应在发展乡村旅游上放大力度，做大文章。建立统一的发展战线，规划全局性的发展理念，充分挖掘已有的乡村旅游资源价值，不断为乡村旅游业注入后续支持力量，打造特色鲜明的乡村旅游品牌。要扩大乡村旅游业的建设规模，将乡村旅游业发展规模与整个地区的发展规划相结合，开发全域旅游。利用已有的知名景点的高知名度作为引导资源，提高该地区乡村旅游的社会影响力。完善乡村旅游周边产业环境扩展，拓宽发展规模。要制定严格的乡村旅游发展方针，以村为单位进行乡村旅游发展，优化乡村的自然环境。

目前的乡村旅游资源，仍依托传统的游乐设施以及现代建筑进行组织，这种相对传统的旅游资源不仅难以吸引游客的兴趣，更达不到乡村旅游业的宣传效果。需要乡村政府打开思路，创新发展。建议可以弱化旅游景点的现代设备设施，可适当开发自然风景区、建筑古文化长廊、民风民俗体验区等项目，突出乡村的绿色、自然等特点以及其浓厚的民俗文化底蕴，使其与传统的旅游景区形成明显的差异，进而满足消费者差异化的需求。同时，相关部门可以在主景点之外的区域增添不同的小景点，建立景区参观一条线，使游客除了参观主景点之外还能在沿途继续感受当地的特色从而打造全域化的旅游体验，丰富乡村旅游资源，实现全方位的发展。

（三）建立乡村旅游信息服务体系，强化网络化宣传理念

乡村旅游主要客户群体来自周边城镇居民，辐射周边2—3小时自驾时长的区域范围，因此它的主要特色是利用闲暇时间，享受当地的自然风光。这与到其他著名景点参观游览相比，优势在于花费时间较少，且出行较为方便，极大地满足了上班族的短途旅行需求。同样，这种旅游目的地定位，也在很大程度上将乡村旅游的目标客户锁定在了周边城镇的工作人群，受众群体相对较小，一般不可能在全社会范围内进行广泛宣传。伴随而来的问题是它难以获得足够的发展资金，不利于乡村旅游业的继续建设以及长期发展。

传统的乡村旅游业宣传方式以电视广告、报纸期刊以及当地宣传板为主。这种宣传方式简单枯燥，而且传播范围较小，宣传效果较差，不能带动游客参与旅游项目，在电子商务时代下，新媒体的发展为乡村旅游业的宣传策划提供了更多的平台，很大程度上推动了乡村旅游服务和产品的推广范围，增大了知名度和影响力。新媒体的宣传是在网络技术为主要手段的基础上开展运作的，以微信、微博、短视频、直播等电商平台为宣传载体。乡村旅游景区可以建立微信公众号、微博账号、短视频账号等，在各大新媒体平台中制作精美的内容，对景区进行各种形式的宣传、推广。形式可以多元化设计，也可以巧妙地设计活动，鼓励用户积极参与，如最美景区的评选、乡村摄影大赛等。在实现乡村旅游宣传的同时使消费者对景点进行深入了解，激发更多的网民对景点的旅游兴趣。借助微信朋友圈营销也是进行乡村旅游宣传的有效手段，可以设置活动，如朋友圈集赞抵门票等。通过游客在朋友圈中发布，实现社群传播。以一个游客为源头深化周围好友对景区的了解，有效扩大乡村旅游的宣传范围，相对于传统宣传手段效果较为明显。

为实现新媒体宣传更好的效果，必须要加强游客信息服务体系的建设，建立合理的互动平台，如上文提到的短视频平台、直播平台、微信公众号以及贴吧等，一方面为游客提供内容，引起游客好奇，鼓励游客参与消费，同时也能够使游客在了解乡村旅游业的同时具有信息反馈的途径。乡村旅游企业能够在各种平台中获得游客的真实想法，了解乡村旅游业建设的不足，有针对性地进行缺点整改，实现景区的持续建设，建立良好的旅游口碑，从而保障今后的长期发展。

（四）加强乡村旅游业在新媒体宣传的危机公关处理能力

如上文所述，新媒体的宣传为乡村旅游业提供了更广阔的发展空间，能够借助更多信息渠道获取更为丰富的资源，通过更广泛的宣传，实现更加明显的社会影响力与知名度。但是新媒体技术本身就是把双刃剑，不合理地使用会对乡村旅游业自身造成不可挽回的后果。如新媒体技术的信息共享性容易造成游客信息的泄露，危及游客的信息安全；游客在新媒体平台中的恶性评论也可以导致乡村旅游业的口碑下滑，造成游客的大量流失。相关部门首先必须加强自身的危机公关处理能力建设，最大限度地降低新媒体营销对乡村旅游业造成的负面影响。

乡村旅游景区在面对新媒体负面新闻时，要第一时间深入调查问题，明确问题产生的原因，并积极发声避免恶性新闻的裂变传播。旅游行业要建立专门的监督部门，实时监督网络环境，对于出现的非法信息及不实言论进行第一时间的封锁及报警，避免不良信息在网络环境内的大范围传播。同时，也要培养乡村旅游业相关人员强烈的危机意识，以最优的心态面对可能出现的负面危机，从而保证危机解决工作的有序进行。

经济发展带动了社会各行各业的结构调整及重点转移，旅游业作为休闲娱乐的主要行业，成为现今迅速发展的行业之一。乡村旅游业是旅游业的新型发展方向，因此，要通过新媒体手段对乡村旅游业的潜在游客进行数据收集与分析，实现乡村旅游的针对性建设，借助网络平台加强乡村旅游的宣传效果，扩大乡村旅游的受众面，通过将乡村旅游发展与地区发展相结合实现全域旅游发展，为村旅游提供资金支持，保证乡村旅游业的持续稳定发展。

二、乡村旅游与电子商务融合的策略研究

（一）政府进行引导，社会全员参与

在我国的旅游管理体制中，政府具有较高的权威性。相关的政府职能部门在对本地区乡村旅游发展中应该提前做出科学合理的规划，并出台明确的建设标准，政府部门进行统一的协调、管理，避免出现重复建设的现象，以增加无谓的财政支出。相关的乡村旅游经营企业，也要配合建立健全的组织实施体系。旅游管理机构负责根据乡村旅游资源与布局，建立专门的旅游网络和信息共享平台。在乡村旅游与电子商务融合的过程中，对于参与到行业中的村民，也要注重为其进行培训管理，以便为前来旅游的游客提供更加全面细致的服务。

（二）整合优势，重点突破

乡村旅游在近年来的快速发展与普及，让众多投资者看到了该行业未来的发展空间，短期内国内各地区涌现出了大批的乡村旅游景点。这些景区的建设呈现出普遍的问题是集中性的地方性同质化表现，虽然有些乡村旅游地区已经在政府的帮助下进行区域特色建设，但是由于地理位置的限制，要在实际中推进并不是很容易。

当今社会私家车的拥有量在逐年攀升，伴随着国家高速公路以及高铁的快速建设发展，乡村旅游的受众群体半径也无形中扩大。因此，我们可以考虑在更大的区域范围内通过互联网进行乡村旅游资源的整合。例如，可以通

过整合线路上的乡村旅游资源，在原有2—3小时车程，可覆盖周边200—300公里的范围，增加到实现800公里左右的区域覆盖。以北京市居民为例，实现上午到兴隆摘草莓，中午去围场吃蒙餐，夜晚坐在丰宁的大草原上欣赏优美的星空。如此整合，在各个乡村旅游景点之间既避免了竞争，又实现了优势互补。相关的政府旅游管理部门也可以配合从乡村旅游信息化建设的角度着手，建立乡村旅游专门的门户网站，对其做充分的宣传；各地政府可以选择在本地区具备较多优势的乡村旅游景区作为样板，优先发展建设，借此积累经验，进而进行总结、推广。同时可以借助电子商务平台加强乡村旅游产业中相关主体的合作，从而有效提高乡村旅游信息化的服务和管理水平，由此促进乡村旅游与电子商务的更进一步结合。

（三）创新思路，开拓市场

腾讯集团旗下的微信平台拥有着数以亿计的用户，平台首先通过提供众多的免费项目增加用户的黏性，进而通过各种关联的服务以及应用赚取利润，如在微信钱包里，有微信自主开发和提供的服务，如微信红包、生活缴费、AA收款、转账、城市服务等，也有与第三方企业合作提供的第三方服务，如电影票、滴滴出行、吃喝玩乐、火车票机票等。这些服务均为微信平台带来了巨大的利益回报。随着电子商务颠覆性的发展速度，传统企业也受到了巨大的影响。如陕西省袁家村，原本只是一个只有62户人家的小村庄，现在已经成为陕西省的乡村旅游胜地，被誉为“关中第一村”，其实行的一个政策就是通过电子商务平台宣传，用免费开放的政策吸引游客和商家，由此引导产生巨大的客流量以及交易量。

（四）乡村旅游全网络覆盖、电子支付全民应用普及

如今互联网高速发展，电子支付凭借其高效、快捷、安全的优势，在各个行业均得到了广泛的应用。在互联网时代，乡村旅游游客群体的特殊性以及时代性，决定了他们对于网络连接以及移动支付的强烈需求。以承德地区宽城县西岔沟村为例，在西岔沟目前已经实现了全村Wi-Fi、5G网络全覆盖，西岔沟的山地苹果因其土壤及地势因素，口感酸甜、果型标准，受到附近城镇居民的喜爱，因此在该村建设了多家采摘果园，在每一个采摘园区醒目位置，均设有微信支付的明显标识，游客通过扫描二维码，即可实现支付，方便前来旅游的游客进行消费。再如西藏地区，早在2018年时，旅游客即使在乡村小商店购买一瓶矿泉水，或者在早点店买一份糌粑，都可以使用支付宝或是微信进行支付。因此，在乡村旅游景区的网络覆盖是进行景区建设的基础配置，不仅方便游客进行电子支付，同时也可引导并促成其消费。

（五）多方合作、广泛宣传，实现经济共享

当前国内有许多旅游类APP平台，专门为用户提供专业的出游咨询以及规划服务，如去哪儿网、携程网等。这些APP利用自家的电商平台，为线上商家发布旅游项目、消费住宿项目等，同时为游客提供全方位服务。乡村旅游企业可以考虑与这些电子商务平台进行合作，进行宣传推广，利用其巨大的流量优势，推广自身的产品和服务，从而吸引更多的游客。总之，作为乡村旅游企业应当以开放的心态、共享经济的理念，提升自己的旅游品质，增强乡村旅游自身的内在生命力和对外吸引力。

第三节　乡村旅游电子商务平台构建

在当今信息产业发展背景下，我国旅游业正在云计算、大数据技术、人工智能等多方面开展着创新与变革，大数据技术在旅游业发展中得到了深度的应用，同时也为乡村旅游创新拓宽了思路，提供了全新的技术支持。旅游业与大数据技术的融合应用，能够通过收集海量的旅游数据，并对其进行整合、分析，结合行业发展需求提出精准决策，这项技术目前已成功地应用于旅游市场细分决策、旅游产品营销诊断、市场舆情监测、旅游景区动态监测等，有效地推动了我国旅游管理和服务，提升了精准化营销的范围，为实现旅游产业的创新变革提供了重要的技术支持，同时也为旅游业带来了新的发展契机。目前，我国许多地区及各大旅游服务商均有旅游部门尝试打造各类不同的旅游大数据应用平台。乡村旅游与发展已较为成熟的境外游、景区游、都市游相比，它与互联网融合的发展模式才刚刚起步，它的产品与互联网融合率还比较低，乡村旅游相关电商平台数量少、规模小、活跃度低、信息反馈机制不完善，这些问题的存在在比较大的程度上制约了目前我国乡村旅游业的发展。因此，结合大数据技术，笔者建议在与电子商务融合欠发展的乡村旅游景区，可尝试使用新型MTS商业模式，建立各地的乡村旅游电商MTS平台，结合互联网与电子商务技术，实现乡村旅游产品和服务的供需匹配，为旅游消费者提供一站式出行服务，通过创新乡村旅游管理大数据化、服务个性化、景点智能化等模式，促进乡村旅游行业快速发展，推动乡村旅游产业转型升级。

一、基于MTS的在线乡村旅游平台设计

在线旅游是通过互联网为消费者提供旅游相关资讯、产品和服务的虚拟场所。根据我国2019年在线旅游相关数据统计，当年的总市场交易规模已达9384亿元的水平。这是一个相当大的旅游市场份额，由于技术水平的不断进步，我国在线旅游平台PC端流量日趋稳定，移动互联网技术以及5G技术日益成熟，移动端覆盖人群数量也呈现同比增长的显著趋势，用户黏性不断增强，移动端APP用户总量年复合增长率达到32%以上。这些数字均表明，我国在线旅游发展势头迅猛，未来一片蓝海。

（一）旅游电商平台盈利模式分析

乡村旅游电商平台的盈利模式一般可分为两类：一是旅游电商平台类，如携程、马蜂窝等，其盈利渠道来源较多，如平台会员费、增值服务费、交易佣金、销售收入、广告收入等；二是旅游资讯类，如旅游机构网站和门户网站旅游频道，这一类旅游网站收入主要来自广告费、增值服务费等。

（二）旅游电商平台商业模式分析

依据商业模式类型不同，在线旅游平台主要有如下三类模式：OTA模式、UGC模式、MTS模式。

1. OTA旅游电商模式

在旅游业与电子商务的融合发展过程中，出现了在线旅行社模式（Online Travel Agency，OTA），这是一种让游客通过互联网即可完成景区或酒店的预订，完成旅游产品或服务的购买活动，由于其价格优惠且方便快捷，受

到了大量旅游消费者的青睐。根据不完全统计，在我国旅游市场中有约60%的游客通过OTA的广告或攻略推荐来获取旅游信息，从而制订出行计划。2019年中国在线旅游度假市场的交易规模远超千亿元水平，以携程、途牛、去哪儿网为代表的龙头OTA平台通过电子商务技术帮助各中小旅游企业完成合作并提供了更为丰富的旅游路线和相关旅游资源。

在我国互联网高速发展20年后，各类电子商务模式已日趋成熟，互联网的流量红利逐渐消退，完全依赖线上流量的OTA模式受到了巨大的冲击，暴露出一系列的发展经营缺陷，如专注盈利、服务费不透明、投诉反馈机制不完善、大数据杀熟等，这些问题也逐渐形成了在线旅游市场布局不平衡等问题，而且各大OTA平台存在着明显的产品同质化现象，缺少差异化的设计，对消费者个性化需求挖掘不足，也严重导致了顾客忠诚度较低，并加剧了平台之间激烈的价格战竞争。

2. UGC旅游电商模式

UGC（User Generated Content）是一种用户生成内容的电商平台经营模式，它是以用户游记、攻略、社交数据等原创内容为切入点，形成的一类在线旅游社区，是内容电商的主要代表，通过内容引导并促进旅游消费者的最终决策，实现内容到交易的转变。用户较多的如马蜂窝、穷游等平台，他们通过以少量原创数据的收集、分析与整合，为旅游消费者提供更为个性化的服务，方便快捷的旅游资讯和体验式旅游服务。但UGC平台存在着一定的局限。首先，平台以优质内容为核心竞争力，因此在内容审核上极为严格，通审难度较大，且一些旅游机构为了吸引更多消费者目光，存在虚假营销的现象，其内容真实性难以保障，这极易造成用户流失。其次，平台过度依赖内容创造者进行引流，容易受一些高级博主牵制。再次，这类平台的社交板块提供了“线上结伴”服务，互不相识的旅友线下组团，完成旅游活动，其社交安全隐患很大。最后，对于旅游体验与质量无法把控，依然是困扰平台的另一个重要难题。

3. MTS旅游电商模式

移动场景旅行服务（Mobile Travel Service，MTS）是一种依托移动互联网技术发展起来的新型在线旅游模式，它是将旅游、交通、住宿、购物、金融、物流等各类线下旅游资源进行移动端的线上整合，通过实时、深度绑定各种旅游场景需求，提升用户体验。MTS旅游电商模式充分挖掘并依靠丰富的线下资源优势，利用移动终端打造了线上线下融合的电商平台，优化并明确了佣金制度、提供个性化旅游路线规划、全面提升服务质量等，极大地解决了目前在OTA、UGC等平台模式中存在的瓶颈问题，让移动互联网充分发挥功能，为旅游消费者提供更加便捷、智慧、高效的移动旅游服务。随着移动互联网及5G技术的不断发展，原有PC端的旅游电商平台均看到了MTS平台模式的优势，纷纷转型，以携程旅游网、去哪儿网为代表的新MTS模式平台，通过为旅游消费者提供境外旅、都市游的随身随行的一站式服务，让游客体验到了更便捷的线上体验、更优质的线下服务。

相较于以往的OTA、UGC旅游电商模式，新型MTS商业模式具备以下三个优势：一是通过真实的线下优惠产品吸引流量，使用户黏度和信任度更高；二是通过线上线下融合，把服务渗透到游前、游中、游后，进行旅游全方位贴身服务，服务覆盖到了其他平台覆盖不到的环节；三是在大数据和云计算等技术支持下，通过分析用户数据，针对不同用户群体、细分人群设计个性化的旅游产品和定制旅游服务，更好地满足用户个性化需求。

在国家政策和市场需求的双重刺激下，乡村旅游需要转型升级，乡村旅游电商平台需要寻找新的模式，需要新的增长引擎带动。通过上述分析，将MTS旅游商业模式应用到乡村旅游电商平台设计中，同样可为游客提供全程更可靠、更贴心的乡村旅游服务，实现为游客深度定制、个性化、智能化的乡村旅行全新体验。

二、乡村旅游大数据平台设计

在乡村旅游产业发展过程中，有效借助大数据、云计算、移动互联网等信息产业的新技术与手段，在“平台、服务、应用”三者高效融合的设计思想下，建立乡村旅游大数据应用平台，结合线上线下融合的优势，打破由地理空间不同带来的区域限制，吸引更多的乡村旅游消费者、乡村旅游产品提供商与服务商以及当地政府、村民等加入，实现多方乡村旅游利益群体的聚集和联动，进行乡村旅游资源的整合、信息的共享，进行分析决策及成员间的协同合作，共同打造智慧乡村旅游生态系统。这是我国乡村旅游产业未来的发展趋势。

目前在我国，很多地区都在积极开展乡村旅游大数据平台建设，但从实际建设情况来看，存在一系列的问题，如：①数据量偏窄。许多乡村旅游平台的数据来源是通过购买运营商在进行游客流量的监测过程中形成的数据，这并未能真正有效挖掘平台内部数据，价值及指导意义极为有限。②数据功能单一。前面提到，由于大数据获得来源的限制，数据仅停留在产业监测层面上，这不足以被平台利用，进行面向游客和企业的运营决策。③不能形成决策支撑。目前大多数数据均未能够真正形成有效的决策支撑。④未构建有效的平台大数据标准，导致数据共享低效。各渠道获得的大数体量大，但因未有统一标准的规范，形成了庞杂、冗长的特点，很难进一步分析利用。

因此，如何构建一个面向政府部门、旅游产品与服务商、乡村旅游消费者和乡村居民的高效数据集合，同时具备旅游大数据的交换标准，能够真正有效地指导乡村旅游管理、提升乡村旅游服务水平、扩大乡村旅游产品营销范围、有效提升旅游服务监测功能是我们目前亟待解决的问题。当然，在数据平台设计中还应充分体现如何面向游客和企业的真实应用，匹配真实可靠的优质旅游资源，采用合理的商业模式，涵盖出游全程的乡村旅游电商大数据平台等功能。

三、乡村旅游移动端电商 APP 平台功能架构设计

在乡村旅游移动端 APP 设计中，应以面向游客和企业真实应用为出发点，覆盖游客在出游前、游览中、出游后的各类旅行场景，还应在设计基于大数据技术应用的乡村旅游电商 MTS 平台移动端电商 APP 功能架构图入手。

在面向游客的前台服务中，APP 除了能够实现常规的乡村旅游资讯推送和出游前的交通、景区门票、民宿等服务的预订外，还应提供乡村导游预订、出游前的 VR 试体验路线，景点功能简介等内容；通过景区基础定位，即 LBS（Location Based Service）功能，游客随时可以搜索到周边景点、美食、民宿、路线、特色活动等旅游服务与产品；MTS 模式从游客下达游览需求，启动定制服务时，APP 就应进入游客全程贴身管家状态，启动通过 LBS 以及手机等移动终端设备，服务游客的旅游全程环节，包括周边设施提示、

最佳旅游路线选择、食宿游娱小贴士、导航服务、气象服务、特产购买、社区互动分享、服务管控等，通过线上线下融合的方式把乡村旅游随身服务渗透于游前、游中、游后的旅游全过程。

在面向旅游企业、乡村居民及乡村导游的服务板块，上述参与者均可在乡村旅游商城中发布自身所提供的相关旅游产品和服务的信息。同时可设定该产品或服务信息由政府专管部门进行审核评估，由政府实现对乡村旅游全程的体验与质量的把控，让乡村旅游安全保障机制落地、见效。面对当前在我国一些地区乡村旅游业经营过程中暴露出的痛点问题，我们可以结合大数据技术，在MTS新型乡村旅游商业模式中得到解决。通过融合乡村旅游产业线上线下的丰富资源，设计MTS平台模型，构建移动端APP平台功能框架，建立基于大数据的乡村旅游电商MTS平台，大力促进乡村旅游各相关产业的实时联动效应，依托市场需求为导向，不断推进特色乡村旅游服务和产品创新，推动我国乡村旅游业整体快速发展，为我国乡村振兴工作提供有力助力。

参考文献

一、专著类

[1]高德武,刘亭君,张春阳．基于羌族文化记忆的乡村旅游规划研究[M].成都:四川大学出版社,2014.

[2]黄顺红,梁陶,王文彦．乡村旅游开发与经营管理[M].重庆:重庆大学出版社,2015.

[3]揭筱纹,罗言云,王霞,等．乡村旅游目的地环境生态性规划与管理[M].成都:四川大学出版社,2018.

[4]李冠艺,陈明,杨向阳．跨境电子商务理论与实务[M].南京:南京大学出版社,2019.

[5]李晓琴．四川省旅游扶贫模式创新与实践研究[M].成都:四川大学出版社,2018.

[6]孙俐丽．电子商务数据质量控制研究[M].南京:南京大学出版社,2020.

[7]唐代剑,池静．中国乡村旅游开发与管理[M].杭州:浙江大学出版社,2005.

[8]魏修建．电子商务物流管理[M].重庆:重庆大学出版社,2015.

[9]徐宏峰,孙伟,孟桃．电子商务基础教程[M].南京:南京大学出版社,2017.

[10]许应楠,凌守兴．电子商务与现代物流[M].北京:人民邮电出版社,2015.

[11]鄢奋．农村公共产品供给的问题与对策[M].北京:社会科学文献出版社,2011.

[12]杨路明,巫宁．现代旅游电子商务教程[M].北京:电子工业出版社,2004.

[13]易秋香．电子商务背景下的农村快递发展问题研究[M].南京:东南大学出版社,2018.

[14]尹华光,蔡建刚．乡村振兴战略下张家界乡村旅游高质量发展研究[M].成都:西南交通大学出版社,2018.

[15]于水．农村基础设施建设机制创新[M].北京:社会科学文献出版社,2012.

[16]袁建伟,曾红,蔡彦,等．乡村振兴战略下的产业发展与机制创新研究[M].杭州:浙江工商大学出版社,2020.

[17]周丹敏．乡村旅游目的地营销中的政府行为评价研究[M]．南昌:江西高校出版社,2020.

[18]周培,周颖．乡村旅游企业服务质量理论与实践[M]．成都:西南交通大学出版社,2016.

二、期刊论文类

[19]陈旭东．质量的基本概念及应用[J]．中国测试技术,2008,34(03):44－45.

[20]单铭磊．社区文化认同机制引导下的乡村旅游新业态发展路径研究[J]．山东青年政治学院学报,2018,34(04):24－28.

[21]丁莹．新常态下河南省乡村旅游新业态发展路径探究[J]．当代旅游,2021,19(14):36－37.

[22]房桂芝,董礼刚．农村基础设施管理存在问题的制度分析[J]．农村经济,2010(01):115－116.

[23]冯涛．我国农村基础设施融资体系重构[J]．农村经济,2007(01):75－77.

[24]高小茹．新媒体对乡村旅游业发展的影响及对策分析[J]．智富时代,2018(08):34.

[25]官春莹．乡村振兴背景下乡村旅游与“四在农家”建设的耦合作用研究——以余庆县红渡村为例[J]．经济研究导刊,2022(05):29－31.

[26]韩林．浅论互联网对乡村旅游发展的促进作用[J]．桂林旅游高等专科学校学报,2003,14(02):75－80.

[27]洪磊．浅谈我国旅游电子商务的问题与对策研究[J]．电子世界,2012(09):90－91.

[28]黄进．乡村旅游的市场需求初探[J]．桂林旅游高等专科学校学报,2002,3(03):84－87.

[29]黄柳萍,梁家荣,王永琦．基于大数据的乡村旅游电商 MTS 平台研究——以广西为例[J]．广西农学报,2019(04):86.

[30]黄星．乡村旅游与电子商务融合发展现状及路径研究[J]．旅游纵览,2021(11):166－168.

[31]季娜．农村基础设施建设现状分析研究[J]．经济研究导刊,2017(24):22－24.

[32]冀晓燕．网络新媒体发展下乡村旅游的营销策略[J]．社会科学家,2020(02):93－98.

[33]李剑锋,荆颖蔷,车海艳．山西乡村旅游扶贫示范村扶贫成效研究[J]．运城学院学报,2022,40(01):57－63.

[34]李仁峰,乔木森．借鉴国外经验,发展农村基础设施和提高加工能力[J]．理论月

刊,1985(05):55 – 57.

[35]李永文,史本林.论我国旅游电子商务的发展与对策[J].企业活力,2004(12):78 – 79.

[36]李占旗.智慧旅游背景下智慧乡村旅游的发展路径[J].农业经济,2018(06):53 – 55.

[37]刘传喜,唐代剑.乡村旅游新业态的族裔经济现象及其形成机理——以浙江德清地区为例[J].经济地理,2015,35(11):190 – 197.

[38]刘广.全域旅游背景下乡村旅游问题研究——以河南新县为例[J].农业与技术,2020,40(07):152 – 155.

[39]刘庆广,刘宁,刘永.我国旅游电子商务发展与对策研究[J].情报杂志,2004(09):37 – 39.

[40]刘爽.新型城镇化视域下农村基础设施建设管理的创新模式[J].农业经济,2016(04):56 – 57.

[41]刘晓梦,曾江辉.文旅融合视域下乡村旅游核心竞争力研究——以湖北省荆州市为例[J].安徽农业科学,2022,50(03):125 – 127 + 132.

[42]亓彩霞,曲琳琳.乡村旅游企业供应链营运资金管理[J].合作经济与科技,2022(05):128 – 129.

[43]邵志明.乡村振兴背景下乡村旅游餐饮优化发展研究——以上海市郊乡村为例[J].湖北文理学院学报,2022,43(02):10 – 15.

[44]石忆邵.农业现代化与农村基础设施建设[J].农业现代化研究,1993,14(04):193 – 195.

[45]宋增文,陈瑾妍,贺剑,等.乡村产业振兴背景下资源依托型特色村乡村旅游发展路径研究——以祁杨村为例[J].中国农学通报,2022,38(06):158 – 164.

[46]宋增文.北京乡村旅游新业态发展机制[J].北京农业,2015(20):8 – 13.

[47]宋增文.乡村旅游新业态发展机制研究——以北京市为例[J].北京农业,2014(02):14 – 19.

[48]唐宁,王成,杜相佐.重庆市乡村人居环境质量评价及其差异化优化调控[J].经济地理,2018,38(01):161 – 162.

[49]王国刚.从金融功能看融资、普惠和服务“三农”[J].中国农村经济,2018(03):11 – 13.

[50]王俊文.乡村旅游新媒体营销策略[J].乡村科技,2019(35):22 – 24.

[51]王轲,朱梦宇.基于乡村振兴战略的青岛市农村基础设施提档升级驱动力分析

[J]. 中国农业资源与区划,2018,39(08):49-53.

[52]王璇璇. 乡村旅游新业态“亲子农场”发展研究[J]. 合作经济与科技,2016(24):24-26.

[53]肖四喜.“五化两型”战略背景下湖南乡村旅游电商应用研究[J]. 中国商论,2017(29):12.

[54]谢烁,柳学鋆,李蔓琪,等. 乡村旅游新业态促进乡村致富路径的研究——以广东省潮州市为例[J]. 旅游与摄影,2021(04):28-30.

[55]熊剑平,刘承良,袁俊. 乡村旅游电子商务发展与网络系统构建[J]. 经济地理,2006(03):340-350.

[56]熊元斌,邹蓉. 乡村旅游市场开发与营销策略浅析[J]. 商业经济与管理,2001(10):46-47.

[57]颜文华. 乡村旅游信息传播的碎片化与整合模式[J]. 人文天下,2019(03):2-7.

[58]杨丽. 中国旅游电子商务发展中的一些问题与对策研究[J]. 旅游学刊,2001(06):40-42.

[59]杨韬. 我国乡村旅游电子商务发展现状研究[J]. 旅游经济,2022(04):194-196.

[60]姚宁萍. 科学发展乡村旅游与助力乡村振兴的对策思考[J]. 豫章师范学院学报,2022,37(01):118-122.

[61]尤嘉. 基于主成分分析的湖南省乡村旅游产业竞争力研究[J]. 无锡商业职业技术学院学报,2022,22(01):57-62.

[62]张晖. 新农村基础设施建设中存在的问题及对策研究[J]. 小城镇建设,2008(05):49-51.

[63]张丽. 乡村旅游视角下农产品电商发展模式探讨[J]. 合作经济与科技,2020(16):56.

[64]张婷婷,贾敬全. 新型城镇化下农村基础设施投融资路径优化[J]. 北方经贸,2016(08):34.

[65]赵雪芹. 浅谈旅游电子商务发展的问题与对策情报探索[J]. 2005(09):84-85.

[66]郑丽. 我国旅游电子商务的发展及其关键制约因素分析[J]. 改革与战略,2009,7(25):130-133.

[67]周霓,石艳. 我国电子旅游商务发展现状及对策研究[J]. 经济师,2005(07):117-118.

[68]宗亚. 供给侧改革视角下乡村旅游新业态的培育[J]. 中国集体经济,2020(21):9-10.